银 川 市 统 计 局
国家统计局银川调查队 编

银川统计年鉴

2023

YINCHUAN STATISTICAL YEARBOOK

中国统计出版社
China Statistics Press

图书在版编目(CIP)数据

银川统计年鉴. 2023 = Yinchuan Statistical Yearbook 2023 / 银川市统计局, 国家统计局银川调查队编. -- 北京 : 中国统计出版社, 2023.11
ISBN 978-7-5230-0305-3

Ⅰ. ①银… Ⅱ. ①银… ②国… Ⅲ. ①统计资料－银川－2023－年鉴 Ⅳ. ①C832.431-54

中国国家版本馆 CIP 数据核字(2023)第 201802 号

银川统计年鉴 2023

作　　者 / 银川市统计局　国家统计局银川调查队
责任编辑 / 钟　钰
装帧设计 / 马春辉
出版发行 / 中国统计出版社有限公司
地　　址 / 北京市丰台区西三环南路甲 6 号
邮政编码 / 100073
电　　话 / 邮购(010)63376909　书店(010)68783171
网　　址 / http://www.zgtjcbs.com
印　　刷 / 宁夏印德佳图文制作有限公司
经　　销 / 新华书店
开　　本 / 890mm × 1240mm　1/16
字　　数 / 1000 千字
印　　张 / 30　彩页 0.25
版　　别 / 2023 年 11 月第 1 版
版　　次 / 2023 年 11 月第 1 次印刷
定　　价 / 300.00 元

如有印装差错，由本社发行部调换。

编 辑 委 员 会

编 辑 部

编辑说明

一、《银川统计年鉴2023》是一部全面反映银川市经济和社会发展状况的综合性统计资料年刊。本书收录了银川市2022年经济和社会发展等方面的统计数据以及历史重要年份的全市主要统计数据，它是认识和研究银川市情、交流社会信息、制定政策、指导工作不可缺少的重要工具，也是国内外了解银川的主要窗口。

二、本年鉴内容分特载、统计资料、附记三个部分。统计资料有14个部分组成，即：1.综合；2.人口及劳动力；3.农业；4.工业；5.能源；6.固定资产投资；7.建筑业；8.交通运输与邮电；9.内贸、外贸和旅游；10.财政金融保险；11.人民生活和物价；12.城市公用事业；13.教育、科学、文化；14.卫生、体育、民政、司法及其他。为便于读者使用，每部分都附有主要统计指标解释。

三、本年鉴的统计范围均为“地区”口径，含三区两县一市，包括行政区划内中央、自治区属在银单位的统计资料内容，为地域统计。

四、《银川统计年鉴2023》是在市委、市政府和编委会领导以及各供稿单位的关心和大力支持下完成，在此谨致以诚挚的谢意！竭诚欢迎广大读者对年鉴的不足之处给予批评和指正，帮助我们进一步提高编辑水平。

编者

2023年9月

目 录
CONTENTS

特载

一、综合

二、人口及劳动力

三、农业

四、工业

五、能源

六、固定资产投资

七、建筑业

八、交通运输与邮电

九、内贸、外贸和旅游

十、财政金融保险

十一、人民生活和物价

十二、城市公用事业

十三、教育、科学、文化

十四、卫生、体育、民政、司法及其他

附记

特　载

银川市第十六届人民代表大会第二次会议
政府工作报告

——2022年12月16日在银川市第十六届人民代表大会第二次会议上

银川市市长　赵旭辉

各位代表：

现在，我代表市人民政府，向大会报告工作，请予审议，并请市政协委员和其他列席人员提出意见。

2022年工作回顾

今年以来，面对新冠肺炎疫情多轮冲击和经济社会发展多重压力，在自治区党委、政府和市委的坚强领导下，全市上下坚持以习近平新时代中国特色社会主义思想为指导，认真学习贯彻党的二十大精神，坚决落实习近平总书记视察宁夏重要讲话和重要指示批示精神，完整、准确、全面贯彻新发展理念，主动服务和融入新发展格局，勠力同心、勇毅前行，全市经济社会发展大局和谐稳定，黄河流域生态保护和高质量发展先行区示范市建设迈出新步伐。预计，全年地区生产总值增长4.5%，规模以上工业增加值增长10%以上，全社会固定资产投资增长6%左右，一般公共预算收入同口径增长10.9%，社会消费品零售总额与去年持平，城镇和农村居民人均可支配收入分别增长5%左右和6%左右。

一是经济运行稳中提质。坚持平稳为基，项目为王。打出稳保促组合拳，在全区率先出台稳增长促发展"10条"等一揽子政策，深入开展千名干部包千企，创新推出经济综合发展指数评价，设立工业风险担保补偿、转贷基金，稳住了经济发展基本盘。惠企政策直达快享，为市场主体减轻税费138亿元，地方增值税留抵退税规模是上年的3.6倍，用"真金白银"助企纾困、提振信心。掀起项目建设"五比"热潮，193个亿元以上项目快速推进，工业投资增长25.7%，民间投资增长19%，规上工业增加值七年来首次实现两位数增长。粮食生产"十九连丰"，达69万吨。产业链供应链稳定畅通，发放消费券1.2亿元、拉动消费百亿元，荣获全国供应链创新与应用示范城市。

二是"两都五基地"建设强劲。坚持产业为要，高质量发展。"三新"产业产值增长37%。贺兰山东麓葡萄酒进入国家地理标志产品保护示范区筹建名单，年度斩获国际金奖72项。隆基、中环等头部企业产能加速释放，欧晶太阳能级石英坩埚等15个关联项目签约落地，光伏全产业链加速集结。全国单体规模最大宝丰储能电池全产业链项目开工建设，隆基5GW单晶电池项目投产达效。鑫晶盛3500吨工业蓝宝石、盾源聚芯半导体硅部件项目建成投产，工业蓝宝石产能全国领先。枸杞及衍生制品研发方兴未艾，产品远销27个国家和地区。蒙牛4500吨高端液态奶数智化工厂一期建成投产，奶牛现代养殖基地扩规提质，乳制品产能达147万吨。国家健康医疗大数据研究院落地建设，“互联网+医疗健康”产业实现经济、民生双丰收。数字经济加快发展，跻身全国数字城市百强。

三是生态环境持续改善。坚持生态优先，绿色发展。蓝天碧水净土保卫战向纵深推进，中央、自治区环保督察反馈问题有效整改，黄河流域生态环境警示片披露问题整改全部完成。空气质量优良天数比例达83.6%。地表水国控断面水质达标率100%，黄河银川段水质保持Ⅱ类进出。土壤环境安全可控。修复湿地5.3万亩、矿山生态7000亩，营造林6.5万亩。率先在沿黄城市出台实施“四水四定”方案，累计节水超2000万立方米，再生水利用率达44.6%。更新新能源公交车600辆，新建慢行绿道31公里，绿色出行成为城市新风尚。成立“双碳”研究中心，高规格举办黄河流域（银川）“双碳”创新高峰论坛。高水平举办首届“黄河流域生态保护主题宣传实践月”活动，沿黄省会（首府）城市携手发起保护母亲河倡议，共同打响新时代“黄河保卫战”。

四是发展活力不断迸发。坚持创新为魂，开放发展。R&D投入强度首超2%。新增国家高新技术企业70家、专精特新“小巨人”企业2家，小牛自动化入选国家制造业单项冠军示范企业，高效单晶硅电池量产化、磁悬浮飞轮储能等关键技术取得重大突破，在国内首次实现奶牛体外生产胚胎批量繁育。“放管服”改革纵深推进，惠企政策“直通车”等四项典型经验被全国推广，新增市场主体2.3万户。“六权”改革顺利展开，再生水确权交易、新建项目排污权有偿取得、山林资源担保贷款破题推进，碳配额成交近亿元，“标准地”出让助推企业“拿地即开工”。国有企业改革三年行动基本完成，297家市属国企重组整合为110家。园区改革迈出新步伐。成功举办中国（宁夏）国际葡萄酒文化旅游博览会、银川智慧城市峰会等重大节会，城市影响力、美誉度进一步提升。银川至天津港铁海联运班列开通运行，至布达佩斯、安扎利国际货运班列实现首发，外贸进出口总额增长15%。招商引资到位资金663亿元、增长11%，荣获中国投资热点城市。

五是城乡面貌日新月异。坚持城乡融合，协调发展。科学划定“三区三线”，中心城区控制性详规实现全覆盖。交通疏堵“6+N”工程快速推进，火车站隧道、贺兰山路民族街口改造等40个项目建成投用，打通断头路22条，拥堵指数下降20%。城市更新深入实施，改造市政管网130公里，新增城市集中供热面积550万平方米，改造易涝积水点20处。完成老旧小区改造140万平方米、棚户区改造1.5万平方米，新建小微公园6个，新增城市绿地1500亩，唐徕兴仁巷等特色街区改造唤起了城市记忆。农村人居环境整治持续推进，完成农村清洁取暖改造1.2万户，新改建“四好农村路”121公里，农村卫生厕所普及率达92%，建设美丽小城镇4个、美丽宜居村庄10个，乡村面貌焕然一新。润丰村入选全国乡村旅游重点村，胡家堡村获评中国美丽休闲乡村。灵武市连续五年跻身全国综合实力百强。

六是社会事业持续进步。坚持民生为本，共享发展。民生支出较上年增长31%，占财政支出的78%。城镇新增就业6万人，农村劳动力转移就业10万人，脱贫人口人均可支配收入增长15%。银川三十六中等21所学校建成投用，新增学位2万个以上，新市民子女就学更有保障。创新打造市级医疗专科联盟4个，西北首家公立耳鼻咽喉头颈专科医院正式运营，大病保险报销比例由50%提高到74%，群众看病更加方便、负担持续减轻。新建基层综合文化服务中心20个，开展文化惠民演出1800余场次，原创民族广场舞《塞上儿女心向党》斩获全国群众文艺最高奖“群星奖”；贺兰山东麓旅游度假区通过国家初审，怀远观光夜市、建发阅彩城入选国家夜间文化和旅游消费集聚区。新建体育运动场所10座，人均体育场地面积达3.3平方米，高于全国平均水平。城乡居民基础养老金、城乡低保实现“十连增”，发放困难群众兜底保障资金3.13亿元。供暖条例得到修订，用立法形式保障市民家中更有温度。高质量办成40件民生“十心实事”，赢得了广大市民的广泛认可。公共服务质量连续三年被评为西北省会（首府）城市第一。

七是治理效能稳步提升。坚持共建共治，和谐发展。民族团结、宗教和顺局面持续巩固，全国文明城市创建工作取得新成效，新时代文明实践中心在全区率先实现三级全覆盖，文明和谐蔚然成风。全面推进县级社会矛盾纠纷调处中心实体化运行，583件信访积案得到有效化解。统筹化解政府债务64.6亿元。依法处置企业破产，规范市场金融秩序，守住了不发生系统性风险的底线。统筹抓好“保交楼、保民生、保稳定”，房地产市场平稳健康发展。平安银川建设扎实开展，安全工作暗访机制在全区推广，安全形势持续向好。国家食品安全示范城市创建有力推进。生产安全事故起数、死亡人数均下降40%以上。

国防动员、双拥共建、人民防空、民兵预备役等工作持续加强，老龄、妇女儿童、青少年、残疾人、工会、慈善、红十字、志愿服务等事业取得新进步，审计监督、仲裁调解、统计调查、政策研究、新闻出版、邮政通信、气象地震、史志档案等工作取得新成效。

各位代表！打铁还须自身硬。我们坚持以党的政治建设为统领，全面加强政府系统自身建设，深入开展“大学习、大讨论、大宣传、大实践”活动，坚定拥护“两个确立”、坚决做到“两个维护”。扎实推进“改进作风??提升质效”专项行动，大力弘扬“严细深实勤俭廉＋快”的工作作风。严格落实重大事项请示报告制度，提请市委研究重大事项84件。提请市人大常委会修订地方性法规2件，154件人大议案建议、213件政协提案全部办复。“八五”普法深入推进，会前学法成为常态，政府决策科学化、民主化、法治化水平不断提升。“政务新媒体赋能社会治理”经验做法，被国务院办公厅向全国推广。

各位代表！一年来，困难大于预判，结果好于预期。面对最严峻、最复杂、最艰难的疫情考验，数千名医务工作者白衣执甲、逆行出征，数万名党员舍身忘我、冲锋在前，数十万基层工作者、志愿者坚守岗位、向险而行，288万市民守望相助、同舟共济，用行动彰显了伟大抗疫精神，用担当书写着“人民至上、生命至上”的价值追求。

一年来，我们坚持在危机中育新机、于变局中开新局，调动一切因素，汇聚磅礴力量，激发昂扬斗志，争得国家知识产权强市、海绵城市建设示范城市、冬季清洁取暖示范城市、“无废城市”、区域再生水循环利用城市、商贸服务型物流枢纽城市、青年发展型城市、个人养老金先行城市、基础教育综合改革试验区等数十项国家级试点，数量多、成色足，含金量创历年之最。

一年来，我们创新方法、为民惠民，科学推进城市建设，精心开展管理服务，白天准备、夜间施工、天亮还路于民，系统治理交通拥堵、城市内涝等问题，集中整治乱停乱放、乱搭乱建等不文明行为，推动城市更新改造向背街小巷拓展、向居民家门口靠近，文明城市创建成为造福群众的民生工程、民心工程。

一年来，我们知难而进、迎难而上，18万户40万群众数十年来的“办证难题”得到有效化解，42 个“烂尾工程”“保交楼”项目重焕生机，3300 余栋自建房安全隐患整改消除，攻克了一些长期想解决没有解决的难题，把一批事关民生的烦心事办成了群众满意的高兴事。

各位代表！这些成绩的取得，根本在于以习近平同志为核心的党中央定向领航，根本在于习近平新时代中国特色社会主义思想的科学指引，是自治区党委政府和市委坚强领导的结果，是市人大、市政协及社会各界鼎力支持的结果，是全市人民团结奋斗的结果。在此，我代表市人民政府，向全市人民，向人大代表、政协委员，向各民主党派、工商联、无党派人士和人民团体，向离退休老同志，向驻银部队和武警官兵、公安民警、消防救援队伍指战员，向中央和自治区驻银单位，向所有关心支持银川发展的社会各界人士，表示衷心感谢并致以崇高敬意！

在看到成绩的同时，我们也清醒地认识到，发展中还面临不少问题和不足：经济总量不大，产业结构不优，龙头企业偏少，实体经济不强，抗风险能力较弱，特别是受疫情影响部分中小微企业、个体工商户经营困难；全社会创新活力不足，创新主体作用发挥不够，研发投入较少，成果转化水平不高；财政收支压力较大，民生改善和公共服务还有差距；干部能力作风与高质量发展的要求还不相适应。对此，我们一定高度重视，直面问题，切实加以解决，努力把政府工作做得更好。

2023 年工作安排

2023 年是贯彻落实党的二十大精神的开局之年，也是落实自治区第十三次党代会部署、加快建设先行区示范市的关键之年，做好政府工作责任重大、使命光荣。

总体要求是：**坚持以习近平新时代中国特色社会主义思想为指导，全面贯彻落实党的二十大精神，深入学习贯彻习近平总书记视察宁夏重要讲话和重要指示批示精神，弘扬伟大建党精神，坚持稳中求进工作总基调，完整、准确、全面贯彻新发展理念，主动服务和融入新发展格局，更好统筹疫情防控和经济社会发展，更好统筹发展和安全，全面落实自治区第十三次党代会部署和自治区党委、政府要求，全面落实市第十五次党代会和市委十五届七次全会精神，以先行区示范市建设为牵引，大抓发展、抓大发展、抓高质量发展，加快建设创新发展引领市、铸牢中华民族共同体意识示范市和乡村全面振兴示范市，在全面建设社会主义现代化美丽新宁夏中走在前、作表率，努力在创新发展、生态建设、基层治理、城乡融合上示范引领，奋力开创黄河流域生态保护和高质量发展先行区示范市新局面。**

主要预期目标是：全市地区生产总值增长 6.5%左右，规上工业增加值增长 8.5%左右，全社会固定资产投资增长 8%左右，一般公共预算收入增长 5.5%左右，社会消费品零售总额增长 5%以上，城镇和农村居民人均可支配收入分别增长 6.5%以上、7.5%以上，城镇调查失业率控制在 5.5%以内，节能降碳和主要污染物排放完成自治区下达的目标任务。

各位代表！党的二十大擘画了以中国式现代化推进中华民族伟大复兴的宏伟蓝图。自治区党委提出了建设社会主义现代化美丽新宁夏的总目标，明确了先行区建设的战略任务。市委审时度势，对标对表，提出了在“创新发展、生态建设、基层治理、城乡融合”上示范引领，努力实现先行区示范市建设破题开局。我们要紧扣“四个示范引领”，聚力高质量发展，勇挑重担、勇毅前行、勇立潮头，奋力谱写中国式现代化银川新篇章！

重点抓好以下十个方面的工作：

一、加快构建现代化产业体系，夯实高质量发展基石。抢抓国家实施产业基础再造工程的有利契机，大力实施产业强基“五大行动”，着力打造具有区域影响力和竞争力的现代化产业体系。

实施“三新”产业倍增行动。树立全产业链思维，建立产业发展“链长制”，精准化补链条、集群化聚产业、多元化促协同，力争“三新”产业产值增长45%以上，总量突破1260亿元。加快中环50GW太阳能级单晶硅、晶环年产1200万片4英寸蓝宝石晶片切磨抛、宝丰电池及储能集装系统示范、张骞葡萄郡、图兰朵葡萄酒小镇、杞里香枸杞健康产业园、蒙牛乳业产业园等56个产业链重点项目建设，力促天通蓝宝石四期等32个项目投产达效，工业投资增长10%以上。光伏硅、半导体硅、工业蓝宝石等新材料产业产值突破500亿元，新型储能、光伏电池、风机制造等新能源产业产值突破260亿元，葡萄酒、高端奶、枸杞精深加工等新食品产业产值突破500亿元。

实施现代服务业扩容行动。大力发展枢纽经济，全面启动商贸服务型国家物流枢纽建设，高标准建设牛羊肉国家储备中心，建设国家骨干冷链物流基地，社会物流总额增长8%。鼓励“供应链+金融”发展，争取更多股份制银行在银设立分支机构。力促砂之船奥莱、建发悠阅城等商业综合体建成投运，新增规上服务业企业30家，打造现代服务业集聚区12个。提振家电、汽车、批零住餐等传统消费。鼓励发展无人超市、即时零售、无接触式配送等新模式。支持发展首牌、首店、首展、首秀等新业态，引进知名品牌首店20家以上。繁荣夜间经济，打造特色商业街区2条。办好“一山一河”文化旅游节、全国旅行商大会等节会，支持西夏陵申遗、贺兰山岩画等争创5A级景区。旅游总人次、总收入均增长15%以上。

实施数字经济赋能行动。推动数字经济和实体经济深度融合，开启数字转型新蓝海。加快腾讯呼叫中心等6个项目建设，推进银川信息技术应用创新基地建设。探索建立大数据交易中心，促进数据要素市场化配置。加快工业制造、农业生产、公共服务等场景数字化重塑，高质量建设“工业大脑”二期，培育“上云上平台”企业8家，新增智能工厂、数字化车间4家，催生传统制造业数字化蝶变。打造数字农业示范基地30家以上。支持传统商贸流通企业数字化转型。数字经济总量达到800亿元。

实施园区发展提质行动。坚持“抓两头、活中间、一体四分”，深化产业园区体制机制改革。完善园区与辖区政府税收和土地出让金收益分成机制，推动县区园区一体化发展。全面推行“管委会+公司”模式，积极探索其他形式的园区管理制度。推行“标准地”“弹性供地”模式。提升园区产业聚集度，主导产业占比不低于75%。设置“工业企业亩均效益奖”，提升投入产出比。

实施企业梯度培育行动。出台促进实体经济高质量发展实施意见，支持实体经济特别是中小微企业发展。以“小升规—专精特新—小巨人—国家级单项冠军”梯度培育为主线，推进企业递进式培优做强。建立小微企业升规奖励激励机制，新增北瓷新材料等规上工业企业20家。壮大科技型企业规模，新增“专精特新”企业30家、高新技术企业30家、科技型中小企业200家。支持创新型领军企业发展壮大，新增小巨人企业2家，力争入选国家级单项冠军。新增上市企业1家。支持隆基绿能、中环集团等争创世界一流企业。

二、牢固树立“项目为王”理念，构筑高质量发展支撑。全力以赴抓项目稳投资增动能，用大项目、好项目支撑大产业、带动大发展。

千方百计争项目。紧盯国家和自治区战略方向、政策导向和投资走向，编制“四争”工作指引。抢抓先行区建设、国家新能源综合示范区、“东数西算”工程等重大机遇，盯紧中央预算内投资，聚焦基础设施、新型城镇化、生态保护、社会治理等领域，谋划包装一批高质量项目，确保“四争”到位资金增长10%以上。力争进入国家综合货运枢纽补链强链城市等试点。

主动出击引项目。树立全民招商理念，强化链式招商、以商招商、专业招商。注重市县、园区一体化联动，发挥政府驻外机构、商协会、招商顾问作用，瞄准长三角、京津冀、粤港澳大湾区等地区，定向招引战略国企、实力民企、知名外企。完善招商引资“五个清单”，围绕“三新”产业引进链上配套企业，“三新” 产业招商引资占比达到 55%以上，全市招商引资到位资金达到750 亿元以上。

全力以赴建项目。实施项目建设提速行动，建立项目建设责任清单，实行重大项目批次开工，开展项目建设“五比”活动，确保一季度开工率超 70%，上半年全部开工，全年完成投资 950亿元以上。强化项目协调推进机制，加强项目建设考核问效，开展项目建设季度观摩，全年重大项目投资完成率达到 80%以上。扎实开展 “四闲” 专项整治，盘活资源要素优先保障重点项目。用好地方政府专项债券、产业基金，力争撬动民间投资增长 20%以上。

三、大力实施科教兴市战略，打造高质量发展引擎。坚持教育、科技、人才“三位一体”协同驱动，加快建设创新发展引领市，着力在创新发展上示范引领。

坚持大格局抓教育。落实立德树人根本任务，全面推进“大思政课”建设。进一步增加普惠性学前教育投入，不断扩大公办园、普惠园占比。支持灵武市通过义务教育优质均衡县国家验收。加强县域普通高中建设，推动校舍条件达标和标准班额办学。创建智慧示范校园 53 所。新改扩建中小学校幼儿园 42 所，确保银川四十一中等 13 所学校 7 月份前投入使用，新增学位2 万个以上，解决好新市民等群体子女就近入学。实施职业教育“双高”“双优”计划，建设高水平专业化产教融合实训基地。深化与宁夏大学、北方民族大学等高校深度合作。规范民办教育。办好特殊教育。深化“市(县)管校聘”改革，加强师德师风建设，培养高素质教师队伍。

坚持大视野抓科技。设立科技创新专项资金，财政科技研发投入增长 10%以上，全社会R&D 强度达到 2.1%。建设贺兰山(院士)实验室。打造重点企业创新平台 30 家以上。组建光伏材料、半导体硅等创新联合体 5 个。支持中关村双创园创建国家级双创示范基地。推行“揭榜挂帅”“定向委托”等机制。深化“科技支宁”东西部合作，实施重大科技攻关项目 10 个，重点科技成果转化及中试熟化项目 30 个。开展规上企业“三提升”行动，推动重点产业企业高价值发明专利扫零。新增瞪羚企业 10 家以上。

坚持大情怀抓人才。开展产业引才行动，建强创新型科技人才、领军型企业人才、技能型产业人才、新型创新智库“四支队伍”，引进高层次和急需紧缺人才 1500 名。发挥人才发展集团市场化引才和服务作用。加强人力资源市场建设，争创国家级人力资源服务产业园。完善优化落实好人才兴市相关政策，支持海归小镇建设，让各类人才舒心生活、顺心工作、安心创业。

四、协同推进生态大保护大治理，厚植高质量发展底色。坚持重在保护、要在治理，深入开展“双减双降”，加快建设天更蓝、山更绿、水更清的美丽银川，着力在生态建设上示范引领。

推进绿色发展。强化“三线一单”管控约束，优化产业结构、能源结构、交通运输结构。力争高耗能产业比重下降1个百分点。更高标准打好蓝天碧水净土保卫战,坚决完成中央、自治区环保督察反馈问题整改任务,空气质量优良天数比例达到84%以上。巩固黑臭水体治理成果,确保黄河银川段水质稳定II类进出。开展危废专项整治三年行动,危险废物安全处置率达到100%。协同创建贺兰山国家公园,完成矿山生态修复3000亩。实施美丽河湖工程,推进典农河南环水系等水治理项目建设,修复湿地4.3万亩。科学开展大规模国土绿化行动,营造林7.6万亩。治理水土流失面积40平方公里。办好第二届"黄河流域生态保护主题宣传实践月"活动。争创国家森林城市、国家生态园林城市。

推进循环发展。全方位落实"四水四定",实施第六污水厂再生水河湖生态利用等工程,加快区域再生水循环利用试点,再生水利用率达到50%。以创建"无废城市"为抓手,加快推进城市废旧物资循环利用体系建设,支持灵武再生资源循环经济示范区高水平发展。扩大垃圾分类覆盖面,生活垃圾资源化利用率、城市生活垃圾回收利用率分别达到60%、48%。实施银川高新区、永宁和贺兰工业园循环化改造。推进大宗固废综合利用示范基地、建筑垃圾资源化利用中心建设,一般工业固废综合利用率达到51%以上。创建"无废小区""无废乡村"等"无废细胞"70个。

推进低碳发展。实施"碳达峰十大行动"。坚决遏制"两高一低"项目。深入推进"四大改造",完成共享机床铸件生产线改造等技改项目30个,工业技改投资增长10%以上。新培育自治区级以上绿色工厂2个。支持经开区、苏银产业园"绿电园区"试点建设。鼓励发展节能低碳建筑,新建项目绿色建筑占比70%以上。推进一体化绿色交通,更新新能源公交车600辆,建成公交充电桩500个以上,广泛开展绿色低碳社会行动,大力倡导绿色低碳生活,争创国家绿色出行城市。

五、更大魄力深化改革开放,激发高质量发展活力。坚持以改革破难题、增动力,以开放聚资源、拓空间,持续增强发展内生动力。

深化重点领域改革。持续推进"六权"改革,打通水权置换通道,深化土地二级市场、排污权交易,加快山林权"三权分置"、用能权指标核定,探索碳排放权有偿分配和碳汇林交易。继续深化国企改革,开展国企混合所有制改革试点,支持通联资本集团提升信用评级。推进分税制财政体制改革,增强市本级财政统筹和辖区长效保障能力。深化综合执法改革,建立大执法机制。推进供销社综合改革,加快全国"数字供销"示范区建设。启动第五次全国经济普查。

推动更高水平开放。主动融入新发展格局,深度参与共建西部陆海新通道。支持河东国际机场四期建设。配合推进包银高铁建设,协同推进乌银高速银川南绕城段建设,加快火车站现代客运枢纽建设,打造现代化立体化开放大通道。建设公铁物流港铁路专用线。办好第三届葡萄酒文旅博览会、智慧城市峰会等重大节会,协助办好第六届中阿博览会。推进中国(沙特)吉赞产业园建设。大力发展跨境电商、海外仓等外向型新业态新模式,外贸进出口总额增长10%以上。积极融入黄河"几"字弯都市圈协同发展,加强沿黄省会城市间生态保护、政务服务等领域合作。携手宁东一体化协同发展。

持续擦亮营商环境金字招牌。对标国际新测评办法,着力营造市场化、法治化、国际化营商环境,确保始终处在全国第一方阵。深化"放管服"改革,加快推进政务服务场景数字化重构,扎实开展企业开办等13类"一件事一次办"国家级试点工作,打造可复制可推广的银川经验。建立“政府企业交心会”常态机制，推动政企沟通“零距离”。坚持“两个毫不动摇”，做到民企、国企、外企同等对待，本土、域外企业一视同仁，依法保护民营企业产权和企业家权益。大力弘扬企业家精神，构建亲清新型政商关系，切实做到无事不扰、有求必应。

六、着力提升城市功能品位，建强高质量发展载体。坚持人民城市人民建、人民城市为人民，推进城市建设“双提双通”，打造宜居韧性智慧城市。

让城市更舒适宜居。综合运用城市体检成果，深入推进城市更新。接续实施交通疏堵“6+N”工程，打通海宝东路等28条断头路，新建改造上海路、解放路东延伸、典农河旅游风景路二期等城乡道路，贯通东线公路，进一步完善“九横十九纵”城市路网。改造老旧小区75个，新建小微公园8个，新增公共停车位5000个。推进“完整社区”“未来社区”试点工作。打造10个便民生活圈。建设全民健身中心1座，新建足球场、网球场等运动场地7处、健身步道17公里，为市民提供更多休闲健身好去处。

让城市更安全韧性。实施功能完善工程，改建扩建银川水厂、贺兰山水厂，推进西线供水工程管线入廊，畅通供水大循环。实施清洁取暖工程，加快第三热源等项目建设，推动城区、县城、农村清洁取暖全覆盖。实施海绵城市工程，完成雨污分流改造36处，更新市政排水管网54公里，建设金凤区中部、西夏区南部海绵城市示范片区，内涝积水区域整治比例80%以上。

让城市更精致智慧。加强历史文脉保护，精心做好重点片区和节点城市设计，彰显城市特色风貌，努力让城市留住更多乡愁记忆。启动“美丽银川精细化提升”三年行动。实施绿地景观提质增效行动，开展公园绿地评星，推行公园市民园长制，提升城市绿化管理水平。实施物业行业专项整治行动，推进住宅专项维修资金改革，建立物业企业准入退出机制，有效提升物业服务水平。进一步完善市域治理智慧平台，推动社会管理场景数字化，完善新型网络基础设施，5G基站达到6000处以上，率先在全区建成数字底座标杆城市，争取获批国家千兆城市，打造“数智之城”。

七、全面推进乡村振兴，补齐高质量发展短板。坚持农业农村优先发展，推动农业农村“双提双增”，加快乡村全面振兴示范市建设，着力在城乡融合上示范引领。

大力发展现代农业。坚决遏制耕地“非农化”，防止“非粮化”，建设高标准农田4万亩，粮食面积稳定在121万亩以上。实施设施农业提质增效专项行动，瓜菜面积稳定在60万亩、奶牛存栏27万头、生鲜乳产量89万吨。新增高标准酿酒葡萄种植面积1万亩。支持生态高效适水产业发展。新增“三品一标”认证30个。创建国家现代农业全产业链标准化示范基地3个。打造乡村产业融合示范园10个。加快培育新型经营主体，新增示范合作社15个、示范家庭农场15个。深化闽宁协作，做强闽宁产业园。

全力促进农民增收。严格落实“四个不摘”，坚决守住不发生规模性返贫底线。移民人均可支配收入增长10%以上。推进兴庆区农村集体经营性建设用地入市、贺兰县国家级农村宅基地改革试点，力争财产性收入增长8.2%以上；支持就近就业和劳务输出，培养新型职业农民1000名，农村劳动力转移就业8.4万人以上，力争工资性收入增长9.3%以上；实施联农带农产业项目46个，因地制宜发展乡村旅游、农村电商、庭院经济，力争经营性收入增长5.4%以上；落实好财政直接补贴、保险信贷补贴，力争转移性收入增长7.7%以上。

建设宜居宜业和美乡村。全域推进农村人居环境整治，更新维护卫生厕所7000座，农村生活污水治理率达到73%以上，生活垃圾治理村庄实现全覆盖。新改建“四好农村路”100公里。支持有条件的乡村开展一村一公园建设。打造重点小城镇6个、宜居宜业和美村庄14个。实施移民地区基础设施改造提升项目30个，创建市级移民致富提升示范村18个。开展数字乡村试点。加强和改进乡村治理，争创全国乡村治理示范村镇2个以上。支持闽宁镇、月牙湖乡等争创全国乡村振兴示范乡镇。

加快推进城乡融合发展。加强以县城为重要载体的新型城镇化建设，促进城乡要素自由流动，构建工农互促、城乡互补、全面融合的新型发展格局。发挥县城连接城市、服务乡村作用，推动基础设施向乡村延伸、公共服务向乡村覆盖。加强紧密型医共体建设，发展城乡教育联合体。推进5G网络和千兆光网向乡村延伸。开展“三强三美”行动，打造6个城乡融合发展示范乡镇，推动乡村建设提速更提质。

八、致力打造幸福银川，共享高质量发展成果。坚持以人民为中心，多措并举惠民生、暖民心，加快建设品质之城、和美之城、温馨之城，努力让群众生活品位更高、成色更足、质量更好。

坚决守好民族团结生命线。加快建设铸牢中华民族共同体意识示范市，实施“五项工程”，推进“三项计划”，建设一批主题公园、实践基地；创新运用“石榴云”“小宁大讲堂”等宣传载体和形式，广泛开展“百场万人”大宣讲，办好第25个民族团结进步月系列活动，让“三个离不开”“五个认同”更加深入人心。坚持宗教中国化方向，深入推进“五进”宗教场所，巩固民族和睦、宗教和顺、社会和谐的大好局面。

提升社会文明程度。实施文明素养提升行动，广泛践行社会主义核心价值观，开展移风易俗重点领域突出问题专项治理，加强未成年人思想道德建设，培育时代新风新貌。全面推开社区、市场、街巷等示范点创建工作，更好发挥新时代文明实践中心作用，擦亮“爱要一起”志愿服务品牌，确保蝉联第七届全国文明城市，争创全国文明典范城市。

推动高质量充分就业。坚持就业优先，落实好援企稳岗扩就业一揽子政策，加大中小企业纾难解困力度，稳市场主体，稳就业主渠道。统筹抓好高校毕业生、退役军人、农民工等重点群体就业创业。开展技能培训1.5万人次，探索共享用工，缓解结构性就业矛盾。支持多渠道灵活就业，保护新就业形态从业者合法权益。鼓励政府类投资项目以工代赈。开发公益性岗位2300个，兜底保障困难群体就业。发放创业担保贷款3.3亿元以上，以创业带动就业3000人，城镇新增就业4.3万人以上。深入开展居民收入提升行动，确保实现“两个高于”目标，努力让群众的“钱袋子”鼓起来。

推进健康银川建设。始终坚持人民至上、生命至上，落实好国家、自治区疫情防控政策，科学预防、精准救治，最大程度保护人民生命安全和身体健康。加强医疗设施和队伍建设，不断完善发热门诊、定点医院、亚定点医院功能，提升救治能力；加大医护人员培训和关怀关爱，保持医疗队伍稳定性和战斗力。加快市第二人民医院改扩建，支持国家中西医结合区域医疗中心建设。实施基层卫生服务能力提升工程，建成县域医疗分中心4个，新建社区卫生服务中心2个。推进中医药传承创新，争创全国基层中医药工作示范市。完善全民健康信息数据库，丰富“互联网+医疗健康”场景应用，提升智慧医疗水平。统筹解决“一老一小”问题，实施“6助+N”养老照护服务，推动老年医康养综合照护中心、智慧养老平台建设。争创国家安宁疗护试点城市。落实三孩生育配套政策，支持普惠托育服务，新增3岁以下婴幼儿照护托位1000个。加强社会心理服务体系建设，打造群众家门口的“心灵港湾”。

繁荣发展文化事业。坚持以文化人、以文惠民、以文兴业，创新实施“四送六进”等文化惠民工程，举办各类群众文化活动3000场次以上。加大文艺精品创作，开展《情系贺兰》等优秀作品巡演。放大“书香银川·银川书香”品牌效应，新建城市阅读岛20个，提升改造基层综合文化服务中心20个。培育壮大文化产业，创新文化产品开发，打造国家级文化产业示范园区。加强黄河文化保护传承弘扬，推进长城、黄河国家文化公园建设。抓好非遗保护传承基地、长城非遗展览馆建设，扎实做好系统性保护，让非遗活起来、走得远、传下去。

提高社会保障能力。实施全民参保计划，推动社会保险法定人群全覆盖。提高退休人员基本养老金、城乡居民基础养老金、城乡低保标准，确保及时足额发放。深化医保支付方式、药品耗材招采、医疗服务价格改革，巩固异地就医直接结算成果。办好老年大学，建设军队离退休干部活动中心。加大孤儿、残疾人、特困供养等困难群体救助力度，加强妇女儿童、未成年人关心关爱和权益保护。全力做好重要民生商品保供保畅，确保货足价稳。加快建立多主体供给、多渠道保障、租购并举的住房制度，促进房地产市场平稳健康发展。筹集保障性租赁住房3700套，让新市民、新青年租得起、住得好。

各位代表，我们聚焦群众急难愁盼问题，又征集梳理了一批民生“十心实事”，涵盖十个方面50项内容，这是我们作出的庄重承诺，一定尽心竭力办实办好。

九、提高市域社会治理能力，守牢高质量发展底线。高标准创建市域社会治理现代化试点合格城市，以高水平安全护航高质量发展，着力在基层治理上示范引领。

提升基层治理效能。开展城乡社区规范化、标准化建设，强化“六社联动”，推动社会治理重心下移。坚持和发展新时代“枫桥经验”，完善网格化+综治中心+大数据的基层治理机制，加强公共法律服务，努力把矛盾纠纷和风险隐患化解在基层。加强和改进人民信访工作，贯彻落实信访工作条例，畅通和规范群众诉求表达、利益协调、权益保障通道。推进全国信访工作示范县创建。

防范化解重大风险。坚决遏制新增隐性债务，如期化解政府债务。密切关注防范村镇银行风险，严厉打击非法集资等行为。严控国企债务风险，建立国有企业风险偿债专项基金，稳妥推进风险项目债务化解。持续推动“烂尾工程”专项治理。强化能源保供，全力保煤炭产量、保电力稳定运行、保气源供应。谋划建设城郊大仓基地，确保应急状态下物资调运流通不断不乱。

建设更高水平的平安银川。严格落实安全生产责任制，打造安全生产最严省区示范市，坚决守住不发生重特大事故的底线。健全完善四级应急指挥体系，加快“应急大脑”建设，加强联合应急演练，提升应急处置能力。推进扫黑除恶常态化，严厉打击电信网络诈骗、养老保健欺诈，依法严惩各类违法犯罪活动，争创平安中国建设示范市。深化国防动员和双拥共建，争创全国双拥模范城“十连冠”。以“四个最严”要求强化食品药品监管，加快创建国家食品安全示范城市、全域创建食品药品安全区，守护好群众“舌尖上的安全”。

十、全面加强政府自身建设，强化高质量发展保障。坚持为人民服务、对人民负责、受人民监督，始终保持高的站位、严的标准、实的作风、廉的底色，以赶考的清醒当好“三个务必”的答卷人。

旗帜鲜明讲政治。深入开展主题教育、党的二十大和习近平总书记视察宁夏重要讲话指示批示精神"大学习、大讨论、大宣传、大实践"活动，深刻领悟"两个确立"的决定性意义，牢记"国之大者"，增强"四个意识"、坚定"四个自信"、做到"两个维护"。严明政治纪律和政治规矩，严格执行重大事项请示报告制度，全面落实自治区党委政府和市委部署，做到市委有安排、政府有行动、落实有力度。

坚定不移强法治。深入贯彻习近平法治思想，坚持依法行政，持续推进"八五"普法，创建全国法治政府建设示范市。严格执行民主集中制，落实重大事项决策机制，推进科学决策、民主决策、依法决策。自觉接受人大依法监督、政协民主监督，高度重视社会和舆论监督，加强政务公开，始终与人民心心相印。加强政府诚信建设，坚决杜绝新官不理旧账，以政府守法诚信赢得群众和市场主体信任。

创新务实抓落实。严格落实目标管理承诺制，深入开展以"强素质、强服务、强担当、强斗志"为主要内容的"能力作风建设年"活动，加强政府系统各级干部思想淬炼、政治历练、实践锻炼、专业训练，练就担当作为的硬脊梁、铁肩膀、真本事，锤炼求实务实落实真实的工作作风，锻造敢闯敢试、善作善成的干部队伍铁军，勇当高质量发展的开路先锋。

清正廉洁干事业。坚决扛起全面从严治党主体责任，持续深化政府系统党风廉政建设。锲而不舍落实中央八项规定及其实施细则精神、自治区"八条禁令"等要求。强化重点领域监管，加强审计监督和审计发现问题整改。坚决杜绝形式主义、官僚主义，深入整治发生在群众身边的腐败问题和不正之风，主动接受监督，让权力始终在阳光下运行。

各位代表！初心永相传，使命担在肩。让我们更加紧密地团结在以习近平同志为核心的党中央周围，在自治区党委政府和市委的坚强领导下，踔厉奋发、笃行不怠，为建设黄河流域生态保护和高质量发展先行区示范市、全面建设社会主义现代化银川而努力奋斗！

名词解释：

"五比"活动：围绕项目建设开展"春比开工、夏比进度、秋比成果、冬比储备，全年比增长"活动。

"两都五基地"：世界葡萄酒之都、中国新硅都，新型电池制造基地、智能终端材料和半导体材料生产基地、枸杞精深加工基地、高端奶产业基地、"互联网＋医疗健康"示范基地。

"三新"产业：新材料、新能源、新食品产业。

"四水四定"：以水定城、以水定地、以水定人、以水定产。

"六权"：用水权、土地权、用能权、排污权、山林权、碳排放权。

"三区三线"：农业空间、生态空间、城镇空间三类空间，永久基本农田保护红线、生态保护红线、城镇开发边界三条控制线。

交通疏堵"6+N"工程：是解决交通拥堵问题实施的系统治理工程。其中，"6"指贺兰山路与民族街交叉口快速化改造工程、团结路（民悦街—凤凰街）道路工程、金凤五路（正源街—民族街）道路工程、银川火车站综合客运枢纽工程、贺兰山路与友爱街交叉口快速化改造工程、银古路与友爱街交叉口快速化改造工程等6项重点工程；"N"指拟采取工程措施或管理措施的动态调整项目。

"四好农村路"：建好、管好、护好、运营好农村公路。

"两个确立"：确立习近平同志党中央的核心、全党的核心地位，确立习近平新时代中国特色社会主义思想的指导地位。

"两个维护"：坚决维护习近平总书记党中央的核心、全党的核心地位，坚决维护党中央权威和集中统一领导。

"无废城市"：以创新、协调、绿色、开放、共享的新发展理念为引领，通过推动形成绿色发展方式和生活方式，持续推进固体废物源头减量和资源化利用，最大限度减少填埋量，将固体废物环境影响降至最低的城市发展模式。

"抓两头、活中间、一体四分"："抓两头"，就是抓前端园区产业定位，抓后端目标效能考核；"活中间"，就是突出放权、让权，调动县区、园区工作积极性；"一体四分"，就是一体化协同推进，分类、分工、分利、分享合力发展。

"四争"：争项目、争资金、争政策、争示范。

"五个清单"：产业招商政策清单、龙头骨干企业清单、配套企业清单、招商资源清单、重点项目清单。

"四闲"：闲置资金、闲置资产、闲置土地、闲置项目。

"双高""双优"计划：高水平高职学校和专业群建设计划，优质中职学校和专业群建设计划。

"市(县)管校聘"改革：市属和各县(市区)公办义务教育学校教师和校长全部实行市(县)级政府统一管理，特别是统一定期有计划流动到市(县)域内的义务教育学校，从而将教师和校长从过去的某学校的"学校人"改变为市(县)义务教育系统的"系统人"。

"揭榜挂帅"：建立以需求为牵引、以能够解决问题为评价标准的新机制，让有能力、有担当的团队承担关键核心技术攻关等重点任务。

"三提升"行动：规上工业企业研发强度、研发活动覆盖率和研发机构覆盖面"三提升"行动。

"双减双降"：减污、减排、降耗、降碳。

"三线一单"：生态保护红线、环境质量底线、资源利用上线和生态环境准入清单。

"碳达峰十大行动"：能源绿色低碳转型行动、节能降碳增效行动、工业领域碳达峰行动、城乡建设碳达峰行动、交通运输绿色低碳行动、循环经济助力降碳行动、绿色低碳科技创新行动、碳汇能力巩固提升行动、绿色低碳全民行动、各地梯次有序碳达峰行动。

"两高一低"：高能耗、高污染、低水平。

"四大改造"：结构改造、智能改造、技术改造、绿色改造。

"绿电园区"：是利用风、光等新能源低成本优势，通过建设新能源配套电源、园区用户与配建新能源电源开展双边电力直接交易，建设的低碳、低成本的产业开发园区。

山林权"三权分置"：林地的所有权、承包权、经营权三权分置。

"两个毫不动摇"：毫不动摇巩固和发展公有制经济，毫不动摇鼓励、支持、引导非公有制经济发展。

"双提双通"：城市品质提升、功能提升和地上畅通、地下连通。

"完整社区"：在居民适宜步行范围内有完善的基本公共服务设施、健全的便民商业服务设施、完备的市政配套基础设施、充足的公共活动空间、全覆盖的物业管理和健全的社区管理机制，且居民归属感、认同感较强的居住社区。

"未来社区"：以人民美好生活向往为中心，以人本化、生态化、数字化为价值导向，以和睦共治、绿色集约、智慧共享为基本内涵，构建未来邻里、教育、健康、创业、建筑、交通、低碳、服务和治理九大场景，打造具有归属感、舒适感和未来感的新型城市功能单元。

"双提双增"：农村环境提升、设施提档，农业增效、农民增收。

"三品一标"：绿色食品、有机农产品、地理标志农产品和承诺达标合格证。

“四个不摘”：摘帽不摘责任、摘帽不摘政策、摘帽不摘帮扶、摘帽不摘监管。

“三强三美”：经济强县（区）、强镇（乡）、强村和美丽县城、美丽城镇、美丽乡村。

“五项工程”：党员干部培元固本工程、青少年学生夯基育苗工程、各族群众凝心聚魂工程、社科理论正本清源工程、中华民族共有精神家园建设工程。

“三项计划”：各族青少年交流计划、各族群众互嵌式发展计划、旅游促进各民族交往交流交融计划。

“三个离不开”：汉族离不开少数民族，少数民族离不开汉族，各少数民族之间也互相离不开。

“五个认同”：各族群众对伟大祖国、中华民族、中华文化、中国共产党、中国特色社会主义的认同。

“五进”宗教场所：习近平新时代中国特色社会主义思想、中华人民共和国国旗、宪法和法律法规、社会主义核心价值观、中华优秀传统文化进宗教场所。

“两个高于”：移民群众收入高于农民收入增幅，农民收入高于城镇居民收入增幅。

“亚定点医院”：在方舱医院的基础上，使其具备一定的治疗功能，按照其床位10%的比例来改造监护床位。

“6 助 +N”养老照护服务项目：“6 助”指通过政府购买服务，为特殊困难老年人提供助餐、助洁、助行、助浴、助医、助急等上门服务；“N”是指依据个性化需求，提供家政服务、康复护理、医疗保健、文化娱乐、纠纷调解、农村助老服务、心理慰藉等服务。

“四送六进”：送演出、送图书、送培训、送农村文化大集，进农村、进景区、进社区、进工地、进军营、进学校。

“六社联动”：以社区为平台、社工站（室）为枢纽、社会组织为载体、社会工作专业人才为支撑、社区志愿服务队伍为辅助、社会慈善资源为补充的“六社联动”社区治理机制。

新时代“枫桥经验”：在开展社会治理中实行“五个坚持”，即坚持党建引领，坚持人民主体，坚持自治、法治、德治，坚持人防、物防、技防、心防，坚持共建共享。

“四个最严”：最严谨的标准、最严格的监管、最严厉的处罚、最严肃的问责。

“三个务必”：务必不忘初心、牢记使命，务必谦虚谨慎、艰苦奋斗，务必敢于斗争、善于斗争。

“四个意识”：政治意识、大局意识、核心意识、看齐意识。

“四个自信”：道路自信、理论自信、制度自信、文化自信。

银川市 2023 年国民经济和社会发展计划

为深入学习贯彻党的二十大精神，全面落实中央经济工作会议决策部署和区市党委经济工作会议、“两会”工作安排，推动全市经济社会高质量发展，现结合我市工作实际，制定本工作计划。

一、主要目标

2023 年全市国民经济和社会发展工作的总体要求：坚持以习近平新时代中国特色社会主义思想为指导，全面贯彻落实党的二十大精神，深入学习贯彻习近平总书记视察宁夏重要讲话和重要指示批示精神，弘扬伟大建党精神，坚持稳中求进工作总基调，完整、准确、全面贯彻新发展理念，主动服务和融入新发展格局，更好统筹疫情防控和经济社会发展，更好统筹发展和安全，全面落实自治区第十三次党代会部署和自治区党委、政府要求，全面落实市第十五次党代会和市委十五届七次全会精神，以先行区示范市建设为牵引，大抓发展、抓大发展、抓高质量发展，加快建设创新发展引领市、铸牢中华民族共同体意识示范市和乡村全面振兴示范市，在全面建设社会主义现代化美丽新宁夏中走在前、作表率，努力在创新发展、生态建设、基层治理、城乡融合上示范引领，奋力开创黄河流域生态保护和高质量发展先行区示范市新局面。

2023 年全市国民经济和社会发展主要经济指标预期目标为（详见附表）：地区生产总值同比增长 6.5%左右，规上工业增加值同比增长 8.5%左右，全社会固定资产投资同比增长 8%左右，一般公共预算收入同比增长 5.5%左右，社会消费品零售总额同比增长 5%以上，城镇居民人均可支配收入同比增长 6.5%以上，农村居民人均可支配收入同比增长 7.5%以上，城镇调查失业率控制在 5.5%以内，节能降碳和主要污染物排放完成自治区下达的目标任务。

二、重点任务

为实现上述发展目标，着力做好以下八个方面工作：

（一）坚持推动发展实体经济，加快建设现代化产业体系。一是全力打造“两都五基地”。制定“两都五基地”三年行动方案，加快实施中环 50GW 太阳能级单晶硅、乳业产业园、图兰朵葡萄酒小镇等 56 个产业链重点项目，力推“三新”产业产值达到 1260 亿元。实施链式发展提升行动，建立“包抓 + 链长”双带动机制，新培育“链主”企业 2 家，供应链标杆企业 5 家以上。强化“亩产论英雄”导向，开展园区闲置土地、厂房盘活利用专项行动，推动工业类园区用地产出强度增长 8%以上。实施大企业培育、中小企业跃升、小微企业入规计划，力争新增规上工业企业 20 家，培育“专精特新”企业 30 家。**二是提质扩容现代服务业。**持续推动现代服务业同先进制造业、现代农业深度融合，培育壮大现代物流、电子商务、人力资源等服务业态,加快发展农业生产托管等农业服务业，全力创建全国综合货运枢纽城市;进一步提升健康、养老、育幼、家政等服务业态品质和层次，新增现代服务业集聚区 12 个。加快发展总部经济和会展经济,办好中阿博览会、中国(宁夏)国家葡萄酒博览会、智慧城市峰会等重大节会，年内引进分支机构总部、区域总部 10 家。持续打造“爱上银川·四季可游”旅游品牌,力争全年接待游客人次、旅游总收入均增长 15%以上。**三是培育数字经济新业态。**推进实施数字赋能计划,优化“工业大脑”二期建设，力争全市数字化研发设计工具普及率达到 63%,关键工序数控化率达到 64%,培育“上云上平台”企业 8 家,年内新增智能工厂、数字化车间 4 家(个)。做大做强数字信息产业,加快数字经济示范园区建设，推进大数据产业试点示范，开展软件和信息技术服务业梯队企业培育行动,年内新增规上企业 2 家、梯队企业 5 家。做长数据中心产业链,加快推进宁夏建材、宁夏电信等数据中心以及“东数西算”银川信息技术应用创新基地建设。数字经济总量达到 800 亿元。

(二)坚定贯彻扩大内需战略,切实增强经济发展内生动力。一是持续扩大有效投资。制定出台《银川市支持产业项目投资促进产业转型升级实施意见》,力促产业项目占比达到 40%以上,以投资结构优化产业结构。继续开展“五比”活动，全面实施专班服务、领导包抓等工作机制,确保年度谋划储备项目规模达到 1100 亿元以上,全年实施重大项目 50 个,项目开工率达到 98%以上,完成投资 950 亿元以上。积极向上争取专项债等各类项目建设资金,确保“四争”到位资金同比增长 10%以上。**二是持续推动消费恢复。**做优做特夜间经济、周末经济、首店经济、网红经济等业态,优化提升漫葡小镇等夜间经济聚集区，引进知名品牌首店 20 家以上,培育打造一批网红打卡点。加快发展沉浸式、体验式消费新模式，提质扩容新型消费、绿色消费、服务消费,组织开展欢乐购物季等消费促进活动,推动阅彩城中街、怀远红酒街等特色商业街区改造升级。积极开展国家级一刻钟便民生活圈试点建设,培育打造一批方便居民生活的完整社区。**三是持续强化招商引资。**建立“1 张地图”和“N 个清单”招商模式,开展产业链招商,以商招商及大数据 + 产业精准招商,力争年内招商引资项目落地率、资金到位率分别达到 60%和 10%以上,“三新”产业项目占比达到 55%以上，招商引资到位资金达到 750 亿元以上。深化闽宁、苏银等区域合作机制,聚焦长三角、京津冀等重要区域,布局建立厦门、宁波等招商联络点，增强招商工作精准度和实效性。

(三)着力强化科教资源支撑,不断塑造发展新动能新优势。一是办好人民满意教育。加大教育资源供给，新改扩建中小学校幼儿园 42 所,新增学位 2 万个以上。推进义务教育优质均衡发展,持续落实“双减”政策,探索多校划片入学,深化集团化办学,力促灵武市创建成为义务教育优质均衡发展县。强化学前教育、特殊教育普惠发展,学前教育普惠率达到 88%。实施普通高中“双新”国家级示范区三年建设规划,确保高中阶段毛入学率达到 95.6%。加快提升职业教育,力争一次性就业率保持在 95%以上。多种形式增加教师总量，新培育市级及以上骨干教师 200 名。**二是加快科技创新步伐。**紧紧围绕创新引领示范市建设，强化企业科技创新主体地位，实施重大关键技术科技攻关项目 10 个,力争有研发活动规上企业占比突破 50%，新增高新技术企业 30 家,科技型中小企业 200 家。着力构建创新平台体系,组建光伏材料、半导体硅等创新联合体5个，打造新材料中试基地等公共支撑平台30家以上。深化东西部科技合作，年内落地转化项目30个。持续加大研发经费投入强度，财政科技研发投入增长10%以上，全社会R&D强度达到2.1%。**三是强化人才支撑作用。**实施宁籍学子“引凤归巢”行动，吸引宁籍学子回乡创新创业。谋划开展“京津冀”“长三角”“粤港澳大湾区”高层次人才洽谈会，吸引国内顶尖人才来银创新创业。支持鼓励发展各类人才平台，积极探索建立“商业模式+应用场景+资本支持”发展路径。加快打造银川人才创新创业示范城，实行“人才专员制”，建立市、县、用人单位三级高层次人才专员服务机制，引进高层次和急需紧缺人才1500名。

（四）统筹促进区域协调发展，持续优化城乡融合空间布局。一是全面推进乡村振兴。守好不发生规模性返贫底线，确保监测对象风险消除占比保持在60%以上。持续提升移民致富能力，打造移民致富提升示范村18个，力争移民人均可支配收入同比增长10%以上。开展乡村振兴“一村一年一事”行动，打造乡村产业融合示范园10个。加快发展“六特”产业，新增高标准酿酒葡萄种植面积1万亩，奶牛存栏达27万头、生鲜乳产量达89万吨，瓜菜面积稳定在60万亩，做大牛奶、葡萄酒、肉牛肉羊、蔬菜瓜果等特色产业规模，打造现代农业产业园5个以上，创建国家级农业现代全产业链标准生产示范基地3个。实施农村人居环境整治提升行动，打造人居环境整治样板村12个，争创全国乡村治理示范村镇2个。**二是完善提升城市功能。**继续推进交通疏堵“6+N”工程，实施正源街、贺兰山路主干道路功能优化提升工程，打通断头路28条，新增公共停车位5000个。实施园林绿化“增绿”行动，新建小微公园8个、景观林带5条、慢行绿道11条，精准实施绿地补白10万平方米。实施银川水厂、贺兰山水厂改扩建及配套管网工程，推进供水管网入沈阳路地下综合管廊，实现城市供水大循环。持续推进5G网络深度覆盖，争取获批国家千兆城市。**三是加快推进城市更新。**实施城市品质提升工程，打造城市更新示范片区2个、特色街区9个，改造老旧小区75个，打造更新燃气管道40公里、供热管网设施100万平方米。加快推进海绵城市建设，打造金凤区中部、西夏区南部示范片区2个，实施雨污分流改造36处，内涝积水区域整治比例达到80%以上。

（五）牢固树立绿色发展理念，全面提升生态文明建设水平。一是加快发展方式绿色转型。稳步推进“双碳”工作，培育自治区级及以上绿色工厂2个，创建节水型企业4家以上，一般工业固废综合利用率达到51%以上。加快推动产业结构、能源结构调整优化，年内六大高耗能行业比重力争下降1个百分点，新能源发电量比重提高0.5个百分点。启动清洁取暖全覆盖“1+N”工程，完成热源清洁化改造150万平方米。创建国家绿色出行城市，加快推进绿色交通一体化等项目，年内更新新能源公交车600辆，建成公交充电桩500个以上。**二是深入推进环境污染治理。**持续深入打好蓝天、碧水、净土保卫战，加大臭氧污染精准化治理，力争全年空气质量优良天数比例稳定在84%以上；开展入黄河排污口监测溯源和排查整治，持续整治农村黑臭水体。全面推开区域再生水循环利用试点建设，启动第二第四污水厂片区再生水河湖生态利用工程等项目；持续开展“无废城市”建设，实施危废三年整治行动，危废安全处置率达到100%。**三是提升生态系统治理水平。**全面启动贺兰山东麓银川段防洪工程，加快实施黄河银川段河道治理工程，切实提高贺兰山东麓防洪和黄河大保护水平。持续开展生态修复工程，实施典农河全流域水环境综合治理提升工程等项目25个，完成营造林7.6万亩、森林抚育6.4万亩、天然林保护1.5万亩、矿山生态修复3000亩。精心筹办第二届“黄河流域生态保护主题宣传实践月”活动。争创国家森林城市、国家生态园林城市。

（六）全面深化改革扩大开放，充分激发市场活力增长动力。**一是加力推动重点领域改革**。深化国资国企改革，全面规范实行经理层成员任期制管理和差异化考核，大力推进人才服务公司等企业混改试点。加快“六权改革”步伐，推动市县两级国有建设用地实现“线上＋线下”一体化运行，开展兴庆区农村集体经营性建设用地入市试点和灵武市第二轮土地承包到期延包试点；实施“以林养林”，推动山林权应登尽登；开展多形式水权交易，探索打通再生水—黄河水—产业用水权置换新通道；建立历史碳排放数据库，力争在碳金融领域取得突破；稳妥确定用能权指标，探索开展综合能源消费量交易。持续深化财政金融、医疗卫生、综合执法等领域改革。**二是着力拓展对外开放载体**。常态化运营“一单制”公铁海联运，对接畅通中亚、西亚、欧洲等开放通道。主动加强与重庆、钦州港等地联系，积极融入西部陆海新通道。启动建设牛羊肉国家储备中心，谋划推动城郊大仓基地项目。积极推动银川综保区争创国家外向型产业贸易投资提质增效示范项目，提升外贸集聚能力。努力提升跨境电商能级，着力推动跨境电商垂直平台和海外仓建设。提升全国综合交通枢纽能力，全面启动河东机场四期扩建工程，加快推进包银高铁和银太高铁建设。外贸进出口总额增长10%以上。**三是全力提升营商环境水平**。持续深化“证照分离”、一业一证等改革，不断提高企业开办便利度。重点推进“一网通办”“告知承诺”“跨省通办”改革，探索企业开办等13项“一件事一次办”试点落地，打造“无差别不求人”的办事环境。做好企业准入准营注销审批，深化商事许可告知承诺，企业开办网办率提升至95%以上，全市市场主体保有量增长10%以上。

（七）持续改善增进民生福祉，扎实提高人民群众生活品质。**一是促进高质量充分就业**。坚持就业优先导向，进一步健全完善基层公共就业服务体系，打造基层就业创业服务站、创业孵化基地等就业服务平台，深入实施高校毕业生就业创业促进计划，推动重点群体就业创业，全年新增城镇就业4.3万人以上，农村劳动力转移就业8.4万人以上。积极开展“订单式”就业培训，大力推动创业带动就业以及多渠道灵活就业，年内发放创业贷款3.3亿元以上，创业带动就业3000人。切实发挥公益性岗位托底作用，年内安置2300人，确保零就业家庭动态清零。**二是增强普惠性公共服务**。深入实施全民健康水平提升行动，成立市级医疗专科联盟4个，争创自治区级医疗中心1–2个，推动第一人民医院耳鼻咽喉头颈外科建成国家级临床重点专科，加快建设国家中西医结合区域医疗中心。聚焦“一老一小”，试点建设15分钟养老服务圈，加快推动托幼一体化，新增3岁以下婴幼儿照护托位1000个。深入推进“四送六进·文化惠民”工程，举办各类群众文化活动3000场次以上。办好银川马拉松、全国登山健身大会等精品赛事活动，创建全国全民运动健身模范市。**三是健全多维度保障体系**。全面实施全民参保计划，推动社会保险法定人群全覆盖。强化低收入人群动态监测预警，为全市低保对象、特困人员中60岁以上老年人，提供购买困难群众救助保险。组织实施“6助+N”养老照护服务项目，为特殊困难老年人提供生活照料等服务。加强妇女儿童、未成年人关心关爱和权益保护。加快建立多主体供给、多渠道保障、租购并举的住房制度，新增保障性租赁住房3700套,新建续建棚改项目6处。

(八)坚决守住安全发展底线,全力筑牢社会稳定基层基础。一是防范化解安全风险。严控经济金融领域风险，统筹做好到期政府债务化解,严厉打击非法集资及金融乱象,妥善推进处置国企债务,坚决确保不发生系统风险;全力做好能源保供,强化煤炭、电力、天然气动态监测,加快推进优质煤产能释放。全方位夯实粮食安全根基,确保粮食面积和产量稳定在121万亩、69万吨以上,奋力夺取粮食大丰收。持续推动房地产市场健康发展，试行二手房“带押过户”、“交房即交证”、现房销售试点等创新机制,持续跟进“保交楼”和“烂尾工程”化解工作。**二是提升公共安全水平。**优化疫情防控措施,最大程度保护人民生命安全和身体健康。严格落实安全生产责任制，围绕自治区打造安全生产最严省区目标,确保亿元GDP生产安全事故死亡率控制在自治区下达指标内。健全完善四级应急指挥体系,加快“应急大脑”建设,提升应急处置能力。建立食品药品安全风险防控动态管理机制,加快创建国家食品安全示范市，全域创建食品药品安全区。扎实做好重点节日和重大活动安全保障工作。**三是强化社会治理能力。**持续深化社会治安防控体系建设,着力构建多跨协同、闭环管控大平安机制。严格落实“两排查一分析”长效机制,推进“一站式”矛盾纠纷调解平台建设,深化“金牌调解员”品牌建设。深化重复信访集中治理和信访积案化解，深入推进全国信访工作示范县创建,加强和改进人民信访工作。常态化开展扫黑除恶斗争,全力打好反诈攻坚战。深化国防动员和双拥共建，完善退役军人服务保障体系,争创全国双拥模范城“十连冠”。

附件:银川市2023年国民经济和社会发展主要目标表

附件

银川市2023年国民经济和社会发展主要目标表

	指标名称	单位	年度计划	责任单位	指标属性
	一、经济发展				
	地区生产总值	%	6.5左右	市发改委	
	第一产业	%	5左右	市农业农村局	
	第二产业	%	8左右	市工信局	
	建筑业	%	8以上	市住建局	
	规上工业	%	8.5左右	市工信局	
	第三产业	%	5.5左右	市发改委	
1	交通运输仓储和邮政业	%	6左右	市交通运输局、邮政管理局	预期性
	批发和零售业	%	4.5左右	市商务局	
	住宿和餐饮业	%	6.5左右	市商务局	
	金融业	%	5左右	市金融工作局	
	房地产业	%	由负转正	市住建局	
	营利性服务业	%	6.5左右	市网信局、科技局、民政局、文旅局等	
	非营利性服务业	%	5.5左右	市财政局、人社局	预期性
2	常住人口城镇化率	%	82	市住建局	预期性
3	全员劳动生产率	万元/人	17左右	市发改委、人社局	预期性
4	一般公共预算收入	%	5.5左右	市财政局	预期性
5	固定资产投资	%	8左右	市发改委	预期性
6	建筑安装工程投资	%	8	市住建局	预期性
7	社会消费品零售总额	%	5以上	市商务局	预期性
8	进出口总额	%	10以上	市商务局	预期性
9	实际利用外资	%	15	市商务局	预期性
10	金融机构本外币存贷款余额	%	10	市金融工作局	预期性
11	公路客货运输周转量	%	8	市交通运输局	预期性
12	居民消费价格涨幅	%	3左右	市发改委	预期性
13	招商引资实际到位资金	%	10以上	市投促局	预期性
14	接待游客人数	%	15	市文旅广电局	预期性
15	旅游收入	%	15	市文旅广电局	预期性
	二、创新驱动				
16	研发经费投入增长	%	10以上	市科技局	预期性
17	每万人口高价值发明专利拥有量	件	3.6左右	市场监督管理局	预期性
18	战略性新兴产业增加值占GDP比重	%	8	市工信局	预期性
19	数字经济核心产业增加值占GDP比重	%	7	市网信局	预期性
20	数字经济增加值占GDP比重	%	32	市网信局	预期性
21	电信业务总量	%	13	市网信局	预期性

续表

	指标名称	单位	年度计划	责任单位	指标属性
	三、民生福祉				
22	居民人均可支配收入	%	6.5 以上		预期性
23	城镇居民人均可支配收入	%	6.5 以上	市人社局	预期性
24	农村居民人均可支配收入	%	7.5 以上	市农业农村局	预期性
26	脱贫人口人均纯收入	%	高于当地农村居民人均可支配收入增速	市乡村振兴局	约束性
27	移民人均可支配收入	%	10 以上	市乡村振兴局	约束性
28	城镇新增就业	万人	4.3 以上	市人社局	预期性
29	农村劳动力转移就业	万人	8.4	市人社局	预期性
30	高校毕业生总体就业去向落实率	%	90 以上	市人社局	预期性
31	城镇调查失业率	%	5.5 以内	市人社局	预期性
32	人均预期寿命	岁	77.7	市卫健委	预期性
33	每千人口拥有 3 岁以下婴幼儿托位数	个	2.4	市卫健委	预期性
34	每千人口执业(助理)医师数	人	3.93	市卫健委	预期性
35	劳动年龄人口平均受教育年限	年	12	市教育局	约束性
36	基本养老保险参保率	%	94	市人社局	预期性
37	养老机构护理型床位占比	%	60	市民政局	预期性
	四、绿色生态				
38	单位 GDP 能耗降低率	%		市发改委	
39	单位 GDP 二氧化碳排放降低率	%		市发改委	
40	挥发性有机物重点工程减排量	吨		市生态环境局	
41	化学需氧量重点工程减排量	吨		市生态环境局	
42	氨氮重点工程减排量	吨		市生态环境局	
43	氮氧化物重点工程减排量	吨	完成自治区下达任务	市生态环境局	约束性
44	地级城市空气质量优良天数比率	%		市生态环境局	
45	细颗粒物($PM_{2.5}$)浓度	微克 / 立方米		市生态环境局	
46	重污染天气比率	%		市生态环境局	
47	地表水国考断面达到或好于Ⅲ类水体比例	%		市生态环境局	
48	重点建设用地安全利用率	%	完成国家考核要求	市自然资源局	约束性
49	森林覆盖率	%	15	市自然资源局	约束性
50	草原综合植被盖度	%	46.1	市自然资源局	预期性
51	城市建成区绿地率	%	41.23	市园林管理局	预期性
52	湿地保护率	%	85	市自然资源局	预期性
53	水土保持率	%	80.07	市水务局	预期性
54	农村生活污水治理率	%	76	市生态环境局	预期性
55	单位 GDP 用水降低率	%	3.2	市水务局	约束性
56	非化石能源占能源消费总量比重	%	10	市发改委	预期性
	五、安全保障				
57	粮食总产量	亿斤	34.5	市农业农村局	约束性
58	能源综合生产能力	万吨标准煤	6185	市发改委	预期性
59	单位地区生产总值生产安全死亡率	人 / 亿元	0.0281	市应急管理局	约束性
60	生产安全事故死亡人数	%	–3.3	市应急管理局	预期性

关于2022年银川市及市本级预算执行情况和2023年银川市及市本级预算草案的报告

——2022年12月16日在银川市第十六届人民代表大会第二次会议上

银川市财政局

各位代表：

受市人民政府委托，现将2022年银川市及市本级预算执行情况和2023年银川市及市本级预算草案的报告提请市十六届人大二次会议审议，并请各位政协委员和其他列席人员提出意见。

一、2022年全市及市本级预算执行情况

2022年是党和国家历史上具有里程碑意义的一年。面对复杂严峻的国际国内形势和诸多风险挑战，在自治区党委、政府和银川市委的坚强领导下，全市上下坚持以习近平新时代中国特色社会主义思想为指导，认真学习宣传贯彻党的二十大精神，全面贯彻落实习近平总书记视察宁夏重要讲话精神，按照自治区第十三次党代会和银川市第十五次党代会部署要求，认真落实“疫情要防住、经济要稳住、发展要安全”重要要求，以先行区示范市建设为牵引，把准财政方向，谋定财政思路，推进财政工作，全市财政收支执行情况总体良好，有力推动了经济社会发展保持稳中向好的发展态势。

（一）一般公共预算执行情况

1.全市一般公共预算执行情况。预计全口径公共财政预算总收入完成474.30亿元。其中：一般公共预算收入完成174.59亿元，完成年初预算的95%，同口径增长10.9%；上级转移支付收入191.04亿元。公共财政预算总支出474.30亿元。其中：一般公共预算支出332.83亿元，同比增长14.1%，完成年度变动预算数的77.9%；上解自治区支出7.76亿元。

2.市本级一般公共预算执行情况。公共财政预算总收入完成244.88亿元。其中：一般公共预算收入82.70亿元，完成年初预算的84.3%，同口径增长1.3%；上级转移支付收入112.49亿元。公共财政预算总支出244.88亿元。其中：一般公共预算支出127.37亿元，同比增长3%，完成年度变动预算数的93.3%；补助下级支出66.18亿元。

（二）政府性基金预算执行情况

1.全市政府性基金预算执行情况。全口径政府性基金预算总收入完成129.42亿元。其中：政府性基金收入82.82亿元，同比下降6.7%；上级转移支付收入1.18亿元，专项债务转贷收入27.52亿元。地方政府性基金预算总支出129.42亿元。其中：政府性基金支出93.10亿元；专项债务还本支出29.91亿元。

2.市本级政府性基金预算执行情况。政府性

基金预算总收入完成 88.56 亿元。其中:政府性基金预算收入 60.52 亿元，完成年初预算的 64.6%,同比下降 9.5%;上级转移支付收入 0.63 亿元,专项债务转贷收入 13.07 亿元。政府性基金预算总支出 88.56 亿元。其中:政府性基金支出 64.63 亿元,同比增长 46.7%;专项债务转贷支出 5.53 亿元。

(三)国有资本经营预算执行情况。全市国有资本经营预算上年结转 1.11 亿元，当年收入完成 0.83 亿元,支出 1.11 亿元,结转下年使用 0.22 亿元,调出资金 0.63 亿元。其中:市属企业国有资本经营预算上年结转 0.04 亿元，收入 0.63 亿元,调出 0.63 亿元至一般公共预算,结转下年 0.04 亿元。

(四)社会保险基金预算执行情况。社会保险基金总收入 106.35 亿元，社会保险基金总支出 64.29 亿元，社会保险基金滚存结余 144.85 亿元。

(五)政府法定债务余额情况。2022 年 11 月底,全市法定债务限额 770 亿元,法定债务余额 662.77 亿元,其中:市本级债务限额 282 亿元，债务余额 227.27 亿元（一般债务 162.88 亿元、专项债务 64.39 亿元)。

上述预算收支情况以 11 月月报为基数预计全年数据,最终执行结果待决算批复后,再向市人大常委会报告。

(六)需要说明的情况

2022 年预算执行中，因地方政府债券资金及疫情防控等因素,市本级预算收支发生变化。经市人大常委会批准，一是新增地方政府一般债券 15.83 亿元,重点用于医疗卫生、疏堵提畅、防洪排涝、环境整治、园林绿化以及支持辖区基础设施建设等重点项目；二是调整市本级支出预算 19 亿元,安排用于支持国有企业及工业领域供给侧结构性改革、征地拆迁补偿、疫情防控、解决历史遗留问题等方面的项目支出。

二、2022 年落实市人大决议和财政工作情况

2022 年,全市财政部门认真贯彻市委、市政府决策部署，全面落实市十六届人大第一次会议预算决议和审查意见,优化支出结构,硬化预算管理,深化财政改革,为先行区示范市建设提供有力保障。

(一)坚持多措并举“聚财”,全面夯实财力基础。把提高财政保障能力作为以财辅政的基础,坚持上下联动、左右协同、依法聚财,持续做大做优财政“蛋糕”。一是打牢基础。紧扣年度一般公共预算收入增长目标，坚决克服实施大规模留抵退税政策、房地产市场持续波动等方面的巨大困难,制定实施《银川市预算执行分析制度》《银川市税费保障办法》,推动全市一般公共预算收入增速持续保持沿黄九省(区)省会城市前列、全区五市领先位次。二是向上借力。跑部进京、跑厅进局,打好上争资金“主动仗”。截至目前,共争取各类上级资金 126.99 亿元,同比增长 21.4%。尤其是在市委领导的亲自调度下,在市人大领导的大力支持下，获得北方地区冬季清洁取暖项目和全国海绵城市建设示范市项目 32 亿元中央财政资金支持，资金规模创历史新高。坚持政策“春风”往哪里吹,项目的“种子”就往哪里落,创新设立建设项目财政储备库,谋划储备债券项目 111 个，争取自治区各类债务资金 39.7 亿元,实现“项目等钱”到“钱等项目”的转变。依托有效投资重要项目协调机制,梳理设备更新改造项目专项贷款需求 230 亿元，撬动金融资源保障项目实施。三是向内挖潜。扎实开展“四闲”专项整治,统筹安排使用市本级各预算单位两年以上的结余结转资金 10.03 亿元,让沉淀资金“活”起来,以高流动性确保高安全性、

实现高效益性。充分挖掘存量资产的价值，完成闲置资产处置收入5.11亿元，把闲置低效资产“点石成金”。在市人大的大力支持下，全面清理收缴近三年国有资本经营收益6338万元，做到国有资本收益“颗粒归仓”，实现历史性突破。创新政府投资项目结算评审机制，审减2021年及以前年度项目投资2.28亿元，审减率近15%，实现评审效率和资金效益“双提升”。

（二）紧扣中心任务“用财”，奋力推进高质量发展。牢牢把握高质量发展首要任务，调整优化财政支出结构，集聚资金、集成政策、集中力量，全力支持打造“两都五基地”。**一是支持稳住经济大盘。**坚持积极财政政策靠前发力，参与制定、全面落实银川市“稳增长促发展10条”“四保两稳一促32条”“支持扩大消费20条”等一揽子“稳保促”政策措施，未雨绸缪、科学应对“三重压力”和疫情波动影响。市本级安排促消费补助资金3400万元、争取自治区专项补助资金4430万元，加速城市“烟火气”回归，带动前三季度全市社会消费品零售总额增幅位居全区五市第一位。**二是扶持壮大市场主体。**不折不扣落实更大规模的减税降费政策，实行“顶格优惠+叠加享受”机制，为市场主体减轻税费负担138亿元，占全区总体规模的近三分之二。其中地方增值税留抵退税达21.43亿元，是上年的3.6倍。**三是促进产业集聚发展。**以金融思维运营财政资金，筹措资金4亿元设立工业企业风险担保补偿基金和工业风险转贷基金，形成财政资金与担保、政策性保险等金融手段的“组合拳”，切实解决工业企业融资难、融资贵的问题。拨付阅海湾中央商务区、苏银产业园、综合保税区发展扶持专项资金3.5亿元，安排“工业强市”专项资金2950万元，铸强工业经济“主引擎”。统筹安排市级预算内资金1亿元，保障工业经济稳增长促发展10条等措施落地实施。**四是汇聚科技创新动能，**围绕打造科技创新高地，用足用好3.48亿元科学技术资金，带动全社会R&D投入强度达到2.01%，促进“科创中国”创新枢纽创新力、辐射力、影响力更加强劲。投入资金4000万元，设立“银川兴星”等三支基金，支持重点领域创新破局。聚焦人才“第一资源”，安排激发人才活力服务创新驱动发展专项资金6000万元，支持落实“人才兴市”30条等一揽子人才政策，打造吸引人才的“强磁场”。**五是筑牢项目支撑，**牢牢抓住项目投资这个“牛鼻子”，统筹安排资金35.04亿元，保障“交通疏堵6+N”、海绵城市等123个重大项目实施，跑出项目建设和民生改善“加速度”。安排项目前期工作专项经费2000万元，对年内新谋划总投资3000万元以上的政府投资类项目给予支持，保持全市滚动项目库项目动态保持在200个以上，把重点项目“快变量”转化为经济发展“快增量”。

（三）聚焦民生福祉“理财”，持续提升群众生活品质。坚持“为民理财”，全市年度民生支出预计完成259.25亿元、占一般公共预算支出的78%，用数据“刻度”，标注投入“力度”，提高民生“温度”。**一是聚焦疫情防控。**构建稳定长效的常态化疫情防控资金保障机制和灵活高效的“战时”疫情防控资金应急保障机制，优先保障、快拨快付疫情防控资金7.16亿元，支持科学快速有效处置“4·06”“9·20”突发疫情，持续筑牢疫情防控的人民防线、社会防线。**二是聚焦学有所教。**坚持教育投入只增不减，安排教育资金44.52亿元，保障全市义务教育薄弱环节改善与能力提升，着力破解“优质的不均衡、均衡的不优质”问题。**三是聚焦劳有所得。**安排社会保障和就业资金12.82亿元，办好群众的“头等大事”和“关键小事”。突出就业优先，安排稳岗就业保障资金1.31亿元，支持购买1000个公益性岗位指标，推动零就业家庭动态“清零”。安排城乡最低保障资金1.06亿元，建立动态调整机制，人均保障标准在原有基础上再提高20元，让人民群众共享改革发展成果。**四是聚焦住有所居。**安排资金5.78亿元，对137个老旧小区实施改造，进一步扮靓“颜值”、提升“内涵”。建成保障性租赁住房7858套，把群众“摸得着”的贴心工程办到群众“心坎上”。**五是聚焦文旅融合。**围绕“以文塑旅、以旅彰文”，拨付各类资金3.14亿元，支持发展短途一日游、网红打卡地等契合群众需求、融合时代气息的新业态。**六是聚焦美丽宜居，**建立污染治理稳定增长机制和环境质量与财政投入挂钩政策，安排环保支出5.06亿元，促进良好生态环境成为最普惠的民生福祉。落实黄河宁夏段干支流及入黄排水沟上下游横向生态保护补偿机制试点安排，上解资金4640万元、接收补偿资金5548万元，“谁污染，谁付费”“谁改善，谁受益”的导向更加鲜明。

（四）树牢底线思维“稳财”，有效防范化解重大风险。始终保持“时时放心不下”的责任感和“瞪大眼睛”的警觉，实行政府债务去存量和遏增量“两线作战”，以政府债务风险安全可控护航经济社会高质量发展。**一是主动强监督。**及时传达学习、认真落实市委《关于加强人大对政府债务审查监督的实施意见》精神，压实地方政府债务管理及化解主体责任，定期向人大汇报政府债务管理情况，主动接受监督审查，有效提升全市政府债务管理法制化水平。**二是积极去存量。**牢牢守住不新增政府隐性债务风险的红线，统筹安排到期债务偿债资金64.6亿元，其中财政资金偿还55.56亿元、争取再融资债券偿还9.04亿元，债务化解“十年计划”稳步推进。**三是坚决遏增量。**探索实施重大支出和重大项目实行财政承受能力评估，对资金来源不落实、不闭合的项目一律“亮红灯”。安排资金9亿元，优先解决群众反映强烈的突出问题，支持稳妥化解世贸、中海等房地产项目逾期交房问题，全力以赴“保交楼、保民生、保稳定”。**四是稳慎控变量。**建立国资国企债务风险动态监测机制，强化对市属国资国企债务约束。严把法定程序关，杜绝“解决老问题、留下新隐患”，向国有企业注资13.5亿元，既解决应急“输血”问题，又培育常态“造血功能”，推动国企改革三年行动圆满收官，确保财政资金安全高效运行。

（五）深化财税改革“管财”，提升财政运行管理质效。用好改革“关键一招”，加快建立权责清晰财力协调的财政体系现代预算制度，守好用好财政资金“钱袋子”。**一是深化财政体制改革。**在全区率先启动省以下财政体制改革工作，研究制定《调整完善银川市分税制财政体制实施方案》，深化自然资源等8个领域的市与辖区财政体制改革，明晰学前教育等长期以来市与辖区支出责任划分的“模糊地带”，提升辖区对民生重点难点的保障能力。今年来，安排辖区债券资金5亿元、教育费附加3.17亿元、疫情防控资金0.95亿元，打破建设资金短缺困境，有效缓解民生保障突出矛盾，坚决兜牢疫情防控和经济发展责任。**二是强化预算刚性约束。**严格执行新一届人大审查批准的年度预算，坚持“先有预算、再有指标、后有支出”原则，维护预算的严肃性。今年以来未发生一起预算追加情况。实行预算安排与事前绩效评估、绩效目标以及上年预算执行绩效情况“三个挂钩”，对绩效好、支出快的多安排，绩效差、支出慢的少安排甚至不安排，引导各地各部门自觉提高资金使用效益。组织对农业、科技两大类资金和23个重点项目开展绩效评价，充分吸纳第三方机构的评价意见，逐步构建全方位、全过程、全覆盖的预算绩效管理体系。**三是完善直达资金监管。**强化直达资金全流程监管，综合运用“月度考核 + 重点关注 + 实地督导”等方式，重点整治直达资金闲置、挪用、使用效益低下等顽疾，把直达资金操作时间压缩到10个工作日以内，比财政部统一规定少20天，把更多的时间留给基层。目前中央、自治区共下达我市直达资金36.62亿元，分配进度达100%；完成直达资金支出33.96亿元，支出进度92.7%，快于序时进度，预计年底前接近100%。**四是健全财政内控制度。**坚持直面问题、刀刃向内，深刻汲取丝路明珠塔和闽宁会议中心项目审计反馈问题的教训，制定《银川市财政局预算管理内部工作规程》等各类制度32项，堵塞漏洞、填补空白，用严密的"制度网"，为财政资金安全、财政干部安全保驾护航。

各位代表，一年来，在市委的坚强领导下，在市人大、政协的监督支持下，全市财政运行平稳有序，积极财政政策成效凸显，财政职能作用有效发挥。但我们也清醒的认识到，财政运行中还存在一些困难和问题：一是财源基础相对薄弱，规模还不够大、结构还不够优、后劲还不够足，对土地财政的依赖性过大，财政收入持续增长面临巨大困难；二是财政处于紧平衡状态，"三保"等刚性支出保持高位并持续增长，预算平衡难度不断加大；三是政府债务存量仍然较大，政府债务化解进入高峰期，债务还本付息压力加大，尤其是国资国企债务规模仍然较大，债务风险传递隐患不断集聚发展；四是个别单位预算绩效理念有待加强、执行财经纪律不够严，个别领域的资金支出进度偏慢，仍然存在资金沉淀、闲置等问题。对此，我们将高度重视，举一反三，采取有力措施积极解决。

三、2023年财政预算草案

2023年我市财政工作及预算安排的指导思想是：坚持以习近平新时代中国特色社会主义思想为指导，全面贯彻落实党的二十大精神，深入学习贯彻习近平总书记视察宁夏重要讲话和重要指示批示精神，弘扬伟大建党精神，坚持稳中求进工作总基调，完整、准确、全面贯彻新发展理念，主动服务和融入新发展格局，更好统筹疫情防控和经济社会发展，更好统筹发展和安全，全面落实自治区第十三次党代会部署和自治区党委、政府要求，全面落实市第十五次党代会和市委十五届七次全会精神，以先行区示范市建设为牵引，大抓发展、抓大发展、抓高质量发展，推动积极的财政政策加力提效，调整优化支出结构，加快支出进度，继续深化预算制度和财政体制改革，突出绩效管理导向，坚决防范化解政府债务风险，更好发挥财政在治理体系和治理能力现代化中的重要支柱作用，为建设黄河流域生态保护和高质量发展先行区示范市做出新贡献。

2023年预算编制原则：一是量入为出，量力而行。保持预算编制与国民经济和社会发展规划相一致，与单位履行职能相协调，与本级财力相适应。**二是优化结构，精准支出。**切实保障全市中心工作的落实和重点支出的需要，不断优化支出结构，切实把有限的财力向民生领域倾斜，促进经济社会全面、协调、可持续发展。**三是加强管理，提升效能。**树牢过"紧日子"思想，按照"预算紧平衡"新常态要求，强化预算绩效管理，盘活财政存量资金，加大统筹力度，加快预算执行进度，确保实现全年财政收支平衡和财政可持续发展。2023年全市一般公共预算收入同比增长5.5%。

（一）一般公共预算安排草案

1.全市一般公共预算安排草案。公共财政预算总收入391.58亿元。其中：一般公共预算收入安排184.19亿元，同比增长5.5%；上级转移支付收入88.47亿元。据此，公共财政预算总支出391.58亿元。其中：一般公共预算支出332.06亿元;上解自治区支出 7.66 亿元。

2.市本级一般公共预算安排草案。公共财政预算总收入 193.32 亿元。其中:一般公共预算收入安排 97.01 亿元,同比增长 17.3%;上级转移支付收入 42.82 亿元。据此,公共财政预算总支出 193.32 亿元。其中:一般公共预算支出 144.48 亿元;上解自治区支出 0.7 亿元。

(二)政府性基金预算安排草案

1.全市政府性基金预算草案。政府性基金预算总收入 115.55 亿元。据此,安排政府性基金预算总支出 115.55 亿元。

2.市本级政府性基金预算草案。政府性基金预算总收入 89.58 亿元。据此,安排政府性基金预算总支出 89.58 亿元。

(三)国有资本经营预算安排草案

2023 年全市国有资本经营预算总收入安排 0.76 亿元,国有资本经营预算总支出安排 0.76 亿元。其中:市本级国有资本经营预算总收入安排 0.4 亿元,国有资本经营预算总支出安排 0.4 亿元。

(四)社会保险基金预算安排草案

全市社会保险基金预算收入安排 85.76 亿元,全市社会保险基金预算支出安排 67.14 亿元,滚存结余 163.47 亿元。

四、全力完成 2023 年财政重点任务

2023 年是贯彻落实党的二十大精神的开局之年。我们将按照自治区和市委决策部署,坚持积极的财政政策加力提效,扩财源,夯基础,保民生,防风险,加强财政经济运行分析研判,强化跨周期和逆周期调节,为经济平稳运行提供有力的财政支撑。

(一)夯实财源根基,建设“实力财政”。坚持把支持高质量发展的着力点放在实体经济上,聚焦实施“三新”产业倍增行动,研究制定支持“三新”产业发展差异化奖补政策,涵养丰沛的“财源活水”。围绕发展新材料产业,科学安排“工业强市”战略项目资金 7240 万元和产业园区发展专项资金 4 亿元,用好工业企业风险担保补偿基金和工业企业风险转贷基金,大力支持“三新”产业基础再造。围绕发展新食品产业,适度安排葡萄酒产业发展专项资金、农业产业发展项目专项资金,大力支持葡萄酒、高端奶、枸杞精深加工产业发展。大力推进科技创新,保持财政科技研发投入增长 10%,促进科技型企业集群式发展。接续实施新的退税减税降费政策,“放水养鱼”,让市场主体“如鱼得水”。在预算安排资金 4 亿元的基础上,积极争取新增一般债券资金,支持基础设施、生态修复等补短板、惠民生的公益性项目建设;大力争取专项债券资金,支持产业、能源、农林水利等稳增长、促发展的收益性项目建设;协调争取政策性开发性金融资金,适度引入社会资本,填补项目建设资金缺口。

(二)兜牢兜实“三保”底线,建设“民生财政”。坚持“两个支出优先”原则,强化“三保”预算审核,从源头上确保基层“三保”不留“硬缺口”。深化省级以下财政体制改革,调整完善市与辖区分税制财政体制,有效加强市本级统筹能力和辖区保障能力。统筹多个投入渠道,在实施好交通疏堵工程的基础上,支持实施交通疏堵、清洁取暖、美丽河湖、海绵城市、功能提升“五大工程”,持续擦亮民生“十心”品牌。围绕全面推进乡村振兴建设,安排资金 1.16 亿元,同时调整土地出让收益分配制度,建立土地出让收入用于农村比例稳步增长机制,保障乡村振兴重点任务落实。把稳就业摆在突出位置,打好稳就业“组合拳”。实行财政直达资金“一竿子插到底”,加强备案审核管理,严格资金使用监管,有

效对冲"三保"压力。

（三）强化政府债务管理，建设"安全财政"。 坚持10年化债任务目标不动摇，统筹安排各类化债资金74.41亿元，最大限度争取再融资债券23亿元，足额保障偿还到期债务。按照"资金跟着项目走"的原则，做深做细地方政府专项债券项目储备和前期工作，加快债券使用进度，尽快形成实物工作量。开展专项债券项目穿透式监测，及时掌握资金使用、项目建设进度、运营管理等情况，发现问题第一时间纠正。完善常态化监测机制，着力加强风险源头管控，加强部门间信息共享和协同监管，坚决遏制新增政府隐性债务，坚决斩断政府债务风险集聚传递链条。

（四）健全现代财政制度，建设"绩效财政"。 健全以绩效为导向的预算分配体系，建立预算安排与绩效结果挂钩的激励约束机制。深入推进事前绩效评估和绩效目标评审相结合的预算源头管理，对重大政策、重大项目开展全生命周期跟踪评价，以最小的财政投入实现最优的财政资源配置。深化预算管理制度改革，推进预算一体化系统建设，充分调动辖区谋发展、抓产业、强财源的积极性。强化预算约束，对拟出台的重大增支政策实行前置财政承受能力评估，杜绝超标准、超范围、超能力支出。按照"循着资金找资产"的办法，对沉淀资产、账外资产全面起底，通过调剂共享、转换用途、出租等方式，"唤醒"长期低效运转、闲置的国有资产。

（五）严肃财经纪律，建设"法治财政"。 把严肃财经纪律摆在更加突出的位置，持续深化收入预算管理、支出预算管理、国库管理、资产管理、债务管理等领域财经纪律整治，让财经纪律成为不可触碰的"高压线"。把盘活财政存量资金作为深化财经秩序专项整治行动的重要内容，健全存量资金统计考核机制，提升存量资金使用效益。严格规范暂付款管理，落实还款主体责任，积极清理消化存量。深刻汲取审计反馈问题教训，规范财政收支行为，杜绝急功近利、寅吃卯粮的短期行为。围绕市委重大决策部署开展跟踪监督检查，督导推进重大财税政策执行到位、落地见效。

艰难方显勇毅，磨砺始得玉成。2023年的财政工作，任务之艰巨前所未有，挑战之严峻前所未有。我们将坚持以习近平新时代中国特色社会主义思想为指导，认真学习贯彻党的二十大精神，深入贯彻落实习近平总书记重要讲话和重要指示批示精神，在市委的坚强领导下，在市人大、政协的监督支持下，真抓实干、克难奋进、笃定前行，奋力完成全年财政工作目标任务，为建设黄河流域生态保护和高质量发展先行区示范市作出更大贡献。

中华人民共和国
2022 年国民经济和社会发展统计公报[1]

国家统计局

2023 年 2 月 28 日

2022 年是党和国家历史上极为重要的一年。党的二十大胜利召开，擘画了全面建设社会主义现代化国家、以中国式现代化全面推进中华民族伟大复兴的宏伟蓝图。面对风高浪急的国际环境和艰巨繁重的国内改革发展稳定任务，在以习近平同志为核心的党中央坚强领导下，各地区各部门坚持以习近平新时代中国特色社会主义思想为指导，按照党中央、国务院决策部署，统筹国内国际两个大局，统筹疫情防控和经济社会发展，统筹发展和安全，坚持稳中求进工作总基调，完整、准确、全面贯彻新发展理念，加快构建新发展格局，着力推动高质量发展，加大宏观调控力度，应对超预期因素冲击，经济保持增长，发展质量稳步提升，创新驱动深入推进，改革开放蹄疾步稳，就业物价总体平稳，粮食安全、能源安全和人民生活得到有效保障，经济社会大局保持稳定，全面建设社会主义现代化国家新征程迈出坚实步伐。

一、综合

初步核算，全年国内生产总值[2]1210207 亿元，比上年增长 3.0%。其中，第一产业增加值 88345 亿元，比上年增长 4.1%；第二产业增加值 483164 亿元，增长 3.8%；第三产业增加值 638698 亿元，增长 2.3%。第一产业增加值占国内生产总值比重为 7.3%，第二产业增加值比重为 39.9%，第三产业增加值比重为 52.8%。全年最终消费支出拉动国内生产总值增长 1.0 个百分点，资本形成总额拉动国内生产总值增长 1.5 个百分点，货物和服务净出口拉动国内生产总值增长 0.5 个百分点。全年人均国内生产总值 85698 元，比上年增长 3.0%。国民总收入[3]1197215 亿元，比上年增长 2.8%。全员劳动生产率[4]为 152977 元 / 人，比上年提高 4.2%。

图 1　2018—2022 年国内生产总值及其增长速度

图 2　2018—2022 年三次产业增加值占国内生产总值比重

图 3　2018—2022 年全员劳动生产率[6]

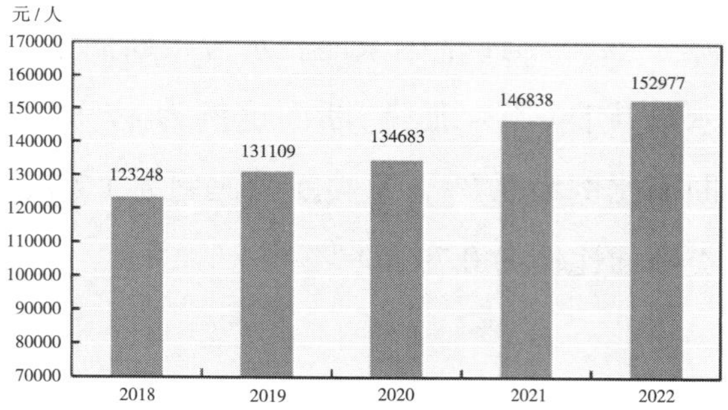

年末全国人口[6]141175 万人，比上年末减少 85 万人，其中城镇常住人口 92071 万人。全年出生人口 956 万人，出生率为 6.77‰；死亡人口 1041 万人，死亡率为 7.37‰；自然增长率为 −0.60‰。

表 1　2022 年年末人口数及其构成

指标	年末数（万人）	比重（%）
全国人口	141175	100.0
其中：城镇	92071	65.2
乡村	49104	34.8
其中：男性	72206	51.1
女性	68969	48.9
其中：0–15 岁（含不满 16 周岁）[7]	25615	18.1
16–59 岁（含不满 60 周岁）	87556	62.0
60 周岁及以上	28004	19.8
其中：65 周岁及以上	20978	14.9

年末全国就业人员 73351 万人，其中城镇就业人员 45931 万人，占全国就业人员比重为 62.6%。全年城镇新增就业 1206 万人，比上年少增 63 万人。全年全国城镇调查失业率平均值为 5.6%。年末全国城镇调查失业率为 5.5%。全国农民工[8]总量 29562 万人，比上年增长 1.1%。其中，外出农民工 17190 万人，增长 0.1%；本地农民工 12372 万人，增长 2.4%。

图 4　2018—2022 年城镇新增就业人数

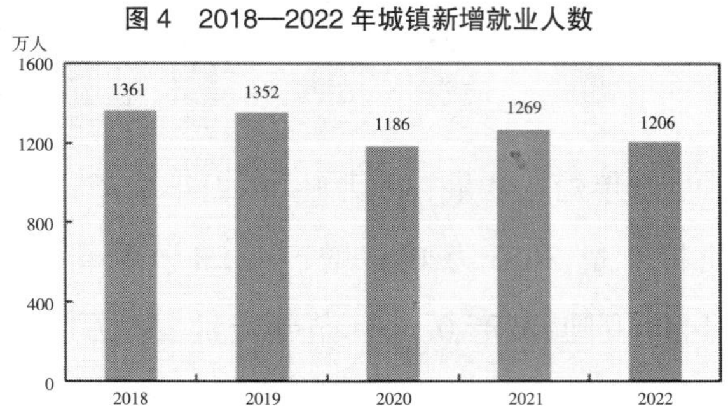

全年居民消费价格比上年上涨 2.0%。工业生产者出厂价格上涨 4.1%。工业生产者购进价格上涨 6.1%。农产品生产者价格[9]上涨 0.4%。12 月份，70 个大中城市中，新建商品住宅销售价格同比上涨的城市个数为 16 个，持平的为 1 个，下降的为 53 个；二手住宅销售价格同比上涨的城市个数为 6 个，下降的为 64 个。

图 5　2022 年居民消费价格月度涨跌幅度

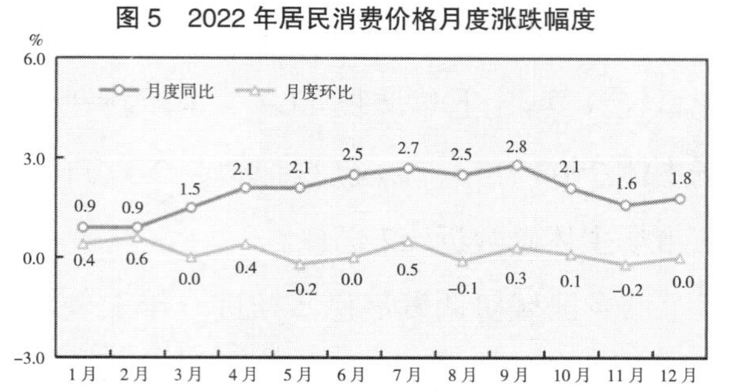

表 2　2022 年居民消费价格比上年涨跌幅度

单位：%

指标	全国	城市	农村
居民消费价格	2.0	2.0	2.0
其中：食品烟酒	2.4	2.6	2.1
衣　着	0.5	0.6	0.3
居　住[10]	0.7	0.5	1.3
生活用品及服务	1.2	1.2	1.0
交通通信	5.2	5.2	5.0
教育文化娱乐	1.8	1.9	1.7
医疗保健	0.6	0.6	0.8
其他用品及服务	1.6	1.5	2.0

年末国家外汇储备 31277 亿美元，比上年末减少 1225 亿美元。全年人民币平均汇率为 1 美元兑 6.7261 元人民币，比上年贬值 4.1%。

图 6　2018—2022 年年末国家外汇储备

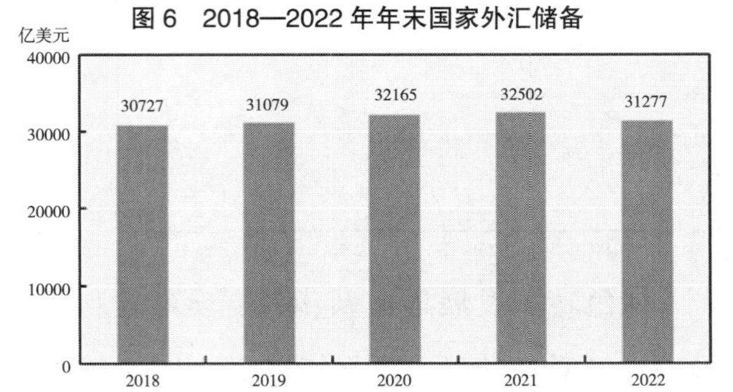

新产业新业态新模式较快成长。全年规模以上工业中，高技术制造业[11]增加值比上年增长 7.4%，占规模以上工业增加值的比重为 15.5%；装备制造业[12]增加值增长 5.6%，占规模

以上工业增加值的比重为31.8%。全年规模以上服务业[13]中，战略性新兴服务业[14]企业营业收入比上年增长4.8%。全年高技术产业投资[15]比上年增长18.9%。全年新能源汽车产量700.3万辆，比上年增长90.5%；太阳能电池（光伏电池）产量3.4亿千瓦，增长46.8%。全年电子商务交易额[16]438299亿元，按可比口径计算，比上年增长3.5%。全年网上零售额[17]137853亿元，按可比口径计算，比上年增长4.0%。全年新登记市场主体2908万户，日均新登记企业2.4万户，年末市场主体总数近1.7亿户。

城乡区域协调发展稳步推进。年末全国常住人口城镇化率为65.22%，比上年末提高0.50个百分点。分区域看[18]，全年东部地区生产总值622018亿元，比上年增长2.5%；中部地区生产总值266513亿元，增长4.0%；西部地区生产总值256985亿元，增长3.2%；东北地区生产总值57946亿元，增长1.3%。全年京津冀地区生产总值100293亿元，比上年增长2.0%；长江经济带地区生产总值559766亿元，增长3.0%；长江三角洲地区生产总值290289亿元，增长2.5%。粤港澳大湾区建设、黄河流域生态保护和高质量发展等区域重大战略扎实推进。

图7　2018—2022年年末常住人口城镇化率

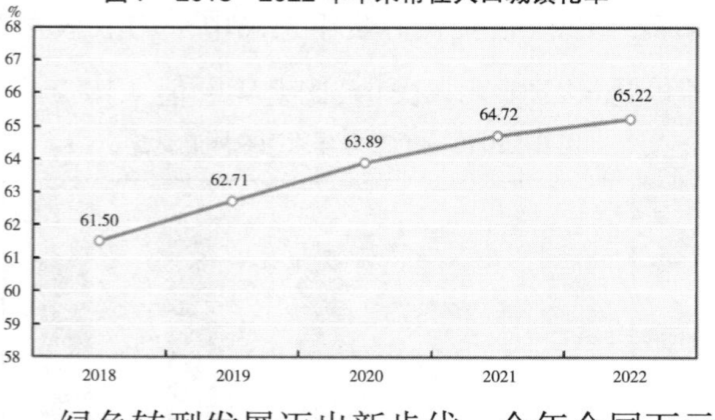

绿色转型发展迈出新步伐。全年全国万元国内生产总值能耗[19]比上年下降0.1%。全年水电、核电、风电、太阳能发电等清洁能源发电量29599亿千瓦时，比上年增长8.5%。在监测的339个地级及以上城市中，全年空气质量达标的城市占62.8%，未达标的城市占37.2%；细颗粒物($PM_{2.5}$)年平均浓度29微克/立方米，比上年下降3.3%。3641个国家地表水考核断面中，全年水质优良（Ⅰ～Ⅲ类）断面比例为87.9%，Ⅳ类断面比例为9.7%，Ⅴ类断面比例为1.7%，劣Ⅴ类断面比例为0.7%。

二、农业

全年粮食种植面积11833万公顷，比上年增加70万公顷。其中，稻谷种植面积2945万公顷，减少47万公顷；小麦种植面积2352万公顷，减少5万公顷；玉米种植面积4307万公顷，减少25万公顷；大豆种植面积1024万公顷，增加183万公顷。棉花种植面积300万公顷，减少3万公顷。油料种植面积1314万公顷，增加4万公顷。糖料种植面积147万公顷，增加1万公顷。

全年粮食产量68653万吨，比上年增加368万吨，增产0.5%。其中，夏粮产量14740万吨，增产1.0%；早稻产量2812万吨，增产0.4%；秋粮产量51100万吨，增产0.4%。全年谷物产量63324万吨，比上年增产0.1%。其中，稻谷产量20849万吨，减产2.0%；小麦产量13772万吨，增产0.6%；玉米产量27720万吨，增产1.7%。大豆产量2028万吨，增产23.7%。

图8　2018—2022年粮食产量

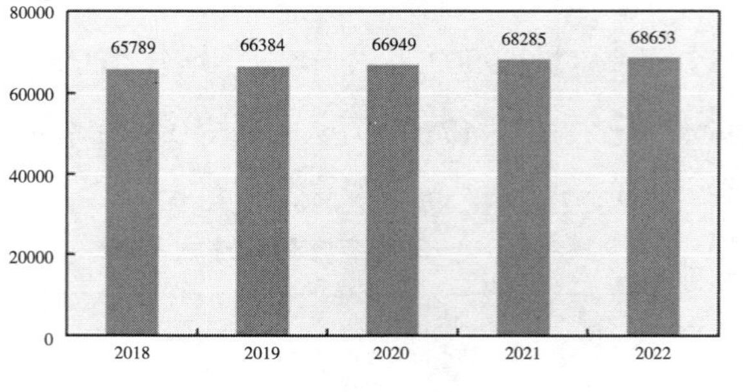

全年棉花产量598万吨，比上年增产4.3%。油料产量3653万吨，增产1.1%。糖料产量11444万吨，减产0.1%。茶叶产量335万吨，增产5.7%。

全年猪牛羊禽肉产量 9227 万吨，比上年增长 3.8%。其中，猪肉产量 5541 万吨，增长 4.6%；牛肉产量 718 万吨，增长 3.0%；羊肉产量 525 万吨，增长 2.0%；禽肉产量 2443 万吨，增长 2.6%。禽蛋产量 3456 万吨，增长 1.4%。牛奶产量 3932 万吨，增长 6.8%。年末生猪存栏 45256 万头，比上年末增长 0.7%；全年生猪出栏 69995 万头，比上年增长 4.3%。

全年水产品产量 6869 万吨，比上年增长 2.7%。其中，养殖水产品产量 5568 万吨，增长 3.2%；捕捞水产品产量 1301 万吨，增长 0.4%。

全年木材产量 10693 万立方米，比上年下降 7.7%。

全年新增耕地灌溉面积 78 万公顷，新增高效节水灌溉面积 161 万公顷。

三、工业和建筑业

全年全部工业增加值 401644 亿元，比上年增长 3.4%。规模以上工业增加值增长 3.6%。在规模以上工业中，分经济类型看，国有控股企业增加值增长 3.3%；股份制企业增长 4.8%，外商及港澳台商投资企业下降 1.0%；私营企业增长 2.9%。分门类看，采矿业增长 7.3%，制造业增长 3.0%，电力、热力、燃气及水生产和供应业增长 5.0%。

图 9　2018—2022 年全部工业增加值及其增长速度

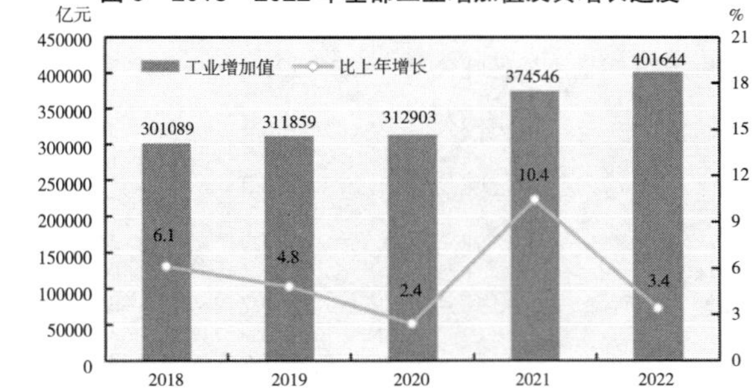

全年规模以上工业中，农副食品加工业增加值比上年增长 0.7%，纺织业下降 2.7%，化学原料和化学制品制造业增长 6.6%，非金属矿物制品业下降 1.5%，黑色金属冶炼和压延加工业增长 1.2%，通用设备制造业下降 1.2%，专用设备制造业增长 3.6%，汽车制造业增长 6.3%，电气机械和器材制造业增长 11.9%，计算机、通信和其他电子设备制造业增长 7.6%，电力、热力生产和供应业增长 5.1%。

表 3　2022 年主要工业产品产量及其增长速度[20]

产品名称	单位	产量	比上年增长(%)
纱	万吨	2719.1	-5.4
布	亿米	467.5	-6.9
化学纤维	万吨	6697.8	-0.2
成品糖	万吨	1486.8	2.6
卷烟	亿支	24321.5	0.6
彩色电视机	万台	19578.3	5.8
家用电冰箱	万台	8664.4	-3.6
房间空气调节器	万台	22247.3	1.9
一次能源生产总量	亿吨标准煤	46.6	9.2
原煤	亿吨	45.6	10.5
原油	万吨	20472.2	2.9
天然气	亿立方米	2201.1	6.0
发电量	亿千瓦时	88487.1	3.7
其中：火电[21]	亿千瓦时	58887.9	1.4
水电	亿千瓦时	13522.0	1.0
核电	亿千瓦时	4177.8	2.5
风电	亿千瓦时	7626.7	16.2
太阳能发电	亿千瓦时	4272.7	31.2
粗钢	万吨	101795.9	-1.7
钢材[22]	万吨	134033.5	0.3
十种有色金属	万吨	6793.6	4.9
其中：精炼铜(电解铜)	万吨	1106.3	5.5
原铝(电解铝)	万吨	4021.4	4.4
水泥	亿吨	21.3	-10.5
硫酸(折 100%)	万吨	9504.6	1.3
烧碱(折 100%)	万吨	3980.5	2.3
乙烯	万吨	2897.5	2.5
化肥(折 100%)	万吨	5573.3	0.5
发电机组(发电设备)	万千瓦	18376.1	15.0
汽车	万辆	2718.0	3.5
其中：新能源汽车	万辆	700.3	90.5
大中型拖拉机	万台	40.0	-2.8
集成电路	亿块	3241.9	-9.8
程控交换机	万线	883.8	26.3
移动通信手持机	万台	156080.0	-6.1
微型计算机设备	万台	43418.2	-7.0
工业机器人	万台(套)	44.3	21.0
太阳能电池(光伏电池)	万千瓦	34364.2	46.8
充电桩	万个	191.5	80.3

年末全国发电装机容量256405万千瓦，比上年末增长7.8%。其中[23]，火电装机容量133239万千瓦，增长2.7%；水电装机容量41350万千瓦，增长5.8%；核电装机容量5553万千瓦，增长4.3%；并网风电装机容量36544万千瓦，增长11.2%；并网太阳能发电装机容量39261万千瓦，增长28.1%。

全年规模以上工业企业利润84039亿元，比上年下降[24]4.0%。分经济类型看，国有控股企业利润23792亿元，比上年增长3.0%；股份制企业61611亿元，下降2.7%，外商及港澳台商投资企业20040亿元，下降9.5%；私营企业26638亿元，下降7.2%。分门类看，采矿业利润15574亿元，比上年增长48.6%；制造业64150亿元，下降13.4%；电力、热力、燃气及水生产和供应业4315亿元，增长41.8%。全年规模以上工业企业每百元营业收入中的成本为84.72元，比上年增加0.91元；营业收入利润率为6.09%，下降0.64个百分点。年末规模以上工业企业资产负债率为56.6%，比上年末上升0.3个百分点。全年全国工业产能利用率[25]为75.6%。

全年建筑业增加值83383亿元，比上年增长5.5%。全国具有资质等级的总承包和专业承包建筑业企业利润8369亿元，比上年下降1.2%，其中国有控股企业3922亿元，增长8.4%。

图10 2018—2022年建筑业增加值及其增长速度

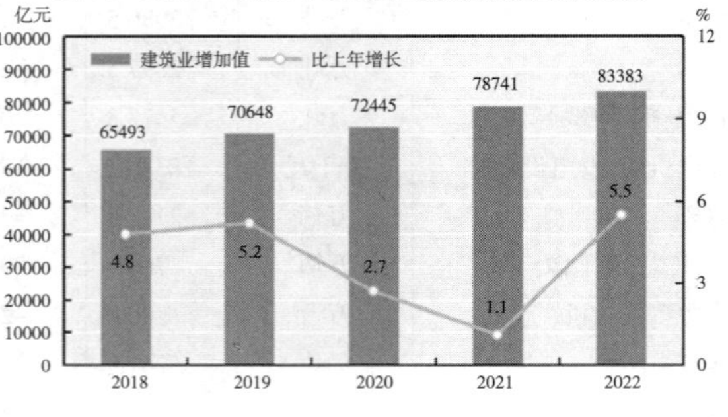

四、服务业

全年批发和零售业增加值114518亿元，比上年增长0.9%；交通运输、仓储和邮政业增加值49674亿元，下降0.8%；住宿和餐饮业增加值17855亿元，下降2.3%；金融业增加值96811亿元，增长5.6%；房地产业增加值73821亿元，下降5.1%；信息传输、软件和信息技术服务业增加值47934亿元，增长9.1%；租赁和商务服务业增加值39153亿元，增长3.4%。全年规模以上服务业企业营业收入比上年增长2.7%，利润总额增长8.5%。

图11 2018—2022年服务业增加值及其增长速度

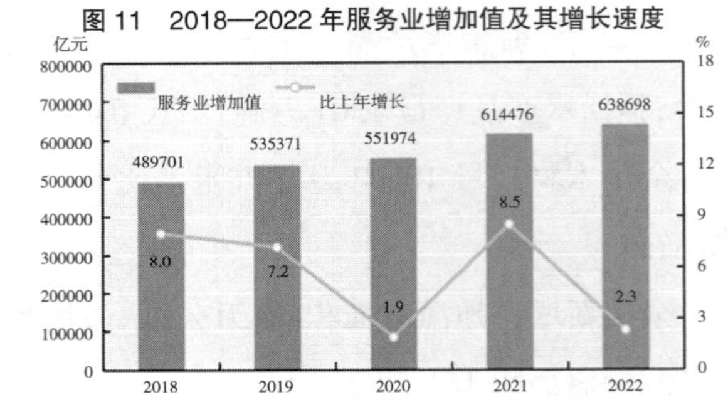

全年货物运输总量[26]506亿吨，货物运输周转量226122亿吨公里。全年港口完成货物吞吐量157亿吨，比上年增长0.9%，其中外贸货物吞吐量46亿吨，下降1.9%。港口集装箱吞吐量29587万标准箱，增长4.7%。

表4 2022年各种运输方式完成货物运输量及其增长速度

指标	单位	绝对数	比上年增长(%)
货物运输总量	亿吨	506.1	-3.0
铁路	亿吨	49.3	4.5
公路	亿吨	371.2	-5.5
水路	亿吨	85.5	3.8
民航	万吨	607.6	-17.0
管道	亿吨	8.6	3.1
货物运输周转量	亿吨公里	226121.8	3.4
铁路	亿吨公里	35906.5	8.2
公路	亿吨公里	68958.0	-1.2
水路	亿吨公里	121003.1	4.7
民航	亿吨公里	254.1	-8.7
管道	亿吨公里	5621.8	3.7

全年旅客运输总量56亿人次，比上年下降32.7%。旅客运输周转量12921亿人公里，下降34.6%。

表 5　2022 年各种运输方式完成旅客运输量及其增长速度

指标	单位	绝对数	比上年增长(%)
旅客运输总量	亿人次	55.9	-32.7
铁路	亿人次	16.7	-35.9
公路	亿人次	35.5	-30.3
水路	亿人次	1.2	-28.8
民航	亿人次	2.5	-42.9
旅客运输周转量	亿人公里	12921.4	-34.6
铁路	亿人公里	6577.5	-31.3
公路	亿人公里	2407.5	-33.7
水路	亿人公里	22.6	-31.7
民航	亿人公里	3913.7	-40.1

年末全国民用汽车保有量 31903 万辆（包括三轮汽车和低速货车 719 万辆），比上年末增加 1752 万辆，其中私人汽车保有量 27873 万辆，增加 1627 万辆。民用轿车保有量 17740 万辆，增加 1003 万辆，其中私人轿车保有量 16685 万辆，增加 954 万辆。

全年完成邮政行业业务总量[27]14317 亿元，比上年增长 4.5%。邮政业全年完成邮政函件业务 9.4 亿件，包裹业务 0.2 亿件，快递业务量 1105.8 亿件，快递业务收入 10567 亿元。全年完成电信业务总量[28]17498 亿元，比上年增长 21.3%。年末移动电话基站数[29]1083 万个，其中 4G 基站 603 万个，5G 基站 231 万个。全国电话用户总数 186286 万户，其中移动电话用户 168344 万户。移动电话普及率为 119.2 部 / 百人。固定互联网宽带接入用户[30]58965 万户，比上年末增加 5386 万户，其中 100M 速率及以上的宽带接入用户[31]55380 万户，增加 5513 万户。蜂窝物联网终端用户[32]18.45 亿户，增加 4.47 亿户。互联网上网人数 10.67 亿人，其中手机上网人数[33]10.65 亿人。互联网普及率为 75.6%，其中农村地区互联网普及率为 61.9%。全年移动互联网用户接入流量 2618 亿 GB，比上年增长 18.1%。全年软件和信息技术服务业[34]完成软件业务收入 108126 亿元，按可比口径计算，比上年增长 11.2%。

图 12　2018—2022 年快递业务量及其增长速度

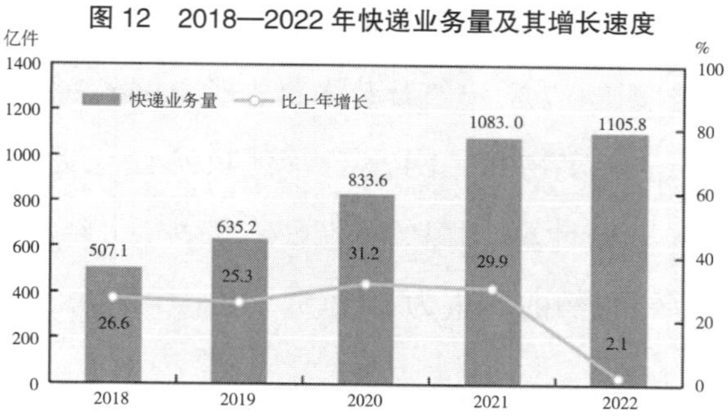

图 13　2018—2022 年年末固定互联网宽带接入用户数

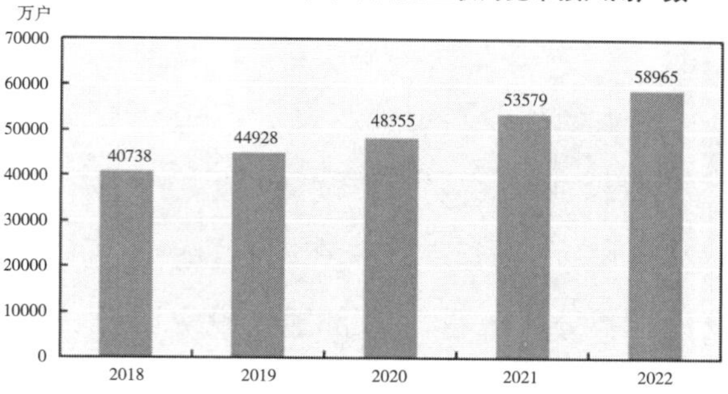

五、国内贸易

全年社会消费品零售总额 439733 亿元，比上年下降 0.2%。按经营地统计，城镇消费品零售额 380448 亿元，下降 0.3%；乡村消费品零售额 59285 亿元，与上年基本持平。按消费类型统计，商品零售额 395792 亿元，增长 0.5%；餐饮收入额 43941 亿元，下降 6.3%。

图 14　2018—2022 年社会消费品零售总额及其增长速度

全年限额以上单位商品零售额中，粮油、食品类零售额比上年增长 8.7%，饮料类增长 5.3%，烟酒类增长 2.3%，服装、鞋帽、针纺织品类下降 6.5%，化妆品类下降 4.5%，金银珠宝类下降 1.1%，日用品类下降 0.7%，家用电器和音像器材类下降 3.9%，中西药品类增长 12.4%，文化办公用品类增长 4.4%，家具类下降 7.5%，通

讯器材类下降 3.4%，石油及制品类增长 9.7%，汽车类增长 0.7%，建筑及装潢材料类下降 6.2%。

全年实物商品网上零售额 119642 亿元，按可比口径计算，比上年增长 6.2%，占社会消费品零售总额的比重为 27.2%。

六、固定资产投资

全年全社会固定资产投资 579556 亿元，比上年增长 4.9%。固定资产投资（不含农户）572138 亿元，增长 5.1%。在固定资产投资（不含农户）中，分区域看[35]，东部地区投资增长 3.6%，中部地区投资增长 8.9%，西部地区投资增长 4.7%，东北地区投资增长 1.2%。

在固定资产投资（不含农户）中，第一产业投资 14293 亿元，比上年增长 0.2%；第二产业投资 184004 亿元，增长 10.3%；第三产业投资 373842 亿元，增长 3.0%。民间固定资产投资[36] 310145 亿元，增长 0.9%。基础设施投资[37]增长 9.4%。社会领域投资[38]增长 10.9%。

图 15　2022 年三次产业投资占固定资产投资（不含农户）比重

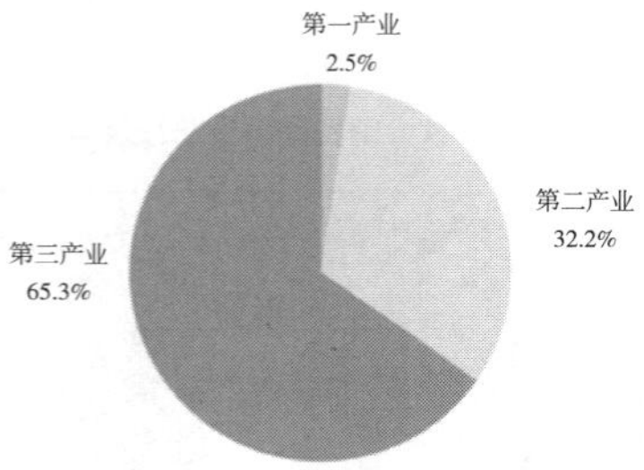

表 6　2021 年分行业固定资产投资（不含农户）增长速度

行业	比上年增长（%）	行业	比上年增长（%）
总计	5.1	金融业	10.5
农、林、牧、渔业	4.2	房地产业[39]	-8.4
采矿业	4.5	租赁和商务服务业	14.5
制造业	9.1	科学研究和技术服务业	21.0
电力、热力、燃气及水生产和供应业	19.3	水利、环境和公共设施管理业	10.3
建筑业	2.0	居民服务、修理和其他服务业	21.8
批发和零售业	5.3	教育	5.4
交通运输、仓储和邮政业	9.1	卫生和社会工作	26.1
住宿和餐饮业	7.5	文化、体育和娱乐业	3.5
信息传输、软件和信息技术服务业	21.8	公共管理、社会保障和社会组织	42.1

表 7　2022 年固定资产投资新增主要生产与运营能力

指标	单位	绝对数
新增 220 千伏及以上变电设备	万千伏安	25839
新建铁路投产里程	公里	4100
其中：高速铁路	公里	2082
增、新建铁路复线投产里程	公里	2658
电气化铁路投产里程	公里	3452
新改建高速公路里程	公里	8771
港口万吨级及以上码头泊位新增通过能力	万吨 / 年	25561
新增民用运输机场	个	6
新增光缆线路长度	万公里	477

全年房地产开发投资 132895 亿元，比上年下降 10.0%。其中住宅投资 100646 亿元，下降 9.5%；办公楼投资 5291 亿元，下降 11.4%；商业营业用房投资 10647 亿元，下降 14.4%。年末商品房待售面积 56366 万平方米，比上年末增加 5343 万平方米，其中商品住宅待售面积 26947 万平方米，增加 4186 万平方米。

全年全国各类棚户区改造开工 134 万套，基本建成 181 万套；全国保障性租赁住房开工建设和筹集 265 万套（间）。全年全国新开工改造城镇老旧小区 5.25 万个，涉及居民 876 万户。

表 8　2022 年房地产开发和销售主要指标及其增长速度

指标	单位	绝对数	比上年增长（%）
投资额	亿元	132895	-10.0
其中：住宅	亿元	100646	-9.5
房屋施工面积	万平方米	904999	-7.2
其中：住宅	万平方米	639696	-7.3
房屋新开工面积	万平方米	120587	-39.4
其中：住宅	万平方米	88135	-39.8
房屋竣工面积	万平方米	86222	-15.0
其中：住宅	万平方米	62539	-14.3
商品房销售面积	万平方米	135837	-24.3
其中：住宅	万平方米	114631	-26.8
本年到位资金	亿元	148979	-25.9
其中：国内贷款	亿元	17388	-25.4
个人按揭贷款	亿元	23815	-26.5

七、对外经济

全年货物进出口总额 420678 亿元，比上年增长 7.7%。其中，出口 239654 亿元，增长 10.5%；进口 181024 亿元，增长 4.3%。货物进出口顺差 58630 亿元，比上年增加 15330 亿元。对“一带一路”[40] 沿线国家进出口总额 138339 亿元，比上年增长 19.4%。其中，出口 78877 亿元，增长 20.0%；进口 59461 亿元，增长 18.7%。对《区域全面经济伙伴关系协定》(RCEP)其他成员国[41]进出口额 129499 亿元，比上年增长 7.5%。

图 16　2018—2022 年货物进出口总额

表 9　2022 年货物进出口总额及其增长速度

指标	金额(亿元)	比上年增长(%)
货物进出口总额	420678	7.7
货物出口额	239654	10.5
其中：一般贸易	152468	15.4
加工贸易	53952	1.1
其中：机电产品	136973	7.0
高新技术产品	63391	0.3
货物进口额	181024	4.3
其中：一般贸易	115624	6.7
加工贸易	30574	-3.2
其中：机电产品	69661	-5.4
高新技术产品	50864	-6.0
货物进出口顺差	58630	35.4

表 10　2022 年主要商品出口数量、金额及其增长速度

商品名称	单位	数量	比上年增长(%)	金额(亿元)	比上年增长(%)
钢材	万吨	6732	0.9	6427	22.3
纺织纱线、织物及制品	—	—	—	9836	4.9
服装及衣着附件	—	—	—	11713	6.7
鞋靴	万双	929318	6.6	3844	24.4
家具及其零件	—	—	—	4639	-2.5
箱包及类似容器	万吨	297	22.2	2378	32.6
玩具	—	—	—	3229	9.1
塑料制品	—	—	—	7188	12.7
集成电路	亿个	2734	-12.0	10254	3.5
自动数据处理设备及其零部件	—	—	—	15701	-4.7
手机	万台	82224	-13.8	9527	0.9
集装箱	万个	321	-33.7	967	-36.1
液晶平板显示模组	万个	164560	—	1807	—
汽车(包括底盘)	万辆	332	56.8	4054	82.2

表 11　2022 年主要商品进口数量、金额及其增长速度

商品名称	单位	数量	比上年增长(%)	金额(亿元)	比上年增长(%)
大豆	万吨	9108	-5.6	4085	18.1
食用植物油	万吨	648	-37.6	606	-14.1
铁矿砂及其精矿	万吨	110686	-1.5	8498	-27.9
煤及褐煤	万吨	29320	-9.2	2855	22.2
原油	万吨	50828	-0.9	24350	45.9
成品油	万吨	2645	-2.5	1309	21.2
天然气	万吨	10925	-9.9	4683	30.3
初级形状的塑料	万吨	3058	-10.0	3734	-5.5
纸浆	万吨	2916	-1.8	1492	15.1
钢材	万吨	1057	-25.9	1136	-6.1
未锻轧铜及铜材	万吨	587	6.2	3610	6.5
集成电路	亿个	5384	-15.3	27663	-0.9
汽车(包括底盘)	万辆	88	-6.5	3529	1.2

表 12　2022 年对主要国家和地区货物进出口金额、增长速度及其比重

国家和地区	出口额(亿元)	比上年增长(%)	占全部出口比重(%)	进口额(亿元)	比上年增长(%)	占全部进口比重(%)
东盟	37907	21.7	15.8	27247	6.8	15.1
欧盟	37434	11.9	15.6	19034	-4.9	10.5
美国	38706	4.2	16.2	11834	1.9	6.5
韩国	10843	13.0	4.5	13278	-3.7	7.3
日本	11537	7.7	4.8	12295	-7.5	6.8
中国台湾	5423	7.2	2.3	15840	-1.8	8.8
中国香港	19883	-12.0	8.3	527	-16.0	0.3
俄罗斯	5123	17.5	2.1	7638	48.6	4.2
巴西	4128	19.3	1.7	7294	2.6	4.0
印度	7896	25.5	3.3	1160	-36.2	0.6
南非	1615	18.6	0.7	2173	2.0	1.2

全年服务进出口总额 59802 亿元，比上年增长 12.9%。其中，服务出口 28522 亿元，增长 12.1%；服务进口 31279 亿元，增长 13.5%。服务进出口逆差 2757 亿元。

全年外商直接投资[42]新设立企业 38497 家，比上年下降 19.2%。实际使用外商直接投资金额 12327 亿元，增长 6.3%，折 1891 亿美元，增长 8.0%。其中“一带一路”沿线国家对华直接投资(含通过部分自由港对华投资)新设立企业 4519 家，下降 15.3%；对华直接投资金额 891 亿元，增长 17.2%，折 137 亿美元，增长 18.6%。全年高技术产业实际使用外资 4449 亿元，增长 28.3%，折 683 亿美元，增长 30.9%。

表 13　2022 年外商直接投资及其增长速度

行业	企业数（家）	比上年增长（%）	实际使用金额（亿元）	比上年增长（%）
总计	38497	-19.2	12327	6.3
其中：农、林、牧、渔业	420	-14.5	80	44.6
制造业	3570	-19.9	3237	46.1
电力、热力、燃气及水生产和供应业	523	12.5	276	10.8
交通运输、仓储和邮政业	602	-13.1	347	-1.1
信息传输、软件和信息技术服务业	3059	-24.5	1548	15.1
批发和零售业	10894	-18.6	961	-12.5
房地产业	581	-48.4	914	-41.8
租赁和商务服务业	7473	-19.6	2148	-2.1
居民服务、修理和其他服务业	411	-21.3	19	-38.6

全年对外非金融类直接投资额 7859 亿元，比上年增长 7.2%，折 1169 亿美元，增长 2.8%。其中，对“一带一路”沿线国家非金融类直接投资额 1410 亿元，增长 7.7%，折 210 亿美元，增长 3.3%。

表 14　2022 年对外非金融类直接投资额及其增长速度

行业	金额（亿美元）	比上年增长（%）
总计	1168.5	2.8
其中：农、林、牧、渔业	8.3	-26.5
采矿业	50.1	0.6
制造业	216.0	17.4
电力、热力、燃气及水生产和供应业	35.2	-28.0
建筑业	64.0	14.9
批发和零售业	211.0	19.5
交通运输、仓储和邮政业	45.6	-10.6
信息传输、软件和信息技术服务业	54.9	-27.1
房地产业	24.2	-2.8
租赁和商务服务业	387.6	5.8

全年对外承包工程完成营业额 10425 亿元，比上年增长 4.3%，折 1550 亿美元，与上年基本持平。其中，对“一带一路”沿线国家完成营业额 849 亿美元，下降 5.3%，占对外承包工程完成营业额比重为 54.8%。对外劳务合作派出各类劳务人员 26 万人。

八、财政金融

全年全国一般公共预算收入 203703 亿元，比上年增长 0.6%；其中税收收入 166614 亿元，下降 3.5%。全国一般公共预算支出 260609 亿元，比上年增长 6.1%。全年新增减税降费及退税缓税缓费超 4.2 万亿元，其中累计退到纳税人账户的增值税留抵退税款 2.46 万亿元，新增减税降费超 1 万亿元，办理缓税缓费超 7500 亿元。

图 17　2018—2022 年全国一般公共预算收入

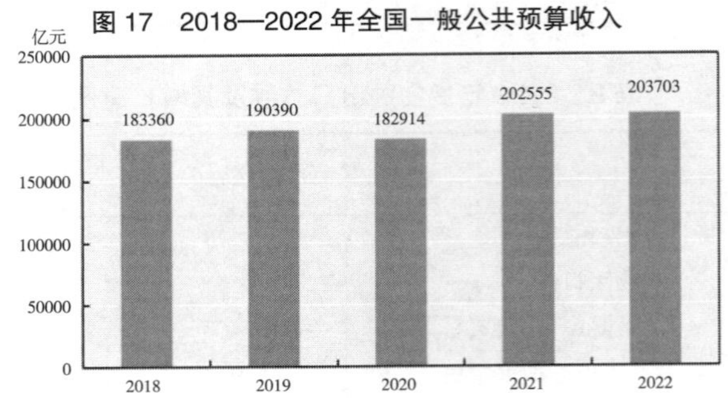

注：图中 2018 年至 2021 年数据为全国一般公共预算收入决算数，2022 年为执行数。

年末广义货币供应量（M_2）余额 266.4 万亿元，比上年末增长 11.8%；狭义货币供应量（M_1）余额 67.2 万亿元，增长 3.7%；流通中货币（M_0）余额 10.5 万亿元，增长 15.3%。

全年社会融资规模增量[43]32.0 万亿元，按可比口径计算，比上年多 0.7 万亿元。年末社会融资规模存量[44]344.2 万亿元，按可比口径计算，比上年末增长 9.6%，其中对实体经济发放的人民币贷款余额 212.4 万亿元，增长 10.9%。年末全部金融机构本外币各项存款余额 264.4 万亿元，比年初增加 25.9 万亿元，其中人民币各项存款余额 258.5 万亿元，增加 26.3 万亿元。全部金融机构本外币各项贷款余额 219.1 万亿元，增加 20.6 万亿元，其中人民币各项贷款余额 214.0 万亿元，增加 21.3 万亿元。人民币普惠金融贷款[45]余额 32.1 万亿元，增加 5.6 万亿元。

表 15　2022 年年末全部金融机构本外币存贷款余额及其增长速度

指标	年末数（亿元）	比上年末增长(%)
各项存款	2644472	10.8
其中:境内住户存款	1212110	17.3
其中:人民币	1203387	17.4
境内非金融企业存款	779398	6.8
各项贷款	2191029	10.4
其中:境内短期贷款	560304	7.7
境内中长期贷款	1427739	10.6

年末主要农村金融机构(农村信用社、农村合作银行、农村商业银行)人民币贷款余额267195 亿元,比年初增加 24702 亿元。全部金融机构人民币消费贷款余额 560361 亿元，增加11522 亿元。其中，住户短期消费贷款余额93473 亿元,减少 90 亿元;住户中长期消费贷款余额 466888 亿元,增加 11613 亿元。

全年沪深交易所 A 股累计筹资[46]15109 亿元,比上年减少 1634 亿元。沪深交易所首次公开发行上市 A 股 341 只,筹资 5704 亿元,比上年增加 353 亿元,其中科创板股票 123 只,筹资2520 亿元;沪深交易所 A 股再融资(包括公开增发、定向增发、配股、优先股、可转债转股)9405 亿元,减少 1986 亿元。北京证券交易所公开发行股票 83 只,筹资[47]164 亿元。全年各类主体通过沪深北交易所发行债券(包括公司债券、资产支持证券、国债、地方政府债券和政策性银行债券)筹资 64494 亿元,其中沪深交易所共发行上市基础设施领域不动产投资信托基金(REITs)13 只,募集资金 419 亿元。全国中小企业股份转让系统[48]挂牌公司 6580 家,全年挂牌公司累计股票筹资 232 亿元。

全年发行公司信用类债券[49]13.7 万亿元,比上年减少 1.0 万亿元。

全年保险公司原保险保费收入[50]46957 亿元,按可比口径计算,比上年增长 4.6%。其中,寿险业务原保险保费收入 24519 亿元,健康险和意外伤害险业务原保险保费收入 9726 亿元，财产险业务原保险保费收入 12712 亿元。支付各类赔款及给付 15485 亿元。其中,寿险业务给付 3791 亿元，健康险和意外伤害险业务赔款及给付 3937 亿元，财产险业务赔款7757 亿元。

九、居民收入消费和社会保障

全年全国居民人均可支配收入 36883 元，比上年增长 5.0%，扣除价格因素，实际增长2.9%。全国居民人均可支配收入中位数[51]31370元,增长 4.7%。按常住地分,城镇居民人均可支配收入 49283 元,比上年增长 3.9%,扣除价格因素,实际增长 1.9%。城镇居民人均可支配收入中位数 45123 元,增长 3.7%。农村居民人均可支配收入 20133 元,比上年增长 6.3%,扣除价格因素,实际增长 4.2%。农村居民人均可支配收入中位数 17734 元,增长 4.9%。城乡居民人均可支配收入比值为 2.45,比上年缩小 0.05。按全国居民五等份收入分组[52],低收入组人均可支配收入 8601 元,中间偏下收入组人均可支配收入 19303 元，中间收入组人均可支配收入30598 元，中间偏上收入组人均可支配收入47397 元，高收入组人均可支配收入 90116 元。全国农民工人均月收入 4615 元，比上年增长4.1%。全年脱贫县[53]农村居民人均可支配收入15111 元,比上年增长 7.5%,扣除价格因素,实际增长 5.4%。

全年全国居民人均消费支出 24538 元,比上年增长 1.8%,扣除价格因素,实际下降 0.2%。其中,人均服务性消费支出[54]10590 元,比上年下降 0.5%，占居民人均消费支出的比重为43.2%。按常住地分，城镇居民人均消费支出

30391元，增长0.3%，扣除价格因素，实际下降1.7%；农村居民人均消费支出16632元，增长4.5%，扣除价格因素，实际增长2.5%。全国居民恩格尔系数为30.5%，其中城镇为29.5%，农村为33.0%。

图18　2018—2021年全国居民人均可支配收入及其增长速度

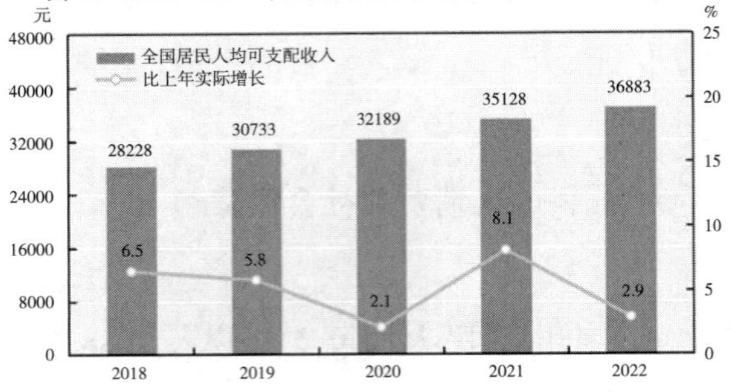

图19　2022年全国居民人均消费支出及其构成

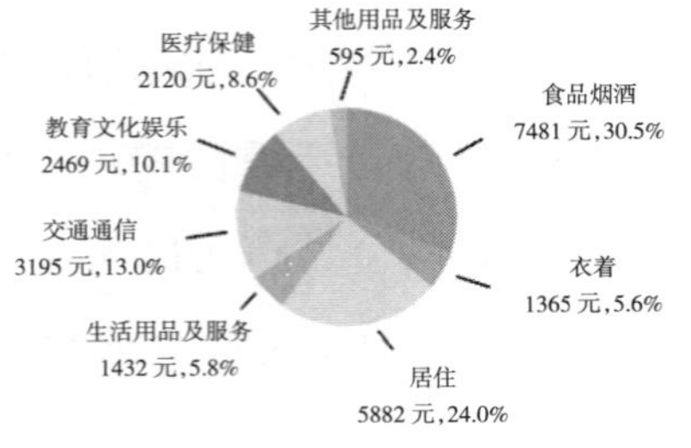

年末全国参加城镇职工基本养老保险人数50349万人，比上年末增加2275万人。参加城乡居民基本养老保险人数54952万人，增加155万人。参加基本医疗保险人数[55]134570万人，其中参加职工基本医疗保险人数36242万人，参加城乡居民基本医疗保险人数98328万人。参加失业保险人数23807万人，增加849万人。年末全国领取失业保险金人数297万人。参加工伤保险人数29111万人，增加825万人，其中参加工伤保险的农民工9127万人，增加41万人。参加生育保险人数24608万人，增加856万人。年末全国共有683万人享受城市最低生活保障，3349万人享受农村最低生活保障，435万人享受农村特困人员[56]救助供养，全年临时救助[57]1083万人次。全年领取国家定期抚恤金、定期生活补助金的退役军人和其他优抚对象827万人。

年末全国共有各类提供住宿的民政服务机构4.3万个，其中养老机构4.0万个，儿童福利和救助保护机构899个。民政服务床位[58]849.1万张，其中养老服务床位822.3万张，儿童福利和救助保护机构床位10.0万张。年末共有社区服务中心2.9万个，社区服务站50.9万个。

十、科学技术和教育

全年研究与试验发展（R&D）经费支出30870亿元，比上年增长10.4%，与国内生产总值之比为2.55%，其中基础研究经费1951亿元。国家自然科学基金共资助5.19万个项目。截至年末，正在运行的国家重点实验室533个，纳入新序列管理的国家工程研究中心191个，国家企业技术中心1601家，大众创业万众创新示范基地212家。国家科技成果转化引导基金累计设立36支子基金，资金总规模624亿元。国家级科技企业孵化器[59]1425家，国家备案众创空间[60]2441家。全年授予专利权432.3万件，比上年下降6.0%；PCT专利申请受理量[61]7.4万件。截至年末，有效专利1787.9万件，其中境内有效发明专利328.0万件。每万人口高价值发明专利拥有量[62]9.4件。全年商标注册617.7万件，比上年下降20.2%。全年共签订技术合同77万项，技术合同成交金额47791亿元，比上年增长28.2%。我国公民具备科学素质[63]的比例达到12.93%。

图20　2018—2022年研究与试验发展（R&D）经费支出及其增长速度

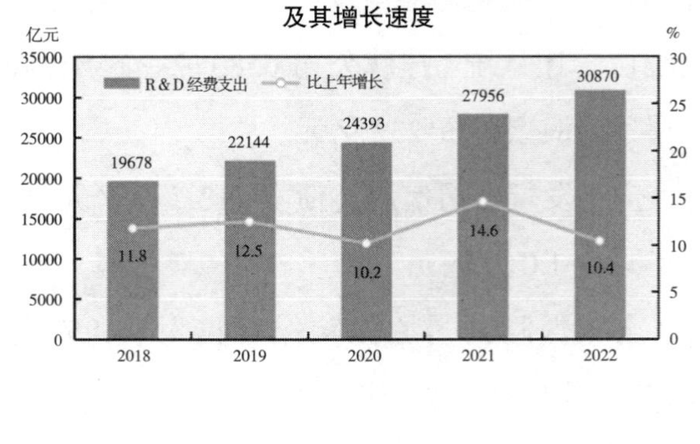

表 16　2022 年专利授权和有效专利情况

指标	专利数（万件）	比上年增长(%)
专利授权数	432.3	-6.0
其中:境内专利授权	418.7	-5.9
其中:发明专利授权	79.8	14.7
其中:境内发明专利授权	68.9	19.2
年末有效专利数	1787.9	15.9
其中:境内有效专利	1671.9	17.0
其中:有效发明专利	421.2	17.1
其中:境内有效发明专利	328.0	21.3

全年成功完成 62 次宇航发射。问天实验舱、梦天实验舱发射成功,神舟十四号、十五号等任务相继实施,中国空间站全面建成。嫦娥五号发现月球新矿物“嫦娥石”。句芒号陆地生态系统碳监测卫星、大气环境监测卫星成功发射运行。长征八号运载火箭实现一箭 22 星发射。第三艘航空母舰福建舰下水。国产 C919 大型客机获得型号合格证并交付首架。投入商业运行的华龙一号自主三代核电机组保持安全稳定运行。

年末全国共有国家质检中心 869 家。全国现有产品质量、体系和服务认证机构 1128 个,累计完成对 94 万家企业的认证。全年制定、修订国家标准 2266 项,其中新制定 1382 项。全年制造业产品质量合格率[64]为 93.29%。

全年研究生教育招生 124.2 万人,在学研究生 365.4 万人,毕业生 86.2 万人。普通、职业本专科[65]招生 1014.5 万人,在校生 3659.4 万人,毕业生 967.3 万人。中等职业教育[66]招生 650.7 万人,在校生 1784.7 万人,毕业生 519.2 万人。普通高中招生 947.5 万人,在校生 2713.9 万人,毕业生 824.1 万人。初中招生 1731.4 万人,在校生 5120.6 万人,毕业生 1623.9 万人。普通小学招生 1701.4 万人，在校生 10732.0 万人，毕业生 1740.6 万人。特殊教育招生 14.6 万人，在校生 91.9 万人,毕业生 15.9 万人。学前教育在园幼儿 4627.5 万人。九年义务教育巩固率为 95.5%,高中阶段毛入学率为 91.6%。

图 21　2018—2022 年本科专科、中等职业教育及普通高中招生人数

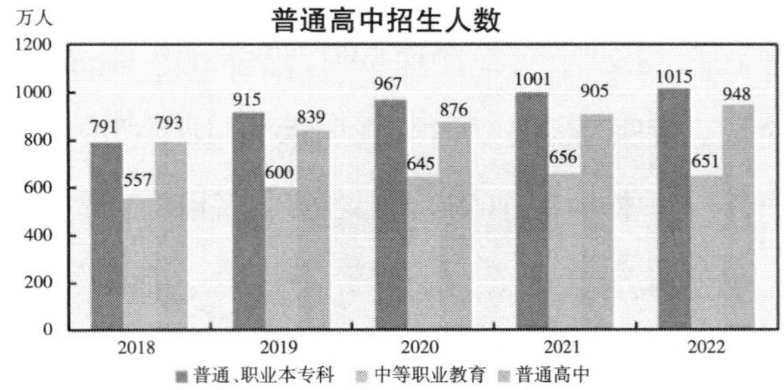

十一、文化旅游、卫生健康和体育

年末全国文化和旅游系统共有艺术表演团体 2023 个。全国共有公共图书馆 3303 个,总流通[67]72375 万人次;文化馆 3503 个。有线电视实际用户 1.99 亿户，其中有线数字电视实际用户 1.90 亿户。年末广播节目综合人口覆盖率为 99.6%,电视节目综合人口覆盖率为 99.8%。全年生产电视剧 160 部 5283 集,电视动画片89094 分钟。全年生产故事影片 380 部,科教、纪录、动画和特种影片[68]105 部。出版各类报纸 266 亿份,各类期刊 20 亿册,图书 114 亿册(张),人均图书拥有量[69]8.09 册(张)。年末全国共有档案馆 4136 个,已开放各类档案 20886 万卷(件)。全年全国规模以上文化及相关产业企业营业收入 121805 亿元,按可比口径计算,比上年增长 0.9%。

全年国内游客 25.3 亿人次，比上年下降 22.1%。其中,城镇居民游客 19.3 亿人次,下降 17.7%;农村居民游客 6.0 亿人次,下降 33.5%。国内旅游收入 20444 亿元,下降 30.0%。其中,城镇居民游客花费 16881 亿元,下降 28.6%;农村居民游客花费 3563 亿元,下降 35.8%。

图 22　2018—2022 年国内游客人次及其增长速度

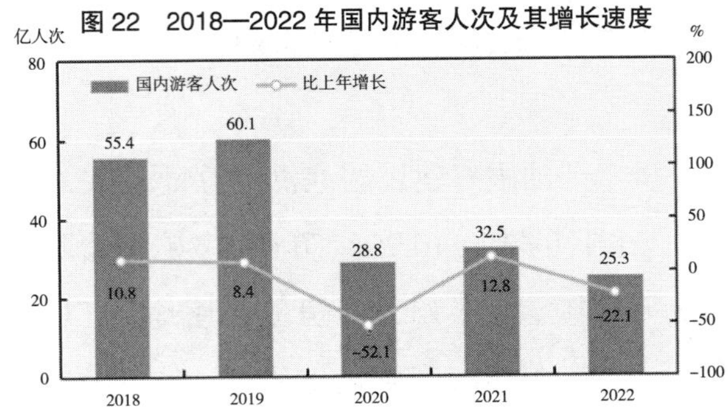

年末全国共有医疗卫生机构 103.3 万个，其中医院 3.7 万个，在医院中有公立医院 1.2 万个，民营医院 2.5 万个；基层医疗卫生机构 98.0 万个，其中乡镇卫生院 3.4 万个，社区卫生服务中心（站）3.6 万个，门诊部（所）32.1 万个，村卫生室 58.8 万个；专业公共卫生机构 1.3 万个，其中疾病预防控制中心 3385 个，卫生监督所（中心）2796 个。年末卫生技术人员 1155 万人，其中执业医师和执业助理医师 440 万人，注册护士 520 万人。医疗卫生机构床位 975 万张，其中医院 766 万张，乡镇卫生院 145 万张。全年总诊疗人次[70]84.0 亿人次，出院人数[71]2.5 亿人。

图 23　2018—2022 年年末卫生技术人员人数

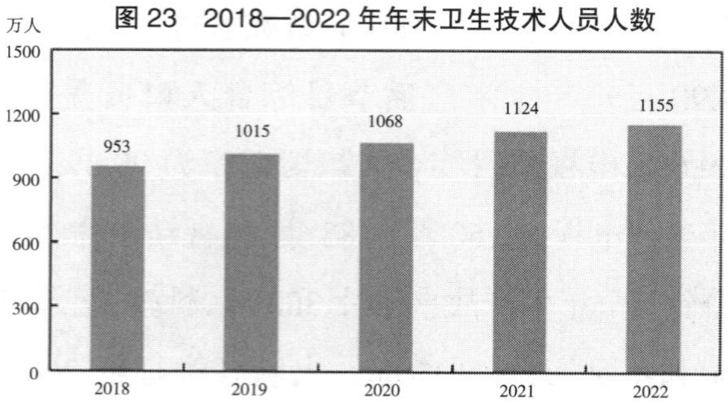

年末全国共有体育场地[72]422.7 万个，体育场地面积[73]37.0 亿平方米，人均体育场地面积 2.62 平方米。全年我国运动员在 15 个运动大项中获得 93 个世界冠军，共创 11 项世界纪录。在北京第 24 届冬奥会上，我国运动员共获得 9 枚金牌，奖牌总数 15 枚。全年我国残疾人运动员在 5 项国际赛事中获得 41 个世界冠军。在北京第 13 届冬残奥会上，我国运动员共获得 18 枚金牌，奖牌总数 61 枚，位列冬残奥会金牌榜和奖牌榜双第一位。

十二、资源、环境和应急管理

全年全国国有建设用地供应总量[74]76.6 万公顷，比上年增长 10.9%。其中，工矿仓储用地 19.8 万公顷，增长 13.2%；房地产用地[75]11.0 万公顷，下降 19.4%；基础设施用地 45.8 万公顷，增长 20.7%。

全年水资源总量 26634 亿立方米。全年总用水量 5997 亿立方米，比上年增长 1.3%。其中，生活用水下降 0.5%，工业用水下降 7.7%，农业用水增长 3.7%，人工生态环境补水增长 8.3%。万元国内生产总值用水量[76]53 立方米，下降 1.6%。万元工业增加值用水量 27 立方米，下降 10.8%。人均用水量 425 立方米，增长 1.3%。

全年完成造林面积 383 万公顷，其中人工造林面积 120 万公顷，占全部造林面积的 31.4%。种草改良面积[77]321 万公顷。截至年末，国家公园 5 个。新增水土流失治理面积 6.3 万平方公里。

初步核算，全年能源消费总量 54.1 亿吨标准煤，比上年增长 2.9%。煤炭消费量增长 4.3%，原油消费量下降 3.1%，天然气消费量下降 1.2%，电力消费量增长 3.6%。煤炭消费量占能源消费总量的 56.2%，比上年上升 0.3 个百分点；天然气、水电、核电、风电、太阳能发电等清洁能源消费量占能源消费总量的 25.9%，上升 0.4 个百分点。重点耗能工业企业单位电石综合能耗下降 1.6%，单位合成氨综合能耗下降 0.8%，吨钢综合能耗上升 1.7%，单位电解铝综合能耗下降 0.4%，每千瓦时火力发电标准煤耗下降 0.2%。全国万元国内生产总值二氧化碳排放[78]下降 0.8%。

图 24　2018—2022 年清洁能源消费量占能源消费总量的比重

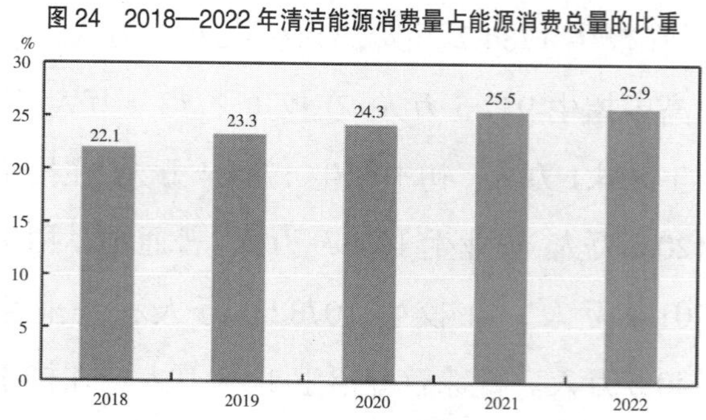

全年近岸海域海水水质[79]达到国家一、二类海水水质标准的面积占 81.9%，三类海水占 4.1%，四类、劣四类海水占 14.0%。

在开展城市区域声环境监测的320个城市中，全年昼间声环境质量好的城市占5.0%,较好的占66.3%，一般的占27.2%，较差的占1.2%,差的占0.3%。

全年平均气温为10.51℃，比上年下降0.02℃。共有4个台风登陆。

全年农作物受灾面积1207万公顷,其中绝收135万公顷。全年因洪涝和地质灾害造成直接经济损失1303亿元,因干旱灾害造成直接经济损失513亿元，因低温冷冻和雪灾造成直接经济损失125亿元，因海洋灾害造成直接经济损失24亿元。全年大陆地区共发生5.0级以上地震27次,造成直接经济损失224亿元。全年共发生森林火灾709起,受害森林面积约0.5万公顷。

全年各类生产安全事故共死亡20963人。工矿商贸企业就业人员10万人生产安全事故死亡人数1.097人,比上年下降20.2%;煤矿百万吨死亡人数0.054人,上升22.7%。道路交通事故万车死亡人数1.46人,下降7.0%。

注释:

[1]本公报中数据均为初步统计数。各项统计数据均未包括香港特别行政区、澳门特别行政区和台湾省。部分数据因四舍五入的原因,存在总计与分项合计不等的情况。

[2]国内生产总值、三次产业及相关行业增加值、地区生产总值、人均国内生产总值和国民总收入绝对数按现价计算，增长速度按不变价格计算。

[3]国民总收入,原称国民生产总值,是指一个国家或地区所有常住单位在一定时期内所获得的初次分配收入总额，等于国内生产总值加上来自国外的初次分配收入净额。

[4] 全员劳动生产率为国内生产总值（按2020年价格计算)与全部就业人员的比率。

[5]见注释[4]。

[6] 全国人口是指我国大陆31个省、自治区、直辖市和现役军人的人口,不包括居住在31个省、自治区、直辖市的港澳台居民和外籍人员。

[7]2022年年末,0–14岁（含不满15周岁）人口为23908万人,15–59岁（含不满60周岁）人口为89263万人。

[8]年度农民工数量包括年内在本乡镇以外从业6个月及以上的外出农民工和在本乡镇内从事非农产业6个月及以上的本地农民工。

[9]农产品生产者价格是指农产品生产者直接出售其产品时的价格。

[10]居住类价格包括租赁房房租、住房保养维修及管理、水电燃料、自有住房服务价格。

[11]高技术制造业包括医药制造业,航空、航天器及设备制造业,电子及通信设备制造业,计算机及办公设备制造业，医疗仪器设备及仪器仪表制造业,信息化学品制造业。

[12]装备制造业包括金属制品业,通用设备制造业,专用设备制造业,汽车制造业,铁路、船舶、航空航天和其他运输设备制造业,电气机械和器材制造业,计算机、通信和其他电子设备制造业,仪器仪表制造业。

[13]规模以上服务业统计范围包括:年营业收入2000万元及以上的交通运输、仓储和邮政业,信息传输、软件和信息技术服务业,水利、环境和公共设施管理业,卫生行业法人单位;年营业收入1000万元及以上的房地产业(不含房地产开发经营),租赁和商务服务业,科学研究和技术服务业,教育行业法人单位;以及年营业收入500万元及以上的居民服务、修理和其他服务业,文化、体育和娱乐业,社会工作行业法人单位。

[14] 战略性新兴服务业包括新一代信息技

术产业、高端装备制造产业、新材料产业、生物产业、新能源汽车产业、新能源产业、节能环保产业和数字创意产业等八大产业中的服务业相关行业，以及新技术与创新创业等相关服务业。2022年战略性新兴服务业企业营业收入增速按可比口径计算。

[15]高技术产业投资包括医药制造、航空航天器及设备制造等六大类高技术制造业投资和信息服务、电子商务服务等九大类高技术服务业投资。

[16] 电子商务交易额是指通过电子商务交易平台(包括企业自建平台和第三方平台)实现的商品和服务交易额，包括对单位和对个人交易额。

[17] 网上零售额是指通过公共网络交易平台(主要从事实物商品交易的网上平台，包括自建网站和第三方平台)实现的商品和服务零售额。

[18]东部地区是指北京、天津、河北、上海、江苏、浙江、福建、山东、广东和海南10省(市)；中部地区是指山西、安徽、江西、河南、湖北和湖南6省；西部地区是指内蒙古、广西、重庆、四川、贵州、云南、西藏、陕西、甘肃、青海、宁夏和新疆12省(区、市)；东北地区是指辽宁、吉林和黑龙江3省。

[19]万元国内生产总值能耗按2020年价格计算。

[20]2021年部分产品产量数据进行了核实调整，2022年产量增速按可比口径计算。

[21]火电包括燃煤发电量，燃油发电量，燃气发电量，余热、余压、余气发电量，垃圾焚烧发电量，生物质发电量。

[22] 钢材产量数据中含企业之间重复加工钢材。

[23]少量发电装机容量(如地热等)公报中未列出。

[24] 由于统计调查制度规定的调查范围变动、统计执法、剔除重复数据等因素，2022年规模以上工业企业财务指标增速及变化按可比口径计算。

[25] 产能利用率是指实际产出与生产能力(均以价值量计量)的比率。企业的实际产出是指企业报告期内的工业总产值；企业的生产能力是指报告期内，在劳动力、原材料、燃料、运输等保证供给的情况下，生产设备(机械)保持正常运行，企业可实现并能长期维持的产品产出。

[26] 货物运输总量及周转量包括铁路、公路、水路、民航和管道五种运输方式完成量，2022年增速按可比口径计算。

[27]邮政行业业务总量按2020年价格计算。

[28]电信业务总量按上年价格计算。

[29] 移动电话基站数是指报告期末为小区服务的无线收发信设备，处理基站与移动台之间的无线通信，在移动交换机与移动台之间起中继作用，监视无线传输质量的全套设备数。

[30] 固定互联网宽带接入用户是指报告期末在电信企业登记注册，通过xDSL、FT-Tx+LAN、FTTH/O以及其他宽带接入方式和普通专线接入公众互联网的用户。

[31]100M速率及以上的宽带接入用户是指报告期末下行速率大于或等于100Mbit/s的宽带接入用户。

[32] 蜂窝物联网终端用户是指报告期末接入移动通信网络并开通物联网业务的用户。物联网终端即连接传感网络层和传输网络层，实现远程采集数据及向网络层发送数据的物联网设备。

[33] 手机上网人数是指过去半年通过手机接入并使用互联网的人数。

[34]软件和信息技术服务业包括软件开发、

集成电路设计、信息系统集成和物联网技术服务、运行维护服务、信息处理和存储支持服务、信息技术咨询服务、数字内容服务和其他信息技术服务等行业。

[35]见注释[18]。

[36] 民间固定资产投资是指具有集体、私营、个人性质的内资企事业单位以及由其控股(包括绝对控股和相对控股)的企业单位建造或购置固定资产的投资。

[37]基础设施投资包括铁路运输业、道路运输业、水上运输业、航空运输业、管道运输业、多式联运和运输代理业、装卸搬运业、邮政业、电信广播电视和卫星传输服务业、互联网和相关服务业、水利管理业、生态保护和环境治理业、公共设施管理业投资。

[38]社会领域投资包括教育,卫生和社会工作,文化、体育和娱乐业投资。

[39]房地产业投资除房地产开发投资外,还包括建设单位自建房屋以及物业管理、中介服务和其他房地产投资。

[40]"一带一路"是指"丝绸之路经济带"和"21世纪海上丝绸之路"。

[41]《区域全面经济伙伴关系协定》(RCEP)其他成员国包括印度尼西亚、马来西亚、菲律宾、泰国、新加坡、文莱、柬埔寨、老挝、缅甸、越南、日本、韩国、澳大利亚、新西兰。

[42]2022年外商投资统计调查制度进行修订,外商直接投资新设立企业数量、实际使用外商直接投资金额为包含银行、证券、保险领域的全口径数据,增速按可比口径计算。

[43] 社会融资规模增量是指一定时期内实体经济从金融体系获得的资金总额。

[44]社会融资规模存量是指一定时期末(月末、季末或年末)实体经济从金融体系获得的资金余额。

[45] 普惠金融贷款包括单户授信小于1000万元的小微型企业贷款、个体工商户经营性贷款、小微企业主经营性贷款、农户生产经营贷款、建档立卡贫困人口消费贷款、创业担保贷款和助学贷款。

[46]沪深交易所股票筹资额按上市日统计,筹资额包括了可转债实际转股金额,2021年、2022年可转债实际转股金额分别为1342亿元、934亿元。

[47] 北京证券交易所股票筹资额按上市日统计。

[48]全国中小企业股份转让系统是2012年经国务院批准的全国性证券交易场所。全年全国中小企业股份转让系统挂牌公司累计筹资不含优先股,股票筹资按新增股份挂牌日统计。

[49] 公司信用类债券包括非金融企业债务融资工具、企业债券以及公司债、可转债等。

[50] 原保险保费收入是指保险企业确认的原保险合同保费收入。

[51] 人均可支配收入中位数是指将所有调查户按人均收入水平从低到高(或从高到低)顺序排列,处于最中间位置调查户的人均可支配收入。

[52] 全国居民五等份收入分组是指将所有调查户按人均收入水平从低到高顺序排列,平均分为五个等份,处于最低20%的收入家庭为低收入组,依此类推依次为中间偏下收入组、中间收入组、中间偏上收入组、高收入组。

[53] 脱贫县包括原832个国家扶贫开发工作重点县和集中连片特困地区县,以及新疆阿克苏地区7个市县。

[54] 服务性消费支出是指住户用于各种生活服务的消费支出,包括餐饮服务、衣着鞋类加工服务、居住服务、家庭服务、交通通信服务、教育文化娱乐服务、医疗服务和其他服务。

[55]2022年,基本医疗保险参保人数统计口径发生变化,剔除部分重复参保人数。

[56]农村特困人员是指无劳动能力,无生活来源,无法定赡养、抚养、扶养义务人或者其法定义务人无履行义务能力的农村老年人、残疾人以及未满16周岁的未成年人。

[57]临时救助是指国家对遭遇突发事件、意外伤害、重大疾病或其他特殊原因导致基本生活陷入困境,其他社会救助制度暂时无法覆盖或救助之后基本生活暂时仍有严重困难的家庭或个人给予的应急性、过渡性的救助。

[58]民政服务床位除收养性机构外,还包括救助类机构、社区类机构的床位。

[59]国家级科技企业孵化器是指符合《科技企业孵化器管理办法》规定的,以促进科技成果转化、培育科技企业和企业家精神为宗旨,提供物理空间、共享设施和专业化服务的科技创业服务机构,且经过科学技术部批准确定的科技企业孵化器。

[60]国家备案众创空间是指符合《发展众创空间工作指引》规定的新型创新创业服务平台,且按照《国家众创空间备案暂行规定》经科学技术部审核备案的众创空间。

[61]PCT专利申请受理量是指国家知识产权局作为PCT专利申请受理局受理的PCT专利申请数量。PCT(Patent Cooperation Treaty)即专利合作条约,是专利领域的一项国际合作条约。

[62] 每万人口高价值发明专利拥有量是指每万人口本国居民拥有的经国家知识产权局授权的符合下列任一条件的有效发明专利数量:战略性新兴产业的发明专利;在海外有同族专利权的发明专利;维持年限超过10年的发明专利;实现较高质押融资金额的发明专利;获得国家科学技术奖、中国专利奖的发明专利。

[63]公民具备科学素质是指崇尚科学精神,树立科学思想,掌握基本科学方法,了解必要科技知识,并具有应用其分析判断事物和解决实际问题的能力。公民具备科学素质比例数据是面向18–69岁公民开展抽样调查获得。

[64] 制造业产品质量合格率是指以产品质量检验为手段,按照规定的方法、程序和标准实施质量抽样检测,判定为质量合格的样品数占全部抽样样品数的百分比,统计调查样本覆盖制造业的29个行业。

[65]普通、职业本专科包括普通本科、职业本科、高职(专科)。

[66] 中等职业教育包括普通中专、成人中专、职业高中和技工学校。

[67] 总流通人次是指本年度内到图书馆场馆接受图书馆服务的总人次,包括借阅书刊、咨询问题以及参加各类读者活动等。

[68] 特种影片是指采用与常规影院放映在技术、设备、节目方面不同的电影展示方式,如巨幕电影、立体电影、立体特效(4D)电影、动感电影、球幕电影等。

[69] 人均图书拥有量是指在一年内全国平均每人能拥有的当年出版图书册数。

[70] 总诊疗人次是指所有诊疗工作的总人次数,包括门诊、急诊、出诊、预约诊疗、单项健康检查、健康咨询指导(不含健康讲座、核酸检测)人次。

[71] 出院人数是指报告期内所有住院后出院的人数,包括医嘱离院、医嘱转其他医疗机构、非医嘱离院、死亡及其他人数,不含家庭病床撤床人数。

[72]体育场地调查对象不包括军队、铁路系统所属体育场地。

[73]体育场地面积是指体育训练、比赛、健身场地的有效面积。

[74] 国有建设用地供应总量是指报告期内

市、县人民政府根据年度土地供应计划依法以出让、划拨、租赁等方式与用地单位或个人签订出让合同或签发划拨决定书、完成交易的国有建设用地总量。

[75] 房地产用地是指商服用地和住宅用地的总和。

[76]万元国内生产总值用水量、万元工业增加值用水量按2020年价格计算。

[77]种草改良面积是指通过实施播种、栽种等措施增加牧草数量的面积以及通过压盐压碱压沙、土壤改良、围栏封育等措施使草原原生植被、生态得到改善的面积之和。

[78] 万元国内生产总值二氧化碳排放按2020年价格计算。

[79]近岸海域海水水质采用面积法进行评价。

资料来源：

本公报中城镇新增就业、养老保险、失业保险、工伤保险、技工学校数据来自人力资源和社会保障部；外汇储备、汇率数据来自国家外汇管理局；市场主体、质量检验、国家标准制定修订、制造业产品质量合格率数据来自国家市场监督管理总局；环境监测等数据来自生态环境部；水产品产量、新增高效节水灌溉面积数据来自农业农村部；木材产量、造林面积、种草改良面积、国家公园数据来自国家林业和草原局；新增耕地灌溉面积、水资源总量、用水量、新增水土流失治理面积数据来自水利部；发电装机容量、新增220千伏及以上变电设备、电力消费量数据来自中国电力企业联合会；港口货物吞吐量、港口集装箱吞吐量、公路运输、水路运输、新改建高速公路里程、港口万吨级及以上码头泊位新增通过能力数据来自交通运输部；铁路运输、新建铁路投产里程、增新建铁路复线投产里程、电气化铁路投产里程数据来自中国国家铁路集团有限公司；民航运输、新增民用运输机场数据来自中国民用航空局；管道运输数据来自中国石油天然气集团有限公司、中国石油化工集团有限公司、中国海洋石油集团有限公司、国家石油天然气管网集团有限公司；民用汽车保有量、道路交通事故数据来自公安部；邮政业务数据来自国家邮政局；通信业、软件业务收入、新增光缆线路长度等数据来自工业和信息化部；互联网上网人数、互联网普及率数据来自中国互联网络信息中心；棚户区改造、保障性租赁住房、城镇老旧小区改造数据来自住房和城乡建设部；货物进出口数据来自海关总署；服务进出口、外商直接投资、对外直接投资、对外承包工程、对外劳务合作等数据来自商务部；财政数据来自财政部；新增减税降费及退税缓税缓费数据来自国家税务总局；货币金融、公司信用类债券数据来自中国人民银行；境内交易场所筹资数据来自中国证券监督管理委员会；保险业数据来自中国银行保险监督管理委员会；医疗保险、生育保险数据来自国家医疗保障局；城乡低保、农村特困人员救助供养、临时救助、民政服务数据来自民政部；优抚对象数据来自退役军人事务部；国家自然科学基金资助项目数据来自国家自然科学基金委员会；国家重点实验室、国家科技成果转化引导基金、国家级科技企业孵化器、国家备案众创空间、技术合同等数据来自科学技术部；国家工程研究中心、国家企业技术中心、大众创业万众创新示范基地等数据来自国家发展和改革委员会；专利、商标数据来自国家知识产权局；公民具备科学素质比例数据来自中国科协；宇航发射数据来自国家国防科技工业局；教育数据来自教育部；艺术表演团体、公共图书馆、文化馆、旅游数据来自文化和旅游部；电视、广播数据来自国家广播电视总局；电影数据来自国家电影局；报纸、期刊、图书数据来自国家新闻出版署；档案数据来自国家档案局；医疗卫生数据来自国家卫生健康委员会；体育数据来自国家体育总局；残疾人运动员数据来自中国残疾人联合会；国有建设用地供应、海洋灾害造成直接经济损失数据来自自然资源部；平均气温、台风登陆数据来自中国气象局；农作物受灾面积、洪涝和地质灾害造成直接经济损失、干旱灾害造成直接经济损失、低温冷冻和雪灾造成直接经济损失、地震次数、地震灾害造成直接经济损失、森林火灾、受害森林面积、生产安全事故数据来自应急管理部；其他数据均来自国家统计局。

宁夏回族自治区2022年国民经济和社会发展统计公报[1]

宁夏回族自治区统计局 国家统计局宁夏调查总队

2023年4月26日

2022年，在自治区党委和政府的正确领导下，全区上下深入学习贯彻习近平总书记视察宁夏重要讲话和重要指示批示精神，完整、准确、全面贯彻新发展理念，坚决落实党中央、国务院各项决策部署，高效统筹疫情防控和经济社会发展，全区经济运行总体平稳，转型升级步伐加快，发展动能持续增强，质量效益不断提升，民生保障有力有效，先行区建设迈上新台阶，社会主义现代化美丽新宁夏建设迈出坚实步伐。

一、综合

初步核算，全年全区实现生产总值[2]5069.57亿元，按不变价格计算，比上年增长4.0%。其中，第一产业增加值407.48亿元，增长4.7%；第二产业增加值2449.10亿元，增长6.1%；第三产业增加值2212.99亿元，增长2.1%。第一产业增加值占地区生产总值的比重为8.0%，第二产业增加值比重为48.3%，第三产业增加值比重为43.7%。按常住人口计算，人均地区生产总值69781元，增长3.5%。

图1　2018—2022年全区生产总值及其增长速度

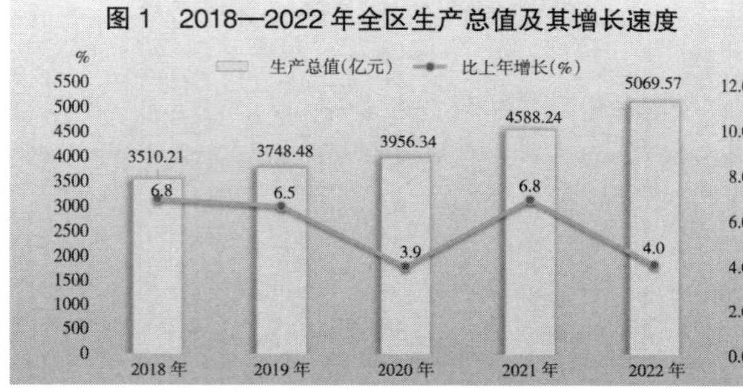

图2　2018—2022年全区三次产业增加值占地区生产总值比重

年末全区常住人口728万人，比上年末增加3万人。其中城镇常住人口483万人，占常住人口比重（常住人口城镇化率）为66.34%，比上年末提高0.3个百分点。全年全区出生人口7.7万人，出生率为10.60‰；死亡人口4.5万人，死亡率为6.19‰；自然增长率为4.41‰。

表 1　2022 年年末全区人口数及其结构

指标	年末数(万人)	比重(%)
年末常住人口	728	100.00
其中:城镇	483	66.34
乡村	245	33.66
其中:男性	371	50.96
女性	357	49.04
其中:0-15 周岁(含不满 16 周岁)	153	21.01
16-59 周岁(含不满 60 周岁)	471	64.70
60 周岁及以上	104	14.29
65 周岁及以上	76	10.44

全年全区城镇新增就业 7.95 万人，农村劳动力转移就业 82.30 万人,年末全区城镇调查失业率为 5.3%。全年全区农民工[3]总量为 103.8 万人,比上年增加 4.3 万人,增长 4.3%。其中,外出农民工 79.4 万人,增加 3.1 万人,增长 4.1%;本地农民工 24.5 万人,增加 1.3 万人,增长 5.6%。

图 3　2018—2022 年全区城镇新增就业人数

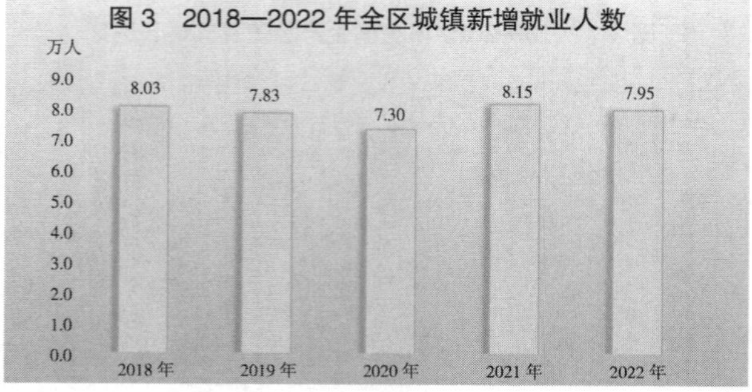

全年全区居民消费价格比上年上涨 2.3%，工业生产者出厂价格上涨 11.1%，工业生产者购进价格上涨 17.6%,农产品生产者价格[4]下跌 1.7%。

图 4　2022 年全区居民消费价格月度跌涨幅度

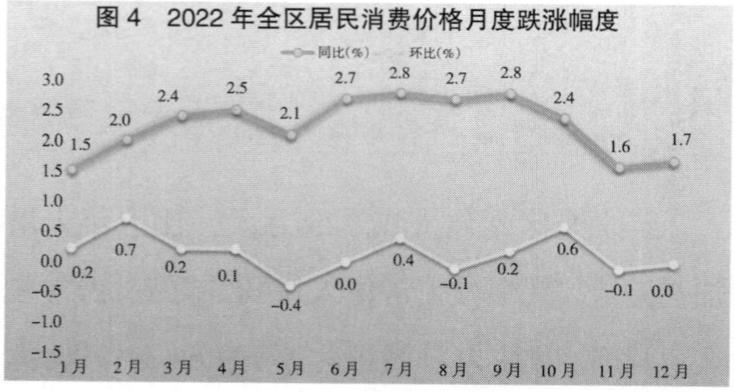

图 5　2022 年全区工业生产者出厂价格和购进价格月度涨跌幅度

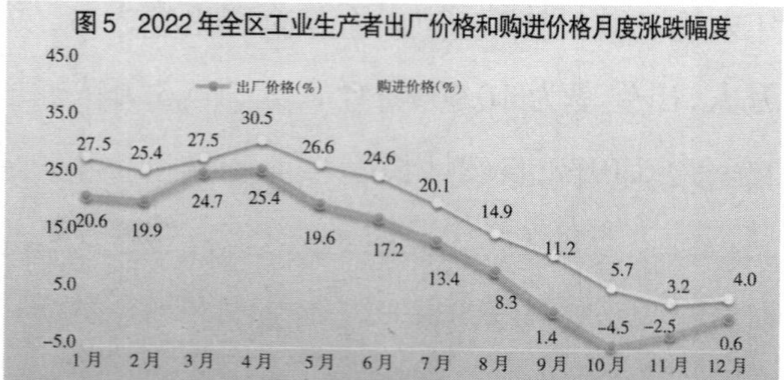

新兴动能茁壮成长。高技术和装备制造业快速增长。全年全区规模以上高技术制造业[5]增加值比上年增长 31.7%,装备制造业[6]增加值比上年增长 24.6%，分别比全部规模以上工业增加值增速高 24.7 个和 17.6 个百分点。水电、风电、太阳能等可再生能源发电量 513.9 亿千瓦时,增长 5.9%。互联网经济快速发展。全年全区网上零售额[7]167.3 亿元,其中,实物商品网上零售额 108.2 亿元,增长 19.3%。

二、农业

全年全区粮食播种面积 1038.44 万亩,比上年增加 4.51 万亩。其中，小麦播种面积 122.03 万亩,增加 21.47 万亩;水稻播种面积 44.06 万亩，减少 32.19 万亩；玉米播种面积 548.39 万亩,减少 2.74 万亩;马铃薯播种面积 121.01 万亩,减少 28.96 万亩。油料播种面积 39.98 万亩,减少 0.90 万亩。蔬菜播种面积 194.10 万亩,减少 3.59 万亩。瓜果播种面积 78.26 万亩,减少 6.10 万亩。园林水果面积 156.24 万亩，增加 0.18 万亩。

全年全区粮食总产量 375.83 万吨，比上年增产 7.39 万吨,增长 2.0%,实现十九连丰。其中,夏粮产量 27.86 万吨,增长 41.2%;秋粮产量 347.97 万吨，下降 0.2%。全年全区小麦产量 27.27 万吨,增长 43.9%;水稻产量 23.66 万吨,下降 42.3%;玉米产量 276.63 万吨,增长 5.0%;马铃薯产量(折粮)32.59 万吨,下降 9.9%。

全年全区蔬菜产量 527.92 万吨，比上年下降 1.0%;红枣产量 9.67 万吨,增长 25.6%;枸杞产量 8.63 万吨,增长 0.4%;油料产量 4.54 万吨,下降 5.8%。全年全区肉类总产量 36.77 万吨,比上年增长 4.1%。其中,猪肉产量 9.03 万吨,下降 0.9%;牛肉产量 12.47 万吨,增长 5.4%;羊肉产量 12.48 万吨，增长 8.8%；禽肉产量 2.55 万吨，下降 0.8%。禽蛋产量 13.21 万吨，增长 2.7%。牛奶产量 342.50 万吨，增长 22.1%。水产品产量 17.04 万吨，增长 2.7%。年末全区生猪存栏 74.26 万头，下降 13.1%；肉牛存栏 148.39 万头，增长 7.8%；奶牛存栏 83.69 万头，增长 19.2%；羊存栏 710.55 万只，增长 4.9%；活家禽存栏 1512.66 万只，增长 22.9%。全年生猪出栏 110.79 万头，下降 1.5%；肉牛出栏 76.14 万头，增长 5.3%；羊出栏 702.28 万只，增长 8.8%；活家禽出栏 1216.32 万只，下降 0.7%。

图 6　2018—2022 年全区粮食产量

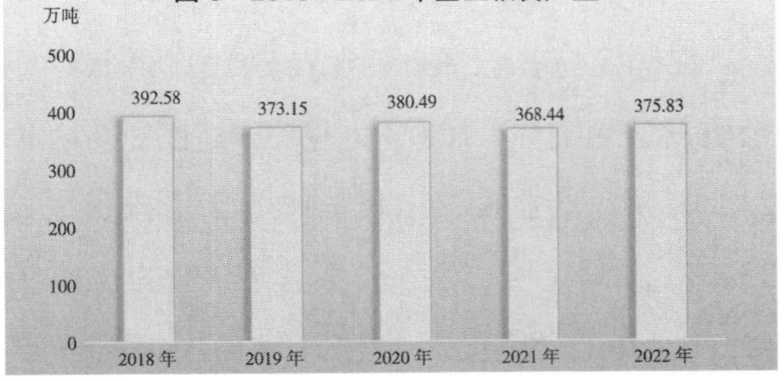

表 2　2022 年全区主要农林牧渔业产品产量及其增长速度

指　标	产量(万吨)	比上年增长(%)
粮食	375.83	2.0
小麦	27.27	43.9
水稻	23.66	−42.3
玉米	276.63	5.0
油料	4.54	5.8
蔬菜	527.92	−1.0
瓜果	201.04	8.6
枸杞	8.63	0.4
肉类总产量	36.77	4.1
其中:猪、牛、羊肉产量	33.98	4.8
禽蛋	13.21	2.7
牛奶	342.50	22.1
水产品	17.04	2.7

三、工业和建筑业

全年全区工业增加值 2093.96 亿元，比上年增长 6.4%。规模以上工业增加值增长 7.0%。在规模以上工业中，分轻重工业看，轻工业增加值增长 13.8%，重工业增长 6.4%。分经济类型看，国有控股企业增加值增长 3.0%；股份制企业增长 6.2%，外商及港澳台商投资企业增长 12.4%；非公有工业增长 10.4%，其中，私营企业增长 10.8%。分门类看，采矿业增加值增长 6.0%，制造业增长 9.0%，电力、热力、燃气及水生产和供应业增长 0.7%。

年末全区发电装机容量 6474.5 万千瓦，比上年末增长 4.2%。其中，火电装机容量 3303.8 万千瓦，下降 0.9%；水电装机容量 42.6 万千瓦，与上年持平；风电装机容量 1456.7 万千瓦，增长 0.1%；太阳能发电装机容量 1583.7 万千瓦，增长 14.4%。

全年全区规模以上工业企业利润 412.72 亿元，比上年下降 10.9%。分经济类型看，国有控股企业利润 172.69 亿元，增长 71.3%；股份制企业 307.27 亿元，下降 9.0%；外商及港澳台商投资企业 57.46 亿元，下降 41.0%。分门类看，采矿业利润 112.94 亿元，同比增长 68.1%；制造业 268.33 亿元，下降 31.3%；电力、热力、燃气及水生产和供应业 31.45 亿元，增长 4.6 倍。

表 3　2022 年全区主要工业产品产量及其增长速度

指　标	单位	产量	比上年增长(%)
原煤	万吨	9479.3	9.3
发电量	亿千瓦时	2235.1	7.3
焦炭	万吨	1225.4	18.0
原铝(电解铝)	万吨	125.2	3.6
农用化肥(折纯)	万吨	71.0	13.8
精甲醇	万吨	997.2	14.1
电石(碳化钙)	万吨	470.4	5.6
水泥	万吨	1667.4	−13.2
铁合金	万吨	383.8	3.4
乳制品	万吨	235.4	29.5
金属切削机床	台	2639.0	−0.7

全区具有资质等级的总承包和专业承包建筑业企业 816 家，全年完成建筑业总产值 725.85 亿元，比上年增长 6.5%。按建筑业总产值计算的劳动生产率 44.55 万元 / 人，比上年增长 14.7%。

四、服务业

全年全区批发和零售业增加值 218.83 亿元，比上年增长 0.5%；交通运输、仓储和邮政业增加值 213.50 亿元，增长 0.2%；住宿和餐饮业增加值 54.10 亿元，增长 0.2%；金融业增加值 352.17 亿元，增长 4.2%；房地产业增加值 185.07 亿元，下降 4.5%；信息传输、软件和信息技术服务业增加值 174.58 亿元，增长 10.7%；租赁和商务服务业增加值 66.82 亿元，下降 5.5%。

全年全区货物运输总量 4.9 亿吨，比上年增长 3.6%；货物运输周转量 874.0 亿吨公里，增长 7.6%。全年全区旅客运输总量 0.3 亿人，下降 25.7%；旅客运输周转量 63.1 亿人公里，下降 40.1%。

表 4　2022 年全区各种运输方式完成运输量及其增长速度

运输方式	货物				旅客			
	运输总量		运输周转量		运输总量		运输周转量	
	绝对值（万吨）	比上年增长（%）	绝对值（亿吨公里）	比上年增长（%）	绝对值（万人）	比上年增长（%）	绝对值（亿人公里）	比上年增长（%）
总计	48624.2	3.6	874.0	7.6	2805.3	−25.7	63.1	−40.1
铁路	10159.8	7.8	276.0	17.7	433.9	−39.8	17.5	−39.6
公路	38462.9	2.6	597.8	3.5	2195.1	−19.1	19.0	−29.2
航空	1.4	−36.6	0.2	−29.1	176.3	−48.3	26.6	−46.3

全年全区邮政行业寄递业务累计完成 19267.1 万件，比上年增长 2.0%。邮政业完成邮政函件业务 201.1 万件；包裹业务 4.5 万件；快递业务量 9905.9 万件，快递业务收入 15.6 亿元。全年全区完成电信业务总量[8]106.9 亿元，增长 22.6%。年末全区电话用户总数 938.4 万户，其中移动电话用户 891.0 万户。（固定）互联网宽带接入用户 349.4 万户，比上年增加 32.3 万户。移动互联网用户 787.9 万户，比上年增加 37.1 万户；移动互联网接入流量 18.0 亿 GB，增长 20.9%。

图 7　2018—2022 年年末全区（固定）互联网宽带接入用户数和移动互联网用户数

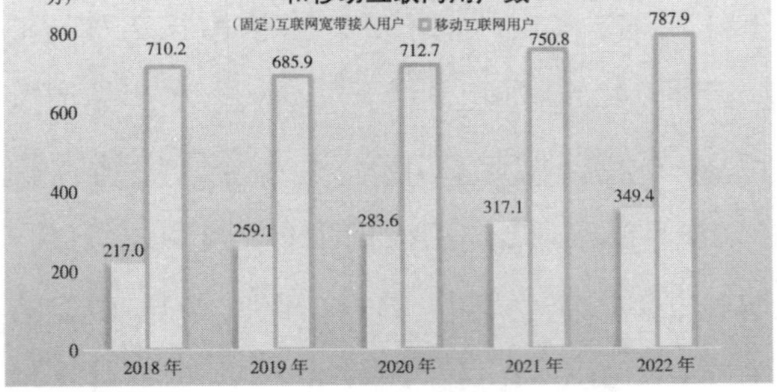

五、固定资产投资

全年全区全社会固定资产投资比上年增长 8.2%。其中，固定资产投资（不含农户）增长 10.2%。

在固定资产投资（不含农户）中，第一产业投资比上年下降 10.0%，第二产业投资增长 23.3%，第三产业投资增长 1.1%。工业投资增长 23.2%，占固定资产投资（不含农户）的比重为 49.0%。基础设施投资[9]增长 19.1%，占固定资产投资（不含农户）的比重为 17.9%。民间固定资产投资[10]增长 10.7%，占固定资产投资（不含农户）的比重为 57.7%。

全年全区房地产开发投资 419.95 亿元，比上年下降 10.1%。其中，住宅投资 316.17 亿元，下降 8.2%；办公楼投资 2.84 亿元，增长 45.0%；商业营业用房投资 42.63 亿元，下降 22.6%。

表 5　2022 年全区房地产开发和销售主要指标及其增长速度

指　标	单位	绝对值	比上年增长（%）
房地产开发投资	亿元	419.95	−10.1
房屋施工面积	万平方米	4918.44	−12.3
其中：住宅	万平方米	3402.57	−9.5
其中：本年新开工面积	万平方米	766.18	−45.1
房屋竣工面积	万平方米	627.13	−45.2
其中：住宅	万平方米	483.13	−36.7
商品房销售面积	万平方米	715.60	−29.5
其中：住宅	万平方米	650.74	−23.1
商品房待售面积	万平方米	817.55	−20.4
其中：住宅	万平方米	258.49	−16.6
商品房销售额	亿元	502.07	−25.6
其中：住宅	亿元	450.95	−22.9
本年实际到位资金	亿元	627.90	−14.5
其中：国内贷款	亿元	44.84	15.2
自筹资金	亿元	126.44	−2.2
其他资金来源	亿元	456.61	−19.3

六、国内贸易

全年全区实现社会消费品零售总额1338.44亿元,比上年增长0.2%。按经营地统计,城镇消费品零售额1162.82亿元,增长0.6%;乡村消费品零售额175.62亿元,下降1.8%。按消费类型统计,商品零售额1172.69亿元,增长0.4%;餐饮收入额165.76亿元,下降0.6%。

图8 2018—2022年全区社会消费品零售总额及其增长速度

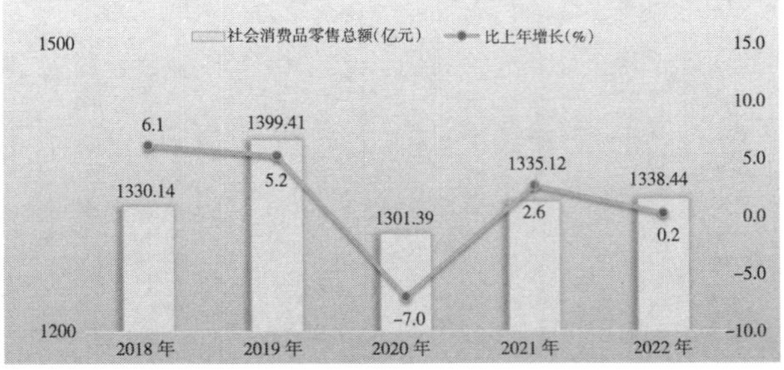

在限额以上单位商品零售额中,粮油、食品类零售额比上年增长7.4%,饮料类增长27.7%,烟酒类增长18.9%,服装、鞋帽、针纺织品类下降9.3%,化妆品类下降10.8%,金银珠宝类下降14.3%,日用品类增长22.1%,体育娱乐用品类下降17.2%,书报杂志类增长19.9%,家用电器和音像器材类增长0.3%,中西药品类增长6.7%,文化办公用品类下降11.7%,通信器材类增长7.5%,石油及制品类增长4.6%,汽车类增长1.8%。

七、对外经济[11]

全年全区货物进出口总额257.38亿元,比上年增长23.7%。其中,出口196.78亿元,增长16.6%;进口60.60亿元,增长54.5%。货物进出口差额(出口减进口)136.18亿元。对"一带一路"沿线国家进出口总额80.20亿元,增长23.7%。其中,出口76.36亿元,增长25.7%;进口3.84亿元,下降6.1%。

图9 2018—2022年全区货物进出口总额

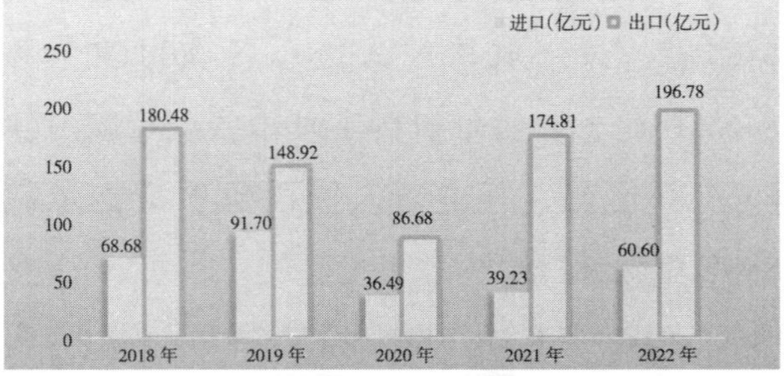

表6 2022年全区主要商品出口金额及其增长速度

商品名称	出口值(亿元)	比上年增长(%)
枸杞	2.05	−6.6
泰乐菌素	7.55	2.1
维生素C及其衍生物	2.45	−23.4
双氰胺	12.39	12.1
金属锰	10.28	−4.5
钽铌铍制品	4.26	−1.4
机床及铸件	7.23	83.3
赖氨酸酯及盐	5.19	4.7
蛋氨酸	2.73	16.6
碳化硅	2.63	99.5

全年全区新设外商直接投资企业22个,实际使用外资3.43亿美元,比上年增长55.3%。其中,信息传输、软件和信息技术服务业实际使用外资0.9亿美元,与上年持平。

八、财政金融

全年全区一般公共预算总收入[12]765.97亿元,比上年下降3.7%。其中,地方一般公共预算收入460.14亿元,同口径(扣除留抵退税因素后)增长13.7%。在地方一般公共预算收入中,税收收入306.82亿元,同口径增长22.3%,占地方一般公共预算收入的66.7%。

图10 2018—2022年全区地方一般公共预算收入及其增长速度

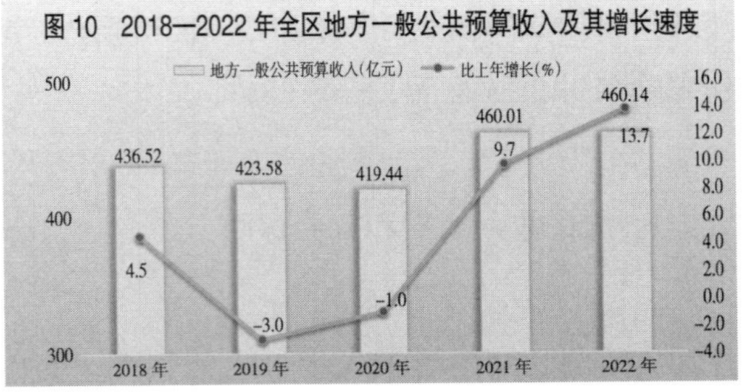

年末全区金融机构本外币各项存款余额8484.87 亿元，其中，人民币各项存款余额8465.31 亿元。金融机构本外币各项贷款余额8969.70 亿元，其中，人民币各项贷款余额8885.35 亿元。

表 7　2022 年年末全区金融机构存贷款余额及其增长速度

指　标	年末数（亿元）	比上年末增长(%)
本外币各项存款余额	8484.87	13.4
人民币存款余额	8465.31	13.4
其中:住户存款	4899.59	14.8
非金融企业存款	1533.73	4.8
机关团体及财政性存款	1757.22	16.8
本外币各项贷款余额	8969.70	6.0
人民币贷款余额	8885.35	7.3
其中:短期贷款	1965.07	-6.0
中长期贷款	6014.62	13.1
票据融资	892.94	3.5

年末全区共有上市公司 15 家，总股本209.22 亿股，总市值 1619.19 亿元，比上年末下降 23.8%。其中，流通市值 964 亿元，下降14.7%。全年证券交易额 12083.28 亿元，下降14.0%。年末全区在全国中小企业股份转让系统[13]挂牌公司 40 家，比上年末下降 2.4%。

年末全区共有省级营业性保险分公司 25 家，全年实现保费收入 215.83 亿元，比上年增长2.2%。其中，财产险收入 70.84 亿元，增长 8.4%；寿险收入 102.32 亿元，增长 1.5%；健康险收入36.14 亿元，下降 5.0%；意外伤害险收入 6.54 亿元，下降 5.9%。支付各类赔款和给付 72.16 亿元，下降 1.2%。其中，财产险赔付 43.18 亿元，下降 5.8%；寿险业务赔付 15.98 亿元，增长15.9%；健康险赔付 10.85 亿元，下降 3.1%；意外伤害险赔付 2.15 亿元，下降 3.8%。

九、居民收入消费和社会保障

全年全区全体居民人均可支配收入 29599 元，比上年增长 6.1%。按常住地分，城镇居民人均可支配收入 40194 元，增长 5.0%；农村居民人均可支配收入 16430 元，增长 7.1%。

图 11　2018—2022 年全区城镇居民人均可支配收入及其增长速度

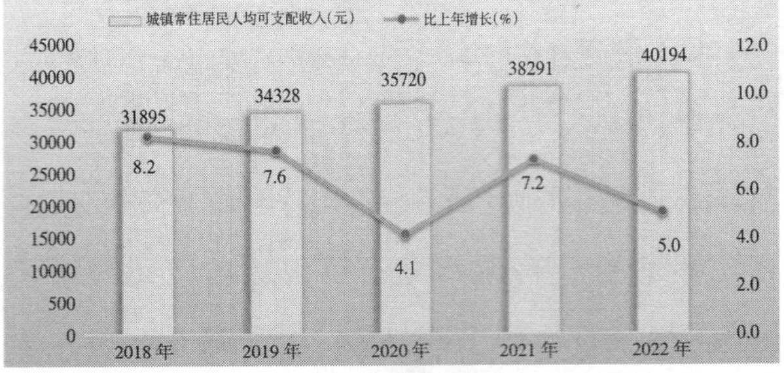

图 12　2018—2022 年全区农村居民人均可支配收入及其增长速度

全年全区全体居民人均消费支出 19136 元，比上年下降 4.4%。按常住地分，城镇居民人均消费支出 24213 元，下降 4.6%；农村居民人均消费支出 12825 元，下降 5.2%。全区全体居民恩格尔系数为 29.5%，其中城镇为 28.7%，农村为 31.4%。

图 13　2022 年全区城镇居民人均生活消费支出及其构成

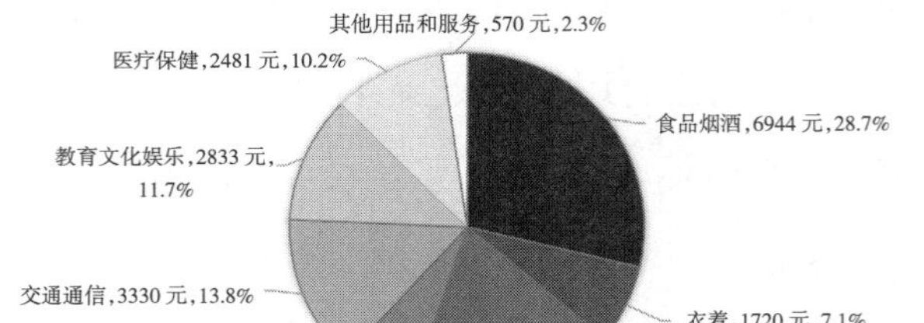

图 14　2022 年全区农村居民人均消费支出及其构成

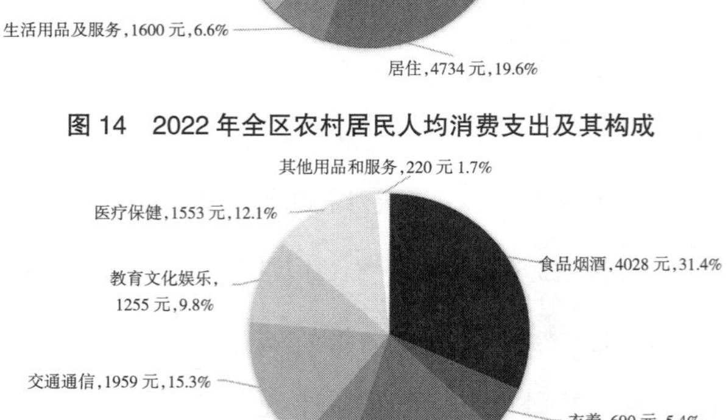

年末全区参加城镇职工基本养老保险人数283.79 万人，比上年末增加 31.68 万人。参加城

乡居民基本养老保险人数235.89万人，减少5.15万人。参加基本医疗保险人数662.81万人，减少0.6万人。其中,参加城镇职工基本医疗保险162.37万人,增加2.78万人;参加城乡居民基本医疗保险500.44万人,减少3.38万人。参加失业保险人数117.43万人,增加8.36万人。参加工伤保险人数147.33万人，增加3.54万人。参加生育保险人数114.08万人,增加2.58万人。

十、教育、科学技术和文化体育

2022年末,全区共有各级各类学校3307所(含小学教学点345所),教职工12.64万人。全年全区学前教育毛入园率91.3%，小学学龄人口入学率100%,初中阶段毛入学率104.5%,高中阶段毛入学率94.7%，高等教育毛入学率59.9%,九年义务教育巩固率为99.3%。

表8 2022年全区各级教育招生、在校、毕业生人数

类别	校数(所)	招生数(人)	在校学生数(人)	毕业学生数(人)
普通高等学校	20	57225	185194	43995
#研究生	0	4837	12737	3509
成人高等学校	1	18468	51952	16308
中等职业教育学校	32	28930	77874	23672
普通中学	320	155737	456555	153012
#高中(含完全中学)	70	58653	172385	53161
#初中(含完全中学)	250	97084	284170	99851
普通小学(含教学点)	1446	101742	609840	97329
幼儿园	1473	97492	255799	107869
特殊教育学校	15	1169	7127	1500

2022年，全区登记自治区级科技成果802项,比上年增长27.7%。其中,基础理论成果118项,应用技术成果628项,软科学成果56项。专利授权量12451件,下降3.4%。其中,发明专利授权量1204件,增长9.1%。全年共签订技术合同3594项,技术合同成交金额34.37亿元。

年末全区拥有国家级工程技术研究中心3个,自治区级工程技术研究中心83个;国家级重点实验室3个，自治区级重点实验室39个;自治区级产业技术协同创新中心5个，自治区临床医学研究中心29个,自治区技术创新中心565个;国家级企业(集团)技术中心(含分中心)11个,自治区级企业(集团)技术中心95个;国家地方联合工程研究中心26个,自治区工程研究中心54个。

全年我区运动员参加国际国内比赛共取得金牌6枚,银牌6枚,铜牌3枚。全年有1人获得国际级运动健将等级称号,3人获得国家级运动健将等级称号,232人获得国家一级运动员等级称号,547人获得国家二级运动员等级称号,1人获得国际级裁判员等级称号,5人获得国家级裁判员等级称号,42人获得国家一级裁判员等级称号。

十一、旅游和社会服务

全年全区接待国内游客3882.48万人次,比上年增长7.2%。国内旅游收入304.28亿元,增长6.3%。

年末[14]全区共有各类提供住宿的社会服务机构157个,其中养老服务机构134个,儿童收养救助服务机构11个。社会服务床位29394张(不包括社区床位数),其中养老机构床位27484张(不包括社区日间照料床位5530张、社区全托服务床位739张),儿童福利和救助机构床位1070张。年末全区共有社区服务机构和设施3020个(不包括社区养老服务机构和设施),社区服务中心44个,社区服务站2852个。

十二、资源、环境和应急管理

全年全区水资源总量8.92亿立方米。平均

降水量 254 毫米，比上年下降 7.3%。总用水量 66.33 亿立方米，下降 2.6%。其中，生活用水 3.70 亿立方米，增长 0.7%；工业用水 4.46 亿立方米，增长 5.1%；农业用水 53.64 亿立方米，下降 5.7%；人工生态环境用水 4.53 亿立方米，增长 36.5%。万元地区生产总值用水量[15]130.84（当年价）立方米，比 2020 年下降 15.2%；万元工业增加值用水量 21.3（当年价）立方米，比 2020 年下降 12.2%。

全年全区完成营造林面积 10.05 万公顷，其中人工造林面积 4.56 万公顷。森林抚育面积 1.60 万公顷。年末全区自然保护区 13 个，其中国家级自然保护区 9 个，自治区级自然保护区 4个。

全年[16]黄河干流宁夏段入境至出境断面水质均为Ⅱ类优水质，地表水国控考核断面达到或好于Ⅲ类水质比例为 90%。5 个地级城市环境空气质量平均优良天数为 307 天，比例为 84.2%，细微颗粒（$PM_{2.5}$）平均浓度为 30 微克 / 立方米，比上年上升 11.1%；可吸入颗粒物（PM_{10}）平均浓度为 64 微克 / 立方米，上升3.2%。

2022 年，全区城市区域昼间平均等效声级为 51.7 分贝，同比减少 0.3 分贝，昼间区域声环境质量等级为二级，总体水平评价为较好。

全年全区累计发生各类生产经营性事故 156 起，比上年下降 8.8%，死亡 150 人，下降 9.6%。亿元生产总值生产安全事故死亡人数 0.0296 人，下降 20.0%。道路交通万车死亡人数 1.907 人，下降 5.4%。煤矿生产安全死亡事故 4 起，死亡 4 人，煤矿百万吨死亡人数 0.042 人。

注释：

[1]本公报中数据均为初步统计数，正式数据以《宁夏统计年鉴 -2023》为准。部分数据因四舍五入的原因，存在总计与分项合计不等的情况。

[2]地区生产总值、各产业增加值绝对值按现价计算，增长速度按不变价格计算。

[3]年度农民工数量包括年内在本乡镇以外从业 6 个月及以上的外出农民工和在本乡镇内从事非农产业 6 个月及以上的本地农民工。

[4]农产品生产者价格是指农产品生产者直接出售其产品时的价格。

[5]高技术制造业包括医药制造业，航空、航天器及设备制造业，电子及通信设备制造业，计算机及办公设备制造业，医疗仪器设备及仪器仪表制造业，信息化学品制造业。

[6]装备制造业包括金属制品业，通用设备制造业，专用设备制造业，汽车制造业，铁路、船舶、航空航天和其他运输设备制造业，电气机械和器材制造业，计算机、通信和其他电子设备制造业，仪器仪表制造业。

[7]网上零售额是指通过公共网络交易平台（包括自建网站和第三方平台）实现的商品和服务零售额之和。商品和服务包括实物商品和非实物商品（如虚拟商品、服务类商品等）。

[8]电信业务总量按 2021 年价格计算。

[9]基础设施投资包括交通运输、邮政业，电信、广播电视和卫星传输服务业，互联网和相关服务业，水利、环境和公共设施管理业投资。

[10] 民间固定资产投资是指具有集体、私营、个人性质的内资调查单位以及由其控股（包括绝对控股和相对控股）的调查单位建造或购置固定资产的投资。

[11] 货物进出口采用人民币计价。实际使用外商直接投资由于技术原因仍主要沿用美元计价。

[12]2022 年数据为初步数，正式数据以自治区财政厅决算数据为准。

[13]全国中小企业股份转让系统又称“新三

板”，是2012年经国务院批准设立的全国性证券交易场所。

[14]此部分数据为民政厅预计数，正式数据以民政厅公布数据为准。

[15]万元地区生产总值用水量、万元工业增加值用水量比2020年增减幅度按2020年价格计算。

[16]数据来源于《2022年宁夏生态环境质量状况》。地表水达到或好于Ⅲ类水体比例为15个国控断面监测统计结果；环境空气质量优良天数及比例为未剔除沙尘天气数据，PM_{10}、$PM_{2.5}$平均浓度均为剔除沙尘天气后数据。

资料来源：

本公报中城镇新增就业、社会保障数据来自自治区人力资源和社会保障厅；财政数据来自自治区财政厅；水资源数据来自自治区水利厅；林业数据来自自治区林业和草原局；发电装机容量数据来自国网宁夏电力公司；铁路运输数据来自中国铁路兰州局集团有限公司；公路运输数据来自自治区交通运输厅；民航数据来自西部机场集团宁夏机场有限公司；电信业务总量、电话用户、宽带用户、移动互联网接入流量、互联网普及率等数据来自宁夏通信管理局；货物进出口数据来自银川海关；外商直接投资等数据来自自治区商务厅；邮政业务数据来自宁夏邮政管理局；货币金融数据来自人民银行银川中心支行；上市公司数据来自宁夏证监局；保险业数据来自宁夏银保监局；社会服务数据来自自治区民政厅；教育数据来自自治区教育厅；国家工程研究中心、国家工程实验室、企业技术中心等数据来自自治区科技厅；专利数据来自自治区市场监管厅（自治区知识产权局）；体育数据来自自治区体育局；环境监测数据来自自治区生态环境厅；安全生产数据来自自治区应急管理厅；道路交通事故数据来自自治区公安厅；其他数据均来自自治区统计局和国家统计局宁夏调查总队。

银川市 2022 年国民经济和社会发展统计公报[1]

银川市统计局　国家统计局银川调查队

2022 年，面对严峻复杂的外部环境和延宕反复的疫情冲击，在市委、市政府坚强领导下，全市上下坚持以习近平新时代中国特色社会主义思想为指导，认真学习贯彻党的二十大精神，全面落实疫情要防住、经济要稳住、发展要安全的要求，以建设黄河流域生态保护和高质量发展先行区示范市为统揽，坚持稳中求进工作总基调，完整、准确、全面贯彻新发展理念，有效应对各种超预期因素冲击，经济运行持续恢复，发展质量稳步提升，社会大局保持稳定。

一、综合

初步核算，全年实现地区生产总值 2535.63 亿元，按可比价格计算，比上年增长 4.0%[2]。其中，第一产业增加值 91.80 亿元，增长 4.7%；第二产业增加值 1261.70 亿元，增长 7.3%；第三产业增加值 1182.13 亿元，增长 1.3%。三次产业结构为 3.6:49.8:46.6，对经济增长的贡献率分别为 4.4%、78.2%和 17.4%。按常住人口计算，人均地区生产总值 87756 元，增长 3.4%。

图 1　2018—2022 年银川市地区生产总值及增速

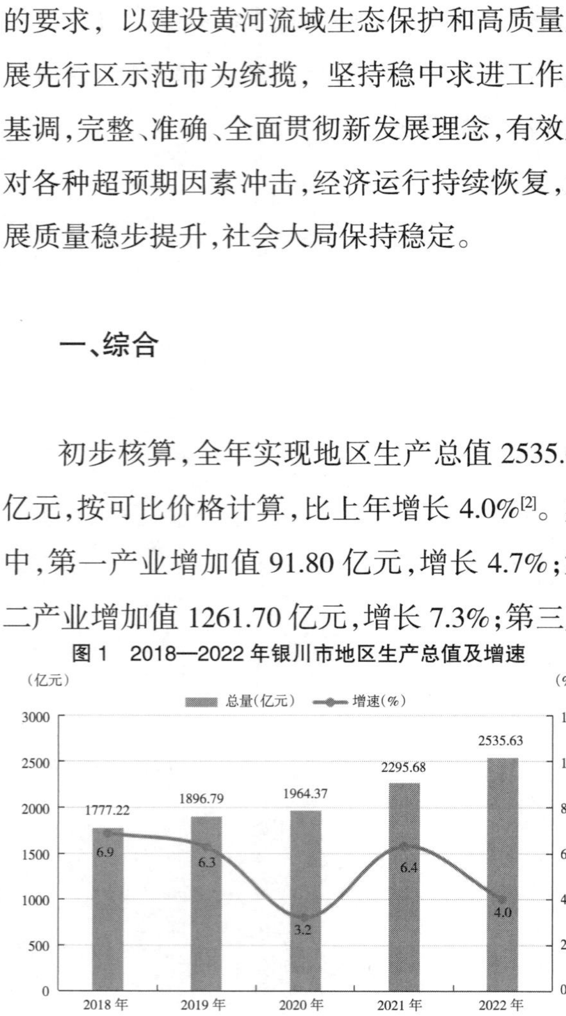

年末全市常住人口 289.68 万人，比上年末增加 1.48 万人。其中，城镇人口 236.78 万人，占总人口的比重为 81.74%；回族人口 72.69 万人，占总人口的比重为 25.09%。女性人口 146.59 万人，占总人口的比重为 50.60%。人口出生率为 9.59‰，死亡率为 4.46‰，人口自然增长率为 5.13‰。

全年居民消费价格比上年上涨 2.0%，其中，食品烟酒类上涨 2.6%，衣着类下降 0.9%，医疗保健上涨 1.9%，教育文化和娱乐类上涨 1.0%，居住类与上年持平，生活用品及服务类上涨 1.7%，交通和通信类上涨 6.9%,其他用品和服务上涨 0.3%。商品零售价格总指数上涨 2.2%。

图 2　2022 年银川市居民消费价格月度涨幅

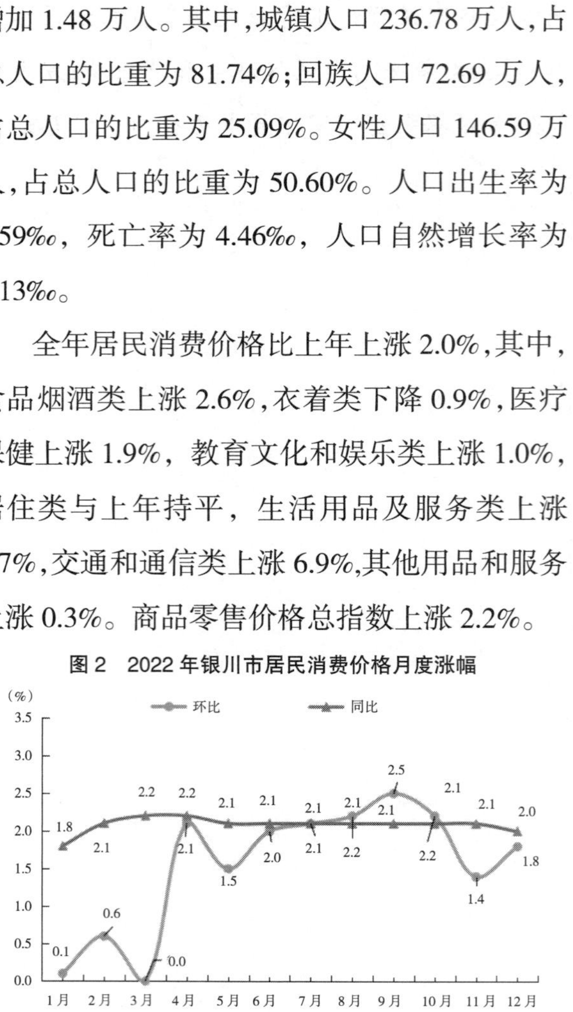

表 1　2022 年银川市居民消费价格比上年涨跌幅度

单位:%

指标名称	2022 年
居民消费价格总指数(CPI)	2.0
服务价格指数	1.1
消费品价格指数	2.6
# 食品烟酒	2.6
衣着	-0.9
居住	0.0
生活用品及服务	1.7
交通和通信	6.9
教育文化和娱乐	1.0
医疗保健	1.9
其他用品和服务	0.3
商品零售价格总指数	2.2

全年完成地方财政收入 248.90 亿元，比上年下降 4.7%。完成一般公共预算收入 168.86 亿元,下降 1.4%,扣除留抵退税因素后,同口径增长 8.2%。其中，税收收入 118.17 亿元，下降 3.5%；税收收入占一般公共预算收入的比重为 70.0%。全年完成地方财政支出 437.66 亿元,增长 22.0%。完成一般公共预算支出 352.26 亿元,增长 20.8%。其中,公共安全支出增长 8.8%,教育支出增长 16.2%,科学技术支出增长 1.5%,社会保障和就业支出增长 12.7%，卫生健康支出增长 31.7%,节能环保支出增长 57.2%,城乡社区支出下降 3.1%。

图 3　2018—2022 年银川市一般公共预算收入及增速

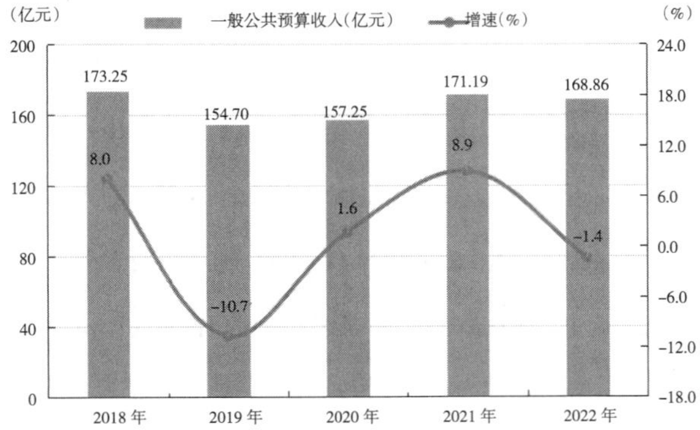

二、农业

全年完成农林牧渔业总产值 189.29 亿元，按可比价格计算,比上年增长 4.6%。其中,农业产值 96.39 亿元，增长 1.7%；林业产值 0.88 亿元,同比下降 26.6%;牧业产值 71.58 亿元,增长 9.5%;渔业产值 10.28 亿元,增长 4.5%;农林牧渔服务业产值 10.16 亿元,增长 6.6%。

全年粮食作物播种面积 121.88 万亩，同比增长 0.4%。其中,小麦播种面积 18.82 万亩,增长 86.2%。蔬菜播种面积 56.41 万亩,园林水果播种面积 36.42 万亩。

全年粮食产量 68.24 万吨，下降 3.2%,其中,小麦产量 7.15 万吨,增长 85.5%。蔬菜产量 133.90 万吨,下降 4.9%,园林水果产量 19.76 万吨,增长 13.1%。

全年肉类总产量 5.76 万吨,下降 7.0%。其中,猪肉产量 1.45 万吨,下降 17.4%;牛肉产量 1.77 万吨,下降 8.9%;羊肉产量 1.94 万吨,增长 4.9%,禽肉产量 0.60 万吨,下降 6.7%。禽蛋产量 2.40 万吨,增长 4.9%。牛奶产量 118.53 万吨,增长 35.7%。水产品产量 7.83 万吨,增长 2.7%。年末全市牛存栏 42.80 万头,其中,奶牛存栏 27.96 万头;生猪存栏 10.12 万头,羊只存栏数 107.19 万只,家禽数 241.44 万只。

全年农村用电量 4.07 亿千瓦时,增长 1.4%。

图 4　2018—2022 年银川市粮食产量及增速

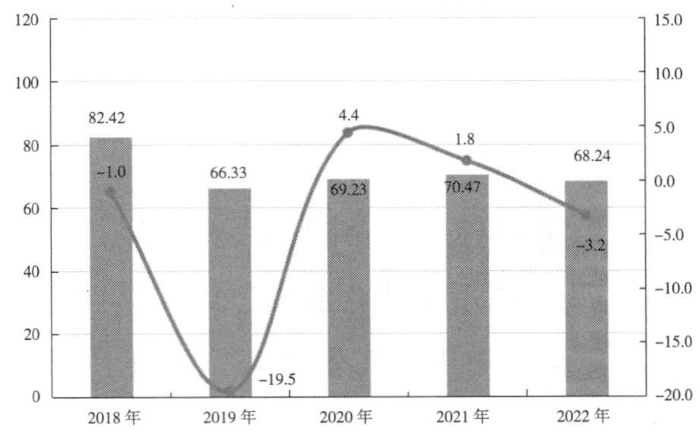

三、工业和建筑业

全年全部工业增加值1078.42亿元，比上年增长8.9%，其中，规模以上工业增加值增长10.3%。在规模以上工业中，分轻重工看，轻工业增加值增长17.0%，重工业增加值增长9.7%。分经济类型看，国有企业增加值增长10.6%，股份制企业增加值增长9.7%，外商及港澳台商投资企业增加值增长14.4%。规模以上非公有制工业企业增加值增长20.0%。

图5 2018—2022年银川市规模以上工业增加值增速

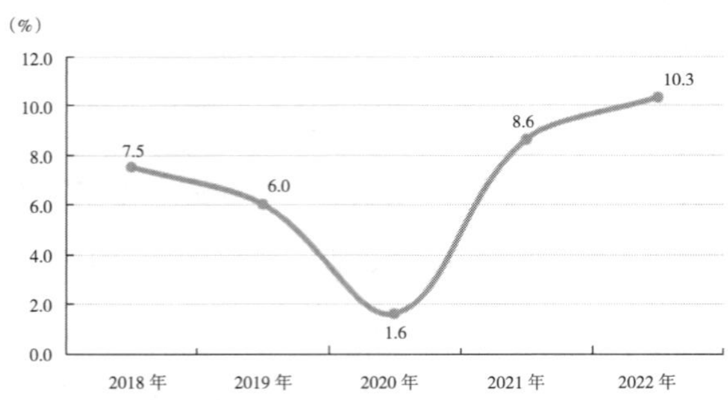

全年规模以上工业中，电力、热力的生产和供应业增加值比上年同期增长10.9%，石油、煤炭及其他燃料加工业增长15.3%，化学原料及化学制品制造业增长7.2%，纺织业下降13.0%。六大高耗能行业[3]增加值增长9.0%，占规模以上工业增加值比重为61.0%；高技术产业增加值增长37.3%，占规模以上工业增加值比重为15.5%。

全年规模以上工业企业实现销售产值比上年增长25.4%，工业产销率为98.4%。规模以上工业企业营业收入4516.12亿元，比上年增长33.0%；营业成本3744.70亿元，增长34.8%；实现利润总额287.24亿元，增长8.3%。工业品出口交货值60.23亿元，应收账款593.75亿元。年末全市规模以上工业企业资产负债率62.7%，比上年末下降1.2个百分点；企业亏损面28.5%，亏损企业亏损额62.38亿元。全年规模以上非公有工业企业实现营业收入1840.38亿元，增长38.9%。

表2 规模以上工业企业主要产品产量

指 标	单位	2022年	上年同期	比上年增长%
水泥	万吨	382.42	490.63	−22.1
液体乳	万吨	84.61	44.63	89.6
农用化肥(折纯)	万吨	65.05	55.45	17.3
金属切削机床	台	2639.00	2657.00	−0.7
滚动轴承	万套	3651.08	3636.04	0.4
合成氨	万吨	56.95	39.05	45.8
机制纸	万吨	1.49	1.45	3.3
葡萄酒	千升	3789.47	4586.16	−17.4
服装	万件	57.38	52.12	10.1
自来水生产量	万立方米	37502.53	37392.66	0.3
变压器	万千伏安	1348.15	961.43	40.2
原铝(电解铝)	万吨	57.70	57.77	−0.1

全年具有资质等级建筑业企业456个，实现建筑业总产值524.28亿元，比上年增长5.2%。其中，国有及国有控股企业实现产值233.24亿元，增长16.0%；建筑装修、装饰业实现产值4.77亿元，增长40.5%。房屋建筑施工面积1297万平方米，下降7.8%；房屋建筑竣工面积399万平方米，下降35.1%。

四、服务业

全年服务业实现增加值1182.13亿元，比上年增长1.3%。其中，批发和零售业增加值105.26亿元，增长0.6%；交通运输、仓储和邮政业增加值95.22亿元，下降3.0%；住宿和餐饮业增加值26.28亿元，增长1.0%；金融业增加值240.09亿元，增长4.6%；房地产业增加值115.82亿元，下降7.8%；营利性服务业增加值205.37亿元，增长2.3%；非营利性服务业增加值387.01亿元，增长3.1%。

图 6　2018—2022 年银川市服务业增加值及增速

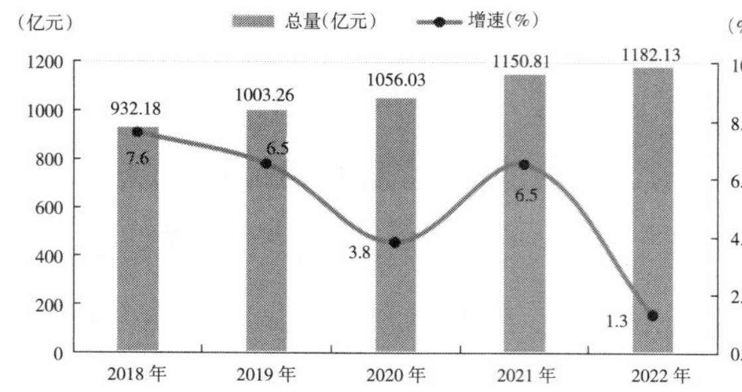

五、固定资产投资

全年固定资产投资比上年增长 3.7%[4]。分投资主体看，国有经济投资增长 1.5%，非国有经济投资增长 4.6%。从投资结构看，第一产业投资下降 35.0%，第二产业投资增长 23.4%，第三产业投资下降 10.0%。施工项目计划总投资增长 3.8%。

图 7　2018—2022 年银川市社会固定资产投资增速

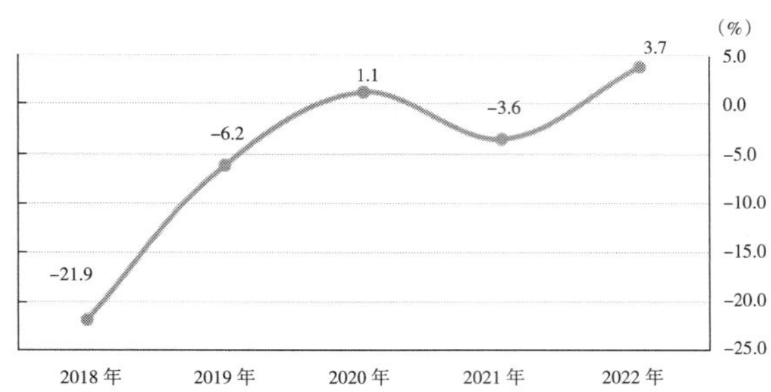

全年完成房地产开发投资 273.80 亿元，比上年下降 16.0%，其中，住宅开发投资 198.11 亿元，下降 15.4%。商品房施工面积 3320.34 万平方米，下降 10.4%，其中，住宅施工面积 2213.88 万平方米，下降 9.0%。商品房销售面积 403.71 万平方米，下降 37.1%，其中，住宅销售面积 365.17 万平方米，下降 30.9%。全年商品房销售额 338.77 亿元，下降 31.0%，其中，住宅销售额 307.12 亿元，下降 28.6%。商品房待售面积 530.21 万平方米，下降 18.4%，其中，住宅待售面积 151.98 万平方米，下降 12.7%。

六、国内贸易

全年实现社会消费品零售总额 791.62 亿元，同比增长 0.4%[5]。分城乡看，城镇消费品零售额增长 0.6%，乡村消费品零售额下降 2.7%。分行业看，批发、零售业零售额增长 0.5%，住宿餐饮业零售额下降 0.3%。分经济类型看，国有经济零售额下降 3.0%，集体经济零售额增长 10.2%，股份制经济零售额增长 6.0%，私营经济零售额与上年持平，个体经济零售额下降 2.9%，其他各种经济零售额增长 6.8%。

图 8　2018—2022 年银川市社会消费品零售总额及增速

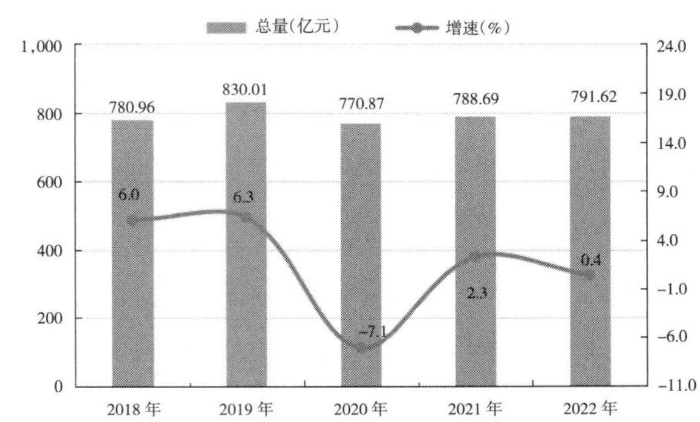

在限额以上企业商品零售中，粮油、食品、饮料及烟酒类增长 8.3%，服装、鞋帽、针纺织品类下降 10.2%，家用电器和音像器材类增长 1.1%，金银珠宝类下降 16.7%，石油及制品类增长 13.7%，通信器材类增长 12.7%，体育、娱乐用品类下降 17.1%，汽车类增长 2.8%。

全年亿元以上商品交易市场成交额 183.55 亿元，下降 22.6%。

七、对外经济

全年实现进出口总额 156.60 亿元，增长 24.3%。其中，出口总额 122.61 亿元，增长 18.6%；进口总额 33.99 亿元，增长 50.4%。

图 9　2018—2022 年银川市进出口贸易总额

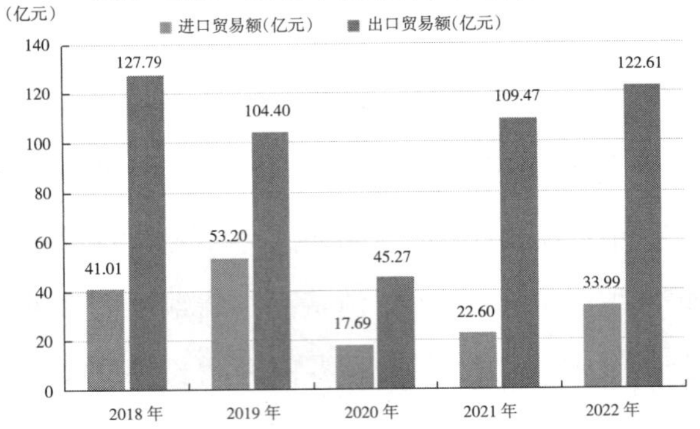

全年新批外资企业数 19 个；合同外资金额 6.74 亿美元，增长 217.9%；实际利用外资 1.32 亿美元，增长 12.0%。

八、交通、邮电和旅游

全年铁路客运量 263.69 万人，比上年下降 38.6%；铁路货运量 729.62 万吨，增长 1.7%。民航客运量 173.43 万人，下降 46.7%；民航旅客周转量 26.32 亿人公里，下降 45.0%；民航货运量 1.43 万吨，下降 34.6%；民航货运周转量 2331.83 万吨公里，下降 28.0%[6]。

表 3　2022 年银川市铁路、公路及航空完成运输量及增长速度

指 标	单位	绝对数	比上年增长（%）
客运量			
铁路	万人次	263.69	–38.6
民航	万人次	173.43	–46.7
旅客周转量			
民航	万人公里	263184	–45.0
货运量			
铁路	万吨	729.62	1.7
民航	万吨	1.43	–34.6
货物周转量			
民航	万吨公里	2331.83	–28.0

年末全市机动车总数 122.08 万辆，比上年末增加 8.66 万辆，其中，年末私人汽车保有量 111.57 万辆，比上年末增加 8.34 万辆。

全年邮电业务收入 55.54 亿元，同比增长 10.0%，其中电信业务收入累计完成 38.06 亿元，同比增长 12.8%，邮政业务收入累计完成 17.48 亿元，同比增长 4.4%；全年快递业务收入累计完成 10.86 亿元，同比增长 3.6%；全年定销报纸业务累计完成 3540.39 万份，同比下降 3.9%；邮政函件业务量累计完成 166.14 万件，同比增长 3.1%。年末本地固定电话用户 23.52 万户，增长 1.8%；年末移动电话用户 384.30 万户，增长 1.8%；年末互联网宽带接入用户 149.73 万户，增长 9.6%。

全年接待国内游客 2052.27 万人次，比上年增长 7.0%；接待入境游客 827 人次，下降 89.9%。国内旅游总收入 134.13 亿元，增长 7.0%；旅游外汇收入 30.08 万美元，下降 89.9%。

共有旅行社 172 家，其中，国际社 25 家，国内社 147 家。共有旅游星级饭店 31 家，其中，四星级 19 家，三星级 12 家。

九、金融和保险

年末全市金融机构人民币各项存款余额 5416.50 亿元，比上年末增长 15.5%，其中，住户存款 2693.87 亿元，增长 15.9%。年末金融机构人民币各项贷款余额 6444.29 亿元，比上年末增长 7.8%。其中，中长期贷款 4819.82 亿元，增长 12.4%；短期贷款 987.76 亿元，下降 10.6%。

全年实现保费收入 126.71 亿元，比上年增长 3.1%。其中，财产险保费收入 36.78 亿元，增长 7.8%；人身险保费收入 89.93 亿元，增长 1.3%。全年支付各项赔款及给付额 38.95 亿元，增长 2.4%。其中，财产险赔付 22.40 亿元，增长 0.6%；人身险赔付 16.56 亿元，增长 5.0%。

十、教育和科学技术

年末全市有研究生培养单位 3 个，招生 4561 人，比上年增长 7.1%；在学研究生 12120 人，增长 9.7%；毕业生 3371 人，增长 29.9%。普通高等院校 16 所，招生 4.07 万人，比上年增长 1.4%；在校生 14.87 万人，增长 6.0%，毕业生 3.30 万人，增长 14.7%。成人高校 1 所，在校生 341 人，毕业生 409 人。中等职业学校 16 所，招生 1.44 万人，增长 11.6%；在校生 3.71 万人，增长 4.7%；毕业生 1.12 万人，增长 7.5%。普通高中 28 所，招生 2.10 万人，增长 5.2%；在校生 6.02 万人，增长 4.1%；毕业生 1.84 万人，增长 5.0%。初中学校 58 所，招生 3.10 万人，增长 5.8%；在校生 8.99 万人，增长 1.8%；毕业生 2.96 万人，增长 6.7%。普通小学 193 所，招生 4.01 万人，增长 5.8%；在校生 22.21 万人，增长 5.4%；毕业生 3.07 万人，增长 6.1%。特殊教育学校 4 所，招生 172 人，增长 1.9 倍；在校生 797 人，增长 6.0%；毕业生 131 人，增长 47.2%。幼儿园 459 所，在园幼儿 10.63 万人，下降 0.8%。学前三年毛入园率达到 113.2%，小学六年巩固率达到 104.8%，初中三年巩固率达到 100.1%。资助困难学生 55099 人次。

有效发明专利量 3555 件，万人发明专利量 12.34 件。

十一、文化、卫生和体育

年末全市拥有艺术表演团体 241 个，文化艺术馆、文化馆 8 个，公共图书馆 8 个，博物馆 19 个，全国重点文物保护单位 11 处。广播电台 6 座，电视台 6 座，广播综合人口覆盖率、电视综合人口覆盖率均达到 100%，有线广播电视覆盖用户 115.5 万户。

年末全市拥有卫生机构 1393 个，其中，医院和卫生院 119 个（医院 84 个）。卫生机构床位 18525 张，其中，医院、卫生院床位 17206 张。卫生技术人员 30422 人，其中，执业医师及执业助理医师 11640 人，注册护士 14259 人。疾病预防控制中心 8 个，卫生技术人员 393 人；妇幼保健机构 6 个，卫生技术人员 1786 人；乡镇卫生院 35 个，床位数 545 张，卫生技术人员 1179 人。卫生监督所 7 个，卫生监督所卫生技术人员 98 人。

全年获得全国冠军 2 个，获得金牌 2 块，铜牌 1 块。

十二、人民生活和社会保障

全年城镇新增就业人数 6.30 万人。

全年城镇居民人均可支配收入 44392 元，比上年增加 1980 元，增长 4.7%。城镇居民人均消费性支出 28686 元，下降 1.3%。城镇居民家庭恩格尔系数为 28.1%。

图 10 2018—2022 年银川市城镇居民人均可支配收入及增速

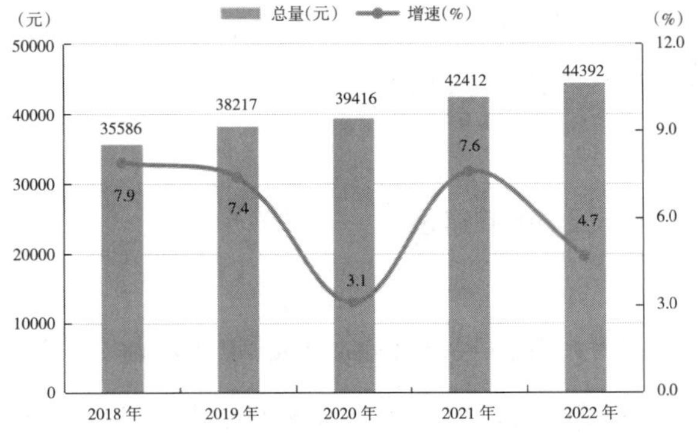

全年农村居民人均可支配收入 19349 元，比上年增加 1179 元，增长 6.5%。农村居民人均生活消费支出 14331 元，下降 2.3%。农村居民家庭恩格尔系数为 33.2%。

全年生态移民地区农村居民人均可支配收入 12188 元，比上年增长 9.2%。

图 11　2018—2022 年银川市农村居民人均可支配收入及增速

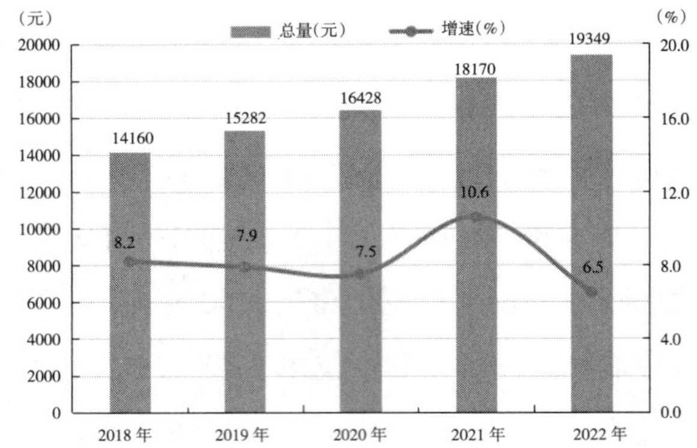

年末全市参加基本养老保险 162.41 万人，比上年增长 6.5%。其中，参加城镇职工基本养老保险 121.05 万人，参加城乡居民社会养老保险 34.71 万人。参加基本医疗保险 212.43 万人，比上年增长 1.4%，其中，参加城镇职工基本医疗保险 93.53 万人，参加城乡居民基本医疗保险 118.90 万人。参加失业保险 68.57 万人。

年末全市拥有各类养老服务机构 42 个，共有床位 10015 张。享受城镇居民最低生活保障人数为 1.2 万人，全年发放城镇居民最低生活保障金 0.84 亿元；农村享受最低保障人数 2.16 万人，发放农村最低生活保障金 1.2 亿元。使用城乡医疗救助资金 1.08 亿元，医疗救助资金资助参保人数 9.28 万人。城镇建立各种社区服务站 295 个。全年筹集社会公益资金 318 万元，直接接受社会捐赠 742.92 万元。

十三、城市建设

年末全市城市建成区面积 196.05 平方公里。城市道路长度 797.39 公里，城市道路面积 2909.07 万平方米。污水年排放量 18142.42 万立方米，污水处理率 98.2%。绿化覆盖面积 11558 公顷，其中，年末建成区绿化覆盖面积 8192.76 公顷；绿地面积 10948.52 公顷，其中，年末建成区园林绿地面积 8114.95 公顷，建成区公园绿地面积 2612.42 公顷。公园绿地面积 2831.33 公顷，人均公园绿地面积 18.43 平方米，公园个数 21 个，公园面积 1252.08 公顷。

年末全市公共汽车线路 195 条，公共汽车运营车辆 2324 辆；公交标准运营车辆 2548.50 标台，每万人拥有公交车辆 13.38 标台；出租车运营车辆 7687 辆；全年城市公共交通运送乘客 1.54 亿人次。

十四、环境与应急管理

全年城市空气质量优良天数(实况)306 天，优良天数比例（实况)83.8%。区域噪声平均值 52.7 分贝，交通干线噪声平均值 66.7 分贝。城市饮用水源水质达标率 100%，黄河银川段水质达到二类。全年完成工业企业环境污染治理项目 55 个，投入资金 10.6 亿元。

全年发生各类生产安全事故 43 起，死亡 40 人，受伤 28 人。亿元 GDP 生产安全事故死亡人数 0.0158 人。道路交通生产安全事故 19 起，死亡 15 人，受伤 17 人。

注：

[1]本公报中数据均为初步统计数。

[2]地区生产总值、各产业增加值和人均地区生产总值绝对数按现行价格计算，增长速度按不变价格计算。根据第四次全国经济普查结果及有关制度规定，对 2000–2018 年地区生产总值进行了修订。

[3]六大高耗能行业分别为：化学原料和化学制品制造业、非金属矿物制品业、黑色金属冶炼和压延加工业、有色金属冶炼和压延加工业、石油加工炼焦和核燃料加工业、电力热力生产和供应业。

[4]自 2018 年起，不再公布固定资产投资总量。

[5]根据第四次全国经济普查结果及有关制度规定，对 1992–2019 年社会消费品零售总额数据进行了修订。

[6]自 2018 年起，取消铁路货物周转量和旅客周转量两项指标。自 2019 年起，取消公路客运量、公路货运量和公路货物周转量三项指标。

资料来源：

本公报中财政数据来自市财政局；货物进出口数据来自银川海关；外商投资等数据来自市商务局；铁路数据来自中国铁路兰州局集团有限公司；民航数据来自西部机场集团宁夏机场有限公司；民用汽车数据来自市公安局交通警察分局机动车辆管理所；邮政业务相关数据来自银川市邮政管理局；电话用户、宽带用户等数据来自宁夏通信管理局；文化、旅游和广播电视相关数据来自市文化旅游广电局；金融数据来自人民银行银川中心支行；保险数据来自中国银行保险监督管理委员会宁夏监管局；教育数据来自市教育局；专利数据来自市市场监督管理局；卫生数据来自市卫生健康委员会；体育数据来自市体育局；劳动就业数据来自市人力资源和社会保障局；医疗保险数据来自市医疗保障局；社会保障相关数据来自市民政局；绿化覆盖数据来自市园林管理局；公交运营数据来自市交通运输局；环境监测数据来自市生态环境局；应急管理数据来自市应急管理局；城市建设数据来自市自然资源局；其他数据均来自市统计局和国家统计局银川调查队。

1

综　合

1-1 行政区划及区划面积

县(市区)	镇(个)	乡(个)	街道办事处(个)	居民委员会(个)	村民委员会(个)	区划面积(平方公里)
总 计	20	6	28	295	282	9025.38
市区						2305.86
兴庆区	2	2	12	105	43	828.26
金凤区	2		6	65	20	353.00
西夏区	2		7	64	18	1124.60
永宁县	5	1	1	29	66	1178.68
贺兰县	4	1	1	17	65	1531.87
灵武市	5	2	1	15	70	4008.97

1-1 行政区划及区划面积(续表)

县(市区)	年末总人口(万人)	人口密度(人/平方公里)	乡、镇、街道办事处名称
总 计	289.68	320.96	
市区	192.82	836.22	
兴庆区	81.58	984.96	大新镇、掌政镇、通贵乡、月牙湖乡、文化街街道办事处、凤凰北街街道办事处、玉皇阁北街街道办事处、富宁街街道办事处、解放西街街道办事处、前进街街道办事处、新华街街道办事处、中山南街街道办事处、银古路街道办事处、丽景街街道办事处、胜利街街道办事处
金凤区	65.76	1862.89	良田镇、丰登镇、长城中路街道办事处、北京中路街道办事处、黄河东路街道办事处、满城北街街道办事处、上海西路街道办事处、贺兰山中路街道办事处
西夏区	45.48	404.41	兴泾镇、镇北堡镇、文昌路街道办事处、北京西路街道办事处、西花园路街道办事处、宁华路街道办事处、朔方路街道办事处、贺兰山西路街道办事处、怀远路街道办事处
永宁县	32.56	276.24	李俊镇、闽宁镇、杨和镇、望洪镇、望远镇、胜利乡、团结西路街道办事处
贺兰县	34.61	225.93	习岗镇、金贵镇、立岗镇、洪广镇、常信乡、富兴街街道办事处
灵武市	29.69	74.06	临河镇、东塔镇、崇兴镇、马家滩镇、郝家桥镇、白土岗乡、梧桐树乡、城区街道办事处

1-2　气象

月　份	平均气温(℃)				降水量(毫米)			
	银川	永宁	贺兰	灵武	银川	永宁	贺兰	灵武
一　月	-4.4	-5.0	-4.5	-6.0	0.0	0.2	0.0	1.6
二　月	-3.7	-4.3	-5.1	-4.9	2.9	5.6	3.3	5.9
三　月	9.1	8.1	8.2	8.0	0.1	1.3	0.0	1.0
四　月	13.6	13.0	13.5	12.9	3.1	3.2	1.8	3.2
五　月	18.7	18.5	18.3	18.0	5.5	5.5	9.9	4.4
六　月	24.2	23.8	23.6	23.3	70.4	22.1	25.3	27.1
七　月	24.9	24.3	24.8	24.1	89.5	37.7	47.2	79.2
八　月	23.5	23.3	23.3	23.2	60.1	38.1	48.8	22.0
九　月	18.3	17.9	17.9	17.0	17.8	6.5	8.3	10.4
十　月	10.1	10.2	10.0	8.8	5.6	11.9	6.8	16.8
十一月	3.4	3.6	3.0	2.7	4.8	4.4	4.0	6.7
十二月	-5.8	-5.9	-6.6	-6.9	0.0	0.0	0.0	0.0

1-2　气象

月　份	蒸发量(毫米)				日照时数(小时)			
	银川	永宁	贺兰	灵武	银川	永宁	贺兰	灵武
一　月					157.4	177.0	150.8	174.3
二　月					187.6	200.6	180.6	192.1
三　月					238.0	247.4	220.4	235.9
四　月	127.2				231.8	243.5	227.1	228.7
五　月	182.0				298.7	314.7	305.3	298.5
六　月	194.2				298.7	319.7	283.5	296.5
七　月	179.4				245.1	254.9	241.6	239.7
八　月	146.8				174.2	198.4	178.9	182.8
九　月	127.3				256.2	275.0	260.2	248.0
十　月	73.0				187.4	218.5	208.7	202.2
十一月					183.9	203.5	190.9	193.9
十二月					208.0	236.8	217.4	229.9

情况

平均风速(米/秒)				平均相对湿度(%)			
银川	永宁	贺兰	灵武	银川	永宁	贺兰	灵武
1.4	1.9	0.8	1.7	57	59	61	62
1.6	2.1	1.0	2.0	44	48	49	51
2.0	2.7	1.1	2.5	29	33	35	32
1.8	2.3	1.0	2.4	32	33	32	32
1.9	2.3	0.8	2.3	35	37	38	42
1.4	1.8	0.7	2.0	44	46	47	51
1.5	1.7	0.7	1.9	59	63	59	66
1.6	1.8	0.6	2.3	69	71	71	72
1.2	1.6	0.5	1.8	60	61	62	66
1.2	1.7	0.5	1.9	60	56	58	64
1.3	2.0	0.7	1.8	60	59	63	61
1.5	2.8	0.9	2.5	46	47	50	48

情况(续表)

大风日数(日)				雨日数(日)			
银川	永宁	贺兰	灵武	银川	永宁	贺兰	灵武
	1			0	1	0	1
	1		1	3	3	1	3
2	4		1	1	2	0	1
			1	3	3	2	3
1				4	3	3	3
	1		1	5	6	4	5
	1			10	16	8	9
				13	10	12	9
				4	5	5	3
				3	3	4	6
				1	1	2	1
	4		1	0	1	0	0

1-3 主要年份地区生产总值

（按当年价格计算）　　单位:万元

年份	地区生产总值	第一产业	第二产业	工业	建筑业	第三产业	交通运输、仓储和邮政业	批发和零售业、住宿和餐饮业	人均地区生产总值（元/人）
1949	2025	1484	130	118	12	411	74	63	86
1950	2498	1885	149	131	18	464	84	125	103
1951	3486	2725	227	191	36	534	112	168	137
1952	3374	2343	396	278	118	635	146	186	126
1953	3833	2587	490	348	142	756	218	220	133
1954	4152	2715	560	384	176	877	278	260	134
1955	5064	3317	729	509	220	1018	346	278	154
1956	5443	3192	949	688	261	1302	486	337	159
1957	5716	2986	1143	963	180	1587	572	404	162
1958	8370	3380	2022	1359	663	2968	1189	746	221
1959	11758	3415	4481	3240	1241	3862	1214	1286	276
1960	13424	2691	6059	4612	1447	4674	1345	1463	288
1961	11225	3103	3632	3052	580	4490	1067	1483	240
1962	9188	3181	2664	2296	368	3343	786	980	211
1963	10284	3970	2772	2354	418	3542	827	1097	241
1964	10696	3739	3121	2532	589	3836	920	1124	240
1965	13338	5137	4222	3059	1163	3979	1078	1156	284
1966	17623	5516	7267	5947	1320	4840	1348	1369	363
1967	16109	4547	7650	6573	1077	3912	1089	1081	322
1968	16347	4374	7929	5491	2438	4044	1017	1149	309
1969	20202	5205	10172	8025	2147	4825	1311	1226	360
1970	24481	6111	12335		1480	6035	1457	1478	415
1971	26132	7584	11418		973	7130	1789	1851	427
1972	27538	7756	12016		1305	7766	1930	1997	433
1973	28904	9152	11993		1388	7759	2040	2069	437
1974	30101	7711	14523		1389	7867	2093	2157	439
1975	34183	8139	17494		1365	8550	2328	2287	483
1976	30851	6777	16035		1479	8039	2161	2125	423
1977	33148	7078	17356		1894	8714	2648	2271	441
1978	38222	7902	20245		1893	10075	3202	2535	494
1979	41938	8639	22247		2803	11052	3084	2820	527
1980	44412	10750	21982		3468	11680	3529	3194	546
1981	46487	13019	21089		4949	12379	3559	3655	559

1-3 主要年份地区生产总值(续表)

（按当年价格计算）　　单位:万元

年 份	地区生产总值	第一产业	第二产业	工业	建筑业	第三产业	交通运输、仓储和邮政业	批发和零售业、住宿和餐饮业	人均地区生产总值（元/人）
1982	54549	16983	22778	17496	5282	14788	4862	4013	641
1983	64259	20044	27625	21848	5777	16590	5311	4590	740
1984	76756	24199	32715	24739	7976	19842	6685	4797	869
1985	94160	26286	42656	31326	11330	25218	8202	6837	1045
1986	111227	29980	49522	35973	13549	31725	9453	7813	1210
1987	132621	35567	55887	42430	13457	41167	11107	9072	1398
1988	168776	41278	67884	56327	11557	59614	11914	13203	1730
1989	207904	47293	87458	76787	10671	73153	14607	14841	2081
1990	231978	54868	92126	79482	12644	84984	11931	18579	2269
1991	270931	56593	112312	95973	16339	102026	15862	24997	2596
1992	320781	62329	138547	111057	27490	119905	18397	33689	3021
1993	432948	67372	202716	169764	32952	162860	26548	48531	4007
1994	571199	94993	268989	208527	60462	207217	32032	57667	5180
1995	717130	120037	310488	250658	59830	286605	44982	65922	6374
1996	827908	132842	367624	277398	90226	327442	61481	70838	7228
1997	951001	150519	406055	300693	105362	394427	7645	78802	8152
1998	1040857	155596	431705	303314	128391	453556	92422	96850	8769
1999	1145303	148970	473950	331604	142346	522383	107746	111132	9518
2000	1324515	143520	556866	394752	162114	624129	129350	128487	10703
2001	1508366	149840	616570	446503	170066	741956	153289	145927	11770
2002	1675036	155463	664070	486880	177190	855503	166079	163641	12748
2003	1967559	147152	809695	574195	235501	1010712	184151	192121	14795
2004	2375159	174757	1006751	797088	209663	1193651	190181	226703	17541
2005	2650127	188816	1139274	906973	232301	1322037	198209	264078	19039
2006	3115227	202650	1372309	1090546	281763	1540268	212796	315003	21840
2007	4306346	234035	1922121	1549948	372172	2150190	311526	375154	29347
2008	5725102	281980	2519952	2011268	508684	2923170	438413	535352	36440
2009	6286740	307100	2814844	2182290	632554	3164796	468086	549233	37464
2010	7947720	378981	3657729	2821309	836420	3911010	576169	676512	42888
2011	9556698	442621	4616273	3608017	1008256	4497804	681402	773719	46187
2012	10637227	477270	5164640	4084146	1080495	4995317	699602	775028	48876
2013	11773017	517564	5603803	4432479	1171907	5651650	743416	845663	52202
2014	12637049	526023	5989251	4682036	1307920	6121775	674294	843564	53737
2015	13175520	580570	6015565	4700518	1316986	6579386	783890	894642	53942
2016	14112129	580612	6325220	4968418	1357907	7206297	761065	962046	55943
2017	16193187	613482	7388323	5964460	1425770	8191382	781101	1073506	61739
2018	17772217	682838	7767550	6301780	1467908	9321829	754863	1168461	65892
2019	18967882	642251	8290709	6631244	1663037	10034922	834906	1256507	68609
2020	19783140	736307	8332405	6588758	1747524	10714428	841520	1184007	69775
2021	22958618	838396	10674530	8874354	1804537	11445692	941766	1275575	78794
2022	25356300	918037	12617001	10784200	1837962	11821262	952184	1052563	87756

1-4　主要年份地区生产总值构成

（按当年价格计算）　　　　单位:%

年　份	地区生产总值	第一产业	第二产业			第三产业		
				工业	建筑业		交通运输、仓储和邮政业	批发和零售业、住宿和餐饮业
1949	100.0	73.3	6.4	5.8	0.6	20.3	3.7	3.1
1950	100.0	75.5	6.0	5.2	0.8	18.5	3.4	5.0
1951	100.0	78.2	6.5	5.5	1.0	15.3	3.2	4.8
1952	100.0	69.4	11.8	8.2	3.6	18.8	4.3	5.5
1953	100.0	67.5	12.8	9.1	3.7	19.7	5.7	5.7
1954	100.0	65.4	13.5	9.3	4.2	21.1	6.7	6.3
1955	100.0	65.5	14.4	10.1	4.3	20.1	6.8	5.5
1956	100.0	58.6	17.5	12.6	4.9	23.9	8.9	6.2
1957	100.0	52.2	20.0	16.9	3.1	27.8	10.0	7.1
1958	100.0	40.4	24.2	16.2	8.0	35.4	14.2	8.9
1959	100.0	29.1	38.1	27.6	10.5	32.8	10.3	10.9
1960	100.0	20.0	45.2	34.4	10.8	34.8	10.0	10.9
1961	100.0	27.6	32.4	27.2	5.2	40.0	9.5	13.2
1962	100.0	34.6	29.0	25.0	4.0	36.4	8.6	10.7
1963	100.0	38.6	27.0	22.9	4.1	34.4	8.0	10.7
1964	100.0	35.0	29.2	23.7	5.5	35.8	8.6	10.5
1965	100.0	38.5	31.7	22.9	8.8	29.8	8.1	8.7
1966	100.0	31.3	41.2	33.7	7.5	27.5	7.6	7.8
1967	100.0	28.2	47.5	40.8	6.7	24.3	6.8	6.7
1968	100.0	26.8	48.5	33.6	14.9	24.7	6.2	7.0
1969	100.0	25.8	50.4	39.7	10.7	23.8	6.5	6.1
1970	100.0	25.0	50.4	44.3	6.1	24.6	6.0	6.0
1971	100.0	29.0	43.7	40.0	3.7	27.3	6.8	7.1
1972	100.0	28.2	43.6	38.9	4.7	28.2	7.0	7.3
1973	100.0	31.7	41.5	36.7	4.8	26.8	7.1	7.2
1974	100.0	25.6	48.2	43.6	4.6	26.2	7.0	7.2
1975	100.0	23.8	51.2	47.2	4.0	25.0	6.8	6.7
1976	100.0	22.0	52.0	47.2	4.8	26.0	7.0	6.9
1977	100.0	21.4	52.4	46.6	5.8	26.2	8.0	6.9
1978	100.0	20.7	53.0	48.0	5.0	26.3	8.4	6.6
1979	100.0	20.6	53.0	46.4	6.6	26.4	7.4	6.7
1980	100.0	24.2	49.5	41.7	7.8	26.3	7.9	7.2
1981	100.0	28.0	45.4	34.7	10.7	26.6	7.7	7.9

1-4 主要年份地区生产总值构成(续表)

(按当年价格计算)　　　　单位:%

年　份	地区生产总值	第一产业	第二产业	工业	建筑业	第三产业	交通运输、仓储和邮政业	批发和零售业、住宿和餐饮业
1982	100.0	31.1	41.8	32.1	9.7	27.1	8.9	7.4
1983	100.0	31.2	43.0	34.0	9.0	25.8	8.3	7.1
1984	100.0	31.5	42.6	32.2	10.4	25.9	8.7	6.2
1985	100.0	27.9	45.3	33.3	12.0	26.8	8.7	7.3
1986	100.0	27.0	44.5	32.3	12.2	28.5	8.5	7.0
1987	100.0	26.8	42.1	32.0	10.1	31.1	8.4	6.8
1988	100.0	24.5	40.2	33.4	6.8	35.3	7.1	7.8
1989	100.0	22.7	42.1	36.9	5.2	35.2	7.0	7.1
1990	100.0	23.7	39.7	34.3	5.4	36.6	5.1	8.0
1991	100.0	20.8	41.5	35.4	6.1	37.7	5.9	9.2
1992	100.0	19.4	43.2	34.6	8.6	37.4	5.7	10.5
1993	100.0	15.6	46.8	39.2	7.6	37.6	6.1	11.2
1994	100.0	16.6	47.1	36.5	10.6	36.3	5.6	10.1
1995	100.0	16.7	43.3	35.0	8.3	40.0	6.3	9.2
1996	100.0	16.0	44.4	33.5	10.9	39.6	7.4	8.6
1997	100.0	15.8	42.7	31.6	11.1	41.5	8.0	8.3
1998	100.0	14.9	41.5	29.1	12.4	43.6	8.9	9.3
1999	100.0	13.0	41.4	29.0	12.4	45.6	9.4	9.7
2000	100.0	10.8	42.0	29.8	12.2	47.1	9.8	9.7
2001	100.0	9.9	40.9	29.6	11.3	49.2	10.2	9.7
2002	100.0	9.3	39.6	29.1	10.6	51.1	9.9	9.8
2003	100.0	7.5	41.2	29.2	12.0	51.4	9.4	9.8
2004	100.0	7.4	42.4	33.6	8.8	50.3	8.0	9.5
2005	100.0	7.1	43.0	34.2	8.8	49.9	7.5	10.0
2006	100.0	6.5	44.1	35.0	9.0	49.4	6.8	10.1
2007	100.0	5.4	44.6	36.0	8.6	49.9	7.2	8.7
2008	100.0	4.9	44.0	35.1	8.9	51.1	7.7	9.4
2009	100.0	4.9	44.8	34.7	10.1	50.3	7.4	8.7
2010	100.0	4.8	46.0	35.5	10.5	49.2	7.2	8.5
2011	100.0	4.6	48.3	37.8	10.6	47.1	7.1	8.1
2012	100.0	4.5	48.6	38.4	10.2	47.0	6.6	7.3
2013	100.0	4.4	47.6	37.6	10.0	48.0	6.3	7.2
2014	100.0	4.2	47.4	37.1	10.3	48.4	5.3	6.7
2015	100.0	4.4	45.7	35.7	10.0	49.9	5.9	6.8
2016	100.0	4.1	44.8	35.2	9.6	51.1	5.4	6.8
2017	100.0	3.8	45.6	36.8	8.8	50.6	4.8	6.6
2018	100.0	3.8	43.7	35.5	8.3	52.5	4.2	6.6
2019	100.0	3.4	43.7	35.0	8.8	52.9	4.4	6.7
2020	100.0	3.7	42.1	33.3	8.8	54.2	4.3	6.0
2021	100.0	3.7	46.5	38.7	7.9	49.9	4.1	5.6
2022	100.0	3.6	49.8	42.5	7.2	46.6	3.8	4.2

1-5 主要年份地区生产总值指数

（上年 =100）

年 份	地区生产总值	第一产业	第二产业	工业	建筑业	第三产业	交通运输、仓储和邮政业	批发和零售业、住宿和餐饮业
1950	106.0	104.6	114.1	111.1	147.4	113.5	111.5	169.4
1951	131.9	133.5	154.3	146.3	185.7	115.9	132.7	129.1
1952	113.9	110.5	181.6	149.8	325.0	116.2	131.0	112.4
1953	112.4	111.6	120.5	120.9	117.2	113.7	148.9	111.3
1954	114.5	113.9	123.4	123.1	128.8	113.1	128.2	111.4
1955	114.1	113.2	120.6	118.8	133.2	115.8	124.5	106.8
1956	107.9	103.3	129.1	134.6	115.3	125.1	141.4	115.1
1957	96.1	89.2	116.8	136.6	68.6	120.6	116.8	123.5
1958	130.8	117.6	192.6	155.9	378.4	145.7	208.1	190.3
1959	128.4	100.3	215.4	228.9	192.7	148.2	102.1	172.4
1960	99.6	79.8	130.2	135.6	115.5	106.3	111.5	111.1
1961	77.7	89.1	54.2	59.4	42.3	94.0	79.7	88.5
1962	103.0	124.3	81.8	86.1	62.3	87.4	73.2	67.8
1963	127.2	142.7	102.1	99.9	104.4	112.7	105.4	122.8
1964	101.5	95.2	113.1	107.6	147.7	110.9	111.5	104.2
1965	126.3	129.6	144.2	130.5	207.4	104.7	116.4	105.7
1966	128.2	112.6	180.6	207.4	113.5	121.4	125.8	122.1
1967	88.3	90.3	89.8	91.6	81.3	80.3	80.4	72.9
1968	100.3	95.9	113.7	91.9	229.1	91.2	92.6	106.8
1969	115.3	104.1	131.7	152.5	87.3	117.3	128.2	104.6
1970	114.5	101.8	125.8	138.3	62.4	125.3	110.6	122.9
1971	98.6	95.8	93.0	98.5	56.3	118.7	124.1	125.6
1972	104.7	100.1	107.3	104.9	153.8	108.6	108.4	106.6
1973	104.5	103.9	103.9	103.4	109.9	106.6	105.1	102.4
1974	107.6	102.6	112.1	113.5	95.5	108.0	103.2	102.9
1975	111.2	102.5	120.5	122.8	90.9	108.2	110.8	104.2
1976	88.7	75.5	95.3	94.1	100.7	95.8	93.3	87.9
1977	106.9	110.0	103.5	102.4	93.5	110.2	113.6	98.3
1978	111.1	108.8	114.7	112.0	158.4	106.3	122.1	113.7
1979	107.1	100.3	111.0	106.9	150.0	107.8	100.7	110.5
1980	105.3	114.7	98.6	93.7	146.2	108.7	114.6	109.2
1981	101.5	110.1	92.9	86.2	102.3	107.4	99.6	107.9

1-5 主要年份地区生产总值指数(续表)

（上年 =100）

年份	地区生产总值	第一产业	第二产业	工业	建筑业	第三产业	交通运输、仓储和邮政业	批发和零售业、住宿和餐饮业
1982	114.8	123.8	108.0	108.7	106.1	114.7	126.9	117.1
1983	118.6	117.8	120.9	124.9	115.2	116.2	109.4	116.9
1984	116.7	118.9	116.9	112.1	140.7	113.3	121.1	101.7
1985	121.5	104.6	132.8	129.4	155.8	127.4	124.2	144.5
1986	111.7	113.7	108.5	106.3	109.8	115.1	108.3	110.2
1987	107.4	95.9	107.1	114.6	97.8	121.5	118.0	105.3
1988	110.5	103.0	110.7	118.8	84.9	117.2	103.4	122.8
1989	109.5	106.6	105.0	110.6	59.7	118.2	104.6	105.2
1990	106.5	102.0	104.4	104.0	111.2	112.5	89.1	129.2
1991	112.7	104.1	116.2	113.8	137.2	114.4	128.7	130.3
1992	111.8	101.7	117.5	113.0	131.4	111.3	110.2	122.0
1993	114.6	98.9	122.6	126.3	101.0	113.5	124.9	128.1
1994	109.5	106.9	113.0	109.8	148.4	106.1	113.1	101.1
1995	109.3	105.7	106.7	109.4	90.4	114.8	117.9	95.9
1996	110.2	106.4	115.0	110.2	150.7	105.6	123.5	103.4
1997	110.3	109.5	107.5	105.5	120.9	114.5	121.7	104.2
1998	109.2	106.8	108.0	105.4	122.5	111.8	120.3	123.4
1999	109.2	101.9	108.3	108.0	121.6	113.4	120.1	110.8
2000	109.6	102.8	109.4	110.0	103.4	112.5	117.1	111.4
2001	109.6	103.7	107.0	108.8	102.6	113.3	120.5	114.5
2002	110.1	102.8	110.8	110.9	110.6	111.1	110.7	116.2
2003	112.5	101.2	114.5	112.0	121.0	113.0	104.9	118.2
2004	111.6	103.6	115.6	125.2	92.8	109.5	105.8	111.8
2005	110.5	104.2	113.2	117.3	99.7	109.1	104.8	112.4
2006	111.4	107.3	115.4	117.9	105.5	108.5	101.7	110.7
2007	112.0	103.7	114.7	116.7	106.1	110.6	108.3	105.2
2008	111.5	107.5	112.8	114.3	105.3	110.7	110.0	107.8
2009	110.6	107.0	111.8	111.3	114.1	109.9	102.1	108.9
2010	113.7	106.2	117.4	117.9	115.2	110.9	109.2	114.4
2011	111.5	104.9	117.2	119.2	110.3	106.7	115.6	112.7
2012	110.5	105.7	114.1	115.3	109.5	107.2	105.6	94.1
2013	109.5	103.8	110.6	111.2	108.5	108.7	104.3	102.2
2014	109.3	105.0	110.8	109.4	116.3	107.9	96.4	101.3
2015	108.6	104.8	109.2	108.8	110.8	108.2	99.0	105.4
2016	107.6	104.4	106.5	107.2	103.6	108.9	102.3	105.7
2017	107.5	104.2	106.3	108.5	98.4	108.7	96.8	111.2
2018	106.9	103.6	106.3	107.8	100.5	107.6	97.1	106.2
2019	106.3	102.1	106.4	106.0	108.0	106.5	111.2	105.1
2020	103.2	100.6	102.9	102.1	106.5	103.6	104.5	95.4
2021	106.4	106.1	107.5	110.1	97.9	105.6	111.6	106.4
2022	104.0	104.7	107.3	108.9	100.9	101.3	97.0	100.6

1-6 主要年份地区生产总值指数

（1952 年 =100）

年份	地区生产总值	第一产业	第二产业	工业	建筑业	第三产业	交通运输、仓储和邮政业	批发和零售业、住宿和餐饮业
1949	62.8	64.8	31.3	76.2	23.3	65.4	51.1	122.4
1950	66.6	67.8	35.7	84.4	33.1	74.2	57.6	237.3
1951	87.8	90.5	55.1	37.7	23.5	86.0	75.1	83.6
1952	100.0	100.0	100.0	100.0	100.0	100.0	100.0	100.0
1953	112.4	111.6	120.5	120.9	117.2	113.7	148.9	111.3
1954	128.7	127.1	148.6	148.8	151.0	128.6	190.9	124.0
1955	146.8	144.0	179.2	176.8	201.1	149.0	237.7	132.4
1956	158.4	148.8	231.4	238.0	231.8	186.3	336.0	152.4
1957	152.2	132.7	270.4	325.1	159.0	224.8	392.5	188.2
1958	199.1	156.0	520.7	506.8	601.8	327.6	816.8	358.2
1959	255.7	156.5	1121.6	1160.1	1159.7	485.5	834.0	617.5
1960	254.5	124.8	1459.9	1573.1	1339.4	516.2	929.9	686.1
1961	197.8	111.2	791.5	934.4	566.6	485.3	741.1	607.2
1962	203.8	138.2	647.3	804.5	353.0	424.3	542.5	411.7
1963	259.2	197.1	660.6	803.7	368.5	478.0	571.8	505.5
1964	263.1	187.6	747.3	864.8	544.3	530.4	637.5	526.8
1965	332.3	243.2	1078.0	1128.6	1128.8	555.3	742.1	556.8
1966	425.8	273.8	1947.1	2340.6	1281.2	674.3	933.5	679.9
1967	376.1	247.4	1748.2	2144.0	1041.6	541.5	750.6	495.6
1968	377.2	237.3	1987.9	1970.4	2386.4	493.9	695.0	529.3
1969	434.8	247.1	2618.3	3004.8	2083.3	579.3	891.0	553.7
1970	497.9	251.5	3292.6	4155.6	1300.0	725.6	985.5	680.4
1971	490.8	241.1	3060.7	4093.3	731.9	861.4	1223.0	854.6
1972	513.7	241.2	3284.5	4293.9	1125.7	935.8	1325.7	911.1
1973	536.8	250.7	3412.7	4439.9	1237.1	997.7	1393.3	932.9
1974	577.5	257.3	3825.3	5039.2	1181.4	1077.9	1437.9	960.0
1975	642.3	263.7	4611.1	6188.2	1073.9	1165.8	1593.2	1000.3
1976	570.0	199.2	4393.2	5823.1	1081.4	1116.9	1486.5	879.3
1977	609.5	219.2	4547.6	5962.8	1011.1	1230.9	1688.6	864.3
1978	668.6	238.6	5101.4	6678.4	1601.7	1303.3	2061.8	982.7
1979	716.4	239.3	5662.2	7139.2	2402.5	1405.6	2076.2	1085.9
1980	754.7	274.5	5583.6	6689.4	3512.4	1527.2	2379.4	1185.8
1981	766.0	302.3	5188.0	5766.3	3593.2	1640.7	2369.8	1279.5

1-6 主要年份地区生产总值指数(续表)

(1952年=100)

年 份	地区生产总值	第一产业	第二产业			第三产业		
				工业	建筑业		交通运输、仓储和邮政业	批发和零售业、住宿和餐饮业
1982	879.3	374.0	5604.9	6268.0	3812.4	1881.2	3007.3	1498.3
1983	1043.2	440.6	6776.7	7828.7	4391.9	2186.5	3290.0	1751.5
1984	1217.3	523.8	7920.5	8775.9	6179.4	2478.2	3984.2	1781.3
1985	1479.6	547.7	10518.8	11356.1	9627.5	3156.3	4948.4	2573.9
1986	1653.2	623.0	11409.0	12071.5	10571.0	3633.4	5359.1	2836.5
1987	1774.8	597.3	12214.4	13833.9	10338.4	4415.4	6323.7	2986.8
1988	1960.5	615.0	13518.5	16434.7	8777.3	5175.3	6538.7	3667.8
1989	2147.5	655.6	14198.8	18176.8	5240.1	6118.8	6839.5	3858.5
1990	2287.5	668.8	14819.0	18903.9	5827.0	6885.9	6094.0	4985.2
1991	2576.9	696.3	17215.5	21512.6	7994.6	7877.4	7843.0	6495.7
1992	2880.1	708.4	20219.9	24309.3	10504.9	8768.6	8643.0	7924.8
1993	3299.8	700.7	24790.4	30702.6	10609.9	9954.8	10795.1	10151.6
1994	3612.5	748.8	28014.3	33711.5	15745.2	10560.1	12209.2	10263.3
1995	3947.8	791.1	29881.2	36880.3	14233.6	12119.3	14394.7	9842.5
1996	4350.4	841.5	34371.7	40642.1	21450.1	12798.3	17777.4	10177.1
1997	4796.4	921.1	36953.3	42877.4	25933.1	14658.1	21635.1	10604.6
1998	5236.5	983.9	39893.9	45192.8	31768.1	16394.0	26027.1	13086.0
1999	5719.2	1003.1	43216.9	48808.2	38630.0	18591.8	31258.5	14499.3
2000	6268.2	1031.2	47279.3	53689.1	39943.4	20915.8	36603.7	16152.3
2001	6870.0	1069.4	50584.0	58407.7	40985.6	23694.6	44104.8	18495.4
2002	7564.6	1099.3	56049.2	64762.4	45333.4	26316.1	48812.1	21492.4
2003	8510.1	1112.5	64174.0	72516.8	54864.2	29743.5	51198.8	25397.5
2004	9493.9	1152.5	74210.3	90788.7	50888.7	32561.6	54193.9	28396.7
2005	10490.7	1200.9	83982.3	106521.2	50746.4	35537.7	56770.9	31926.4
2006	11682.5	1288.6	96918.0	125632.2	53534.1	38542.7	57738.1	35346.5
2007	13079.7	1336.3	111188.8	146626.2	56775.8	42625.2	62558.8	37198.7
2008	14578.7	1436.5	125409.0	167665.3	59783.8	47194.7	68800.5	40108.2
2009	16118.2	1537.1	140158.5	186644.4	68191.8	51845.3	70244.5	43684.7
2010	18319.9	1632.4	164581.1	219996.9	78530.8	57487.7	76680.1	49966.1
2011	20419.4	1712.4	192850.1	262238.9	86655.8	61367.9	88642.4	56318.7
2012	22555.2	1810.0	219958.4	302404.7	94858.9	65799.2	93638.9	52999.3
2013	24688.9	1878.7	243282.8	336144.0	102950.5	71551.4	97661.0	54152.4
2014	26975.1	1972.7	269606.9	367880.2	119684.7	77210.0	94140.6	54852.8
2015	29295.0	2067.4	294424.4	400111.1	132669.4	83573.0	93225.2	57804.5
2016	31517.4	2157.9	313444.9	429063.1	137471.5	91010.3	95369.4	61090.6
2017	33865.5	2248.7	333266.0	465414.5	135305.0	98956.4	92337.8	67956.3
2018	36188.7	2330.1	354420.1	501716.8	135918.3	106448.0	89616.8	72167.6
2019	38453.4	2377.2	376960.8	531685.9	146853.0	113367.7	99685.5	75878.8
2020	39683.9	2391.5	387892.7	542851.3	156398.4	117448.9	104171.3	72381.9
2021	42223.7	2537.3	416984.6	597679.3	153114.1	124026.1	116255.2	77019.1
2022	43871.3	2659.2	440752.6	636027.6	156521.4	126953.8	113199.2	76928.8

1-7 分行业增加值及构成

（2022 年按当年价格计算）

指　标	增加值(万元)		构成(%)	
	地区	市区	地区	市区
地区生产总值	25356300	14534966	100.0	100.0
第一产业	918037	235008	3.6	1.6
第二产业	12617001	5039005	49.8	34.7
工业	10784200	3949949	42.5	27.2
建筑业	1837962	1089056	7.2	7.5
第三产业	11821262	9260954	46.6	63.7
交通运输仓储和邮政业	952184	634554	3.8	4.4
批发和零售业	1052563	723540	4.2	5.0
住宿和餐饮业	262809	206713	1.0	1.4
金融业	2400925	2146238	9.5	14.8
房地产业	1158183	905548	4.6	6.2
其他服务业	5923750	4608028	23.4	31.7
营利性服务业	2053675	1646292	8.1	11.3
非营利性服务业	3870075	2961735	15.3	20.4

1-8 主要年份人均社会经济发展主要指标

指　标	单位	1958 年	1978 年	1985 年	1990 年
地区生产总值(当年价格)	元	221	494	1045	2269
农林牧渔业总产值	元	111	167	383	774
主要农产品产量					
粮食	公斤		402	476	577
牛奶	公斤		3	9	24
肉类	公斤		3	7	13
水产品总产量	公斤		0.13	1	7
主要工业产品产量					
原煤	吨	0.17	0.62	0.77	1.03
轮胎外胎	条		0.39	0.38	0.62
水泥	吨		0.04	0.10	0.30
农用化肥	吨		0.20	0.05	0.23
地方财政收入	元	20	97	162	225
地方财政支出	元	27	88	136	219
社会消费品零售总额	元	134	292	714	1329
城镇非私营单位在岗职工年平均工资	元	404	723	1123	2030
城镇居民人均可支配收入	元	222	346	815	1581
城镇居民人均消费支出	元	210	306	703	1433
农村居民人均可支配收入	元		131	488	934
农村居民人均生活消费支出	元		103	380	765
城镇居民住宅面积	平方米		4.20	6.46	7.24
农民生活用房面积	平方米		10.19	15.88	18.28
普通高等学校在校生数	人 / 万人		32	64	71

1-8 主要年份人均社会

指　标	单位	1995 年	2000 年	2005 年	2013 年
地区生产总值(当年价格)	元	6374	10703	19039	51372
农林牧渔业总产值	元	1641	1904	2522	4542
主要农产品产量					
粮食	公斤	609	669	599	372
牛奶	公斤	56	64	153	182
肉类	公斤	27	38	37	23
水产品总产量	公斤	12	20	28	29
主要工业产品产量					
原煤	吨	1.80	3.01	6.07	25.85
轮胎外胎	条	1.47	1.57	2.19	0.72
水泥	吨	0.46	0.67	1.28	2.84
农用化肥	吨	0.31	0.41	0.42	0.24
地方财政收入	元	235	771	1791	9743
地方财政支出	元	382	1005	2468	13430
社会消费品零售总额	元	2725	4479	8139	22321
城镇非私营单位在岗职工年平均工资	元	4872	8956	18424	57112
城镇居民人均可支配收入	元	3932	5622	8852	24169
城镇居民人均消费支出	元	3541	5369	7311	16844
农村居民人均可支配收入	元	1683	2712	3493	8830
农村居民人均生活消费支出	元	1449	1886	2836	8631
城镇居民住宅面积	平方米	8.60	14.22	18.90	31.08
农民生活用房面积	平方米	19.75	27.26	31.17	37.14
普通高等学校在校生数	人 / 万人	88	129	294	386

经济发展主要指标（续表）

2014年	2015年	2016年	2017年	2018年	2019年	2020年	2021年	2022年
52401	53268	54873	60560	65329	67530	69130	79662	87756
4435	4683	4539	4624	5046	4725	5305	6014	6524
333	337	325	311	303	236	242	245	236
222	199	183	189	198	202	228	303	409
21	20	20	24	23	22	21	22	20
28	29	29	28	26	26	26	26	27
0.64	0.56	0.79	0.67	0.38	0.24			
2.41	2.11	2.08	2.33	1.86	1.87	1.85	1.70	1.41
0.12	0.26	0.17	0.12	0.11	0.12	0.20		
10438	9858	8851	8396	8660	7708	8676	9060	8592
15283	15032	15438	14678	16223	16013	15437	12530	15163
23497	24825	25897	27551	28707	29550	26937	27366	27237
59086	65643	70840	77206	87291	94559	105653	114235	122657
26118	28261	30478	32981	35586	38217	39416	42412	44392
20401	21694	22898	23125	25506	27717	26670	29074	28686
10275	11148	12037	13087	14160	15282	16428	18170	19349
9334	10119	11061	11507	12322	12966	13318	14668	14331
–	31.00	31.00	31.50	36.47	36.60	36.61	37.03	37.29
36.96	37.00	36.00	36.50	34.20	34.75	33.69	34.67	34.96
405	396	385	380	382	396	419	486	513

1-9 主要年份国民经济

指　标	单位	1958 年	1978 年	1985 年	1990 年	1995 年	2000 年
年末总人口	**万人**	**40.10**	**78.67**	**91.06**	**103.45**	**113.53**	**126.46**
回族人口	万人	11.40	19.12	22.44	25.40	28.01	33.17
人口自然增长率	‰					**8.34**	**9.00**
国民经济核算							
地区生产总值	亿元	0.84	3.82	9.42	23.20	71.71	132.45
第一产业	亿元	0.34	0.79	2.63	5.49	12.00	14.35
第二产业	亿元	0.20	2.02	4.27	9.21	31.05	55.69
第三产业	亿元	0.30	1.01	2.52	8.50	28.66	62.41
农业							
农林牧渔业总产值	亿元	0.42	1.29	3.45	7.91	18.47	23.46
粮食总产量	万吨		31.09	42.91	58.99	68.55	82.40
肉类总产量	万吨		0.27	0.62	1.29	3.04	4.65
水产品产量	万吨		0.01	0.12	0.73	1.28	2.58
固定资产投资							
固定资产投资额	亿元	0.23	0.86	5.50	6.55	22.75	52.39
# 基本建设	亿元	0.23	0.84	3.49	3.64	10.51	20.49
更新改造	亿元			1.32	1.73	4.33	10.44
房地产开发	亿元				0.21	3.84	12.66
各类房屋施工面积	万平方米	38.35	50.29	225.55	139.81	241.10	455.27
各类房屋竣工面积	万平方米	27.28	22.70	124.12	93.95	153.04	311.58
运输邮电							
公路货运周转量	亿吨公里	0.49	1.75	3.03	3.68	5.96	17.09
公路客运周转量	亿吨公里	0.01	1.24	3.06	4.96	7.46	13.40
邮电业务总量	亿元		0.02	0.05	0.23	1.30	7.30

和社会发展主要指标

2005年	2013年	2014年	2015年	2016年	2017年	2018年	2019年	2020年	2021年	2022年
142.43	229.17	241.16	247.34	257.18	267.39	272.04	280.88	286.17	288.2	289.7
36.95	55.14	60.47	63.67	66.17	68.89	70.43	72.44	66.82	67.3	72.7
6.31	6.73	6.71	6.35	8.11	8.49	6.27	9.04		6.79	5.13
265.01	1177.30	1263.70	1317.55	1411.21	1619.32	1777.22	1896.79	1978.31	2295.86	2535.63
18.88	51.76	52.60	58.06	58.06	61.35	68.28	64.23	73.63	83.84	91.80
113.93	560.38	598.93	601.56	632.52	738.83	776.76	829.07	833.24	1067.45	1261.70
132.20	565.17	612.18	657.94	720.63	819.14	932.18	1003.49	1071.44	1144.57	1078.42
35.10	103.76	106.41	115.88	116.64	123.65	137.28	132.73	151.82	173.32	189.00
83.43	85.30	80.33	83.45	83.57	83.29	82.42	66.29	69.23	70.47	68.24
5.16	5.28	5.09	4.99	5.15	6.41	6.35	6.20	5.88	6.30	5.85
3.94	6.55	6.86	7.11	7.37	7.37	7.16	7.26	7.58	7.62	7.83
201.65	1149.00	1392.76	1540.88	1723.31	1719.05					
90.54	725.58	885.15	922.13	1150.81	1102.50					
23.98	71.04	87.17	185.48	38.14	140.21					
56.61	330.81	388.90	409.17	474.94	402.82	295.25	275.35	311.43	325.79	273.80
1129.75	6087.01	5370.03	5093.87	5355.61	5140.87	3999.98	3971.61	3756.64	3704.85	3320.34
618.89	725.82	915.98	896.61	1009.88	1069.58	797.66	556.80	498.97	666.23	476.93
23.21	160.44	164.34	137.08	113.30	103.25	69.50				
16.04	25.14	30.32	31.84	31.15	27.73	21.77				
21.82	36.61	36.54	37.49	34.83	34.71	33.42	39.68	42.89	67.98	68.55

1-9 主要年份国民经济

指　标	单位	1958年	1978年	1985年	1990年	1995年	2000年
国内商业							
社会消费品零售总额	亿元	0.51	2.26	6.44	13.59	30.44	55.42
国有经济	亿元	0.23	1.43	3.60	6.52	14.32	11.11
股份制经济	亿元					0.27	9.90
财政、金融							
地方财政收入	亿元	0.08	0.73	1.32	2.30	2.64	9.50
地方财政支出	亿元	0.10	0.68	1.22	2.24	4.30	12.38
金融机构存款余额	亿元	0.59	4.97	9.51	22.54	86.38	223.23
金融机构贷款余额	亿元	0.61	5.03	9.86	31.18	90.01	205.31
人民生活与物价							
城镇非私营单位在岗职工年平均工资	元	404	723	1123	2030	4872	8956
城镇居民人均可支配收入	元	222	346	815	1581	3932	5622
城镇居民人均消费性支出	元	210	306	703	1433	3541	5369
农村居民人均可支配收入	元		131	488	934	1683	2712
农民人均生活消费支出	元		103	380	765	1449	1886
居民消费价格指数(以上年价格为100)	%	102.4	100.6	108.9	106.3	117.3	99.2
商品零售价格指数(以上年价格为100)	%	101.7	100.7	108.6	102.9	114.7	97.7
教育、卫生							
高等学校在校学生数	万人	0.03	0.27	1.11	1.23	1.46	2.89
普通高等学校	万人	0.03	0.25	0.58	0.73	0.99	1.59
中等专业学校在校学生数	万人	0.23	0.19	0.44	0.65	1.26	2.30
普通中学在校学生数	万人	0.53	6.68	7.25	6.96	6.52	7.70
小学在校学生数	万人	0.23	12.65	12.80	12.33	12.36	13.60
卫生机构数	个	96	312	433	510	134	137
医院个数	个	14	60	59	54	76	39
卫生机构床位数	张	501	2859	3495	4491	5759	6166
卫生技术人员	人	992	4280	6252	7876	7552	7932
医生	人	487	2000	2758	4082	3845	4033

和社会发展主要指标(续表)

2005 年	2013 年	2014 年	2015 年	2016 年	2017 年	2018 年	2019 年	2020 年	2021 年	2022 年
113.30	511.52	566.64	614.02	666.01	736.70	780.96	830.01	770.87	788.69	791.62
7.69	7.08	7.08	4.76	4.54	5.16	3.84	4.27	4.89	4.94	4.19
28.66	211.76	216.41	178.08	176.59	177.78	174.82	197.41	204.54	175.49	193.88
24.93	223.29	251.73	243.83	227.62	224.50	235.60	216.50	248.29	261.11	248.90
34.36	307.78	368.56	371.81	397.04	392.49	441.34	449.78	441.76	361.13	439.24
612.69	2340.93	2608.97	3017.77	3343.40	3587.23	3704.56	4013.77	4488.01	4691.32	5416.50
551.71	2660.62	3185.93	3653.98	4076.57	4460.31	4797.87	5150.67	5535.00	5979.62	6444.29
18424	57112	59086	65643	70840	77206	87291	94559	105653	114235	122657
8852	23776	26118	28261	30478	32981	35586	38217	39416	42412	44392
7311	16844	20401	21694	22898	23125	25506	27717	26670	29074	28686
3493	8830	10275	11148	12037	13087	14160	15282	16428	18170	19349
2836	8631	9334	10119	11061	11507	12322	12966	13318	14668	14331
101.7	103.5	102.1	101.6	101.7	101.7	102.2	102.2	101.8	101.4	102.0
100.6	102.3	100.8	100.2	100.8	101.5	102.7	101.1	100.5	102.0	102.2
6.00	11.72	12.07	12.35	12.76	10.69	11.03	11.32	12.08	14.05	14.90
4.09	8.85	9.35	9.80	9.89	10.16	10.40	11.12	11.99	14.02	14.87
3.07										
10.73	12.86	13.06	13.02	12.94	13.04	13.46	13.88	14.24	14.62	15.01
14.25	15.19	15.69	16.21	16.76	17.36	18.41	19.00	19.98	21.07	22.21
158	931	939	964	967	1027	1105	1195	1337	1350	1393
59	54	53	53	65	70	86	74	78	80	84
8058	12898	13688	14079	15494	16675	17348	17113	17621	17985	18525
8619	17562	19288	20408	22077	23603	25449	26674	28262	29474	30422
3660	6429	7059	7578	8306	8990	9684	10295	11124	11326	11640

1-10 主要年份国民经济

指 标	1958年	1978年	1985年	1990年	1995年	2000年	2005年
人口							
农业与非农业结构							
农业	73.4	68.4	63.0	56.2	51.8	48.5	38.4
非农业	26.6	31.6	37.0	43.8	48.2	51.5	61.6
性别结构							
男性	54.2	51.8	50.8	51.1	50.9	50.8	50.5
女性	45.8	48.2	49.2	48.9	49.1	49.2	49.5
地域结构							
市区	37.0	41.3	43.6	46.4	48.0	50.7	56.2
县	44.4	38.0	35.4	32.4	30.7	29.1	27.3
市	18.6	20.7	21.0	21.2	21.3	20.2	16.5
单位从业人员结构							
第一产业	7.4	9.2	13.1	10.7	8.4	8.6	6.1
第二产业	21.5	54.6	45.7	45.3	49.2	42.0	50.3
第三产业	71.1	36.2	41.2	44.0	42.4	49.4	43.6
国民经济核算							
地区生产总值							
第一产业	40.4	20.7	27.9	23.7	16.7	10.8	7.1
第二产业	24.2	53.0	45.3	39.7	43.3	42.0	43.0
第三产业	35.5	26.3	26.8	36.6	40.0	47.1	49.9
农业							
农林牧渔业总产值结构							
农业	89.2	86.2	75.6	70.6	68.3	63.2	59.4
林业	1.8	2.2	4.7	5.4	0.7	1.9	1.5
牧业	8.7	11.6	18.7	19.8	26.6	29.6	28.9
渔业	0.3	0.1	1.0	4.2	4.4	5.3	7.7
工业							
规上工业增加值经济类型结构							
国有企业	74.4	81.5	75.7	84.8	64.7	23.8	23.8
集体企业	25.5	18.3	17.6	13.6	10.6	5.1	0.5
其他企业	0.1	0.2	6.7	1.6	24.7	71.1	75.7
规上工业增加值轻重工业结构							
轻工业	61.4	39.4	46.3	35.3	22.9	24.2	25.9
重工业	38.6	60.6	53.7	64.7	77.1	75.8	74.1

注:农业与非农业结构 2008 年开始国家统计局反馈为城镇人口与乡村人口比。

和社会发展结构指标

单位:%

2013年	2014年	2015年	2016年	2017年	2018年	2019年	2020年	2021年	2022年
25.7	25.3	24.3	23.9	22.5	21.9	20.2	19.8	18.6	18.3
74.3	74.7	75.7	76.1	77.5	78.1	79.8	80.2	81.4	81.7
50.9	51.2	51.0	50.4	49.5	49.3	49.2	50.9	51.0	49.4
49.1	48.8	49.0	49.6	50.5	50.7	50.8	49.1	49.0	50.6
65.2	65.3	65.0	65.1	65.4	65.6	66.2	66.5	66.5	66.6
23.0	23.3	23.4	23.7	23.7	23.7	23.4	23.2	23.2	23.2
11.8	11.4	11.6	11.2	10.9	10.7	10.4	10.3	10.3	10.2
3.0	2.2	1.9	1.7	1.4	0.9	0.8	0.5	0.5	0.5
41.4	42.8	41.5	39.4	39.1	39.8	37.4	38.4	36.5	38.0
55.6	55.0	56.6	58.9	59.5	59.3	61.8	61.1	63.0	61.5
4.4	4.2	4.4	4.1	3.8	3.8	3.4	3.7	3.7	3.6
47.6	47.4	45.7	44.8	45.6	43.7	43.7	42.1	46.5	49.8
48.0	48.4	49.9	51.1	50.6	52.5	52.9	54.2	49.9	46.6
61.6	60.2	65.1	63.8	60.9	60.8	55.9	55.1	50.6	51.1
2.0	1.2	1.1	0.9	0.8	0.8	1.1	0.9	0.9	0.4
25.4	26.9	22.2	22.9	25.8	26.5	30.3	31.9	36.5	37.7
5.9	6.1	5.8	6.3	6.4	6.0	6.2	6.2	6.7	5.4
18.8	7.2	4.8	4.8	4.9	5.8	5.9	5.7	4.6	3.7
81.2	92.8	95.2	95.2	95.1	94.2	94.1	94.3	95.4	96.3
16.2	20.0	22.2	23.0	14.2	8.8	8.6	7.7	7.1	6.8
83.8	80.0	77.8	77.0	85.8	91.2	91.4	92.3	92.9	93.2

1-10 主要年份国民经济

指 标	1958年	1978年	1985年	1990年	1995年	2000年	2005年
规上工业增加值企业规模结构							
大中型企业	10.1	34.0	30.8	47.2	66.0	69.5	70.3
小微型企业	89.9	66.0	69.2	52.8	34.0	30.5	29.7
固定资产投资							
投资经济类型结构							
第一产业		11.2	5.0	2.4	2.3	1.9	0.1
第二产业		44.4	50.7	63.5	48.9	34.9	48.0
第三产业		44.4	44.3	34.1	48.8	63.2	51.9
社会消费品零售总额							
经济类型结构							
国有经济	45.1	63.2	56.0	48.0	50.7	28.1	14.1
集体经济	37.8	26.4	23.4	26.8	16.7	6.0	1.2
其他经济	17.1	10.4	20.6	25.2	32.6	65.9	84.7
行业结构							
批发零售贸易业	83.8	79.9	79.2	93.3	87.4	86.2	84.8
餐饮业	3.8	4.0	3.6	4.7	10.3	12.1	14.4
其他	12.4	2.0	17.2	2.0	2.3	1.7	0.8
居民生活消费							
城镇居民人均生活消费结构							
食品烟酒类	60.0	58.8	47.9	52.9	44.1	34.1	35.8
衣着类	16.2	14.6	18.6	15.3	17.4	12.9	12.0
居住	12.3	2.2	4.0	4.4	3.7	5.5	9.3
交通通信	0.5	1.2	2.6	2.0	6.8	9.1	11.2
医疗保健类	0.4	0.5	0.8	2.5	2.6	7.5	8.5
农村居民人均生活消费结构							
食品烟酒类		72.5	64.2	47.5	28.3	42.4	37.1
衣着类		22.9	14.7	11.6	9.3	8.4	7.3
居住		4.6	7.4	9.5	14.7	17.6	22.4
交通通信					2.9	4.9	8.2
医疗保健类					3.6	8.6	9.0
财政收入占地区生产总值的比例	9.2	19.0	14.0	9.9	3.7	7.2	9.4
固定资产投资占地区生产总值比例	27.6	22.4	58.4	28.2	31.7	40.7	68.7

和社会发展结构指标(续表)

单位:%

2013 年	2014 年	2015 年	2016 年	2017 年	2018 年	2019 年	2020 年	2021 年	2022 年
80.3	73.1	71.3	71.1	77.0	76.5	81.0	79.9	81.3	83.9
19.7	26.9	28.7	28.9	23.0	23.5	19.0	20.1	18.7	16.1
0.8	1.3	2.0	1.6	3.7	1.2	1.7	1.0	1.0	1.8
40.3	34.6	40.3	41.7	35.4	38.5	37.3	42.7	42.7	513
58.9	64.1	57.7	56.7	60.9	60.3	61.0	56.3	56.3	46.8
1.7	1.6	1.0	0.9	0.9	0.7	0.5	0.6	0.6	0.5
0.4	0.4	0.1	0.1	0.7	0.3	0.5	0.1	0.1	0.8
97.9	98.0	98.9	99.0	98.4	99.0	99.0	99.2	99.2	98.7
90.2	90.5	86.5	89.2	90.1	90.0	91.0	94.9	88.2	87.9
8.5	8.5	12.5	9.9	9.0	9.1	8.1	4.6	11.5	12.1
1.3	1.0	1.0	0.9	0.9	0.9	0.9	0.4	0.3	
32.3	27.0	27.0	25.9	25.7	25.4	25.2	27.2	27.0	28.1
11.8	9.8	9.7	8.6	8.7	9.0	8.4	8.1	8.0	7.3
7.9	18.1	18.9	17.8	18.4	19.0	18.8	20.9	20.5	21.4
15.9	13.9	13.6	16.2	14.6	14.8	15.1	14.4	15.5	13.6
7.9	8.4	8.0	9.3	9.5	9.2	9.2	9.5	8.7	9.1
32.1	28.3	29.4	28.0	28.0	28.3	28.9	28.9	31.9	33.2
8.5	8.7	8.6	8.5	8.5	8.1	7.8	7.8	7.0	6.5
22.4	20.6	20.5	18.7	19.0	16.9	18.6	18.6	19.0	19.5
12.2	12.2	13.5	15.9	16.0	17.5	16.7	16.7	15.9	14.6
9.6	11.1	11.1	9.3	9.9	11.2	9.5	9.5	10.3	10.1
19.0	19.9	18.5	16.1	13.9	13.3	11.4	12.6	11.5	9.8
89.1	100.3	103.1	106.5	95.3					

1-11 平均每天主要

指　标	单位	1958 年	1978 年	1985 年	1990 年	1995 年	2000 年
地区生产总值(当年价格)	万元	23	105	258	636	1965	3527
农业总产值	万元	11	35	95	217	506	643
地方财政收入	万元	2	21	40	63	72	260
地方财政支出	万元	3	19	33	61	118	339
主要工业产品产量							
原煤	万吨		0.1	0.2	0.3	0.6	1.0
金属切削机床	台		1	1	1	3	2
轮胎外胎	条		825	940	1740	4519	5288
水泥	吨		86	236	835	1411	2253
饮料酒	千升	3	1	21	43	77	111
乳制品	吨			2	9	12	19
农用化肥	吨		413	119	644	941	1370
社会消费品零售总额	万元	14	62	176	372	834	1518
进出口总额	万美元		8	15	23	74	70
固定资产投资额	万元	6	23	151	179	623	1435
邮电业务总量	万元		1	1	6	36	200
公路货运周转量	万吨公里	13	48	83	101	163	468
公路客运周转量	万吨公里		34	84	136	204	367
金融机构存款余额	万元	16	131	241	563	2367	6116
金融机构贷款余额	万元	17	133	250	792	2466	5625
城市供水总量	万立方米		1	4	20	32	33
城市公交客运总量	万人次		5	16	16	13	18

社会经济活动

2005 年	2013 年	2014 年	2015 年	2016 年	2017 年	2018 年	2019 年	2020 年	2021 年	2022 年
8043	35316	38045	40928	44321	49404	52095	51967	54052	62900	69469
962	2843	2915	3175	3196	3388	3761	3636	4148	4749	5178
683	6117	6897	6680	6236	6151	6455	5931	6784	7154	6819
941	8432	10097	10186	10878	10753	12092	12323	12070	9894	12034
3.2	16.2									
4	6	6	5	4	6	7	4	5	7	7
8344	4545	4213	3802	5532	4894	2816	1813			
4883	17811	15952	14323	14640	16757	13888	14426	14504	13442	10477
234	746	791	785	738	708	594	600	558	588	499
136	601	721	671	654	750	910	937	1058	1061	2389
1585	1490	777	1785	1178	915	832	938	1539	1519	1782
3104	14014	15525	16823	18247	20184	21396	22740	21062	21608	21688
144	660	1233	895							
5525	31479	38158	42216	47214	47097					
598	1003	1001	1027	954	951	916	1087	1172	1863	1878
636	5423	4503	3756	3104	2829	1904				
440	833	831	872	853	760	596				
16786	64135	71479	82679	91600	98280	101495	109966	122623	126885	148397
15115	72894	87286	100109	111687	122200	131448	141114	151229	163825	1765597
28	32	27	30	31	38	39	41	49	58	55
25	82	83	84	85	80	76	82	52	51	42

1-12 银川市主要经济指标

指　标	单位	全国
年末总人口	万人	141175
地区生产总值	亿元	1210207
第一产业	亿元	88345
第二产业	亿元	483164
工业	亿元	401644
第三产业	亿元	638698
固定资产投资	亿元	572138
房地产开发投资	亿元	132895
社会消费品零售总额	亿元	439733
进出口总额	亿元	420678
出口额	亿元	239654
实际利用外资	亿美元	1891
金融机构人民币各项存款余额	亿元	258.5 万
金融机构人民币各项贷款余额	亿元	213.99 万
城镇非私营单位在岗职工年平均工资	元	
城镇居民人均可支配收入	元	49283
农村居民人均可支配收入	元	20133
居民消费价格指数	%	102.0

与全国、全区对比

全区	银川市	银川市占全区比重%
728	289.68	39.8
5069.57	2535.63	50.0
407.48	91.80	22.5
2449.10	1261.70	51.5
2093.96	1078.42	51.5
2212.99	1182.13	53.4
419.95	273.80	65.2
1335.12	791.62	59.3
257.38	156.60	60.8
196.78	122.61	62.3
3.43	1.32	38.5
8465.31	5416.50	64.0
8885.35	6444.29	72.5
120544	122657	101.8
40194	44392	110.4
16430	19349	117.8
102.3	102.0	–

1-13 主要年份银川市分县(市区)

指　标	单位	地区					
		2018年	2019年	2020年	2021年	2022年	2022年比2021年增长%
总人口	万人	272.04	280.88	286.17	288.2	289.68	0.5
地区生产总值	亿元	1777.22	1896.79	1978.31	2295.86	2535.63	4.0
第一产业	亿元	68.28	64.23	73.63	83.84	91.80	4.7
第二产业	亿元	776.76	829.07	833.24	1067.45	1261.70	7.3
工业增加值	亿元	630.18	663.12	658.88	887.44	1078.42	8.9
第三产业	亿元	932.18	1003.49	1071.44	1144.57	1182.13	1.3
农、林、牧、渔业增加值	亿元	73.46	69.74	79.28	89.78	98.37	4.9
农、林、牧、渔业总产值	亿元	137.28	132.73	151.82	173.32	189.00	5.1
畜牧业产值	亿元	36.35	40.16	48.50	63.22	71.30	8.9
粮食产量	万吨	82.42	66.29	69.23	70.47	68.24	-3.2
蔬菜产量	万吨	152.07	141.38	142.54	140.86	133.98	-4.9
水产品产量	万吨	7.16	7.26	7.58	7.62	7.83	2.8
肉类总产量	万吨	6.35	6.20	5.88	6.30	5.85	-7.1
猪牛羊肉产量	万吨	5.34	5.18	5.10	5.54	5.16	-6.9
固定资产投资	亿元						3.7
房地产开发投资	亿元	295.25	275.35	311.43	325.79	273.80	-16.0
社会消费品零售额	亿元	780.96	830.01	770.87	788.69	791.62	0.4
批发和零售业	亿元	497.31	539.08	731.67	692.54	695.78	0.5
住宿和餐饮业	亿元	55.42	47.69	39.20	96.15	95.84	-0.3
地方财政收入	亿元	235.50	216.50	248.29	261.11	248.90	-4.7
地方公共财政预算收入	亿元	173.25	154.71	157.26	171.19	168.86	-1.4
地方财政支出	亿元	441.34	449.78	441.76	361.13	439.24	21.6
在岗职工年平均工资	元	87291	94559	105653	114235	122657	7.4
城镇居民人均可支配收入	元	35586	38217	39416	42412	44392	4.7
城镇居民人均消费性支出	元	25506	27717	26667	29074	28686	-1.3
农村居民人均可支配收入	元	14160	15282	16428	18170	19349	6.5
农民人均生活消费性支出	元	12322	12966	13318	14668	14331	-2.3
普通中学在校生	万人	13.68	13.88	14.24	14.62	15.01	2.7
小学在校生	万人	18.18	19.00	19.98	21.07	22.21	5.4
卫生技术人员	万人	2.54	2.67	2.83	2.95	3.04	3.1
医生	万人	0.97	1.02	1.11	1.13	1.16	2.7

国民经济和社会发展主要指标

市区					
2018年	2019年	2020年	2021年	2022年	2022年比2021年增长%
178.55	185.91	190.36	191.8	192.82	0.5
1058.67	1139.57	1187.19	1345.06	1453.50	8.9
20.09	18.96	21.44	22.32	23.50	5.2
301.04	326.72	325.98	426.15	503.90	22.4
215.84	223.37	224.51	320.27	395.00	29.8
737.54	793.89	839.78	896.59	926.10	2.8
23.04	22.10	24.65	25.70	27.13	3.2
41.20	39.99	44.63	46.69	49.02	5.0
12.07	12.13	13.52	15.91	16.18	1.7
19.70	14.56	15.72	15.84	15.42	-2.7
27.29	31.32	32.06	33.99	33.49	-1.5
1.20	1.03	1.00	1.00	1.04	4.0
1.43	1.40	1.36	1.10	1.04	-5.5
1.20	1.13	0.89	0.96	0.94	-2.1
232.80	218.84	245.66	239.86	193.14	-19.5
572.15	605.14	569.42	583.04	585.44	0.4
323.23	348.92	547.12	504.68	507.22	0.5
42.72	35.95	22.29	78.36	78.22	-0.2
168.31	160.10	186.29	179.67	157.39	-12.4
120.95	108.48	106.72	112.74	100.58	-10.8
286.92	282.63	289.48	228.75	280.95	22.8
90042	98204				
8.77	9.08	9.34	9.68	10.06	3.9
11.56	12.26	13.14	14.07	15.12	7.5
2.15	2.25	2.34	2.40	2.47	2.9
0.82	0.87	0.93	0.94	0.96	2.1

1-13 主要年份银川市分县(市区)

指　标	单位	兴庆区					
		2018 年	2019 年	2020 年	2021 年	2022 年	2022 年比 2021 年增长%
总人口	万人	79.67	80.38	80.90	81.3	81.58	0.3
地区生产总值	亿元	490.49	531.58	553.02	600.06	621.89	2.1
第一产业	亿元	8.50	7.94	11.40	11.75	12.28	4.3
第二产业	亿元	64.60	23.98	72.74	91.10	94.02	1.9
工业增加值	亿元	22.03	73.42	22.98	37.21	39.31	2.1
第三产业	亿元	417.39	450.22	468.88	497.21	515.59	2.0
农、林、牧、渔业增加值	亿元	9.65	9.15	12.91	13.34	13.97	4.0
农、林、牧、渔业总产值	亿元	17.02	16.51	23.30	24.09	25.08	4.2
畜牧业产值	亿元	4.58	4.62	6.82	7.53	7.90	10.4
粮食产量	万吨	5.70	4.51	4.77	4.85	4.69	-3.3
蔬菜产量	万吨	15.53	16.23	16.29	17.49	17.86	2.1
水产品产量	万吨	0.64	0.65	0.61	0.61	0.63	3.3
肉类总产量	万吨			0.51	0.58	0.55	-0.5
猪牛羊肉产量	万吨			0.44	0.49	0.48	-2.0
固定资产投资	亿元						8.3
房地产开发投资	亿元	78.10	66.88	75.45	58.97	58.81	-0.3
社会消费品零售额	亿元	347.30	357.76	340.09	349.59	351.34	0.5
批发和零售业	亿元	230.16	244.21	329.97	304.26	305.91	0.5
住宿和餐饮业	亿元	31.54	25.66	10.12	45.34	45.43	0.2
地方财政收入	亿元	11.44	9.71	8.53	8.97	9.75	8.7
地方公共财政预算收入	亿元	11.44	9.71	8.53	7.43	9.75	31.2
地方财政支出	亿元	36.72	40.54	35.72	26.30	40.75	54.9
在岗职工年平均工资	元	97722	99126				
城镇居民人均可支配收入	元	38307	41218	42364	45080	47222	4.8
城镇居民人均消费性支出	元	29379	32054	30060	32415	31920	-1.5
农村居民人均可支配收入	元	15904	17129	18354	20557	21965	6.9
农民人均生活消费性支出	元	13430	14380	13912	15364	149.8	-3.0
普通中学在校生	万人	3.96	4.15	4.27	4.39	4.57	4.1
小学在校生	万人	6.10	6.29	6.53	6.84	7.10	4.3
卫生技术人员	万人	1.33	1.33	1.37	1.37	1.39	1.5
医生	万人	0.51	0.52	0.54	0.54	0.54	0.0

国民经济和社会发展主要指标(续表 1)

金凤区					
2018 年	2019 年	2020 年	2021 年	2022 年	2022 年 比 2021 年 增长%
54.99	60.77	64.45	65.2	65.76	0.9
267.85	290.38	308.50	332.13	341.70	0.2
4.78	4.55	3.40	3.34	3.97	3.8
49.44	54.52	59.00	66.79	69.03	-1.1
21.15	22.07	25.97	35.32	38.97	3.3
213.63	231.31	246.10	262.00	268.70	0.4
6.00	5.85	3.96	3.93	4.60	3.7
11.05	10.72	6.99	6.92	8.09	3.9
4.06	4.07	1.51	1.72	1.71	-0.4
1.86	1.21	1.27	1.30	1.30	0.0
7.72	10.55	11.49	11.97	12.62	5.4
0.35	0.17	0.17	0.17	0.17	0.0
		0.16	0.15	0.15	0.0
		0.15	0.13	0.14	7.7
					-16.0
146.00	136.77	145.72	150.42	113.92	-24.3
158.15	176.37	161.97	164.38	164.98	0.4
67.80	75.62	151.44	139.84	140.59	0.5
7.93	8.95	10.53	24.54	24.39	-0.6
7.08	7.45	7.69	8.33	8.86	6.4
7.08	8.00	7.69	6.48	8.86	36.7
25.43	24.92	27.01	17.81	29.37	64.9
82676	106109				
38348	41191	43578	47208	49509	4.9
26394	28564	29009	32461	31921	-1.7
12669	13708	14602	16138	17206	6.6
12155	13168	13661	15156	15708	3.6
2.40	2.53	2.70	2.89	3.06	5.9
3.04	3.48	4.01	4.60	5.28	14.8
0.57	0.66	0.69	0.74	0.77	4.1
0.22	0.26	0.27	0.29	0.30	3.4

1-13 主要年份银川市分县(市区)

指　标	单位	西夏区					
		2018年	2019年	2020年	2021年	2022年	2022年比2021年增长%
总人口	万人	43.89	44.76	45.00	45.3	45.48	0.4
地区生产总值	亿元	300.33	317.61	325.67	412.87	489.91	8.3
第一产业	亿元	6.81	6.47	6.63	7.23	7.25	0.7
第二产业	亿元	187.00	198.78	194.23	268.26	340.85	13.0
工业增加值	亿元	172.66	177.32	175.56	247.74	316.72	12.6
第三产业	亿元	106.52	112.36	124.80	137.38	141.81	0.8
农、林、牧、渔业增加值	亿元	7.39	7.10	7.77	8.43	8.57	1.4
农、林、牧、渔业总产值	亿元	13.13	12.76	14.34	15.68	15.85	1.5
畜牧业产值	亿元	3.43	3.44	5.20	6.66	6.57	3.5
粮食产量	万吨	12.14	8.84	9.68	9.68	9.43	-2.6
蔬菜产量	万吨	4.04	4.54	4.27	4.53	3.01	-33.6
水产品产量	万吨	0.22	0.21	0.22	0.22	0.24	9.1
肉类总产量	万吨			0.36	0.37	0.34	-8.1
猪牛羊肉产量	万吨			0.31	0.34	0.32	-5.9
固定资产投资	亿元						11.0
房地产开发投资	亿元	8.71	15.19	24.49	30.48	20.41	-33.0
社会消费品零售额	亿元	66.69	71.01	67.36	69.05	69.12	0.1
批发和零售业	亿元	25.27	29.09	65.71	60.58	60.72	0.2
住宿和餐饮业	亿元	3.25	1.34	1.65	8.48	8.40	-0.9
地方财政收入	亿元	6.11	5.17	4.92	4.61	4.44	-3.7
地方公共财政预算收入	亿元	6.11	5.17	4.92	3.23	4.44	-3.7
地方财政支出	亿元	32.94	24.55	21.29	15.38	23.64	53.7
在岗职工年平均工资	元	75521	75491				
城镇居民人均可支配收入	元	29191	31302	32611	34929	36346	4.1
城镇居民人均消费性支出	元	22447	22478	21264	22388	22740	1.6
农村居民人均可支配收入	元	11820	12835	13609	15008	15908	6.0
农民人均生活消费性支出	元	11876	12169	12767	13709	13499	-1.5
普通中学在校生	万人	2.41	2.40	2.37	2.41	2.42	0.4
小学在校生	万人	2.42	2.49	2.59	2.66	2.75	3.4
卫生技术人员	万人	0.24	0.26	0.28	0.29	0.30	3.4
医生	万人	0.09	0.10	0.11	0.11	0.12	9.1

国民经济和社会发展主要指标(续表 2)

永宁县					
2018 年	2019 年	2020 年	2021 年	2022 年	2022 年 比 2021 年 增长%
31.23	31.93	32.19	32.4	32.56	0.5
100.10	100.89	112.10	130.46	136.24	1.1
17.45	15.95	18.25	22.07	23.11	1.0
33.02	26.52	26.45	35.92	37.38	-1.0
20.10	16.83	16.94	23.14	25.31	2.2
49.63	58.42	67.39	72.46	75.74	2.1
18.14	16.69	19.00	22.86	24.02	1.4
32.82	30.47	35.03	42.52	44.43	1.5
5.80	6.26	8.08	9.51	9.22	4.6
26.03	21.61	22.19	22.11	21.47	-2.9
50.26	50.03	54.10	49.55	46.05	-7.1
0.75	0.60	0.55	0.40	0.35	-12.5
1.07	1.12	1.28	1.44	1.33	-7.6
0.80	0.83	1.04	1.14	1.03	-9.6
					4.4
15.82	8.07	14.16	33.16	37.44	12.9
29.37	31.71	26.22	26.95	26.95	0.0
19.22	20.62	21.20	24.12	24.16	0.2
1.76	2.05	5.02	2.83	2.79	-1.4
9.86	8.78	13.11	21.74	19.86	-8.6
6.54	7.17	8.76	10.27	10.52	2.4
34.60	39.96	34.81	38.43	41.88	9.0
67459	72113				
30730	33032	33698	36601	38065	4.0
22033	22842	23114	24064	22906	-4.8
13871	14994	16040	17914	18886	5.4
10988	11703	12657	14759	13982	-5.3
1.78	1.85	1.87	1.90	1.90	0.0
2.33	2.40	2.49	2.55	2.60	2.0
0.11	0.11	0.11	0.15	0.16	6.7
0.04	0.04	0.04	0.05	0.05	0.0

1-13 主要年份银川市分县(市区)

指 标	单位	贺兰县					
		2018年	2019年	2020年	2021年	2022年	2022年比2021年增长%
总人口	万人	33.11	33.83	34.18	34.4	34.61	0.6
地区生产总值	亿元	134.02	138.95	143.34	159.29	170.31	2.9
第一产业	亿元	19.28	17.78	20.51	23.52	24.33	3.7
第二产业	亿元	44.37	45.29	37.52	46.50	54.27	7.2
工业增加值	亿元	26.09	31.65	27.87	35.90	42.42	6.1
第三产业	亿元	70.37	75.88	85.31	89.28	91.71	0.7
农、林、牧、渔业增加值	亿元	20.01	18.56	21.31	24.36	25.32	4.1
农、林、牧、渔业总产值	亿元	39.08	37.40	43.21	49.77	51.11	3.7
畜牧业产值	亿元	7.94	9.38	11.41	15.40	14.56	-4.5
粮食产量	万吨	19.39	15.85	16.35	17.47	16.68	-4.5
蔬菜产量	万吨	68.66	51.23	48.10	49.01	44.68	-8.8
水产品产量	万吨	4.65	5.29	5.80	6.00	6.22	3.7
肉类总产量	万吨	1.02	0.96	0.99	1.08	0.97	-10.2
猪牛羊肉产量	万吨	0.78	0.76	0.83	0.92	0.79	-14.1
固定资产投资	亿元						-15.7
房地产开发投资	亿元	40.81	41.94	46.22	48.06	36.98	-23.0
社会消费品零售额	亿元	142.39	154.33	140.59	143.20	143.61	0.3
批发和零售业	亿元	139.72	151.74	132.66	134.42	134.95	0.4
住宿和餐饮业	亿元	7.54	8.05	7.93	8.78	8.66	-1.4
地方财政收入	亿元	17.35	16.62	15.67	18.76	16.58	-11.6
地方公共财政预算收入	亿元	11.60	12.09	12.60	13.23	12.16	-8.1
地方财政支出	亿元	38.91	44.60	43.39	35.75	39.97	11.8
在岗职工年平均工资	元	66067	66366				
城镇居民人均可支配收入	元	31051	33660	35195	37474	39197	4.6
城镇居民人均消费性支出	元	19784	21500	22156	24735	23580	-4.7
农村居民人均可支配收入	元	14775	15928	17249	18910	20012	5.8
农民人均生活消费性支出	元	13948	14863	15266	16660	16169	-2.9
普通中学在校生	万人	1.40	1.48	1.54	1.58	1.63	3.2
小学在校生	万人	2.26	2.36	2.42	2.52	2.61	3.6
卫生技术人员	万人	0.14	0.16	0.18	0.19	0.20	5.3
医生	万人	0.05	0.06	0.07	0.07	0.07	0.0

国民经济和社会发展主要指标(续表3)

灵武市					
2018年	2019年	2020年	2021年	2022年	2022年比2021年增长%
29.15	29.21	29.44	29.6	29.69	0.3
484.43	517.38	535.68	661.05	775.58	6.4
11.47	11.54	13.43	15.94	20.86	13.6
398.32	430.55	443.29	558.88	666.15	7.2
368.14	391.27	389.55	508.12	615.70	8.3
74.65	75.30	78.96	86.23	88.58	0.5
12.28	12.39	14.32	16.86	21.90	13.4
24.19	24.87	28.95	34.35	44.43	14.0
10.54	12.40	15.49	22.41	31.34	21.9
17.31	14.27	14.98	15.05	14.66	–2.6
5.87	8.80	8.28	8.31	9.76	17.4
0.57	0.34	0.22	0.22	0.22	0.0
2.83	2.72	2.57	2.69	2.52	–6.3
2.56	2.46	2.34	2.51	2.40	–4.4
					17.7
5.80	6.49	5.39	4.70	6.24	32.8
37.06	38.84	34.65	35.52	35.62	0.3
15.13	17.82	30.68	29.33	29.45	0.4
3.39	1.63	3.96	6.19	6.17	–0.3
39.98	30.99	33.22	40.93	55.07	34.5
34.18	26.96	29.18	34.95	45.61	30.5
80.90	82.59	74.14	58.82	76.45	30.0
87525	93065				
32860	35252	35887	38810	41230	6.2
21515	22465	21623	23339	22040	–5.6
14848	16032	17312	18874	20275	7.4
11824	12297	11913	12920	11753	–9.0
1.42	1.46	1.49	1.45	1.42	–2.1
2.02	1.98	1.94	1.92	1.88	–2.1
0.15	0.15	0.06	0.21	0.21	0.0
0.06	0.06	0.08	0.08	0.08	0.0

主要统计指标解释

【地区生产总值】 是按市场价格计算的地区生产总值的简称。它是一个国家(地区)所有常住单位在一定时期内生产活动的最终成果。地区生产总值有三种表现形态,即价值形态、收入形态和产品形态。从价值形态看,它是所有常住单位在一定时期内所生产的全部货物和服务价值超过同期投入的全部非固定资产货物和服务价值的差额,即所有常住单位的增加值之和;从收入形态看,它是所有常住单位在一定时期内所创造并分配给常住单位和非常住单位的初次分配收入之和;从产品形态看,它是最终使用的货物和服务减去进口货物和服务。在实际核算中,地区生产总值的三种表现形态表现为三种计算方法,即生产法、收入法和支出法。三种方法分别从不同的方面反映地区生产总值及其构成。

地区生产总值同社会总产值、国民收入的区别。从核算范围看,社会总产值和国民收入都只计算物质生产部门的劳动成果,而地区生产总值除计算物质生产部门劳动成果外,还计算非物质生产部门的劳动成果。从这三个指标的价值构成看,社会总产值计算了社会产品的全部价值;地区生产总值计算了生产产品和提供劳务过程中增加的价值,即增加值,不计算中间产品和中间劳务投入的价值;而国民收入除了不计算中间产品价值外,还不包括固定资产折旧价值,即只计算净产值。

【三次产业】 是根据社会生产活动历史发展的顺序对产业结构的划分,产品直接取自自然界的部门称为第一产业,对初级产品进行再加工的部门称为第二产业,为生产和消费提供各种服务的部门称为第三产业。

第一产业:农业(包括种植业、林业、牧业、渔业等)。

第二产业:工业(包括采掘业、制造业、自来水、电力、蒸气、热水、煤气)和建筑业。

第三产业:除第一、第二产业以外的其他各业。

【当年价格】 指报告期的实际价格,如工厂的出厂价格,农产品的收购价格,商业的零售价格等。按当年价格计算,是指一些以货币表现的物量指标如工农业总产值、地区生产总值等,按照当年的实际价格来计算总量。使用当年价格是为了使国民经济各项指标互相衔接,便于考察当年经济效益,便于对生产和流通、生产和分配、生产和消费进行经济核算的综合平衡。按当年价格计算的价值指标,在不同年份之间进行对比时,因为包含有各年间价格变动因素,不能确切地反映实物量的增减变动。必须消除价格变动因素后,才能真实反映经济发展动态。因此,在计算增长速度时都使用按可比价格计算。

【可比价格】 指计算各种总量指标所采用的扣除了价格变动因素的价格,可进行不同时期总量指标的对比。按可比价格计算总量指标有两种方法:一种是直接用产品产量乘某一年的不变价格计算;另一种是用价格指数进行缩减。

【不变价格】 指以同类产品某年的平均价格作为固定价格,用于计算各年的产品价值。按不变价格计算的产品价值消除了价格变动因素,不同时期对比可以反映生产的发展速度。新中国成立后,随着工农业产品价格水平的变化,国家统计局先后五次制定了全国统一的工业产品不变价格和农业产品不变价格，从 1952 年到 1957 年使用 1952 年工(农)业产品不变价格，从 1957 年到 1970 年使用 1957 年不变价格，从 1971 年到 1980 年使用 1970 年不变价格，从 1981 年到 1990 年使用 1980 年不变价格，从 1991 年开始使用 1990 年不变价格。

【平均增长速度】 我国计算平均增长速度有两种方法：一种是习惯上经常使用的“水平法”，又称几何平均法，是以间隔期最后一年的水平同基期水平对比来计算平均每年增长（或下降）速度；另一种是“累计法”，又称代数平均法或方程法，是以间隔期内各年水平的总和同基期水平对比来计算平均每年增长(或下降)速度。在一般正常情况下，两种方法计算的平均每年增长速度比较接近，但在经济发展不平衡、出现大起大落时，两种方法计算的结果差别较大。

2

人口及劳动力

2-1 主要年份人口发展情况

单位:万人

年份	总户数(万户)	总人口	市区	回族人口	女性人口	非农业人口	城镇人口	人口自然增长率(‰)	平均人口	市区
1949	4.53	23.63	7.25	7.25	11.12	3.98			23.63	7.25
1950	4.92	24.77	7.78	7.14	11.35	4.29			24.20	7.51
1951	5.07	26.01	8.53	7.48	12.12	4.86			25.39	8.15
1952	5.62	27.66	8.97	8.30	12.62	4.87			26.84	8.75
1953	6.27	30.02	9.98	8.88	13.68	5.69			28.84	9.48
1954	6.81	32.16	11.31	9.26	14.75	6.86			31.09	10.65
1955	6.50	33.64	11.14	9.95	15.62	6.74			32.90	11.22
1956	7.08	34.68	11.24	10.72	15.80	6.66			34.16	11.19
1957	7.46	35.79	11.66	10.94	16.50	7.87			35.23	11.45
1958	7.35	40.10	14.82	11.41	18.37	10.65			37.94	13.24
1959	9.07	45.16	19.06	11.01	20.20	14.45			42.63	16.94
1960	9.72	48.07	22.49	11.01	21.78	16.66			46.62	20.78
1961	9.06	45.33	20.64	10.30	20.78	15.47			46.70	21.56
1962	8.97	41.70	17.86	10.54	19.63	13.13			43.51	19.25
1963	9.09	43.51	18.72	10.98	20.36	14.12			42.60	18.29
1964	9.17	45.52	20.31	11.25	21.36	13.92			44.51	19.51
1965	9.56	48.50	21.26	11.87	22.71	15.24			47.01	20.79
1966	9.97	48.61	20.72	12.19	22.83	15.36			48.56	20.99
1967	10.10	51.52	22.08	12.50	24.22	16.87			50.06	21.40
1968	10.72	54.36	23.17	13.24	25.94	17.18			52.94	22.62
1969	11.10	57.97	24.37	14.04	27.47	18.06			56.16	23.77
1970	11.68	60.07	25.95	15.04	28.73	18.05			59.02	25.16
1971	11.95	62.30	26.77	14.82	29.73	19.04			61.19	26.36
1972	12.40	64.98	27.92	15.68	31.18	20.23			63.64	27.35
1973	12.77	67.41	28.77	16.40	32.42	21.00			66.19	28.34
1974	13.45	69.64	29.29	16.94	33.56	21.47			68.53	29.03
1975	14.14	71.86	29.94	17.44	34.77	22.09			70.75	29.61
1976	14.85	74.14	30.84	17.96	35.88	23.04			73.00	30.39
1977	15.45	76.17	31.40	18.47	36.88	23.52			75.15	31.12
1978	16.05	78.67	32.52	19.12	37.89	24.87			77.42	31.96
1979	17.16	80.41	33.52	19.57	39.05	26.34			79.54	33.02
1980	16.84	82.25	34.45	20.07	39.96	27.90			81.33	33.99
1981	17.49	84.11	35.38	20.68	40.92	28.99			83.18	34.92
1982	18.20	86.22	36.39	21.13	42.00	30.00			85.16	35.89

2-1 主要年份人口发展情况(续表)

单位:万人

年 份	总户数(万户)	总人口	市区	回族人口	女性人口	非农业人 口	城镇人口	人口自然增长率(‰)	平均人口	市区
1983	18.71	87.40	37.13	21.37	42.59	30.74			86.81	36.76
1984	19.53	89.19	38.33	22.04	43.55	31.89			88.30	37.73
1985	20.22	91.06	39.69	22.44	44.83	33.67			90.16	39.01
1986	21.04	93.35	41.18	23.05	45.55	37.34			91.90	40.43
1987	22.30	96.33	43.36	23.60	46.76	40.11			94.84	42.27
1988	23.53	98.76	44.99	24.24	47.97	42.12			97.55	44.18
1989	24.43	101.00	46.51	24.77	49.34	43.84			99.88	45.75
1990	25.75	103.45	48.02	25.40	50.62	45.34			102.23	47.26
1991	26.57	105.27	49.10	25.76	51.50	46.47			104.36	48.56
1992	27.31	107.08	50.13	26.21	52.41	47.70			106.18	49.61
1993	28.13	109.02	51.34	26.80	53.50	49.11			108.05	50.73
1994	29.64	111.50	53.13	27.38	54.70	53.19			110.26	52.23
1995	29.47	113.53	54.49	28.01	55.69	54.70		8.34	112.52	53.81
1996	31.00	115.55	55.86	28.52	56.78	56.13		9.13	114.54	55.17
1997	31.80	117.77	57.34	28.99	57.83	59.21		8.95	116.65	56.60
1998	33.42	119.63	58.60	29.37	58.91	61.63		9.06	118.70	57.97
1999	34.48	121.03	59.38	29.85	59.69	63.23		8.84	120.33	58.99
2000	38.11	126.46	64.17	33.17	62.27	65.07		9.00	123.75	61.77
2001	38.49	129.84	65.49	34.73	64.00	67.71		8.25	128.15	64.83
2002	39.78	132.96	69.28	35.76	65.60	70.06		9.81	131.40	67.39
2003	40.77	133.01	71.82	34.38	65.56	79.20		7.23	132.99	70.55
2004	43.75	137.79	75.82	36.04	67.86	84.06		7.54	135.40	73.82
2005	45.47	140.60	79.03	36.43	69.55	86.67		6.31	139.19	77.43
2006	47.62	144.68	82.97	37.27	71.64	91.61		6.29	142.64	81.00
2007	49.58	148.79	86.08	38.61	73.80	94.91		6.81	146.74	84.53
2008	52.69	165.43	102.49	43.33	82.28	109.52	115.67	6.08	163.54	102.06
2009	55.81	170.18	105.82	44.81	84.72	113.71	121.00	6.49	167.81	104.16
2010	63.67	200.45	129.91	46.21	96.68	130.18	145.32	7.23	185.31	117.87
2011	73.55	213.38	139.14	50.74	103.86		157.88	5.77	206.91	134.53
2012	74.69	221.89	145.08	52.51	108.93		164.92	7.11	217.64	142.11
2013	78.22	229.17	149.32	55.14	112.41		170.37	6.73	225.53	147.20
2014	83.85	241.16	157.49	60.47	117.61		180.23	6.71	235.17	153.41
2015	85.31	247.34	160.80	63.67	121.16		187.31	6.35	244.25	159.15
2016	88.52	257.18	167.41	66.17	127.68		195.59	8.11	252.26	164.11
2017	92.88	267.39	174.84	68.89	135.11		207.20	8.49	262.28	171.13
2018	93.82	272.04	178.55	70.43	137.80		212.52	6.27	269.72	176.70
2019	101.20	280.88	185.91	72.44	142.57		224.28	9.04	276.46	182.23
2020	114.71	286.17	190.36	66.82	140.65		229.58		283.53	188.13
2021	115.5	288.2	191.8	67.3	141.2		234.7	6.79	287.2	191.1
2022	112.62	289.68	192.82	72.69	146.59		236.78	5.13	288.94	192.31

2-2 户数、人口及变动情况

单位:万人

指 标	总计	市区				永宁县	贺兰县	灵武市
			兴庆区	西夏区	金凤区			
年末总户数、总人口								
总户数(万户)	112.62	77.02	33.43	17.29	26.30	11.51	13.21	10.88
总人口	289.68	192.82	81.58	45.48	65.76	32.56	34.61	29.69
男	143.09	93.60	39.38	22.31	31.91	16.62	17.47	15.40
女	146.59	99.22	42.20	23.17	33.85	15.94	17.14	14.29
平均人口	288.94	192.31	81.44	45.39	65.48	32.48	34.51	29.65
平均每户人数	2.57	2.50	2.44	2.63	2.50	2.83	2.62	2.73
性别比(以女性为100)	98	94	93	96	94	104	102	108
人口变动								
出生率	9.59	9.26	7.74	8.37	11.76	10.78	11.01	8.77
死亡率	4.46	3.95	4.30	4.41	3.21	5.85	4.93	5.73
自然增长率(‰)	5.13	5.31	3.44	3.96	8.55	4.93	6.08	3.04
分民族人口								
汉族	211.94	147.07	63.12	36.13	47.82	25.10	25.93	13.84
回族	72.69	41.20	16.51	8.43	16.26	7.27	8.46	15.76
其他少数民族	5.05	4.55	1.95	0.92	1.68	0.19	0.22	0.09

2-3 婚姻状况

指 标	单位	2021 年	2022 年
登记结婚	对	13559	12725
协议离婚	对	4202	4596
法院调离、判离	对	2099	2132
调离	对	1609	1586
判离	对	490	546

2-4 主要年份全社会

地　区	2013 年			2014 年		
	就业人数合计	城镇就业人数	乡村就业人员	就业人数合计	城镇就业人数	乡村就业人员
银川市	118.65	88.20	30.45	122.35	91.44	30.91
兴庆区	37.66	36.39	1.27	38.19	36.01	2.18
西夏区	19.51	17.21	2.31	20.15	17.82	2.33
金凤区	20.13	15.76	4.37	21.56	17.05	4.51
永宁县	13.55	5.20	8.35	13.90	5.87	8.03
贺兰县	13.76	6.07	7.69	14.61	6.78	7.83
灵武市	14.03	7.58	6.45	13.94	7.91	6.03

2-4 主要年份全社会

地　区	2018 年			2019 年		
	就业人数合计	城镇就业人数	乡村就业人员	就业人数合计	城镇就业人数	乡村就业人员
银川市	132.28	103.33	28.94	134.38	107.30	27.08
兴庆区	38.74	34.56	4.18	38.45	34.98	3.47
西夏区	21.35	19.08	2.27	21.42	19.44	1.98
金凤区	26.74	21.42	5.32	29.07	23.98	5.09
永宁县	15.18	9.11	6.07	15.28	9.47	5.81
贺兰县	16.10	9.77	6.33	16.18	10.14	6.04
灵武市	14.17	9.40	4.77	13.98	9.29	4.68

就业人员情况

单位:万人

2015年			2016年			2017年		
就业人数合计	城镇就业人数	乡村就业人员	就业人数合计	城镇就业人数	乡村就业人员	就业人数合计	城镇就业人数	乡村就业人员
124.11	93.99	30.12	126.99	96.58	30.41	130.46	101.09	29.37
38.38	35.41	2.97	38.39	34.15	4.24	38.60	34.37	4.22
20.34	18.16	2.18	20.80	18.57	2.23	21.18	18.93	2.25
21.97	17.78	4.19	23.48	19.00	4.48	25.52	20.49	5.03
14.05	6.56	7.49	14.64	7.54	7.10	15.01	8.76	6.25
15.04	7.53	7.51	15.44	8.49	6.95	15.98	9.46	6.53
14.33	8.55	5.78	14.25	8.83	5.41	14.17	9.08	5.09

就业人员情况(续表)

单位:万人

2020年			2021年			2022年		
就业人数合计	城镇就业人数	乡村就业人员	就业人数合计	城镇就业人数	乡村就业人员	就业人数合计	城镇就业人数	乡村就业人员
138.35	109.99	28.36	138.75	111.35	27.45	135.13	106.54	28.59
39.03	34.93	4.10	39.14	35.17	3.97	38.12	33.99	4.13
21.64	19.60	2.04	21.71	19.73	1.97	21.14	19.08	2.06
31.18	25.36	5.82	31.27	25.64	5.63	30.45	24.59	5.87
15.63	9.91	5.72	15.68	10.14	5.54	15.27	9.50	5.77
16.60	10.61	6.00	16.65	10.85	5.81	16.22	10.17	6.05
14.26	9.59	4.68	14.31	9.78	4.53	13.93	9.21	4.27

2-5　主要年份城镇非私营单位就业人员和劳动报酬情况

年　份	全部就业人员(人)	按经济类型分(人)			按三次产业分(人)			全部单位从业人员劳动报酬(万元)			在岗职工平均工资(元)
		国有	集体	其他	一产	二产	三产	国有	集体	其他	
1949	2093	2093			85	470	1538	61			291
1950	2625	2625			118	546	1961	78			297
1951	3645	3645			364	667	2614	116			318
1952	6422	6422			587	1688	4147	170			265
1953	7547	7547			883	1755	4909	281			372
1954	10823	10823			1076	3764	5983	309			286
1955	14253	14253			1561	4738	7954	380			267
1956	19438	19438			1818	7999	9621	481			247
1957	24365	24365			2712	7324	14329	1125			462
1958	55830	48722	7108		4110	12016	39704	1973	283		404
1959	75111	67958	7153		9884	17891	47336	4106	463		608
1960	102037	95039	6998		24956	16714	60367	5455	458		579
1961	80752	73717	7035		19144	15489	46119	4810	497		657
1962	61922	54284	7638		14467	8665	38790	3721	564		692
1963	61617	53891	7726		13698	8065	39854	3584	546		670
1964	61719	53719	8000		9132	7907	44680	3968	606		741
1965	76401	68613	7788		14354	10321	51726	4179	481		610
1966	81640	73748	7892		16834	12832	51974	5041	536		683
1967	85143	77265	7878		14621	14549	55973	5087	535		660
1968	87991	79956	8035		17786	18028	52177	5344	562		671
1969	92262	84100	8162		18051	21064	53147	4960	517		594
1970	98280	89753	8527		18455	26082	53743	6436	621		718
1971	90098	81728	8370		7366	28751	53981	5106	527		625
1972	99599	86739	12860		8889	29262	61448	5764	852		664
1973	99575	86690	12885		9278	27078	63219	6116	908		705
1974	104789	90583	14206		4844	28747	71198	6304	1004		697
1975	110702	96334	14368		5453	31900	73349	6575	733		660
1976	121335	103194	18141		5910	34171	81254	6975	967		655
1977	131687	106757	24930		6155	35171	90361	7362	1298		658
1978	140432	119913	20519		12987	76690	50755	8758	1240		723
1979	172876	147906	24970		28757	87308	56811	11040	1208		725
1980	179562	155695	23867		27932	89417	62213	12873	1945		845
1981	184320	160582	23738		19772	84092	80456	13568	1634		844
1982	195580	167623	27957		29545	97124	68911	14331	1980		854
1983	205000	173416	31584		30534	99140	75326	15744	2330		893
1984	213989	177679	36310	509	30506	103021	80462	18465	3220	70	1031

2-5 主要年份城镇非私营单位就业人员和劳动报酬情况(续表)

年 份	全部就业人员(人)	按经济类型分(人)			按三次产业分(人)			全部单位从业人员劳动报酬(万元)			在岗职工平均工资(元)
		国有	集体	其他	一产	二产	三产	国有	集体	其他	
1985	227504	188042	39462	463	29724	103918	93862	21243	3703	75	1123
1986	239109	198900	40209	531	29882	106677	102550	26484	4275	89	1316
1987	245636	206741	38386	509	29084	109716	106836	29355	4256	70	1400
1988	258697	219259	38975	463	29459	117262	111976	36172	5090	75	1621
1989	263150	224812	37807	531	29150	117440	116560	41681	5114	89	1804
1990	273130	232506	40013	611	29109	123701	120320	48167	6187	125	2030
1991	285992	242130	43147	715	29535	132204	124253	53653	7190	133	2168
1992	294964	250421	43044	1499	30487	126229	138248	63671	8631	284	2497
1993	286423	246224	35827	4372	25338	112844	148240	73796	9962	1187	2973
1994	298067	247197	38468	12402	27376	143979	126712	102737	12232	5729	4049
1995	300455	245332	39729	15394	25275	147718	127462	121134	15976	9960	4872
1996	292323	242851	33327	16145	24267	138476	129580	129480	15975	10935	5311
1997	302497	240231	35450	26816	24984	144183	133330	134443	21163	20730	5814
1998	270154	205418	23513	41223	24021	122597	123536	138258	15032	31538	6665
1999	262622	201497	21249	39876	23326	112295	127001	153426	15392	32685	7475
2000	256896	196906	19932	40058	22064	108001	126831	175568	17601	37367	8956
2001	242774	186461	16176	40137	21183	97812	123779	205138	16151	40684	10802
2002	238082	178375	15881	43826	19790	98553	119739	230735	16001	47760	11930
2003	288100	150722	8747	128631	21717	140882	125501	214125	8679	179234	13496
2004	288168	144760	6226	137182	18812	144160	125196	225972	9201	210971	15243
2005	291110	155832	5254	130024	17847	146241	127022	295553	9374	250918	18424
2006	295087	149499	4680	140908	12245	149952	132890	338458	9065	349326	23226
2007	292187	147703	4211	140273	14068	140914	137205	421883	10680	425923	28600
2008	289750	148292	2790	138668	13538	137391	138821	482799	9826	490599	33247
2009	296622	148135	2673	145814	12718	140974	142930	516595	10846	571061	36799
2010	300705	150687	2823	147195	12170	139485	149050	577227	12153	695780	43195
2011	313032	165037	2411	145584	11974	141976	159082	734679	12822	766228	49937
2012	335100	178408	2278	154414	11196	139294	184610	1014411	14902	878445	54270
2013	350361	160862	2663	186836	10546	145183	194632	968844	19339	1049976	57112
2014	365267	156625	1828	206814	8006	156437	200824	1007343	11354	1228439	59086
2015	372450	148438	2104	221908	7198	154536	210716	1029750	16885	1324595	65643
2016	354587	146882	1917	205788	5985	139750	208852	1118421	13873	1302974	70840
2017	354341	144824	1957	207560	5031	138406	210904	1222423	17230	1484158	77206
2018	352674	143819	1212	207643	3060	140416	209198	1310834	10896	1710592	87291
2019	375067	144654	1007	229406	3016	140088	231963	1356333	5986	2026785	94559
2020	349788				1835	134219	213734				105653
2021	360350				1831	131670	226849				114235
2022	371912				1762	141270	228880				122657

2-6 全市城镇非私营单位就业人员人数

单位:人

指 标	就业人员	女性	在岗职工	其他就业人员	就业人员平均人数	在岗职工	其他就业人员
总 计	371912	152626	359473	12439	369147	356278	12869
农、林、牧、渔业	1762	308	1697	64	1874	1774	100
采矿业	43774	6761	43774		43792	43792	
制造业	61047	12654	60811	236	57820	57544	276
电力、燃气及水的生产和供应业	21106	5560	21074	32	20944	20912	32
建筑业	15343	3177	14042	1301	16284	14563	1721
批发和零售业	19467	12294	19029	438	19902	19542	360
交通运输、仓储和邮政业	17287	6851	17244	43	17306	17197	109
住宿和餐饮业	2168	1314	2147	21	2363	2342	21
信息传输、计算机服务和软件业	6065	2513	6057	8	6050	6043	8
金融业	22339	13093	17185	5154	22445	17328	5117
房地产业	14170	6683	13594	576	14322	13776	546
租赁和商务服务业	8007	2369	7950	58	7942	7879	63
科学研究、技术服务和地质勘查业	11699	3739	11267	431	11413	11095	318
水利、环境和公共设施管理业	7575	3117	7533	42	7889	7819	70
居民服务和其他服务业	426	161	405	20	424	403	20
教育	40315	27085	39231	1084	39554	38435	1119
卫生、社会保障和社会福利业	28973	21338	27742	1231	28609	27381	1228
文化、体育和娱乐业	5825	2935	5761	64	5857	5796	61
公共管理、社会保障和社会组织	44563	20673	42928	1636	44356	42657	1699

2-7 全市城镇非私营单位就业人员劳动报酬

指 标	工资总额（千元）	在岗职工	其他就业人员	就业人员平均工资（元）	在岗职工	其他就业人员
合 计	**44498518**	**43700023**	**798495**	**120544**	**122657**	**62048**
农、林、牧、渔业	103814	100084	3730	55401	56419	37333
采矿业	8411922	8411922		192088	192088	
制造业	6050736	6025060	25676	104648	104704	92914
电力、热力、燃气及水生产和供应业	3424739	3421310	3429	163517	163606	106027
建筑业	1626933	1499811	127122	99911	102989	73865
批发和零售业	1361352	1350421	10931	68404	69105	30365
交通运输、仓储和邮政业	1497302	1492898	4404	86518	86812	40317
住宿和餐饮业	122865	121831	1034	51988	52011	49422
信息传输、软件和信息技术服务业	857109	856637	472	141660	141769	59211
金融业	3090453	2696967	393486	137693	155643	76902
房地产业	1050961	1032424	18537	73380	74945	33927
租赁和商务服务业	522903	520723	2180	65844	66090	34838
科学研究和技术服务业	1493665	1481502	12163	130870	133525	38241
水利、环境和公共设施管理业	514124	511483	2641	65166	65414	37550
居民服务、修理和其他服务业	32617	31966	651	76955	79228	31951
教育	4616333	4579256	37078	116710	119144	33134
卫生和社会工作	4117469	4030009	87461	143924	147183	71249
文化、体育和娱乐业	590906	588782	2124	100885	101578	34900
公共管理、社会保障和社会组织	5012315	4946938	65377	113001	115970	38469

2-8 全市城镇私营单位就业人员人数

单位:人

指　标	就业人员	女性	在岗职工	其他就业人员	就业人员平均人数	在岗职工	其他就业人员
总　计	220016	90075	209323	10692	222228	209114	13114
农、林、牧、渔业	3033	1069	2810	223	3257	2836	421
采矿业	646	72	632	13	666	647	19
制造业	46066	15126	45520	546	46274	45660	614
电力、热力、燃气及水生产和供应业	1658	559	1644	15	1640	1621	19
建筑业	38654	8413	32596	6059	39881	32049	7833
批发和零售业	37044	17600	36796	248	36554	36247	307
交通运输、仓储和邮政业	6791	2113	6297	494	6746	6114	631
住宿和餐饮业	4460	2477	4265	194	4545	4320	226
信息传输、软件和信息技术服务业	3973	1859	3881	93	4023	3922	101
金融业	515	238	423	92	570	434	136
房地产业	20787	9960	20344	443	21212	20670	542
租赁和商务服务业	20330	9792	19513	817	20605	19746	859
科学研究和技术服务业	11863	4971	11375	488	12140	11542	598
水利、环境和公共设施管理业	5132	2817	5076	56	5174	5118	55
居民服务、修理和其他服务业	3193	1463	2898	295	3124	2898	226
教育	9767	7593	9350	417	9702	9367	336
卫生和社会工作	4291	3045	4113	178	4227	4071	157
文化、体育和娱乐业	1811	907	1790	21	1887	1853	35

2-9 全市城镇私营单位就业人员劳动报酬

指　标	就业人员工资总额(千元)	在岗职工	其他就业人员	就业人员平均工资(元)	在岗职工	其他就业人员
总　计	13160966	12398352	762614	59223	59290	58153
农、林、牧、渔业	195332	177797	17535	59970	62698	41609
采矿业	71972	70877	1096	108134	109579	58355
制造业	3159569	3139937	19632	68279	68767	31976
电力、热力、燃气及水生产和供应业	156252	155417	835	95304	95902	44134
建筑业	2469612	1950791	518821	61924	60869	66238
批发和零售业	1924844	1909337	15507	52657	52675	50576
交通运输、仓储和邮政业	418932	384771	34162	62105	62929	54124
住宿和餐饮业	196017	189537	6480	43127	43879	28731
信息传输、软件和信息技术服务业	263146	257459	5687	65403	65639	56238
金融业	43708	33560	10148	76706	77289	74840
房地产业	978568	958151	20417	46133	46355	37651
租赁和商务服务业	1473680	1418616	55065	71520	71843	64097
科学研究和技术服务业	717268	690653	26615	59082	59839	44482
水利、环境和公共设施管理业	192352	190300	2052	37180	37182	36986
居民服务、修理和其他服务业	135197	123691	11506	43274	42681	50869
教育	408953	400879	8074	42150	42798	24060
卫生和社会工作	263482	255473	8009	62326	62758	51103
文化、体育和娱乐业	92082	91108	973	48788	49171	28212

主要统计指标解释

【人口数】 指一定时点、一定地区范围内有生命的个人总和。

【城镇人口和乡村人口】 城镇人口是指居住在城镇范围内的全部常住人口；乡村人口是除上述人口以外的全部人口。

【就业人员】 指年满16周岁，为取得报酬或经营利润，在调查周内从事了1小时（含1小时）以上劳动的人员；或由于在职学习、休假等原因在调查周内暂时未工作的人员；或由于停工、单位不景气等原因临时未工作的人员。

【单位就业人员】 指报告期末最后一日在本单位工作，并取得工资或其他形式劳动报酬的人员数。该指标为时点指标，不包括最后一日当天及以前已经与单位解除劳动合同关系的人员，是在岗职工、劳务派遣人员及其他就业人员之和。就业人员不包括：

（1）离开本单位仍保留劳动关系，并定期领取生活费的人员；

（2）在本单位实习的各类在校学生；

（3）本单位以劳务外包形式使用的人员，如：建筑业整建制使用的人员。

【在岗职工】 指在本单位工作且与本单位签订劳动合同，并由单位支付各项工资和社会保险、住房公积金的人员，以及上述人员中由于学习、病伤、产假等原因暂未工作仍由单位支付工资的人员。在岗职工还包括：

（1）应订立劳动合同而未订立劳动合同人员（如使用的农村户籍人员）；

（2）处于试用期人员；

（3）编制外招用的人员，如临时人员；

（4）派往外单位工作，但工资仍由本单位发放的人员（如挂职锻炼、外派工作等情况）

【工资总额】 指根据《关于工资总额组成的规定》（1990年1月1日国家统计局发布的一号令）进行修订，本单位在报告期内（季度或年度）直接支付给本单位全部就业人员的劳动报酬总额。包括计时工资、计件工资、奖金、津贴和补贴、加班加点工资、特殊情况下支付的工资，是在岗职工工资总额、劳务派遣人员工资总额和其他就业人员工资总额之和。

工资总额是税前工资，包括单位从个人工资中直接为其代扣或代缴的房费、水费、电费、住房公积金和社会保险基金个人缴纳部分等。

工资总额不论是计入成本的还是不计入成本的，不论是以货币形式支付的还是以实物形式支付的，均应列入工资总额的计算范围。

【平均工资】 指单位就业人员在一定时期内平均每人所得的工资额。它表明一定时期工资收入的高低程度，是反映就业人员工资水平的主要指标。计算公式为：

平均工资＝报告期就业人员工资总额÷报告期就业人员平均人数

3

农　业

3-1 主要年份农林牧渔业总产值

（按当年价格计算）　　　　单位：万元

年　份	农、林、牧渔业总产值	农业	种植业	林业	牧业	渔业
1949	1878	1594	1513	9	265	11
1950	2422	2022	1939	11	378	11
1951	3570	3065	2962	17	475	13
1952	3044	2616	2517	19	397	12
1953	3342	2901	2784	27	402	12
1954	3435	3029	2886	23	371	13
1955	4154	3711	3549	29	401	13
1956	4107	3701	3487	48	345	13
1957	3658	3220	3049	49	376	13
1958	4197	3742	3570	76	366	13
1959	4196	3678	3487	83	419	17
1960	3329	2784	2586	115	412	18
1961	3780	3160	2946	108	492	20
1962	3667	3035	2874	108	513	12
1963	5087	4171	3962	239	661	16
1964	4952	3961	3766	246	728	17
1965	6347	5075	4803	404	850	21
1966	7293	5853	5550	506	915	19
1967	6338	5122	4831	352	846	18
1968	6043	4757	4476	409	860	17
1969	7061	5761	5436	412	873	16
1970	8167	6240	5898	840	1068	18
1971	10117	7651	7232	183	2262	20
1972	10390	7159	6695	195	2897	16
1973	12292	8987	8716	245	2917	4
1974	10957	9527	9253	126	1146	4
1975	11579	9802	9529	178	1433	7
1976	9872	7946	7686	170	1593	9
1977	10979	9240	8773	190	1376	5
1978	12931	11149	10382	272	1504	6
1979	14735	12464	11102	430	1835	6
1980	17428	15446	15041	435	1532	15

3-1 主要年份农林牧渔业总产值(续表)

（按当年价格计算） 单位:万元

年 份	农、林、牧渔业总产值	农业	种植业	林业	牧业	渔业
1981	22347	19655	18098	446	2214	32
1982	27746	24721	23168	544	2428	53
1983	29844	26291	24529	855	2589	109
1984	32730	27116	26868	1598	3816	200
1985	34486	26068	25379	1606	6458	354
1986	40376	31413	30729	1104	7238	621
1987	47899	37709	36749	955	8095	1140
1988	62901	45291	44079	1290	14344	1976
1989	70137	53103	51638	1581	12840	2613
1990	79146	55864	55471	4245	15706	3331
1991	84975	61169	60275	5104	15315	3387
1992	88628	62770	61559	3995	17458	4405
1993	95826	68064	66106	1003	21342	5417
1994	136904	96774	93243	974	32398	6758
1995	184665	126159	123673	1167	49168	8171
1996	207459	144688	141700	1088	53255	8428
1997	229701	157343	154171	1166	61927	9265
1998	240193	166193	162779	1149	62415	10436
1999	232177	153460	150435	4182	64212	10323
2000	234643	148279	147025	4450	69435	12479
2001	248946	149497	147110	4271	80762	14416
2002	253094	149833	148000	4351	83030	15880
2003	251400	141388	141250	7087	85826	17099
2004	310885	184096	184096	4596	97939	24254
2005	350995	208512	208512	5148	101516	27063
2006	388734	238321	238321	4984	104641	29005
2007	449334	277285	277285	6941	116977	25337
2008	553922	329930	329930	8935	154829	32474
2009	603415	380644	380644	11320	142761	36747
2010	747789	466580	466580	12531	191404	42010
2011	877486	542009	542009	13492	230657	50521
2012	953351	577879	577879	14732	250875	62908
2013	1041007	622170	622170	20262	283485	61063
2014	1069539	620092	620092	13124	311248	64936
2015	1158223	727475	727475	13176	283605	67490
2016	1167430	715400	715400	10576	296931	73895
2017	1236546	752550	752550	9684	319487	78870
2018	1372820	834896	834896	10944	363548	82490
2019	1327292	741857	741857	14667	401633	82884
2020	1518166	837224	837224	13369	485004	93441
2021	1733246	876850	876850	14863	632234	115652
2022	1890003	964850	964850	7788	712987	102788

3-2 主要年份农林牧渔业总产值指数

（按可比价格计算，以上年为 100）

年 份	农、林、牧渔业总产值	农业	林业	牧业	渔业
1950	106.0	103.5	80.0	119.9	100.0
1951	136.0	138.9	214.0	122.8	267.5
1952	110.4	110.9	165.2	106.5	77.2
1953	110.8	112.2	174.7	101.3	105.8
1954	109.3	111.0	100.7	100.0	57.7
1955	114.3	116.2	124.1	101.5	123.2
1956	104.8	104.3	298.5	89.2	240.5
1957	86.0	83.4	93.5	104.6	31.3
1958	118.3	118.9	166.8	100.5	178.4
1959	100.8	97.4	128.3	113.5	76.9
1960	80.8	74.5	127.7	97.3	99.5
1961	92.8	95.8	59.3	101.4	46.5
1962	119.5	117.5	130.6	127.6	220.1
1963	143.6	137.8	236.5	129.4	181.1
1964	98.3	94.9	104.7	110.0	44.3
1965	134.3	131.2	171.8	118.6	164.1
1966	109.7	110.1	114.1	103.2	66.4
1967	92.3	94.5	79.1	97.7	69.4
1968	95.7	90.9	113.9	101.2	143.9
1969	105.7	112.6	88.0	95.6	77.3
1970	103.9	93.9	153.6	103.7	174.5
1971	97.3	105.1	21.1	178.4	13.8
1972	101.0	93.3	108.0	121.4	511.2
1973	106.4	115.0	105.1	88.9	97.3
1974	784.5	125.8	63.9	51.8	60.8
1975	13.8	100.5	137.7	119.4	215.5
1976	78.9	74.3	87.9	102.0	63.8
1977	116.2	122.6	116.9	90.6	133.1
1978	110.6	111.5	138.3	100.2	100.0
1979	99.3	97.5	111.4	103.9	104.8
1980	112.9	118.4	87.3	95.0	118.2

3-2 主要年份农林牧渔业总产值指数(续表)

(按可比价格计算,以上年为100)

年 份	农、林、牧渔业总产值	农业	林业	牧业	渔业
1981	107.9	108.4	102.0	106.0	106.0
1982	118.5	117.9	143.5	109.1	109.1
1983	106.4	104.2	125.6	111.5	111.5
1984	114.6	108.7	158.4	125.1	125.1
1985	103.8	99.6	91.1	140.8	140.8
1986	105.9	108.5	73.7	111.0	111.0
1987	101.2	101.7	80.8	103.0	103.0
1988	108.9	109.8	85.3	107.1	107.1
1989	105.3	106.1	98.6	97.8	97.8
1990	106.3	96.2	223.1	125.0	125.0
1991	104.6	103.0	130.6	98.7	98.7
1992	96.8	97.4	69.0	106.9	106.9
1993	100.9	104.7	16.4	116.3	116.3
1994	106.6	104.6	80.6	113.2	113.2
1995	109.3	103.4	105.7	127.5	127.5
1996	110.0	109.5	96.9	112.4	112.4
1997	108.7	108.3	114.7	109.3	109.3
1998	107.1	104.8	109.8	110.8	110.8
1999	104.4	100.6	203.2	105.6	105.6
2000	106.3	103.5	115.1	110.6	110.6
2001	105.0	102.3	92.2	110.3	110.3
2002	102.7	99.3	109.0	106.0	106.0
2003	96.8	93.8	171.7	95.8	95.8
2004	109.6	112.9	79.1	103.6	103.6
2005	105.5	107.2	112.0	102.7	102.7
2006	108.4	110.2	207.7	102.9	102.9
2007	107.5	114.3	96.8	103.1	103.1
2008	108.7	109.7	118.1	102.6	102.6
2009	108.1	108.2	126.7	104.4	104.4
2010	107.2	103.5	179.5	114.3	114.3
2011	105.3	104.7	107.7	105.1	105.1
2012	106.0	104.4	109.2	107.5	107.5
2013	104.3	102.3	137.5	102.7	102.7
2014	105.6	103.9	64.8	112.0	112.0
2015	104.0	108.0	85.7	94.8	94.8
2016	104.3	104.3	77.3	104.1	104.1
2017	104.4	103.8	88.9	106.7	106.7
2018	103.7	103.1	112.4	106.2	98.5
2019	102.2	101.8	133.3	100.0	110.2
2020	101.6	97.4	81.4	108.9	106.8
2021	106.5	102.3	111.2	115.2	101.5
2022	105.1	103.0	53.2	108.9	104.4

3-3 主要年份农林牧渔业总产值指数

（按可比价格计算，以1952年为100）

年份	农、林、牧渔业总产值	农业	林业	牧业	渔业
1953	110.8	112.2	174.4	101.4	87.7
1954	121.1	124.6	175.6	101.3	100.0
1955	138.4	144.7	218.0	102.9	103.7
1956	145.1	150.9	650.6	91.8	108.6
1957	124.7	125.9	608.3	95.9	108.6
1958	147.6	149.8	1014.8	96.4	108.6
1959	148.7	145.8	1302.0	109.4	136.3
1960	120.2	108.6	1662.6	106.5	140.0
1961	111.5	104.1	986.4	107.9	131.3
1962	133.3	122.3	1288.1	137.8	88.6
1963	191.4	168.5	3045.9	178.3	127.6
1964	188.2	159.9	3188.8	196.1	127.6
1965	252.6	209.7	5476.7	232.6	164.7
1966	277.1	230.9	6248.6	240.1	161.7
1967	255.9	218.2	4944.5	234.7	149.4
1968	244.9	198.3	5629.1	237.4	137.0
1969	258.9	223.4	4955.4	226.9	137.0
1970	268.9	209.7	7613.2	235.4	128.4
1971	261.6	220.5	1608.6	419.7	108.6
1972	264.2	205.6	1737.5	509.7	75.3
1973	281.0	236.4	1826.5	453.3	16.3
1974	2204.8	297.3	1167.3	234.6	16.9
1975	303.8	298.8	1607.6	280.2	34.5
1976	239.7	221.9	1412.5	285.7	46.3
1977	278.5	272.0	1651.3	258.8	25.9
1978	320.5	307.9	2851.8	276.9	25.9
1979	318.1	300.3	3177.7	287.7	27.2
1980	359.2	355.4	2775.3	273.4	32.1

3-3 主要年份农林牧渔业总产值指数(续表)

（按可比价格计算,以 1952 年 为 100）

年 份	农、林、牧渔业总产值	农业	林业	牧业	渔业
1981	387.5	385.4	2831.8	289.8	66.7
1982	459.1	454.5	4063.5	316.2	153.1
1983	488.4	473.3	5103.5	352.5	197.5
1984	559.8	514.5	8082.4	441.0	396.3
1985	580.8	512.6	7361.2	621.1	611.1
1986	615.0	556.1	5425.9	689.5	912.4
1987	622.1	565.7	4384.7	710.1	1459.3
1988	677.4	621.3	3741.2	760.2	2312.4
1989	713.0	659.4	3687.1	743.3	3237.0
1990	757.8	634.0	8227.1	928.9	3864.2
1991	792.9	652.7	10748.2	916.4	4180.3
1992	767.5	635.7	7411.8	979.8	4834.6
1993	774.2	665.5	1214.1	1139.7	5497.5
1994	824.9	696.1	978.8	1290.0	6156.8
1995	902.0	719.9	1034.1	1644.2	6842.0
1996	991.8	788.5	1002.4	1847.7	7156.8
1997	1077.8	854.1	1149.4	2018.9	7802.5
1998	1154.5	895.4	1262.4	2236.1	9081.5
1999	1205.3	900.8	2564.7	2361.7	11597.5
2000	1280.6	932.5	2952.9	2612.5	12837.0
2001	1344.9	953.5	2723.5	2880.2	14086.4
2002	1380.6	947.1	2969.4	3054.0	15977.8
2003	1336.8	888.0	5097.7	2925.0	17181.5
2004	1465.7	1002.1	4032.9	3029.0	20791.4
2005	1546.2	1074.3	4517.0	3110.2	21799.7
2006	1676.0	1184.0	9381.4	3199.2	23729.0
2007	1802.1	1353.4	9082.1	3297.7	25432.8
2008	1958.3	1484.2	10725.0	3383.4	30529.5
2009	2116.9	1605.9	13588.6	3532.3	33002.4
2010	2277.8	1662.2	24391.6	4037.4	36731.6
2011	2398.6	1740.3	26269.7	5692.8	40074.2
2012	2542.5	1816.8	28686.6	6119.7	44442.3
2013	2651.8	1858.6	39444.0	6284.9	51242.0
2014	2800.3	1931.1	25559.7	7039.1	54572.7
2015	2912.3	2085.6	21904.7	6673.1	56701.0
2016	3037.5	2175.3	22802.8	7353.8	59422.6
2017	3171.2	2257.9	20271.7	7846.5	61145.9
2018	3288.5	2327.9	22785.4	8333.0	60228.7
2019	3360.8	2369.8	30372.9	8333.0	66372.0
2020	3414.6	2407.8	24723.5	9074.6	70885.3
2021	3636.5	2463.2	27492.5	10453.9	71948.6
2022	3822.0	2537.1	12866.5	11384.3	75114.3

3-4 主要年份农民生活情况及主要农产品产量

年份	农民人均纯收入（元）	农村居民人均生活消费支出（元）	农民人均生活用房（平方米）	粮食产量（吨）	肉类产量（吨）	牛奶产量（吨）	禽蛋产量（吨）	蔬菜产量（吨）	水果产量（吨）	水产品产量（吨）
1978	131	103	10.19	310876	2678	2216			8516	97
1979	157	116	11.00	284150	2916	984			10174	101
1980	201	155	11.81	342624	3724	2739			8070	113
1981	298	191	12.61	397025	4281	2838			10110	188
1982	442	273	13.43	442365	4097	3500			9413	296
1983	447	276	14.24	462195	5473	4157			9339	466
1984	478	304	15.05	484005	4666	5651			12925	747
1985	488	380	15.88	429065	6203	8081			15551	1214
1986	573	457	16.36	480097	11070	11255	5741		1596	1824
1987	658	536	16.85	472011	10794	13432	5512		19031	2898
1988	727	576	17.34	514213	12560	15917	5769		19761	4647
1989	859	727	18.22	540498	13133	18947	6361		25382	6525
1990	934	765	18.28	589904	12926	24057	6516	282312	22273	7280
1991	971	765	19.02	612797	17014	29269	6215	273444	9417	7955
1992	977	785	19.27	578382	19108	35835	6755	249556	27050	9166
1993	1016	914	20.13	602581	20654	38438	7118	269711	31900	10419
1994	1336	1109	20.11	659909	23188	48050	9030	270407	28262	11738
1995	1683	1449	19.75	685534	30364	62858	11407	336380	41670	12813
1996	2212	1849	22.03	779537	34242	74558	13148	370634	46293	13602
1997	2578	2147	24.09	815924	35986	77501	14880	390504	46293	15195
1998	2811	1945	25.27	885305	41338	71216	17667	431349	46115	17182
1999	2657	1948	26.41	914116	45645	73415	17761	430633	62880	22044
2000	2712	1886	27.26	823967	46516	78903	19975	572113	62312	25823
2001	2858	2009	27.19	847511	52763	104822	21059	510440	76658	33337
2002	2932	1902	27.27	844114	54777	113842	21303	520652	64343	31326
2003	2984	2224	28.40	684527	58795	140134	20674	562710	86525	32833
2004	3324	2510	28.56	801508	52597	165329	11203	526949	92303	37615
2005	3493	2836	31.17	834345	51623	213294	11340	573445	113285	39405
2006	3800	2902	33.94	879841	50202	222775	9347	685197	111457	42961
2007	4303	3576	35.48	827505	39295	275678	14759	778551	123543	33734
2008	4917	4119	35.76	886219	42973	335385	14454	994344	165343	44163
2009	5389	4817	38.33	913417	46614	318801	15049	1113214	188695	45926
2010	6161	5394	38.90	879142	49633	354098	16512	1269280	187640	49510
2011	7070	6707	39.92	861547	49772	387525	15589	1378422	202848	53313
2012	8068	7089	44.69	861547	49744	401076	21094	1411762	233491	60323
2013	8830	8631	37.14	852983	52785	416489	15492	1428116	252379	65522
2014	10275	9334	36.96	803311	50916	534254	20334	1446217	270736	68597
2015	11148	10119	36.78	834490	49868	493392	22287	1605566	287716	71098
2016	12037	11061	36.48	835718	51510	471819	21946	1673320	300467	73669
2017	13087	11507	37.28	832900	64063	504037	38293	1567391	207188	73739
2018	14160	12322	34.20	824241	63492	539463	38322	1520669	206480	71627
2019	15282	12966	34.75	662902	61598	568718	35831	1413808	247996	72583
2020	16428	13318	33.69	692324	58800	652377	27542	1425373	100639	75806
2021	18170	14668	34.67	704677	63013	873678	22835	1408564	333554	76247
2022	19349	14331	34.96	682361	58518	1185324	23952	1339807	509318	78314

3-5 银川市分县(市区)农林牧渔业总产值

单位:万元

指 标	银川市	兴庆区	金凤区	西夏区	永宁县	贺兰县	灵武市
农林牧渔业	**1890003**	**250848**	**80897**	**158530**	**444342**	**511075**	**444311**
农业	964850	136813	51463	67895	331882	267411	109386
林业	7788	894	309	1424	1481	1383	2297
牧业	712987	78985	17145	65731	92155	145578	313393
渔业	102788	8075	2277	3217	4754	81414	3051
农林牧渔服务业	101590	26081	9703	20264	14069	15289	16183

3-6 农业生产条件

指 标	单位	银川市	兴庆区	金凤区	西夏区	永宁县	贺兰县	灵武市
乡村从业人员								
乡村劳动力资源数	人	417812	66510	29883	28536	109984	84313	98586
乡村从业人员数合计	人	345832	55227	27173	21887	90240	65229	86076
从事农业人员数	人	183929	19553	18344	7190	55299	35579	47964
农业主要物质消耗								
农用化肥施用量(实物量)	吨	183058	17102	5794	27624	49604	50377	32556
氮肥	吨	87314	9273	1700	15403	22030	24321	14587
磷肥	吨	34697	4323	1170	3403	8669	11395	5736
钾肥	吨	13172	875	240	2621	5697	2077	1662
复合肥	吨	47876	2631	2684	6197	13208	12584	10572
农用塑料薄膜使用量	公斤	2396749	633498	68826	65887	542616	616922	469000
地膜使用量	公斤	823840	157157	35953	19329	144771	347168	119462
地膜覆盖面积	亩	190609	27356	12353	3529	34595	85230	27546
农用柴油使用量	公斤	29544957	3404969	1248519	7227708	8492000	7540234	1631527
农药使用量	公斤	661678	45384	11478	150112	161899	210052	82753
农村用电量	万千瓦时	46461	9343	8773	5963	9166	5645	7570
农业生产用电量	万千瓦时	11438	2162	2218	840	3023	1739	1455
农用机油使用量	公斤	226247	16570	2595	29886	66212	32983	78001
农业生产用煤	吨	5211	752	130	1559	2686	17	67

3-7　主要农产品生产情况

指　标	银川市		兴庆区		金凤区		西夏区	
	播种面积（亩）	产量（吨）	播种面积（亩）	产量（吨）	播种面积（亩）	产量（吨）	播种面积（亩）	产量（吨）
农作物总播种面积	**2411786**		**239834**		**87520**		**233847**	
复种面积	100508		1088					
粮食作物	1218760	682361	92492	46931	23606	13008	150880	94334
谷物	1177825	678501	87972	46456	23606	13008	149924	94238
夏收谷物	188203	71491	11170	3977	2340	810	1470	526
小麦	188203	71491	11170	3977	2340	810	1470	526
冬小麦								
春小麦	188203	71491	11170	3977	2340	810	1470	526
秋收谷物	989622	607010	76802	42480	21266	12198	148454	93712
稻谷	182036	99825	32517	17592	2066	1120	30253	16881
有机稻								
玉米	807586	507186	44285	24888	19200	11078	118201	76831
套种玉米	4720	646	107	73				
燕麦								
豆类	40935	3860	4520	475			956	96
大豆	40935	3860	4520	475			956	96
油料作物	8248	2122	74	11	300	66	465	115
胡麻籽								
葵花籽	8024	2104	74	11	300	66	430	107
中草药材	31895	3022	22498	1633	19		3145	709
人参								
枸杞	14904	1848	10587	715	19		2776	653
麻黄								
蔬菜（含菜用瓜）	564149	1339807	46187	178589	36191	126240	6807	30107
瓜果类	90664	311454	14494	43170	12068	38269	1581	4855
西瓜	78281	288072	8488	32829	10985	36516	1476	4724
香瓜（甜瓜）	7502	15827	4330	8649	106	298	3	10
草莓	4084	6942	1144	1414	977	1455	102	121
其他作物	498070	1577249	64089	197541	15336	49076	70969	170209
青饲料	436146	1495939	55781	180925	15336	49076	54361	152899
牧草	61924	81310	8308	16616			16608	17310
饲料用青贮玉米面积	375365		45755		15336		54106	

3-7 主要农产品生产情况(续表)

指 标	银川市					
	永宁县		贺兰县		灵武市	
	播种面积（亩）	产量（吨）	播种面积（亩）	产量（吨）	播种面积（亩）	产量（吨）
农作物总播种面积	730390		718902		401293	
复种面积	2190		97230			
粮食作物	383700	214679	312632	166795	255450	146615
谷物	369500	213940	300723	165366	246100	145493
夏收谷物	81600	31824	71623	26715	20000	7640
小麦	81600	31824	71623	26715	20000	7640
冬小麦						
春小麦	81600	31824	71623	26715	20000	7640
秋收谷物	287900	182116	229100	138651	226100	137853
稻谷	14900	8761	61100	32811	41200	22660
有机稻						
玉米	273000	173355	168000	105840	184900	115193
套种玉米	4613	573				
燕麦						
豆类	14200	738	11909	1429	9350	1122
大豆	14200	738	11909	1429	9350	1122
油料作物	1229	159	6060	1743	120	28
胡麻籽						
葵花籽	1040	149	6060	1743	120	28
中草药材	3943	86	2269	593	21	1
人参						
枸杞	148	30	1353	449	21	1
麻黄						
蔬菜(含菜用瓜)	227141	460480	210430	446795	37393	97596
瓜果类	13826	45812	28537	115842	20158	63506
西瓜	12190	42403	27232	113369	17910	58231
香瓜(甜瓜)	494	919	326	680	2243	5271
草莓	1002	2280	854	1668	5	4
其他作物	100551	266245	158974	626509	88151	267669
青饲料	88804	254441	149239	611876	72625	246722
牧草	11747	11803	9735	14633	15526	20947
饲料用青贮玉米面积	53344		140660		66164	

3-8 蔬菜及特种作物生产情况

指　标	银川市		兴庆区		金凤区		西夏区	
	播种面积（亩）	产量（吨）	播种面积（亩）	产量（吨）	播种面积（亩）	产量（吨）	播种面积（亩）	产量（吨）
蔬菜合计	**564149**	**1339807**	**46187**	**178589**	**36191**	**126240**	**6807**	**30107**
叶菜类	289506	447732	11771	33978	1954	5481	1894	4331
芹菜	20017	86425	5060	19873	1224	3919	632	1360
油菜	8086	15805	2141	4574	191	560	126	150
菠菜	4493	6448	254	409	182	231	26	18
其他	256910	339054	4316	9122	357	771	1110	2803
白菜类	18607	78682	665	2185	4918	20332	686	2480
大白菜	15816	70485	303	1169	4146	18016	686	2480
其他	2791	8197	362	1016	772	2316		
甘蓝类	45811	113105	3578	6080	1434	5296	84	541
卷心菜	19837	64867	2790	4706	1034	3656	62	379
其他	25974	48238	788	1374	400	1640	22	162
块根、块茎类	31311	91095	1000	2814	8249	23651	131	291
白萝卜	10634	32364	128	237	5431	14004	85	119
胡萝卜	2434	6871	4	12	65	228		
生姜								
马铃薯	360	1560						
山药	3865	12218	701	2103	2753	9419		
其他	14018	38082	167	462			46	172
瓜菜类	15475	70363	3913	19117	212	626	1247	8757
黄瓜	10232	48353	2411	13983	142	436	402	2768
南瓜	180	450	131	337			22	43
冬瓜	698	5179					667	5175
西葫芦	2084	7257	1323	4605				
其他	2281	9124	48	192	70	190	156	771
菜用豆类	10712	28409	3756	9727	82	165	48	64
豇豆	826	1355	132	292	2	5	9	15
四季豆	9277	25952	3583	9365	49	98	35	39
其他	609	1102	41	70	31	62	4	10
茄果类	120801	440347	19284	99681	16638	60374	2468	12880
茄子	3956	17119	150	787	89	224	91	218
辣椒	15851	40421	3615	9172	867	2587	175	338
西红柿	100381	381062	15519	89722	15682	57563	2202	12324
其他	613	1745						
葱蒜类	19560	54860	715	1778	2704	10042	72	317
大葱	5001	16748	437	736	2620	9845	71	315
蒜头	21	92					1	2
韭菜	13713	35048	13	12	84	197		
其他	825	2972	265	1030				
水生菜类	2285	2970	1310	1773				
莲藕	2285	2970	1310	1773				
茭白								
其他								
其他蔬菜	10081	9503	195	292			177	354
黄花菜	1567	971	122	110				
枸杞苗	1270	282	10					
其他	7244	8250	63	182			177	354
食用菌		2741		1164		273		92
干品		17						1
香菇								
黑木耳		17						1
鲜品		2724		1164		273		91
蘑菇		2714		1154		273		91
特种作物								
花卉种植面积（公顷）	6119		4557				77	
鲜切花（枝）		30471650		30165650				46000
盆栽观赏植物（盆）		29040306		22099071				355235

3-8　蔬菜及特种作物生产情况(续表)

指　标	永宁县		贺兰县		灵武市	
	播种面积(亩)	产量(吨)	播种面积(亩)	产量(吨)	播种面积(亩)	产量(吨)
蔬菜合计	**227141**	**460480**	**210430**	**446795**	**37393**	**97596**
叶菜类	135062	221357	131288	171861	7537	10724
芹菜	5776	27105	6500	31143	825	3025
油菜	736	2177	4787	8077	105	267
菠菜	368	566	3658	5218	5	6
其他	128182	191509	116343	127423	6602	7426
白菜类	8992	38638	3061	14109	285	938
大白菜	8315	36801	2081	11081	285	938
其他	677	1837	980	3028		
甘蓝类	9267	29441	26626	63210	4822	8537
卷心菜	5787	23273	9061	30444	1103	2409
其他	3480	6168	17565	32766	3719	6128
块根、块茎类	15217	43985	5429	16246	1285	4108
白萝卜	2368	7891	1727	6533	895	3580
胡萝卜	2277	6291	88	340		
生姜						
马铃薯	330	1500			30	60
山药			411	696		
其他	10242	28303	3203	8677	360	468
瓜菜类	3423	10510	6200	29622	480	1731
黄瓜	2212	5461	4605	24018	460	1687
南瓜	5	10	15	49	7	11
冬瓜			31	4		
西葫芦			761	2652		
其他	1206	5039	788	2899	13	33
菜用豆类	4083	12028	2434	5760	309	665
豇豆	281	400	352	603	50	40
四季豆	3664	11549	1914	4829	32	72
其他	138	79	168	328	227	553
茄果类	47290	93101	24896	131850	10225	42461
茄子	1859	7056	1394	7548	373	1286
辣椒	3613	7671	6475	17343	1106	3310
西红柿	41696	78030	16536	105558	8746	37865
其他	122	344	491	1401		
葱蒜类	3714	11296	1194	3893	11161	27534
大葱	1287	4071	457	1211	129	570
蒜头	20	90				
韭菜	2355	7057	229	818	11032	26964
其他	52	78	508	1864		
水生菜类	5		970	1197		
莲藕	5		970	1197		
茭白						
其他						
其他蔬菜	88	53	8332	7906	1289	898
黄花菜	15	1	260	260	1170	600
枸杞苗			1260	282		
其他	73	52	6812	7364	119	298
食用菌		71		1141		
干品				16		
香菇						
黑木耳				16		
鲜品		71		1125		
蘑菇		71		1125		
特种作物						
花卉种植面积(公顷)	910		575			
鲜切花(枝)				260000		
盆栽观赏植物(盆)				6586000		

3-9 水果、枸杞生产情况

指 标	银川市				兴庆区			
	合计		设施农业		合计		设施农业	
	播种面积（亩）	产量（吨）	播种面积（亩）	产量（吨）	播种面积（亩）	产量（吨）	播种面积（亩）	产量（吨）
园林水果	364236	197864	49046	16480	9234	5033	1053	837
本年新增面积	9026		1134		2883		489	
苹果	44744	16493	186		2249	2372	186	
本年新增苹果面积	2299		131		836		131	
红富士苹果	22890	4120			632			
国光苹果	1360	120			73			
梨	4684	4500	45	7				
雪花梨	39	1						
鸭梨	97							
葡萄	227922	128884	45901	15267	3090	1633	456	499
酿造用葡萄	185046	33875						
枣	73048	26786	1584	735	871	267	218	124
桃	7515	12934	991	223	273	335	107	130
杏	2206	2647	70	90	194	249	56	84
其他园林水果	4116	5621	269	158	2557	177	30	
食用坚果		1208						
核桃		1200						
枸杞	14902	1848	12	6	10587	715		
本年新增枸杞面积	357							
枸杞结果面积	14245				10500			

3-9 水果、枸杞生产情况(续表 1)

指 标	金凤区				西夏区			
	合计		设施农业		合计		设施农业	
	播种面积（亩）	产量（吨）	播种面积（亩）	产量（吨）	播种面积（亩）	产量（吨）	播种面积（亩）	产量（吨）
园林水果	5662	3219	2600	2607	34048	25084	78	74
本年新增面积	950		201		3597		49	
苹果	1842	398			8928	7234		
本年新增苹果面积	560				378			
红富士苹果	560				3248	2788		
国光苹果					98	98		
梨	45	7	45	7	2188	32		
雪花梨								
鸭梨					97			
葡萄	2837	2588	2399	2486	21764	17036	78	74
酿造用葡萄					16781	15923		
枣	120	26			476	150		
桃	526	26	30		371	285		
杏	148	48			321	347		
其他园林水果	144	126	126	114				
食用坚果								
核桃								
枸杞	19				2776	653		
本年新增枸杞面积					314			
枸杞结果面积					2223			

3-9 水果、枸杞生产情况(续表 2)

指标	永宁县				贺兰县				灵武市			
	合计		设施农业		合计		设施农业		合计		设施农业	
	播种面积(亩)	产量(吨)	播种面积(亩)	产量(吨)	播种面积(亩)	产量(吨)	播种面积(亩)	产量(吨)	播种面积(亩)	产量(吨)	播种面积(亩)	产量(吨)
园林水果	185530	109621	42938	10511	29202	22574	739	1601	100559	32333	1638	850
本年新增面积					1203		175		393		220	
苹果	3818	844			2150	5113			25757	532		
本年新增苹果面积					354				171			
红富士苹果	30	44			341	915			18079	373		
国光苹果									1189	22		
梨	584	1704			30	21			1837	2736		
雪花梨									39	1		
鸭梨												
葡萄	173632	92309	41986	10473	25023	14138	606	1488	1576	1180	376	247
酿造用葡萄	146335	10449			21930	7503						
枣	2187	494	100		917	1448	4	8	68477	24401	1262	603
桃	4762	9775	830	30	470	1187	24	63	1113	1326		
杏	412	619	10		176	273	4	6	955	1111		
其他园林水果	135	3876	12	8	436	394	101	36	844	1048		
食用坚果		1208										
核桃		1200										
枸杞	148	30			1353	449	12	6	21	1		
本年新增枸杞面积					24							
枸杞结果面积	148				1353				21			

3-10 渔业生产情况

指　标	单位	银川市	兴庆区	金凤区	西夏区	永宁县	贺兰县	灵武市
水产品总产量	**吨**	**78314**	**6280**	**1700**	**2400**	**3508**	**62200**	**2226**
淡水捕捞	吨	1909	76	190	592	301	750	
鱼类	吨	1891	76	190	592	283	750	
黄河鲤鱼	吨	748	29			92	627	
虾蟹类	吨	18				18		
淡水养殖	吨	76405	6204	1510	1808	3207	61450	2226
鱼类	吨	75538	6106	1457	1786	3154	60820	2215
鲤鱼	吨	32379	2850	610	600	1460	26360	500
鲢鱼	吨	5778	644	360	300	292	3992	190
鳙鱼		5481	314	60	136	247	4632	92
鲫鱼	吨	6566	350	110	110	333	5584	79
草鱼	吨	22689	1925	317	608	736	17994	1109
叉尾鮰	吨	1697	10		14		1443	230
鲶鱼	吨	25				6	18	2
鲈鱼	吨	702	1		2	17	668	14
其他		221	12		16	63	130	
虾蟹类	吨	830	98	53	22	16	630	11
南美白对虾	吨	167	26	35			105	1
河蟹	吨	641	72	18		16	525	10
淡水养殖面积	亩	100536	16940	3500	2850	12907	58136	6203
池塘养殖	亩	75966	9650	1900	2730	3447	55776	2463
湖泊养殖	亩	22710	7290	1600	120	9460	2360	1880
河沟养殖	亩							
水库养殖	亩	1860						1860
稻田养鱼面积	亩	6860	1100		1700	75	3945	40
稻田养蟹面积	亩	7840	900		1300	75	5505	60

3-11 畜牧业生产情况

指　标	单位	银川市	兴庆区	金凤区	西夏区	永宁县	贺兰县	灵武市
年末牲畜存栏								
大牲畜	头	431206	54435	13653	43097	48564	74942	196515
牛	头	428016	53768	13653	42981	47083	74165	196366
肉牛	头	148370	14973	8335	17238	36556	22794	48474
奶牛	头	279646	38795	5318	25743	10527	51371	147892
马	头	819			94	519	136	70
驴	头	2339	667			953	640	79
骡	头	10				9	1	
骆驼	头	22			22			
猪	头	101190	9048	598	4364	21345	20133	45702
能繁殖的母猪	头	15444	1202	45	48	2743	1641	9765
羊	只	1071860	68692	22801	33628	153202	150606	642931
山羊	只	131339	12246			6444	24329	88320
绵羊	只	940521	56446	22801	33628	146758	126277	554611
滩羊	只	9254						9254
活家禽	百只	24144	246	484	1477	12450	5927	3560
活鸡	百只	23779	222	484	1477	12450	5586	3560
肉鸡	百只	6203	14		97	2542	791	2759
蛋鸡	百只	17576	207	484	1381	9908	4795	800
家兔	只	109814	96663	11600		1286	265	
当年出栏数								
大牲畜	头	106273	11572	5674	10258	28579	21114	29076
牛	头	103712	11238	5674	10255	26834	20733	28978
马	头	345			3	292		50
驴	头	2199	334			1436	381	48
骡	头	2				2		
骆驼	头	15				15		
猪	头	175983	22840	2092	11798	20825	25241	93187
羊	只	1056527	56719	10899	21661	237549	122080	607619
山羊	只	126759	15816			6673	19352	84918

3-11 畜牧业生产情况(续表)

指　标	单位	银川市	兴庆区	金凤区	西夏区	永宁县	贺兰县	灵武市
绵羊	只	929768	40903	10899	21661	230876	102728	522701
宰杀羊羔(供宰杀二毛的羊羔)	只							
活家禽	百只	26443	561	680	951	11944	7965	4342
活鸡	百只	26239	454	680	951	11944	7868	4342
活鸭	百只	204	107				97	
家兔	只	282588	265160	8800		4808	3820	
肉类总产量	**吨**	**58518**	**5490**	**1509**	**3399**	**13262**	**9689**	**25170**
猪肉	吨	14467	1867	172	959	1730	2037	7702
牛肉	吨	17740	1969	986	1802	4506	3580	4898
羊肉	吨	19366	1009	199	403	4070	2314	11372
山羊	吨	1845	379			114	416	936
绵羊	吨	17521	630	199	403	3956	1898	10436
禽肉	吨	5999	126	134	206	2725	1627	1181
鸡肉	吨	5816	28	134	206	2725	1542	1181
马肉	吨	48				36		11
驴肉	吨	234	36			154	38	6
骡肉	吨							
兔肉	吨	516	484	16		8	8	
奶类产量	**吨**	**1185324**	**156244**	**23928**	**135763**	**38980**	**262529**	**567880**
牛奶	吨	1185324	156244	23928	135763	38980	262529	567880
绵羊毛产量	**吨**	**1826**	**99**	**28**	**16**	**701**	**297**	**685**
细羊毛产量	吨	204				29	84	91
半细羊毛产量	吨	1369	99	28	16	671	213	342
山羊毛产量	**吨**	**108**			**1**	**6**	**16**	**86**
山羊粗毛	吨	85				4	8	73
山羊绒	吨	23			1	2	8	13
滩羊皮产量	**张**	**15110**	**15110**					
兔毛	**公斤**							
鹿茸产量	**公斤**							
天然蜂蜜产量	**吨**	**53**	**13**	**6**		**14**	**20**	
禽蛋产量	**吨**	**23952**	**589**	**725**	**1952**	**11702**	**7438**	**1546**
鸡蛋产量	吨	23848	485	725	1952	11702	7438	1546

主要统计指标解释

【农林牧渔业总产值】 农林牧渔业总产值是以货币表现的农林牧渔业的全部产品产量和对农林牧渔业生产活动进行的各种支持性服务活动的价值。它反应一定时期内农林牧渔业生产总规模和总成果，是观察农林牧渔业生产水平和发展速度，研究农林牧渔业内部比例关系、农林牧渔业与工业、农林牧渔业与国家建设、人民生活比例关系的重要指标，同时也是计算农林牧渔业劳动生产率和农林牧渔业增加值的基础资料。

【乡村从业人员】 指乡村人口中16岁以上实际参加生产经营活动并取得实物或货币收入的人员，既包括劳动年龄内经常参加劳动的人员，也包括超过劳动年龄但经常参加劳动的人员。但不包括户口在家的在外学生、现役军人和丧失劳动能力的人，也不包括待业人员和家务劳动者。从业人员年龄为16岁以上。从业人员按从事主业时间最长（时间相同按收入）分为农业从业人员、工业从业人员、建筑业从业人员、交运仓储及邮政从业人员、信息传输、计算机服务和软件业从业人员、批发与零售业从业人员、住宿和餐饮业从业人员、其他行业从业人员。

【乡村劳动力资源数】 指乡村人口中劳动年龄以上（16周岁）能够参加生产经营活动的人员。

【谷物】 是指禾本科和蓼科作物，具体统计品种包括稻谷、小麦、玉米和其他谷物；其他谷物包括谷子、高粱、大麦、燕麦、荞麦等。除按品种统计外，根据收获时间，主要按夏收谷物、秋收谷物分别做统计。夏收谷物指上年秋冬播和本年春季播种、夏季收获的全部谷物；秋收谷物指本年春、夏季播种，秋季收获的谷物；在夏收谷物收割后的耕地上播种、秋季收获的谷物也应计算在内。

【中草药材】 指人工种植、以获取药材为目的、主要用于中药配伍以及中成药加工的药材作物面积。包括人参、甘草、枸杞等药用真菌的面积。也计入中草药材面积。

【猪、牛、羊肉产量】 指本调查期内出栏猪、牛、羊折算出的鲜、冷鲜、冷冻猪牛羊肉产量，按胴体重计算。

【水产品产量】 指渔业（捕捞和养殖）生产活动的最终有效成果，包括全部海水和淡水鱼类、甲壳类（虾、蟹）、贝类、头足类、藻类和其他类渔业产品的最终产量。不包括渔业生产过程中的中间成果，如鱼苗、鱼种、亲鱼、转塘鱼、存塘鱼和自用作饵料的产品等。水产品在上岸前已经腐烂变质，不能供人食用或加工成其他制品的，不统计在水产品产量中。

【淡水养殖产量】 指在淡水水域中人工投放苗种（不包括灌江纳苗）并进行人工饲养管理的、并已捕捞起水的水产品产量。稻田养殖起水产品产量也计入淡水水域养殖产量中。淡水养殖产品包括鱼类、甲壳类（虾、蟹）、贝类、藻类和其他类产品。

4

工　业

4-1 主要年份工业产品产量

年 份	轮胎外胎（万条）	水泥（万吨）	金属切削机床（台）	变压器（万千伏安）	味精（吨）	乳制品（吨）
1978	30.10	3.13	439	3.50	35	
1979	32.00	2.82	437	4.00		
1980	29.30	2.96	385	7.33		
1981	8.50	1.84	239	3.00	24	205
1982	16.20	3.35	245	2.66	53	258
1983	25.60	5.47	356	4.31	55	308
1984	29.50	5.77	406	6.49	48	527
1985	34.30	8.60	400	12.15	55	759
1986	38.45	10.09	392	13.88	87	1068
1987	57.01	14.70	417	18.65	151	1355
1988	67.08	28.34	480	19.61	250	1779
1989	69.10	35.11	403	24.73	423	3292
1990	63.51	30.46	289	24.54	433	3128
1991	75.62	32.26	228	23.90	393	4033
1992	103.59	36.96	337	26.54	420	7404
1993	123.56	38.11	386	33.90	500	4811
1994	144.20	47.19	1649	25.00	567	4643
1995	164.95	51.51	994	25.00	800	4329
1996	192.24	59.90	829	30.06	1000	5991
1997	186.74	60.95	983	36.82	1235	5079
1998	191.24	74.77	455	40.81	880	6531
1999	167.98	85.20	659	46.73	1567	7742
2000	193.00	82.22	909	67.00	2419	6760
2001	182.00	87.70	1298	124.00	3592	7814
2002	224.31	123.06	1816	116.02	3032	6099
2003	241.53	208.52	1953	105.00	14979	5621
2004	293.60	196.48	1095	73.25	24236	6876
2005	304.56	178.23	1418	67.66	24159	49656
2006	389.59	219.52	1892	159.41	32018	64688
2007	395.54	261.55	2494	224.85	62151	73347
2008	337.16	277.93	2458	178.90	66660	50159
2009	225.62	332.27	1620	685.27	75635	46553
2010	210.44	458.53	3110	43.55	84711	37433
2011	188.38	475.89	3762	705.43		24115
2012	141.91	509.22	2570	174.75		196140
2013	165.89	650.06	2370	713.63		219417
2014	153.76	582.24	2146	1141.10	201917	263074
2015	138.77	522.80	1669	1424.50	217920	244975
2016	201.90	534.36	1545	1156.09	222390	237777
2017	178.63	623.80	2094	664.68	186410	274262
2018	102.77	506.93	2438	1016.49	156702	332165
2019	66.17	526.55	1610	1398.01	216082	341939
2020		530.83	1886	1520.79	251608	387404
2021		490.63	2657	961.43	239445	469923
2022		382.42	2639	1348.15	238297	872099

4-1 主要年份工业产品产量(续表)

年　份	饮料酒（千升）	农用化肥（万吨）	服装（万件）	中成药（吨）	合成氨（万吨）	铁合金（万吨）	滚动轴承（万套）	饲料（万吨）
1978	424	15.07			4.84		12.00	
1979	743	3.64			5.98		6.40	
1980	855	3.62		200	5.49	0.14	3.09	
1981	2889	3.08	94.80	188	4.71	0.06		
1982	3658	3.84		191	5.55	0.07		
1983	4867	3.96	77.78	222	5.51	0.11		
1984	5830	4.84	100.76	230	6.80	0.11		
1985	7600	4.36		172	6.27	0.13		
1986	13345	4.83		222	11.00	0.44	20.10	
1987	14553	5.31	107.26	243	6.73			
1988	16800	5.73		340	7.59	1.16		
1989	16300	18.68	192.46	277	23.25			
1990	15800	23.50	171.34	255	29.90	1.73	195.06	
1991	16200	26.96	158.55	322	33.62	0.76	200.00	
1992	14103	28.79	139.36	281	34.84	1.26	171.40	
1993	21970	25.22	74.02	402	25.99	2.32	197.00	
1994	21848	27.96	119.31	317	35.14	3.54	203.55	
1995	28063	34.34	193.75	354	40.66	3.21	349.69	
1996	31270	32.07	72.00	392	39.76	4.53	309.37	
1997	28068	32.97	129.20	385	4.59	3.68	283.46	
1998	28468	36.35		300	45.52	3.04	622.67	
1999	43712	43.02	37.72	349	52.95	4.09	655.00	
2000	40390	50.00	51.00	461	63.00	5.38	735.00	2.02
2001	43934	57.00	120.00	453	72.00	5.80	459.00	3.11
2002	77449	66.68	132.34	459	82.93	7.38	354.30	4.58
2003	66167	63.67	120.85	512	79.69	10.83	254.45	4.57
2004	95015	69.20	96.62	481	85.89	12.49	215.45	9.42
2005	85439	57.84	57.57	802	75.16	11.46	199.72	12.33
2006	76888	55.80	41.35	1013	74.02	15.75	176.28	12.27
2007	103363	57.90	169.54	762	78.38	11.80	205.90	11.20
2008	120124	74.91	243.74	671	89.66	10.35	161.97	15.91
2009	146343	72.61	319.97	869	84.26	7.04	114.32	22.70
2010	159947	69.02	362.44	926	79.75	6.39	133.59	19.46
2011	181920	80.56	411.70	943	92.31	11.75	96.40	23.14
2012	172088	66.02	493.70	400	84.15	11.23	80.70	24.73
2013	272200	54.38	631.01	665	69.32	17.57	94.61	25.83
2014	288878	28.35	836.83	564	36.87	16.16	183.48	29.32
2015	286681	65.16	1236.00	730	30.61	7.24	594.09	27.10
2016	265853	43.01	1269.86	843	33.27	3.58	681.79	28.35
2017	253122	33.41	696.52	428	23.73	2.62	1809.10	31.21
2018	216929	30.37	94.82	567	12.47	3.63	2589.58	29.63
2019	219072	34.23	103.41	600	14.04	2.39	2380.07	39.22
2020	204193	56.17	60.34	613	37.35	0.91	3372.27	51.63
2021	214682	55.45	41.92	595	39.05	1.18	3636.04	60.75
2022	182256	65.05	57.38	703	56.95	1.65	3651.08	63.43

4-2　规模以上工业企业主要产品产量

产　品	单位	2021 年	2022 年
小麦粉	万吨	7.59	10.40
大米	万吨	15.07	12.13
饲料	万吨	60.75	63.43
乳制品	万吨	46.99	87.21
啤酒	万千升	21.01	17.85
葡萄酒	万千升	0.46	0.38
服装	万件	41.92	57.38
机制纸	万吨	1.45	1.49
农用化肥	万吨	55.45	65.05
单晶硅	万千克	3219.89	7026.74
中成药	吨	594.97	702.92
初级形态塑料	万吨	346.88	392.58
十种有色金属	万吨	63.60	61.11
集成电路	万块	212.62	51.24
塑料制品	万吨	6.04	6.79
水泥	万吨	490.63	382.42
钢材	万吨	15.75	15.38
铁合金	万吨	1.18	1.65
铸铁件	万吨	4.76	5.47
金属切削机床	台	2657	2639
起重机	吨	29844	3507
滚动轴承	万套	3636.04	3651.08
变压器	万千伏安	961.43	1348.15
低压开关板	面	15453	11321
工业机器人	套	175	182
电工仪器仪表	万台	265.09	369.24
自来水生产量	万立方米	37392.66	3.75

4-3 全市规模以上工业

指　标	企业单位数（个）	亏损企业	年初存货	产成品
总　计	473	136	2684194	902160
按地区分				
兴庆区	39	12	71734	38228
金凤区	43	7	186697	73780
西夏区	93	26	584747	176814
永宁县	67	20	263621	47175
贺兰县	80	21	255833	94592
灵武市	151	50	1321564	471571
按轻重工分				
轻工业	129	35	763098	250739
重工业	344	101	1921096	651421
按企业规模分				
大型企业	17	1	1300609	437577
中型企业	54	14	567593	177514
小型企业	402	121	815993	287069
按登记注册类型分				
内资企业	445	131	2441431	854729
国有企业	15	5	26035	5891
中央企业	8	2	19367	4542
地方企业	7	3	6668	1349
有限责任公司	121	36	1109342	368443
国有独资公司	18	5	618694	216040
其他有限责任公司	103	31	490648	152403
股份有限公司	8	1	220400	44866
私营企业	301	89	1085654	435530
私营独资企业	6	1	12893	6971
私营有限责任公司	275	83	953290	379821
私营股份有限公司	20	5	119471	48738
港、澳、台商投资企业	9	2	106476	27824
合资经营企业(港或澳、台资)	4	1	83937	18542
港澳台商独资经营企业	5	1	22539	9282
外商投资企业	19	3	136287	19607
中外合资经营企业	9		30776	6311
外资企业	9	3	96368	11066
其他外商投资企业	1		9143	2230
在总计中:亏损企业	136	136	726238	253679
在总计中:国有控股企业	90	27	1137600	331827

企业主要经济指标

单位:万元

资产总计	流动资产总计	应收账款	存货	产成品
61039513	19138759	6002069	3163031	1130800
8746753	2068099	1227899	115391	43144
2449230	1424006	472939	217702	54683
10938274	4968020	2229572	854215	279854
1580973	767461	175210	302700	59461
3307057	2085686	300051	251804	107950
34017227	7825488	1596398	1421219	585710
6335338	3667614	533492	813289	318344
54704175	15471145	5468577	2349743	812457
34242369	9439478	2789695	1415918	496510
11332503	3559914	969242	828826	305194
15464640	6139368	2243133	918288	329096
53253929	17153876	5552499	2859460	1060253
6742457	1658658	775389	36109	12884
6388449	1498154	689077	19508	4516
354008	160505	86313	16601	8368
29160099	5707827	1600447	1092644	377837
15067937	2504705	640932	506517	219307
14092162	3203123	959515	586127	158530
3076112	981396	180443	271060	95859
14275261	8805994	2996220	1459647	573672
71242	39248	6637	14928	8920
12581478	7665854	2859878	1308531	493514
1622541	1100892	129705	136189	71239
6108833	1146743	115046	128537	32941
5679010	1013317	38582	104979	24877
429824	133426	76464	23558	8064
1676750	838141	334524	175034	37607
345391	169821	48134	51051	11998
1147336	580525	286390	107500	21970
184023	87795		16482	3639
8653592	3042338	809385	771800	261110
35177405	6688859	2161741	1078161	364514

4-3 全市规模以上工业

指　标	企业单位数（个）	亏损企业	年初存货	产成品
按工业行业大类分				
煤炭开采和洗选业	11	3	588858	214493
农副食品加工业	33	5	103612	28606
食品制造业	18	3	129973	32690
酒、饮料和精制茶制造业	10	5	148621	12640
纺织业	14	6	137579	67736
纺织服装、服饰业	3		1639	634
皮革、毛皮、羽毛及其制品和制鞋业	5	3	26231	8446
木材加工及木、竹、藤、棕、草制品业	2		1015	2
家具制造业	1	1	1897	323
造纸和纸制品业	5		8750	2891
印刷和记录媒介复制业	3		3917	1046
石油、煤炭和其他燃料加工业	8	1	116424	21774
化学原料和化学制品制造业	56	15	330572	127980
医药制造业	15	5	122312	59124
化学纤维制造业	4	2	44382	16470
橡胶和塑料制品业	14	4	24867	16394
非金属矿物制品业	44	15	42188	19802
黑色金属冶炼和压延加工业	3	1	5186	4582
有色金属冶炼和压延加工业	16	11	42305	22982
金属制品业	32	12	82553	24042
通用设备制造业	33	12	141247	31089
专用设备制造业	17	2	97873	59734
铁路、船舶、航空航天和其他运输设备制造业	1		180	
电气机械和器材制造业	21	8	82671	49886
计算机、通信和其他电子设备制造业	14	3	181568	48567
仪器仪表制造业	3		9635	2439
废弃资源综合利用业	9	4	25619	16545
金属制品、机械和设备修理业	3		614	120
电力、热力生产和供应业	53	11	156461	579
燃气生产和供应业	11	3	23782	10354
水的生产和供应业	11	1	1667	192

企业主要经济指标(续表1)

单位:万元

资产总计	流动资产总计	应收账款	存货	产成品
15342918	2374796	427346	475578	214896
495292	328961	80428	114974	28601
1120462	509767	94459	154834	53890
419309	251984	19027	143962	12577
1207043	615318	136425	93099	47729
18916	12276	4735	2301	780
62039	51910	17090	28770	17379
5448	3733	605	1685	2
8634	3089	-354	2073	368
61156	33843	17541	8117	2922
49317	26694	11689	4979	769
2190113	1075694	111904	183351	62916
9791785	2183849	164283	470872	176768
1968952	1481154	77664	170334	108057
715651	208917	21778	52617	26459
120237	79888	32840	27374	14801
1116359	597180	308795	83276	21804
58434	24979	754	6163	3808
193251	97051	14962	52579	21972
699530	403343	139425	78346	42295
1012107	564926	210795	143918	37173
560770	486630	187569	136520	41405
6789	6319	3159	116	
997104	686309	428039	93483	36044
4268093	2176835	1201975	420412	124953
93708	80666	20259	17407	6868
189151	119310	54639	12095	9169
40387	37736	22287	718	35
15437669	3810046	1873008	148862	720
1303439	545510	211512	32442	15641
1485449	260049	107434	1776	

4-3 全市规模以上工业

指 标	固定资产原价	累计折旧
总 计	50845830	20930423
按地区分		
兴庆区	8978480	4800419
金凤区	1138659	412011
西夏区	7146372	3263854
永宁县	925618	494900
贺兰县	1144132	457453
灵武市	31512570	11501786
按轻重工分		
轻工业	2523718	1097968
重工业	48322112	19832456
按企业规模分		
大型企业	32279321	14379050
中型企业	7711145	3017840
小型企业	10855364	3533533
按登记注册类型分		
内资企业	47335425	19974858
国有企业	9185324	5095649
中央企业	8925375	5018876
地方企业	259949	76773
有限责任公司	29935355	11488872
国有独资公司	17184378	7112507
其他有限责任公司	12750977	4376365
股份有限公司	3254179	1864047
私营企业	4960566	1526290
私营独资企业	35647	4589
私营有限责任公司	4484712	1409527
私营股份有限公司	440207	112174
港、澳、台商投资企业	2647157	710910
合资经营企业(港或澳、台资)	2527397	646393
港澳台商独资经营企业	119761	64517
外商投资企业	863248	244655
中外合资经营企业	175347	44610
外资企业	636621	190107
其他外商投资企业	51280	9937
在总计中:亏损企业	6348583	2345472
在总计中:国有控股企业	40586085	17944318

企业主要经济指标(续表 2)

单位:万元

本年折旧	负债合计	流动负债合计	应付账款
2264164	38595429	24005661	6839391
405164	5863080	3158532	1266413
51052	1180560	820245	434741
327618	5208758	3601708	1246842
37342	829555	725061	170571
61861	2517244	2199664	1185364
1381127	22996232	13500452	2535460
129082	4047038	3401893	1510765
2135082	34548391	20603768	5328626
1425719	20712058	12950993	3735860
335239	7519922	4726545	1271000
503207	10363449	6328123	1832531
2102387	34678018	21701365	6574486
397288	4046314	2717554	972408
384676	3817620	2571372	944638
12612	228694	146183	27771
1330895	21219651	11668501	2524356
796613	10535537	5572902	1038109
534282	10684114	6095600	1486246
135300	1264349	854839	199568
238904	8147704	6460470	2878154
1758	38302	36799	19512
214239	7416938	5792858	2651166
22907	692465	630813	207476
115265	3033193	1744503	142120
107785	2766003	1618575	76279
7480	267190	125928	65841
46512	884218	559794	122784
8105	217501	176043	42470
33512	642553	359646	78839
4896	24165	24105	1475
305302	7157865	4336263	1501808
1772582	24338971	13694203	3099530

4-3 全市规模以上工业

指　标	固定资产原价	累计折旧
按工业行业大类分		
煤炭开采和洗选业	16445043	6887055
农副食品加工业	226304	94662
食品制造业	602929	346788
酒、饮料和精制茶制造业	249172	112965
纺织业	337380	104889
纺织服装、服饰业	9601	3474
皮革、毛皮、羽毛及其制品和制鞋业	14231	4865
木材加工及木、竹、藤、棕、草制品业	2168	273
家具制造业	7082	4016
造纸和纸制品业	20395	9027
印刷和记录媒介复制业	27751	16430
石油、煤炭和其他燃料加工业	2117775	1077180
化学原料和化学制品制造业	6381243	1768447
医药制造业	604276	303287
化学纤维制造业	340711	55503
橡胶和塑料制品业	55405	32855
非金属矿物制品业	562886	272618
黑色金属冶炼和压延加工业	43097	15430
有色金属冶炼和压延加工业	91648	13677
金属制品业	251238	92258
通用设备制造业	458595	243150
专用设备制造业	68817	25921
铁路、船舶、航空航天和其他运输设备制造业	557	344
电气机械和器材制造业	235780	72483
计算机、通信和其他电子设备制造业	1590254	351046
仪器仪表制造业	14065	5439
废弃资源综合利用业	53777	11764
金属制品、机械和设备修理业	6492	3120
电力、热力生产和供应业	18899901	8567880
燃气生产和供应业	620648	221883
水的生产和供应业	506610	211694

企业主要经济指标(续表 3)

单位:万元

本年折旧	负债合计	流动负债合计	应付账款
737430	10645871	5457678	1046776
14106	279364	269084	78026
24220	567954	486391	117952
13515	199648	177139	58445
16761	792077	654610	431374
522	13364	12358	3816
419	45082	45082	20727
122	4178	4178	932
377	3188	3188	595
1472	38393	38391	12186
1627	29046	14397	5166
76415	497287	481634	137830
275004	6028730	4010991	542561
29973	1438806	1316516	691714
22504	519257	268657	69183
2120	87769	85990	17901
22212	838695	772834	321987
854	41625	40635	5343
11208	155745	151751	29994
13878	406682	352266	102272
26217	426475	327784	168693
3406	202861	196103	101505
13	1928	1928	509
13871	587804	520603	236411
89428	1740374	990158	487554
1426	50048	45014	20601
3115	111600	81625	29530
313	18552	6694	3185
824682	11207833	6343153	1853348
18376	739036	562739	93054
18580	876160	286091	150221

4-3 全市规模以上工业

指 标	所有者权益合计	实收资本	国家资本
总 计	22444080	13721640	4277190
按地区分			
兴庆区	2883672	1933374	1498973
金凤区	1268670	670092	296775
西夏区	5729516	3050057	666998
永宁县	751416	278763	50183
贺兰县	789812	644070	127599
灵武市	11020995	7145284	1636662
按轻重工分			
轻工业	2288298	1436302	293947
重工业	20155782	12285338	3983242
按企业规模分			
大型企业	13530311	6503439	2841226
中型企业	3812580	2904704	717096
小型企业	5101188	4313496	718867
按登记注册类型分			
内资企业	18575908	12506570	4264350
国有企业	2696143	1921884	1168407
中央企业	2570829	1864320	1124067
地方企业	125315	57565	44340
有限责任公司	7940447	6589788	2394773
国有独资公司	4532400	2515677	1547762
其他有限责任公司	3408047	4074111	847011
股份有限公司	1811763	1009491	589163
私营企业	6127553	2985407	112007
私营独资企业	32940	27157	
私营有限责任公司	5164537	2587592	112007
私营股份有限公司	930076	370657	
港、澳、台商投资企业	3075640	915416	
合资经营企业(港或澳、台资)	2913007	770053	
港澳台商独资经营企业	162634	145362	
外商投资企业	792532	299654	12839
中外合资经营企业	127890	74230	2547
外资企业	504783	206710	10293
其他外商投资企业	159859	18714	
在总计中:亏损企业	1495727	2554632	687739
在总计中:国有控股企业	10838434	8413861	4146585

企业主要经济指标(续表 4)

单位:万元

集体资本	法人资本	个人资本	港澳台资本	外商资本
118075	8434448	653023	63524	175381
5332	389939	33474		5656
967	283294	72685		16371
81647	2030631	132971	62962	74848
19731	137433	71417		
500	449189	66220	563	
9899	5143963	276256		78505
27336	857957	173899	11288	71875
90739	7576490	479124	52236	103506
	3547925	97917		16371
90343	1867579	105569		124117
27732	3018943	449537	63524	34892
117618	7537377	584358		2867
	753477			
	740252			
	13225			
17627	4142299	35089		
	967643	272		
17627	3174656	34817		
70612	284091	62758		2867
29379	2357510	486511		
	26472	685		
24047	2043225	408313		
5332	287813	77513		
	790747	61917	62752	
	705149	61917	2988	
	85598		59765	
457	106323	6749	772	172514
457	47009	6749		17468
	40600		772	155045
	18714			
19731	1474014	300668	3197	69284
86872	4111735	68670		

4-3 全市规模以上工业

指 标	所有者权益合计	实收资本	国家资本
按工业行业大类分			
煤炭开采和洗选业	4697047	2339242	1129489
农副食品加工业	215928	107140	
食品制造业	552508	119449	1301
酒、饮料和精制茶制造业	219661	113073	55940
纺织业	414967	576685	108507
纺织服装、服饰业	5552	5860	660
皮革、毛皮、羽毛及其制品和制鞋业	16958	11466	
木材加工及木、竹、藤、棕、草制品业	1270	1059	
家具制造业	5446	5000	
造纸和纸制品业	22763	13138	
印刷和记录媒介复制业	20271	13776	7038
石油、煤炭和其他燃料加工业	1692827	1051635	589163
化学原料和化学制品制造业	3763055	2125264	975
医药制造业	530147	231697	10000
化学纤维制造业	196393	188284	110500
橡胶和塑料制品业	32468	34543	
非金属矿物制品业	277663	215037	2090
黑色金属冶炼和压延加工业	16809	6922	
有色金属冶炼和压延加工业	37506	77158	35000
金属制品业	292848	142537	
通用设备制造业	585632	339943	15000
专用设备制造业	357909	108001	
铁路、船舶、航空航天和其他运输设备制造业	4861	825	
电气机械和器材制造业	409300	212669	48500
计算机、通信和其他电子设备制造业	2527719	978128	
仪器仪表制造业	43660	14919	
废弃资源综合利用业	77551	54530	
金属制品、机械和设备修理业	21835	8481	
电力、热力生产和供应业	4229835	3986655	1911360
燃气生产和供应业	564403	272453	52819
水的生产和供应业	609289	366072	198847

企业主要经济指标(续表 5)

单位:万元

集体资本	法人资本	个人资本	港澳台资本	外商资本
	1191572	18181		
7605	74060	22885		2591
	107645	10503		
	49042		8091	
	444750	23427		
	4200	1000		
	1080	10386		
		1059		
		5000		
	3555	9583		
	1822	4915		
	454635	7838		
2500	1978789	133779		9221
19731	135935	66031		
	7300	1200		69284
	23776	7570	3197	
	157765	55182		
	6922			
	3497	38661		
	123040	16068	563	2867
8828	152848	94930		68338
901	40292	49384		17424
		825		
	125977	38192		
	967814	10314		
	14409	510		
	46750	7780		
	6563	1917		
78511	1995685	1100		
	204829	14805		
	109895		51674	5656

4-3 全市规模以上工业

指　标	营业收入	营业成本
总　计	45744972	37947485
按地区分		
兴庆区	9438026	8986377
金凤区	1001059	764406
西夏区	11738870	9696224
永宁县	997704	845161
贺兰县	1291522	1051450
灵武市	21277792	16603868
按轻重工分		
轻工业	3374583	2820668
重工业	42370388	35126817
按企业规模分		
大型企业	31152838	25215154
中型企业	6462881	5643078
小型企业	8129252	7089253
按登记注册类型分		
内资企业	42734636	35682716
国有企业	9074433	8755729
中央企业	8973289	8669971
地方企业	101144	85758
有限责任公司	16002450	12165812
国有独资公司	9162407	6443181
其他有限责任公司	6840043	5722631
股份有限公司	4113147	2991584
私营企业	13544605	11769592
私营独资企业	112926	103794
私营有限责任公司	11439558	10078253
私营股份有限公司	1992122	1587545
港、澳、台商投资企业	2161091	1613354
合资经营企业(港或澳、台资)	1992733	1488489
港澳台商独资经营企业	168358	124865
外商投资企业	849245	651415
中外合资经营企业	176264	132786
外资企业	608634	476421
其他外商投资企业	64347	42208
在总计中:亏损企业	5530674	5576546
在总计中:国有控股企业	27360367	22448451

企业主要经济指标(续表6)

单位:万元

销售费用	管理费用	研发费用
366507	1298895	369091
16398	119152	43276
41234	44878	20657
78015	163847	148053
15508	56733	20207
54129	60088	34360
161224	854197	102539
139660	132615	71945
226846	1166280	297146
137151	933651	180797
111155	146354	78455
118200	218890	109839
329889	1206726	346760
5010	125302	23513
3445	121868	23192
1565	3434	321
148197	786583	96732
91993	621812	27860
56203	164771	68871
22241	78489	23662
154441	216352	202854
629	1631	1244
129165	184852	179431
24647	29870	22180
12451	60200	11511
6807	52085	11511
5643	8115	
24168	31969	10820
3534	7635	6228
18548	21734	2194
2086	2599	2397
55948	116199	53422
138587	931072	95587

4-3 全市规模以上工业

指　标	营业收入	营业成本
按工业行业大类分		
煤炭开采和洗选业	8757316	5788978
农副食品加工业	556288	480990
食品制造业	1306571	1083036
酒、饮料和精制茶制造业	152640	107892
纺织业	261223	251449
纺织服装、服饰业	22249	17811
皮革、毛皮、羽毛及其制品和制鞋业	12712	11205
木材加工及木、竹、藤、棕、草制品业	5462	5068
家具制造业	4994	3651
造纸和纸制品业	73843	63345
印刷和记录媒介复制业	30157	23158
石油、煤炭和其他燃料加工业	5455835	4128428
化学原料和化学制品制造业	5325004	4162260
医药制造业	495331	358147
化学纤维制造业	337082	320709
橡胶和塑料制品业	103207	84637
非金属矿物制品业	450619	371526
黑色金属冶炼和压延加工业	135244	128607
有色金属冶炼和压延加工业	668971	669813
金属制品业	352859	306161
通用设备制造业	593541	464679
专用设备制造业	299954	218394
铁路、船舶、航空航天和其他运输设备制造业	4511	2076
电气机械和器材制造业	1187176	1111111
计算机、通信和其他电子设备制造业	4989233	4369237
仪器仪表制造业	79110	51494
废弃资源综合利用业	540527	540071
金属制品、机械和设备修理业	22043	19561
电力、热力生产和供应业	12423706	11884623
燃气生产和供应业	865235	783920
水的生产和供应业	232326	135448

企业主要经济指标(续表7)

单位:万元

销售费用	管理费用	研发费用
96534	662907	25263
20546	15965	10907
58269	43628	13755
10799	9531	1654
2689	6072	2429
1836	1139	1148
174	799	410
6	92	112
876	1248	
2149	3113	2248
1125	3097	1174
13131	49925	6864
31332	147157	39895
20621	36078	25902
15330	5326	7710
4251	5131	3728
13357	24562	6346
170	1375	
2336	8379	2296
6032	17129	12558
19323	39354	17791
12671	13019	15272
327	828	208
5536	17918	15191
2592	26437	98358
6162	3698	5492
5514	3994	505
63	1630	443
291	129837	45514
4258	10231	3579
8210	9295	2342

4-3 全市规模以上工业

指 标	财务费用	利息费用	营业利润
总 计	806184	699853	2999310
按地区分			
兴庆区	140039	118973	115631
金凤区	10365	14946	121360
西夏区	78748	89488	938779
永宁县	13979	14426	34172
贺兰县	26363	24710	55410
灵武市	536691	437310	1733958
按轻重工分			
轻工业	45085	47517	147033
重工业	761099	652336	2852277
按企业规模分			
大型企业	395555	307472	2522516
中型企业	133577	131310	252439
小型企业	277052	261071	224355
按登记注册类型分			
内资企业	751223	651274	2391175
国有企业	91841	92953	129796
中央企业	85757	86736	126039
地方企业	6084	6218	3757
有限责任公司	557742	454774	905986
国有独资公司	298640	204193	646231
其他有限责任公司	259102	250580	259755
股份有限公司	31105	24704	301939
私营企业	70536	78843	1053455
私营独资企业	172	218	6113
私营有限责任公司	68477	75140	722117
私营股份有限公司	1886	3485	325225
港、澳、台商投资企业	30088	21695	501396
合资经营企业(港或澳、台资)	19983	14809	482892
港澳台商独资经营企业	10105	6887	18504
外商投资企业	24873	26884	106739
中外合资经营企业	3242	3207	24212
外资企业	22785	23677	66125
其他外商投资企业	-1155		16402
在总计中:亏损企业	148174	134399	-659861
在总计中:国有控股企业	640710	543055	1140581

企业主要经济指标(续表 8)

单位:万元

利润总额	亏损企业亏损总额	本年应付职工薪酬	从业人员 平均人数(人)
2995990	637607	2954907	155502
121780	28034	356551	16158
125586	3632	97338	7701
926597	34478	440048	31075
38802	10210	76598	6719
65286	34886	104296	11708
1717939	526366	1880077	82141
161454	75523	233900	24518
2834536	562084	2721007	130984
2481973	21171	2163644	94011
254407	249160	406351	29032
259610	367276	384912	32459
2406380	613747	2678211	135324
135752	10696	352679	14983
131990	4053	343624	14029
3762	6644	9055	954
897808	496525	1684937	65246
645419	15103	1221691	40825
252389	481422	463246	24421
295022	945	168357	8216
1077798	105581	472238	46879
6026	447	6462	961
764775	100442	392976	39923
306996	4693	72800	5995
482214	1689	208564	15592
463241	262	197844	14887
18973	1427	10721	705
107396	22170	68132	4586
24444		19077	1331
66638	22170	42868	2722
16314		6187	533
-637607	637607	261681	20369
1134339	492211	2094014	78338

4-3 全市规模以上工业

指 标	财务费用	利息费用	营业利润
按工业行业大类分			
煤炭开采和洗选业	277744	175363	809964
农副食品加工业	6464	3549	20492
食品制造业	11419	12493	86507
酒、饮料和精制茶制造业	1766	1959	12063
纺织业	4469	5175	-6730
纺织服装、服饰业	224	234	173
皮革、毛皮、羽毛及其制品和制鞋业	526	362	-422
木材加工及木、竹、藤、棕、草制品业	38	40	139
家具制造业	57	51	-865
造纸和纸制品业	429	435	2652
印刷和记录媒介复制业	923	1021	1015
石油、煤炭和其他燃料加工业	-3652	738	559242
化学原料和化学制品制造业	86173	79736	912761
医药制造业	11630	14986	42495
化学纤维制造业	4072	4539	-12703
橡胶和塑料制品业	1072	598	4512
非金属矿物制品业	2408	2103	27642
黑色金属冶炼和压延加工业	456	448	4342
有色金属冶炼和压延加工业	2710	2672	-15449
金属制品业	7139	9838	31714
通用设备制造业	2421	3895	49571
专用设备制造业	283	1952	39733
铁路、船舶、航空航天和其他运输设备制造业	-5		1012
电气机械和器材制造业	3690	3520	29799
计算机、通信和其他电子设备制造业	2866	4981	443526
仪器仪表制造业	-207	86	14629
废弃资源综合利用业	1723	1662	-15276
金属制品、机械和设备修理业	-24		219
电力、热力生产和供应业	330612	317941	-124097
燃气生产和供应业	22820	23119	36791
水的生产和供应业	25939	26357	43858

企业主要经济指标(续表 9)

单位:万元

利润总额	亏损企业亏损总额	本年应付职工薪酬	从业人员平均人数(人)
809157	21410	1359608	44360
24917	1769	28387	2566
91083	1867	72367	6164
12096	5474	13839	1437
-10310	22701	22808	3686
1057		7921	1456
-91	424	955	185
151		189	35
-845	845	2171	286
3707		5295	651
1509		4533	457
532874	365	136538	6398
898808	40790	344159	24548
47169	9050	51751	5157
-12706	30294	16842	1569
5189	954	4932	734
21557	7879	37234	3815
2747	447	2034	239
-15267	15768	8386	1071
34718	4679	36835	3437
52968	17890	76183	6501
41891	2856	32968	2805
1069		1300	87
30167	10400	40943	3857
442614	3824	141268	11661
13882		9779	566
1586	3192	6686	809
338		5015	360
-117880	428153	442803	18151
38972	2793	15954	1127
42863	3782	25223	1327

主要统计指标解释

【工业总产值】 是指工业企业在报告期内生产的以货币形式表现的工业最终产品和提供工业劳务活动的总价值量。

工业总产值计算应遵循的三个原则：工业生产的原则、最终产品的原则、"工厂法"原则。

工业总产值的内容包括三部分 a:生产的成品价值、对外加工费收入、自制半成品在制品期末期初差额价值。

【实收资本】 指企业各投资者实际投入的资本(或股本)总额,包括货币、实物、无形资产等各种形式的投入。实收资本按投资主体可分为国家资本、集体资本、法人资本、个人资本、港澳台资本和外商资本。

【资产总计】 指企业过去的交易或者事项形成的、由企业拥有或者控制的、预期会给企业带来经济利益的资源。包括企业拥有的土地、办公楼、厂房、机器、运输工具、存货等实物资产和现金、存款、应收账款和预付账款等金融资产。资产一般按流动性（资产的变现或耗用时间长短)分为流动资产和非流动资产。其中流动资产可分为货币资金、交易性金融资产、应收票据、应收账款、预付款项、其他应收款、存货等;非流动资产可分为长期股权投资、固定资产、无形资产及其他非流动资产等。

【负债合计】 指企业过去的交易或者事项形成的，预期会导致经济利益流出企业的现时义务。包括银行贷款、借款、应付账款、应付职工工资、应付职工福利费、应交税金等企业负有偿还责任的债务。负债一般按偿还期长短分为流动负债和非流动负债。执行企业会计准则或《小企业会计准则》的企业:负债合计 = 流动负债合计 + 非流动负债合计；执行其他企业会计制度的企业负债包括流动负债和长期负债。

流动负债指负债满足下列条件之一的应归为流动负债:(1)预计在一个正常营业周期中清偿;(2)主要为交易目的而持有;(3)自资产负债表日起一年内到期应予清偿;(4)企业无权自主地将清偿推迟至资产负债表日后一年以上。包括短期借款、应付票据、应付账款、应付职工薪酬、应交税费等项目。

【所有者权益合计】 指企业资产扣除负债后由所有者享有的剩余权益。公司的所有者权益又称股东权益。包括实收资本、资本公积、盈余公积、未分配利润等。

【营业收入】 指企业从事销售商品、提供劳务和让渡资产使用权等生产经营活动形成的经济利益流入。包括"主营业务收入"和"其他业务收入"。

5

能　源

5-1 银川市全社会能源消费量

单位:万吨标准煤

指 标	2015 年	2016 年	2017 年	2018 年	2019 年	2020 年	2021 年	2022 年
全社会能源消费量	**2309.96**	**2398.23**	**3158.03**	**3714.61**	**4016.43**	**4209.49**	**4169.74**	**4610.079**
第一产业	12.46	11.55	12.08	11.04	12.30	12.32	12.56	13.58
第二产业	2117.29	2202.91	2954.26	3516.97	3808.17	4002.52	3953.96	4387.13
工业	2095.17	2180.14	2931.03	3494.52	3783.98	3978.21	3928.38	4362.84
规模以上工业	2056.38	2141.20	2890.85	3452.02	3744.32	3944.68	3895.33	4323.50
规模以下工业	31.20	35.60	36.73	39.53	36.73	31.73	31.25	37.25
损失量	7.59	3.34	3.45	2.97	2.92	1.80	1.80	2.09
建筑业	22.11	22.77	23.24	22.45	24.19	24.31	25.58	24.29
第三产业	115.39	116.07	121.69	116.64	121.62	120.22	125.33	129.34
交通运输、仓储邮电	48.21	48.69	50.30	46.96	50.60	50.61	53.25	51.72
批发、零售和住宿餐饮	33.60	33.88	35.49	34.56	35.23	33.51	34.83	36.97
其他	33.58	33.50	35.91	35.12	35.80	36.10	37.25	40.66
生活消费	64.79	67.70	70.00	69.96	74.34	74.43	77.89	80.03
城镇	49.66	51.20	53.00	54.96	57.12	57.31	56.30	58.64
农村	15.17	16.50	17.00	15.00	17.22	17.12	21.59	21.39

5-2 银川市能源加工转换情况

指 标	单位	合计	火电	供热	洗煤	炼焦	炼油	天然气液化
投入量	万吨标准煤	6674.60	2884.28	375.57	537.93	759.18	1991.76	125.88
产出量	万吨标准煤	4299.67	1255.12	310.90	518.56	701.62	1391.99	121.47
转换损失量	万吨标准煤	2374.94	1629.16	64.67	19.37	57.56	599.77	4.41
转换效率	%	64.4	43.5	82.8	96.4	92.4	69.9	96.5

5-3 规上工业能源消费量及单位工业增加值能耗同比增减

地 区	规模以上工业能源消费量（万吨标准煤）	规模以上工业能源消费量增速（%）	单位工业增加值能耗同比增减（%）
银川市	4323.50	11.0	0.6
兴庆区	16.45	5.0	13.1
金凤区	9.05	1.6	3.8
西夏区	336.27	17.5	0.3
永宁县	77.35	-14.8	-12.0
贺兰县	58.67	5.4	-1.9
灵武市	3825.71	11.3	1.1
宁 东	3807.32	11.1	1.0

5-4 全市规模以上工业

指 标	单 位	年初产成品库存量	产品产量	
			2022 年	上年同期
原煤	吨	838426.94	72387978.33	69013765.63
无烟煤	吨	232303.00		
炼焦烟煤	吨	317130.00	3730709.00	3650000.00
一般烟煤	吨	288993.94	68657269.33	65363765.63
褐煤	吨			
洗精煤(用于炼焦)	吨	36438.70	4866829.01	3810263.28
其他洗煤	吨	464601.18	2771369.32	2720198.34
焦炭	吨	11470.00	6333429.82	4606981.95
型煤及其他煤制品	吨			
煤焦油	吨		305598.02	231833.33
煤气	万立方米		138354.92	111697.32
煤制天然气	万立方米			
煤制石脑油	吨		1297958.00	1266251.00
煤制汽油	吨			
煤制柴油	吨	22339.00	643510.00	614004.00
煤制航空燃料	吨			
煤制石蜡	吨			
其他煤制油产品	吨	65728.00	3195558.58	3907157.16
天然气	万立方米			
常规天然气	万立方米			
非常规天然气	万立方米			
液化天然气	吨	10793.04	700084.18	631415.38
原油	吨			
原油加工量	吨		4248014.00	4228896.00
汽油	吨	17720.00	1840505.00	1910549.00
煤油	吨	10146.00	104893.00	179609.00
柴油	吨	5.00	1571844.00	1421086.00
润滑油	吨			
燃料油	吨	4378.00	65190.00	54811.00
石脑油	吨	521.00	39619.00	55841.00
溶剂油	吨			
石蜡	吨			
石油焦	吨	4570.30	18635.05	20578.31
石油沥青	吨			
燃料气	吨	2472.00	159420.00	156928.00
其他石油制品	吨	1276.00	21351.00	16804.00

企业能源生产、销售与库存

销售量				企业自用及其他		期末产成品库存量	
2022 年	上年同期	销往省外 2022 年	销往省外 上年同期	2022 年	上年同期	2022 年	上年同期
72189127.06	69379246.79	3702322.60	5330960.00	51304473.41	5392233.34	1144260.80	882452.94
8748.00	10968.00			1009509.00	1195978.00	229148.00	232303.00
3431481.00	3462704	2212619.00	3154976.00	306095.00		311385.00	361156.00
68748898.06	65905574.79	1489703.60	2175984.00	49988869.41	4196255.34	603727.80	288993.94
4374207.41	922746.44	119028.00		499301.60	2887516.84	58105.14	89758.70
2244088.73	3900020.53	511855.00	655097.72	1568863.70	124131.47	481489.45	453893.18
6214048.35	4543991.82	4971238.68	3180794.27			44117.13	11470.00
305598.02	231833.33						
138354.92	111697.32		48323.65				
				1297958.00	1266251.00		
645278.00	603628.00	254364.00	229989.00	512.00	584.00	20059.00	22339.00
2813006.58	3516159.16	869391.00	807126.00	388128.00	366815.00	60152.00	65728.00
699341.45	625732.48	151871.45	177756.48			11536.77	10793.04
1792500.00	1897611.00			90.00	129.00	65635.00	17762.00
111296.00	176594.00				1.00	3743.00	10146.00
1551489.00	1433815.00			202.00	388.00	20158.00	35.00
64214.00	55751.00	64214.00	55751.00			5354.00	4378.00
39551.00	56054.00	39551.00	56054.00			589.00	521.00
22679.89	16008.01					525.46	4570.30
160152.00	157358.00	160152.00	157358.00			1740.00	2472.00
21438.00	16501.00	21438.00	16501.00			1189.00	1276.00

5-4 全市规模以上工业

指　标	单位	年初产成品库存量	产品产量	
			2022 年	上年同期
固态生物燃料	吨			
液态生物燃料	吨			
气态生物燃料	万立方米			
发电量	万千瓦小时		11025800.44	9968038.93
火力发电量	万千瓦小时		10209963.57	9186897.56
水力发电量	万千瓦小时			
核能发电量	万千瓦小时			
风力发电量	万千瓦小时		318437.93	380174.18
太阳能发电量	万千瓦小时		497398.94	400967.19
潮汐能发电量	万千瓦小时			
地热能发电量	万千瓦小时			
其他发电量	万千瓦小时			
热力	百万千焦		112001334.80	106881286.20
太阳能供热	百万千焦			
生物质能供热	百万千焦			
地热能供热	百万千焦			
化石燃料供热	百万千焦		96757676.72	88367454.27
废料燃烧供热	百万千焦		162595.30	165423.55
电热锅炉供热	百万千焦			
热泵供热	百万千焦			
余热余压供热	百万千焦		15081062.75	18348408.36
其他能源供热	百万千焦			
氢气	万立方米		13692.79	12491.16
煤制氢	万立方米		13692.79	12491.16
天然气制氢	万立方米			
电解水制氢	万立方米			
混合气体分离制氢	万立方米			
石化原料制氢	万立方米			
工业副产氢	万立方米			
太阳能制氢	万立方米			
核能制氢	万立方米			
其他方式制氢	万立方米			

企业能源生产、销售与库存(续表)

销售量				企业自用及其他		期末产成品库存量	
2022 年	上年同期	销往省外		2022 年	上年同期	2022 年	上年同期
		2022 年	上年同期				
9786581.16	8791979.58			1608811.19	1551666.74		
8974087.43	8013357.04			1587544.18	1529697.01		
306637.52	366811.55			11910.53	14460.69		
505856.21	411810.99			9356.48	7509.04		
70017033.62	60077453.15	1053205.93	1163712.69	46989918.18	48286310.08		
69763680.67	59496399.00	1031269.00	1143011.80	31677216.41	30330393.94		
128083.10	123254.71			351432.2	42171.84		
125269.85	457799.44	21936.93	20700.89	14961269.57	17913744.30		
				13692.79	12491.16		
				13692.79	12491.16		

5-5 全市规模以上工业企业

指 标	年初库存量	购进量	购自省外
原煤(吨)	2481729.33	105336928.90	61902982.99
无烟煤(吨)	101151.36	6233378.42	5844908.12
炼焦烟煤(吨)	30549.88	1438998.68	1031050.37
一般烟煤(吨)	2350028.09	97664551.75	54868055.96
褐煤(吨)			
洗精煤(用于炼焦)(吨)	57249.39	7924900.26	4222820.80
其他洗煤(吨)	1298.63	311260.49	
煤制品(吨)	1938.54	72346.60	53059.60
焦炭(吨)	6415.63	413681.88	412887.74
其他焦化产品(吨)	7016.68	123298.01	
焦炉煤气(万立方米)		135231.76	
天然气(气态)(万立方米)		238942.95	
液化天然气(液态)(吨)	9.57	4779.77	223.92
氢气(万立方米)			
原油(吨)	75584.00	4250427.00	4250427.00
汽油(吨)	10.79	1895.48	33.86
煤油(吨)	364.16	1433.17	
柴油(吨)	604.90	22547.49	1045.80
燃料油(吨)	778.70	345.40	
液化石油气(吨)	1996.55	262171.97	142689.16
石脑油(吨)			
润滑油(吨)	27.87	1541.35	
溶剂油			
石油焦(吨)	34610.49	93689.42	93076.42
其他石油制品(吨)	25.92	3163.23	57.75
热力(百万千焦)		19023323.16	
电力(万千瓦时)		2330752.42	28.38
煤矸石(用于燃料)(吨)		411800.64	
城市生活垃圾(用于燃料)	21321.00	778527.34	
余热余压(百万千焦)			
其他燃料(吨标准煤)		426.30	
能源合计(吨标准煤)			

能源购进、消费与库存情况

购进金额(千元)	工业生产消费			期末库存量
		用于原材料	运输工具消费	
55971846.56	108707503.80	8724210.91		2531401.27
5390364.26	6200130.24	914500.78		54324.80
959603.78	2092619.02			93957.38
49621878.52	100414754.50	7809710.13		2383119.09
10561741.95	8380392.05			72712.76
255285.59	1575364.92			617.52
78470.89	69698.00			4816.8
363763.07	402918.32	380698.50		17033.19
593704.71	132036.15	7448.40		1157.24
589498.44	135231.76	52528.14		
6310451.11	238649.08	51703.42	14.82	
30141.61	4759.08		534.89	30.26
	13692.79	13692.79		
22686441.00	4248014.00			77997.00
30751.39	1774.73		1170.51	5.08
11085.06	1327.37			469.11
188100.56	22455.46	24.78	8568.61	609.32
2846.95	707.84			425.11
1189788.74	669239.85	668379.62		11788.76
	1297947.58	1297947.58		
22141.27	1554.68			14.57
373662.24	117295.94	117295.94		11003.97
29727.59	2945.51	1879.00		209.59
1207865.52	45298513.67			
10752789.25	3877310.95		2.67	
43140.00	411800.64			
	702675.19			16586.00
	14204056.65			
813.18	426.30			
76714033.46	96783407.86	3287098.71		

5−6 全市规模以上工业企业

指　标	单位	工业生产消费量	加工转换投入合计		
				火力发电	供热
原煤	吨	107360738.66	84775662.73	49846352.60	5787106.10
无烟煤	吨	6166495.86	928687.91		
炼焦烟煤	吨	2092619.02	511679.13		205584.13
一般烟煤	吨	99101623.78	83335295.69	49846352.60	5581521.97
褐煤	吨				
洗精煤(用于炼焦)	吨	8380392.05	8380392.05		
其他洗煤	吨	1563171.18			
煤制品	吨	51968.00	51968.00		51968.00
焦炭	吨	380698.50			
其他焦化产品	吨	124587.75	121709.05		
焦炉煤气	万立方米	89169.61			
天然气(气态)	万立方米	221574.33	149470.91	30997.09	15543.03
液化天然气(液态)	吨	3174.25			
氢气	万立方米	13692.79			
原油	吨	4248014.00	4248014.00		
汽油	吨	647.16			
煤油	吨	1310.55			
柴油	吨	12234.19	611.65	607.95	3.70
燃料油	吨	707.84	707.84	653.30	54.54
液化石油气	吨	425352.5			
炼厂干气	吨				
石脑油	吨	1297947.58			
润滑油	吨	1172.92			
其他石油制品	吨	956.09			
热力	百万千焦	35166443.23			
电力	万千瓦时	2292724.00			
煤矸石(用于燃料)	吨	411800.64	411800.64	397575.86	14224.78
城市生活垃圾(用于燃料)	吨	702675.19	702675.19	676676.21	25998.98
余热余压	百万千焦	14204056.65	735399.42	735399.42	
其他燃料	吨标准煤				
能源合计	吨标准煤	92523235.98	67068041.31	29067886.80	3786862.64

能源购进、消费与库存附表情况

原煤入洗	炼焦	炼油及煤制油	制气	天然气液化	煤制品加工	能源加工转换产出	回收利用
9271013.81		19871190.22					
		928687.91					
306095.00							
8964918.81		18942502.31					
	8380392.05					4282047.29	
						2626624.39	
						6333429.82	
		121709.05				494163.78	
						138354.92	
				102930.79			
						700084.00	
							13692.79
		4248014.00					
						1840505.00	
						104893.00	
						2215354.00	
						65190.00	
						584772.40	
						1337577.00	
						2791557.53	
						91173229.02	
						10209963.57	
						655692.96	
							15081062.75
5379326.75	7591797.16	19983327.82		1258840.16		42992205.70	573978.50

5-7 全市规模以上工业分品种

指 标	原煤（吨）	无烟煤（吨）	炼焦烟煤（吨）	一般烟煤（吨）	褐煤（吨）	洗精煤（吨）
合 计	108707504	6200130	2092619	100414755		8380392
煤炭开采和洗选业	35297310		306095	34991215		
农副食品加工业						
食品制造业	881479			881479		
酒、饮料和精制茶制造业						
纺织业	1			1		
纺织服装、服饰业						
皮革、毛皮、羽毛及其制品和制鞋业						
木材加工及木、竹、藤、棕、草制品业						
家具制造业						
造纸及纸制品业						
印刷和记录媒介复制业						
文教、工美、体育和娱乐用品制造业						
石油、煤炭及其他燃料加工业	1032469	32426		1000044		8380392
化学原料及化学制品制造业	20834129	6166496	1786524	12881109		
医药制造业	598174			598174		
化学纤维制造业	47593			47593		
橡胶和塑料制品业						
非金属矿物制品业	408445			408445		
黑色金属冶炼和压延加工业	8027			8027		
有色金属冶炼和压延加工业	1209	1209				
金属制品业						
通用设备制造业						
专用设备制造业						
汽车制造业						
铁路、船舶、航空航天和其他运输设备制造业						
电气机械及器材制造业						
仪器仪表制造业						
废弃资源综合利用业	3			3		
电力、热力生产和供应	49598666			49598666		
燃气生产和供应业						
水的生产和供应业						

分行业能源消费

其他洗煤（吨）	煤制品（吨）	焦炭（吨）	其他焦化产品（吨）	焦炉煤气（万立方米）	天然气（气态）（万立方米）	液化天然气（液态）（吨）	氢气（万立方米）
1575365	69698	402918	132036	135232	238649	4759	13693
					14532		
					694		
					1894		
					954		
					314		
					65		
					56		
					240		
					108		
			7448				
1575365		380699		135232	64490	3208	13693
					585		
	17730						
					161		
		3872			1081	1255	
		17699					
		648			2468		
					1056		
					377		
					38		
					314		
					2		
					509	296	
	51968				44645		
					103311		
					51		

5-7 全市规模以上工业分品种

指　标	原油(吨)	汽油(吨)	煤油(吨)
合　计	4248014	1775	1327
煤炭开采和洗选业		205	
农副食品加工业		105	
食品制造业		105	
酒、饮料和精制茶制造业			
纺织业		14	
纺织服装、服饰业		11	
皮革、毛皮、羽毛及其制品和制鞋业			
木材加工及木、竹、藤、棕、草制品业			
家具制造业			
造纸及纸制品业		28	
印刷和记录媒介复制业		19	
文教、工美、体育和娱乐用品制造业			
石油、煤炭及其他燃料加工业		64	
化学原料及化学制品制造业	4248014	398	
医药制造业		6	
化学纤维制造业			
橡胶和塑料制品业			
非金属矿物制品业		28	
黑色金属冶炼和压延加工业			
有色金属冶炼和压延加工业		7	
金属制品业		16	
通用设备制造业		126	17
专用设备制造业		45	
汽车制造业			
铁路、船舶、航空航天和其他运输设备制造业		13	
电气机械及器材制造业		58	
仪器仪表制造业		22	
废弃资源综合利用业		13	
电力、热力生产和供应		248	
燃气生产和供应业		90	
水的生产和供应业		130	

分行业能源消费(续表 1)

柴油(吨)	燃料油(吨)	液化石油气(吨)	石脑油(吨)	润滑油(吨)
22455	708	669240	1297948	1555
5370		425353	1297948	1532
317				
183				
56				
1				
1155				
4450		243874		
1				
6				
7883				
37				
475				
225				
91		7		22
6				
26		7		
4				
419				
1660	708			
1				
74				

5-7 全市规模以上工业分品种

指 标	石油焦（吨）	其他石油制品（吨）	热力（百万千焦）
合 计	117296	2946	45298514
煤炭开采和洗选业		956	591460
农副食品加工业			76530
食品制造业			8681230
酒、饮料和精制茶制造业			
纺织业			
纺织服装、服饰业			
皮革、毛皮、羽毛及其制品和制鞋业			
木材加工及木、竹、藤、棕、草制品业			
家具制造业			
造纸及纸制品业			
印刷和记录媒介复制业			
文教、工美、体育和娱乐用品制造业			
石油、煤炭及其他燃料加工业	738	1879	2537611
化学原料及化学制品制造业			26352295
医药制造业			5565390
化学纤维制造业			254485
橡胶和塑料制品业			
非金属矿物制品业			
黑色金属冶炼和压延加工业			
有色金属冶炼和压延加工业	116558		
金属制品业			
通用设备制造业		110	10749
专用设备制造业			
汽车制造业			
铁路、船舶、航空航天和其他运输设备制造业			
电气机械及器材制造业			
仪器仪表制造业			
废弃资源综合利用业			322977
电力、热力生产和供应			35143
燃气生产和供应业			411779
水的生产和供应业			101056

分行业能源消费(续表 2)

电力 (万千瓦时)	煤矸石用于燃料 (吨)	城市垃圾用于燃料 (吨)	生物质废料用于燃料 (吨)	余热余压 (百万千焦)	其他燃料 (吨标准煤)
3877311	411801	702675	54	14204057	426
817090				13423576	
6582			54		32
72759					
5032					
20616					
407					
378					
70					
200					
1225					
698					
41440					394
672347				23144	
114165					
28219					
3906					
38424				735399	
13822					
805371					
16656					
10189					
1977					
21					
41026					
309					
4961					
690443	411801	702675		21937	
44973					
34239					

5-8　全市规模以上工业企业水消费

指　标	取水总量(万立方米)	外供水量(万立方米)
地表淡水	41283.64	
地下淡水	4109.75	
自来水	17429.43	39788.11
陆地苦咸水	0.07	
矿井水	1204.90	
再生水(中水)	2367.40	
其他水	8.05	60.70

补充指标

指　标	2022 年(万立方米)	上年同期(万立方米)
外排水量	19729.45	20379.38
重复用水量	1310208.21	907540.49
污水处理企业污水处理量	16441.58	17205.4

主要统计指标解释

【能源消费量】 指能源使用企业（单位）在报告期内实际消费的各种能源的数量。能源消费量分实物量和标准量两种。能源消费实物量是按照报表规定的、体现物质形态属性的计量单位（如：吨、立方米）计算的能源消费量；能源消费标准量是按照能源标准计量单位（如：吨标准煤）计算的能源消费量。

【综合能源消费量】 指企业（单位）在报告期内工业生产实际消费的各种能源（扣除能源加工转换和能源回收利用等重复因素）的总和。计算综合能源消费量时，需要将各种能源品种的消费量换算成按照标准计量单位（如：吨标准煤）计量的消费量。

【能源加工转换投入】 能源加工转换，指为了特定的用途，将一种能源（一般为一次能源），经过一定的工艺，加工或转换成另外一种能源（二次能源）。

【取水量】 指企业从各种水源直接提取或者从市场购买的用于厂区、办公区内工业生产活动的水量，以实际获得的新水量为准。

用于工业生产活动的水量，包括主要生产用水、辅助生产用水（如机修、运输、空压站等）和附属生产用水（如绿化、办公室、浴室、食堂、厕所、保健站等），不包括非工业生产单位的用水量（如基建用水、厂内居民家庭用水和企业附属幼儿园、学校、对外营业的浴室、游泳池等的用水量）和居民生活用水量。

取水量包括企业取自地表、地下、城镇供水工程的水，外购的再生水(中水)、其他水或水的产品，以及企业为生产外供水或水产品而取用的水。不包括重复用水量、直流冷却水量、未利用直接排放的矿井水和雨水量、污水处理企业处理的污（废）水量、水力发电动力用水量。

【外供水量】 指企业外供给其他单位的水或水产品的量，以离厂水量为准。包括外供给其他企业或市场的原水、自来水、海水淡化水、矿泉水、纯净水等。不包括直流冷却水量、再生水（中水）、未利用直接排放的矿井水和雨水量、北方地区供暖企业供给城镇热力网内循环的热水量、进入城镇污水管网和直接排到自然环境中的水量。

【重复用水量】 指在确定的用水单元或系统内，所有未经处理和处理后又重复使用的水量总和。重复用水量不包括北方地区城镇热力网内循环的热水、火力发电设备内进行汽水循环的除盐水。

【工业生产能源消费量】 指工业企业为进行工业生产活动所消费的能源。主要包括：(1)用于本企业产品生产、工业性作业的能源，包括用于原料、材料、燃料、动力的能源；作为能源加工转换企业，还包括用作加工转换的能源；(2)产品生产工程中作为辅助材料使用的能源；(3)生产工艺过程使用的能源；(4)新技术研究、新产品试制、科学试验使用的能源；(5)为了工业生产活动而在进行的各种修理过程中使用的能源；(6)生产区内的劳动保护用能等。

6

固定资产投资

6-1 主要年份固定资产投资

单位:平方米

年 份	固定资产投资(万元)					新增固定资产(万元)	各类房屋施工面积	住宅面积	各类房屋竣工面积	住宅面积
		基本建设投资	更新改造投资	房地产开发投资	住宅					
1950	53	53				31	1467	1143	1100	800
1951	108	108				48	8000	5571	6000	3900
1952	445	445				224	6133	2857	4600	2000
1953	524	524				256	15600	5000	11700	3500
1954	715	715				387	26133	11231	19600	7300
1955	641	641				314	37733	18000	28300	11700
1956	667	667				363	70286	26462	49200	17200
1957	447	447				218	33857	13538	23700	8800
1958	2313	2313				750	383541	201987	272755	131987
1959	4840	4840				1048	441690	215213	318090	133746
1960	6397	6397				4188	463863	271040	332120	167240
1961	2400	2400				497	237231	130333	154200	78200
1962	666	666				464	29846	3833	19400	2300
1963	1066	1066				830	68462	18667	44500	11200
1964	2403	2403				2006	160923	75273	104600	41400
1965	4927	4927				3498	224061	100913	147599	56322
1966	5727	5727				3809	525333	248545	315200	136700
1967	3313	3313				349	58828	3091	37095	1700
1968	3776	3776				688	864784	43285	523517	26349
1969	3261	3261				1872	828898	143303	502565	72603
1970	4623	4623				2113	609499	29600	370699	14800
1971	5050	5050				2110	271931	162000	186198	81000
1972	4957	4957				2985	272935	126620	171547	66720
1973	5294	5294				3077	316289	124406	195381	64606
1974	5599	5599				3477	345613	129454	138739	46787
1975	6065	6065				4091	367316	126226	175353	56230
1976	5950	5950				3002	404323	130909	157000	57854
1977	6047	6047				4564	402883	131114	179555	60785
1978	8560	8376				5243	502900	148000	227020	72000
1979	11905	10919	862			8008	837493	388562	311284	134805
1980	16265	13699	2362			12648	1070119	524200	610119	284000
1981	15339	10653	3726			12949	1031995	542744	637528	315157
1982	18258	12208	4566			14997	1587654	997424	1186744	766054
1983	21385	11012	8241			15461	1093897	618285	498977	320511
1984	29330	15407	9384			19559	1887950	995322	1142746	686193

6-1 主要年份固定资产投资(续表)

单位:平方米

年 份	固定资产投资(万元)	基本建设投资	更新改造投资	房地产开发投资	住宅	新增固定资产(万元)	各类房屋施工面积	住宅面积	各类房屋竣工面积	住宅面积
1985	55005	34872	13160			30347	2255500	1109428	1241225	701528
1986	66084	43894	17423			39289	2037959	943686	1346280	744614
1987	75101	51668	18597			55585	1532013	582122	965840	395009
1988	56292	33375	13822			33629	1409844	674239	982568	495398
1989	56419	29761	16852			38038	1158405	591582	781511	413010
1990	65500	36431	17340	2149	1764	48913	1398073	802355	939523	600655
1991	87636	44318	21405	8965	8372	60555	1899668	1195878	1303969	906242
1992	146519	78744	37615	13663	10400	151708	2410361	1324909	1578398	974386
1993	194002	84407	52851	22540	12104	173246	2969490	1811726	1987984	1384739
1994	246885	126134	66092	24037	19790	219909	2311284	1283794	1610092	990857
1995	227456	105098	43262	38376	28000	189329	2410970	1532772	1530400	1167180
1996	315463	154291	83632	41086	28111	252909	2600454	1442603	1761583	1178097
1997	380733	191802	60937	48590	31059	314142	4038255	2892013	3014031	2307205
1998	511270	277336	75541	88455	58856	359110	3931877	2559940	2611550	1799054
1999	516344	256873	70575	104919	59640	378007	4396176	2519022	3274393	1995085
2000	523923	204858	104399	126616	74690	525341	4552693	2652779	3115842	2087221
2001	560558	201025	106508	177941	98121	516897	4569637	2653177	3061367	1947532
2002	729627	326252	91328	240498	164659	479996	5766251	3485057	3093144	1992760
2003	1433939	620045	186981	393550	279647	1015596	9967477	6478985	6115154	4313808
2004	1717373	616663	257489	488078	295523	1007747	10510923	5643948	5390303	3441758
2005	2016507	905404	239750	566134	346375	1113990	11297484	6752154	6188935	4246691
2006	2328456	1284219	257813	576808	405861	1429210	11564933	6798205	5792179	3747578
2007	2926906	1689254	368149	627154	443118	1337848	12610230	7419524	6053179	4212773
2008	3656897	2280467	355143	786051	569594	2322089	13430521	8285362	5673344	3672797
2009	4921031	3307601	388898	995984	743543	2944037	17293716	10113633	6291230	4380586
2010	6486862	3927344	396627	1608188	1160756	2026383	25667621	14592765	6505184	4534215
2011	7338479	4194479	860018	2076719	1436173	6861875	34052766	18774469	8943919	4939024
2012	9187292	5226518	991762	2757023	1755066	3850184	39484833	22688905	8143678	6131097
2013	11490012	7255830	710424	3308094	1956800	5474655	60870147	27188302	7258174	5159194
2014	13927640	8851536	871698	3888952	2390099	8033073	53700347	29097660	9159764	5658438
2015	15408842	9221349	1854836	4091711	2541048	12193828	50938672	26997768	8966054	4812046
2016	17233117	11508090	381420	4749414	2781617	8134934	53556127	27069704	10098795	5634651
2017	17190497	11024960	1402146	4028246	2402498	10076165	51408742	26183709	10695805	5343113
2018	–	–	–	–	–	–	39999763	24091164	7976648	5554774
2019	–	–	–	–	–	–	39716117	23827026	5567994	3858823
2020	–	–	–	–	–	–	37566373	24018732	4989682	3191763
2021	–	–	–	–	–	–	37048482	24332818	6662282	4450623
2022	–	–	–	–	–	–	33203450	22138840	4769284	3611038

6-2 按国民经济行业分的固定资产投资增长情况

单位:%

指 标	总 计	国有	有限责任公司	私营	港澳台及外商
按国民经济行业分	3.7	14.2	11.7	-7.8	9.3
第一产业	-35.0	92.1	-58.2	-37.6	-64.9
农、林、牧、渔业	-36.6	-31.8	-57.4	-32.5	-56.3
第二产业	23.3	28.9	26.5	18.8	20.9
工业	23.3	28.9	26.5	18.8	20.9
采矿业	-3.1		-21.6	58.3	24.1
制造业	27.4	-82.3	37.4	41.4	21.4
电力、燃气及水的生产和供应业	25.0	73.9	50.3	-92.4	17.9
建筑业					
第三产业	-9.9	4.2	4.1	-21.3	-36.8
批发和零售业	14.5	-60.9	-36.0	34.5	
交通运输、仓储和邮政业	59.0	213.6	1.4	-56.2	-100.0
住宿和餐饮业	436.5			824.6	
信息传输、计算机服务和软件业	-11.8	-94.8	21.5	-100.0	1202.9
金融业					
房地产业	-16.0	-30.1	-6.5	-20.7	-47.6
租赁和商务服务业	-64.6	-75.1	3294.7	-65.7	
科学研究、技术服务和地质勘查业	-26.9	4.8	-92.1	37.6	
水利、环境和公共设施管理业	21.3	8.9	13.2	786.1	
居民服务和其他服务业	-17.9	148.0	-84.9	48.8	
教育	-2.0	10.9	-43.3	442.6	
卫生、社会保障和社会福利业	45.3	-1.9	1752.3	-92.7	
文化、体育和娱乐业	-32.8	-16.0	-87.3	-19.2	
公共管理和社会组织	-53.5	-56.8	-51.1		

6-3 各种分组的固定资产投资增长情况

单位:%

指　标	总　计	国有	有限责任公司	私营	港澳台及外商
固定资产投资	3.7	14.2	11.7	-7.8	9.3
新建	19.6	18.1	38.2	6.9	5.0
扩建	-3.9	-36.7	44.7	-20.9	26.1
改建和技术改造	22.3	14.1	-11.4	94.7	221.5
迁建	6173.6	264.4	-100.0		
单纯购置	-69.0	646.3	1964.5	-100.0	
房地产开发投资	-16.0		-6.7	-20.3	-47.6
按构成分					
建筑工程	5.7	-18.3	4.0	18.2	-9.5
安装工程	29.2	104.7	53.3	-54.7	431.9
设备工器具购置	22.7	122.9	49.2	-5.4	5.4
其他费用	-36.0	39.0	-19.2	-59.9	-12.1
按隶属关系分					
中央	24.1	134.6	2.8	-100.0	
地方	45.9	85.3	20.8		216.4
其他	-5.4	-100.0	12.2	-7.5	7.8
按经济类型分					
内资	3.0	14.2	11.7	-7.8	
国有	14.2	14.2			
有限责任公司	11.7		11.7		
国有独资公司	-19.3		-19.3		
其他有限责任公司	23.0		23.0		
股份有限公司	-37.7				
私营	-7.8			-7.8	
其他内资	-23.9				
港、澳、台商投资	26.3				26.3
外商投资	-40.1				-39.2

6-4 固定资产投资资金及房屋建筑面积

单位:%

指 标	总 计	国有	有限责任公司	私营	港澳台及外商
本年资金来源合计	-5.2	12.9	12.7	-29.7	5.1
上年末结余资金	-17.3	-4.2	7.8	-53.6	33.6
本年资金来源小计	-3.1	15.9	13.5	-24.7	0.9
按资金来源分					
国家预算内资金	-21.8	-15.4	-56.9	-59.5	
国内贷款	14.5	-17.7	53.0	-51.2	28.9
债券	28.7	-16.2			
利用外资	-54.8			1104.8	-100.0
自筹资金	14.7	108.7	23.6	-4.9	27.1
其他资金	3.0	-28.2	-16.3	-7.2	
各类房屋施工面积	-10.4		0.5	-16.5	-41.0
# 住宅	-9.0		2.8	-15.5	-40.7
新建					
扩建					
改建和技术改造					
迁建					
房地产开发	-10.4		0.5	-16.5	-41.0
各类房屋竣工面积	-28.4		-51.2	-6.9	15.5
# 住宅	-18.9		-43.7	6.3	19.5
新建					
扩建					
改建和技术改造					
迁建					
房地产开发	-28.4		-51.2	-6.9	15.5

6-5 按行业分的项目建设规模增长情况

单位:%

指　标	在建总规模	新开工项目	施工项目个数	新开工项目
按国民经济行业分	0.6	-9.1	3.3	10.6
第一产业	-19.0	-81.2	-1.5	-18.0
农、林、牧、渔业	-19.0	-81.2	-1.5	-18.0
第二产业	9.0	24.0	8.8	14.2
工业	9.0	24.0	8.8	14.2
采矿业	7.5	-97.0	25.0	200.0
制造业	7.8	45.1	2.0	-13.6
电力、燃气及水的生产和供应业	16.1	-3.9	28.1	80.0
建筑业				
第三产业	-6.7	-37.8	1.2	13.7
批发和零售业	39.0	-0.8	47.4	20.0
交通运输、仓储和邮政业	-4.6	-89.6	6.6	44.4
住宿和餐饮业	649.2	379.7	120.0	0.0
信息传输、计算机服务和软件业	-10.5	27.9	-27.6	43.8
金融业				
房地产业	-8.8	-45.3	-6.5	-37.1
租赁和商务服务业	-34.5	-33.5	12.5	400.0
科学研究、技术服务和地质勘查业	-9.1	57.3	15.8	166.7
水利、环境和公共设施管理业	-2.8	88.3	12.0	58.0
居民服务和其他服务业	82.7		20.0	
教育	15.0	53.9	14.9	-10.0
卫生、社会保障和社会福利业	1.0	-61.7	4.0	0.0
文化、体育和娱乐业	2.5	-92.2	-2.5	-66.7
公共管理和社会组织	-5.7	-82.1	-12.2	-61.5
国际组织				

6-6 按行业分的项目建设投产情况

单位:个

指　标	在建项目数	建成投产项目	项目投产率(%)
按国民经济行业分	1607	326	20.3
第一产业	116	13	11.2
农、林、牧、渔业	116	13	11.2
第二产业	590	80	13.6
工业	590	80	13.6
采矿业	13	1	7.7
制造业	420	41	9.8
电力、燃气及水的生产和供应业	157	38	24.2
建筑业			
第三产业	901	233	25.9
批发和零售业	24	3	12.5
交通运输、仓储和邮政业	77	17	22.1
住宿和餐饮业	9	1	11.1
信息传输、计算机服务和软件业	38	24	63.2
金融业			
房地产业	235	39	16.6
租赁和商务服务业	17	1	5.9
科学研究、技术服务和地质勘查业	21	1	4.8
水利、环境和公共设施管理业	279	76	27.2
居民服务和其他服务业	6		
教育	100	39	39.0
卫生、社会保障和社会福利业	41	11	26.8
文化、体育和娱乐业	31	8	25.8
公共管理和社会组织	23	13	56.5
国际组织			

6-7 房地产开发企业投资、资金情况

单位:万元

指 标	总计	国有独资公司	其他有限责任公司	私营	港澳台商投资	外商投资
企业个数	339	11	145	178	3	2
计划总投资	24115941	1262842	13418276	8568012	477599	389212
自开始建设累计完成投资	15005219	848068	7476988	5971856	342076	366231
本年完成投资	2737973	107358	1384530	1148581	93096	4408
按构成分						
建筑工程	2268638	79456	1106971	993939	84877	3395
安装工程	92453	3203	43768	44489		993
设备工器具购置	19604	6979	9793	2812		20
其他费用	357278	17720	223998	107341	8219	
旧建筑物购置费	7585		7000	585		
土地购置费	248368	16236	138641	85318	8173	
按工程用途分						
住宅	1981071	96408	1016634	786907	76815	4307
90 平方米及以下	24710	2504	4426	17780		
90-144 平方米	1578594	77586	810835	617697	70257	2219
144 平方米以上	377767	16318	201373	151430	6558	2088
办公楼	26779		10657	16122		
商业营业用房	285209	5083	91814	182029	6219	64
其他	444914	5867	265425	163523	10062	37
本年新增固定资产	1957939	38392	1083576	615330	220641	
上年末结余资金	1242224	139621	599927	255797	242772	4107
本年实际到位资金	4659322	199959	2749866	1553524	138581	17392
国内贷款	369109	38100	234431	96578		
银行贷款	366092	38100	234431	93561		
非银行金融机构贷款	3017			3017		
自筹资金	719550	12702	329366	376595	887	
定金及预收款	2108593	65245	1387491	557971	88991	8895
个人按揭贷款	1335334	52927	750605	474602	48703	8497
其他到位资金	126736	30985	47973	47778		
本年各项应付款合计	981934	79576	453945	398667	46851	2895
工程款	702044	42693	365297	247203	46851	
待开发土地面积(平方米)	3891125	174378	1967380	1620887	128480	
本年土地购置面积(平方米)	594326	108194	402735	83397		
本年土地成交价款	391644	80180	294542	16922		

6-7 房地产开发企业投资、资金情况(续表)

单位:万元

指 标	银川市					永宁县	贺兰县	灵武市
		市区	兴庆区	金凤区	西夏区			
企业个数	339	250	103	137	10	31	38	20
计划总投资	24115941	17682630	6424925	10045429	1212276	2999865	3094474	338972
自开始建设累计完成投资	15005219	11324437	3817780	6791376	715281	1479183	2016902	184697
本年完成投资	2737973	1931375	588071	1139167	204137	374375	369803	62420
按构成分								
建筑工程	2268638	1587296	497325	926211	163760	290094	340955	50293
安装工程	92453	78033	33965	43363	705	3143	7253	4024
设备工器具购置	19604	17272	1960	14764	548	449	1714	169
其他费用	357278	248774	54821	154829	39124	80689	19881	7934
旧建筑物购置费	7585	7585	585	7000				
土地购置费	248368	183251	35325	114397	33529	53846	6422	4849
按工程用途分								
住宅	1981071	1352013	408129	776310	167574	274877	306361	47820
90 平方米及以下	24710	8773	4878	3127	768	10970	4632	335
90–144 平方米	1578594	1111774	356514	596235	159025	224674	201292	40854
144 平方米以上	377767	231466	46737	176948	7781	39233	100437	6631
办公楼	26779	26759	10953	15040	766		20	
商业营业用房	285209	228660	97940	122080	8640	29430	23599	3520
其他	444914	323943	71049	225737	27157	70068	39823	11080
本年新增固定资产	1957939	1440332	376070	968053	96209	98560	395299	23748
上年末结余资金	1242224	1001917	333241	641851	26825	30243	207944	2120
本年实际到位资金	4659322	3749800	1307084	2368499	74217	310704	518988	79830
国内贷款	369109	296309	197304	95605	3400	52800	20000	
银行贷款	366092	293292	197304	92588	3400	52800	20000	
非银行金融机构贷款	3017	3017		3017				
自筹资金	719550	638689	183960	447011	7718	35055	20509	25297
定金及预收款	2108593	1734190	520509	1189003	24678	95169	258200	21034
个人按揭贷款	1335334	1027443	386464	605361	35618	109498	171157	27236
其他到位资金	126736	53169	18847	31519	2803	18182	49122	6263
本年各项应付款合计	981934	699634	274158	387645	37831	112738	168361	1201
工程款	702044	545913	192094	339072	14747	70049	85223	859
待开发土地面积(平方米)	3891125	2024796	739515	1065507	219774	599715	1202723	63891
本年土地购置面积(平方米)	594326	516235	92731	423504		34085	5149	38857
本年土地成交价款	391644	371275	55974	315301		10570	656	9143

6-8　房地产开发企业财务状况

单位:万元

指标	总计	国有独资公司	其他有限责任公司	私营	港澳台商投资	外商投资
年初存货	**14321386**	**666435**	**6329306**	**6919626**	**302494**	**103526**
年末资产负债						
流动资产合计	22793577	877441	11193948	9940166	535582	246441
应收账款	654019	38475	288148	310600		16796
存货	13572453	481129	6211305	6631341	145572	103107
固定资产原价	1097903	75269	423393	594921	679	3641
房屋和构筑物	637732	57968	241292	336713	344	1415
机器设备	54975	7581	29653	17428	138	176
累计折旧	370079	27671	139480	200615	327	1986
本年折旧	50114	3010	20293	26650	46	116
在建工程	108582	179	19098	89305		
无形资产	78608	5589	38391	34620		8
土地使用权	43999	5474	13765	24760		
资产总计	25852394	1133799	12579642	11321526	569324	248104
流动负债合计	19051530	831436	9185270	8509568	366444	158812
负债合计	21677952	868040	10317536	9928620	366444	197312
所有者权益合计	4174443	265759	2262106	1392906	202880	50792
实收资本	3048415	129020	1697120	1116274	95000	11000
个人资本	1211476		134751	1076224	500	

6-8 房地产开发企业财务状况(续表1)

单位:万元

指标	总计	国有独资公司	其他有限责任公司	私营	港澳台商投资	外商投资
损益及分配						
营业收入	4631293	544091	2242971	1428656	404770	10805
主营业务收入	4408089	540444	2161523	1290603	404770	10749
土地转让收入						
商品房屋销售收入	4331281	527494	2124470	1264681	404057	10579
自持物业收入	34998	2884	15917	15684	458	57
房屋出租收入	27352	2644	9947	14247	458	57
其他收入	41810	10066	21137	10238	256	113
营业成本	3579923	428603	1739890	1161970	238929	10531
主营业务成本	3456213	418076	1717785	1070892	238929	10531
税金及附加	161989	11821	67400	44882	37604	283
其他业务利润	11929	-36	3380	8529		56
销售费用	130247	5373	72412	46358	5452	652
管理费用	181308	20363	87965	68917	2661	1402
研发费用						
财务费用	48645	-1050	29529	21978	-1805	-7
利息收入	649	2948	388	-880	-1815	7
利息支出	40174	1654	30063	8457		
资产减值损失	-10805	-7626	-180	-2999		
公允价值变动收益	-90	-3	-87			
投资收益	10910	4265	-1356	7852		149
其他收益	3642	436	2401	780	25	
营业利润	530615	76125	244156	90287	121954	-1907
营业外收入	18068	2658	8846	6110	304	150
营业外支出	25673	5998	8584	10951	16	124
利润总额	512030	72785	233438	85446	122241	-1880
所得税费用	140795	16253	63359	31213	29970	
人工成本及增值税						
应交职工薪酬	105875	15214	50980	32757	5161	1764
应交增值税	281351	20255	142150	92362	24434	2150

6-8 房地产开发企业财务状况(续表 2)

单位:万元

指　标	银川市	市区			永宁县	贺兰县	灵武市
		兴庆区	金凤区	西夏区			
年初存货	14321386	11608436	4187508	7164488	256440	1281912	1090665	340373
年末资产负债								
流动资产合计	22793577	18391480	6619613	11383748	388119	2017987	1856205	527906
应收账款	654019	501895	266745	217351	17798	64525	56759	30840
存货	13572453	10933418	3937467	6768403	227548	1345163	970289	323584
固定资产原价	1097903	876581	387796	439141	49644	62143	140879	18300
房屋和构筑物	637732	464049	221846	199516	42687	52385	113790	7509
机器设备	54975	43314	5860	35888	1566	1839	9062	761
累计折旧	370079	297659	132207	147031	18421	22693	43950	5777
本年折旧	50114	38605	16535	20313	1757	2752	7647	1110
在建工程	108582	82689	70955	11734		24689	1078	126
无形资产	78608	36763	20150	11810	4803	29907	1451	10488
土地使用权	43999	20305	12143	3466	4696	11839	1378	10478
资产总计	25852394	21058096	7813703	12737979	506414	2139084	2074323	580892
流动负债合计	19051530	15365988	5496025	9509321	360642	1694295	1537423	453823
负债合计	21677952	17425218	6364565	10619441	441212	1998277	1775150	479307
所有者权益合计	4174443	3632877	1449138	2118538	65201	140807	299173	101586
实收资本	3048415	2508122	914766	1545593	47763	211012	256008	73272
个人资本	1211476	975642	488283	473560	13800	100532	84930	50371

6-8 房地产开发企业财务状况(续表 3)

单位:万元

指 标	银川市	市区	兴庆区	金凤区	西夏区	永宁县	贺兰县	灵武市
损益及分配								
营业收入	4631293	3567053	1207909	2302999	56145	129275	807158	127808
主营业务收入	4408089	3392190	1151381	2184780	56030	113090	775002	127808
土地转让收入								
商品房销售收入	4331281	3321770	1123548	2147173	51049	110640	771735	127136
自持物业收入	34998	32455	14271	13911	4273	1027	1282	234
房屋出租收入	27352	25836	8765	12798	4273		1282	234
其他收入	41810	37965	13562	23696	707	1424	1984	437
营业成本	3579923	2718394	926741	1746964	44690	98223	652482	110823
主营业务成本	3456213	2608276	885039	1679190	44047	88983	648160	110794
税金及附加	161989	125845	35004	89935	906	3895	29207	3043
其他业务利润	11929	10196	2538	7658		1025	708	
销售费用	130247	93189	33954	56416	2819	11378	24021	1659
管理费用	181308	143561	58835	74727	9999	10526	23252	3970
研发费用								
财务费用	48645	48874	9849	36012	3012	2398	−2605	−22
利息收入	649	−1571	1125	−2761	65	110	2099	10
利息支出	40174	38411	8635	26640	3137	91	1712	−40
资产减值损失	−10805	−4306	−2637	−939	−730		−6617	119
公允价值变动收益	−90	−55	−55				−35	
投资收益	10910	9855	−10213	20068			1055	
其他收益	3642	3280	1312	1948	20		363	
营业利润	530615	443739	132002	317727	−5990	2855	75567	8454
营业外收入	18068	12934	7242	5151	541	959	3956	220
营业外支出	25673	18506	3002	14964	540	358	6623	185
利润总额	512030	427156	123103	310043	−5989	3455	72930	8489
所得税费用	140795	119679	34491	83719	1470	399	18543	2174
人工成本及增值税								
应付职工薪酬	105875	81414	28314	47938	5162	6528	16387	1545
应交增值税	281351	232868	75812	153501	3555	8989	34182	5312

6-9 房地产开发房屋施工、竣工面积

单位:平方米

指 标	总 计	国有独资公司	其他有限责任公司	私营	港澳台商投资	外商投资
房屋施工面积	**33203450**	**1674546**	**16639414**	**13746664**	**797775**	**345051**
住宅	22138840	1254404	11304333	8716714	610094	253295
办公楼	1083623		518935	564688		
商业营业用房	3642562	81865	1428333	2083691	26721	21952
其他	6338425	338277	3387813	2381571	160960	69804
本年新开工面积	3953112	174033	2178082	1595189	5808	
住宅	2972749	131389	1673691	1161861	5808	
办公楼	108742		170	108572		
商业营业用房	175552	6423	81829	87300		
其他	696069	36221	422392	237456		
房屋竣工面积	**4769284**	**133989**	**2445652**	**1543472**	**646171**	
住宅	3611038	105625	1877276	1138756	489381	
办公楼	35387			35387		
商业营业用房	222840	8606	113801	73712	26721	
其他	900019	19758	454575	295617	130069	
不可销售面积	787751	46615	325257	283740	132139	
住宅	77889	26857		50764	268	
办公楼						
商业营业用房	7679		3536	2341	1802	
其他	702183	19758	321721	230635	130069	
住宅竣工套数	**29534**	**918**	**16035**	**8471**	**4110**	
房屋竣工价值(万元)	**1391774**	**33222**	**684146**	**504051**	**170355**	
住宅	1067717	25513	533284	371789	137131	
办公楼	13874			13874		
商业营业用房	69164	1881	32715	26461	8107	
其他	241019	5828	118147	91927	25117	

6-9 房地产开发房屋施工、竣工面积(续表)

单位:平方米

指　标	银川市	市区				永宁县	贺兰县	灵武市
			兴庆区	金凤区	西夏区			
房屋施工面积	33203450	23406603	8455139	12600603	2350861	5132265	4080056	584526
住宅	22138840	14980070	4868504	8327591	1783975	3691091	3025073	442606
办公楼	1083623	1069663	369911	695352	4400	11491	2469	
商业营业用房	3642562	2582050	1639769	824369	117912	662164	342855	55493
其他	6338425	4774820	1576955	2753291	444574	767519	709659	86427
本年新开工面积	3953112	2903736	1049749	1712927	141060	372274	477728	199374
住宅	2972749	2121694	790635	1204182	126877	324606	381246	145203
办公楼	108742	108742		108742				
商业营业用房	175552	131172	72947	57484	741	3955	33150	7275
其他	696069	542128	186167	342519	13442	43713	63332	46896
房屋竣工面积	4769284	3556060	1246550	2014286	295224	304418	856214	52592
住宅	3611038	2666363	931242	1498313	236808	222428	687277	34970
办公楼	35387	35387	11869	23518				
商业营业用房	222840	152933	47377	92595	12961	14317	46976	8614
其他	900019	701377	256062	399860	45455	67673	121961	9008
不可销售面积	787751	668463	212554	351245	104664	37237	80547	1504
住宅	77889	77719	13357	436	63926		170	
办公楼								
商业营业用房	7679	5810	472	5338			1869	
其他	702183	584934	198725	345471	40738	37237	78508	1504
住宅竣工套数	29534	22393	8718	11711	1964	1896	4988	257
房屋竣工价值(万元)	1391774	1025437	328978	613023	83436	77487	275102	13748
住宅	1067717	775157	244842	464889	65426	59804	223762	8994
办公楼	13874	13874	3527	10347				
商业营业用房	69164	43273	14623	25320	3330	4032	19609	2250
其他	241019	193133	65986	112467	14680	13651	31731	2504

6-10 房地产开发商品房销售、出租情况

单位:平方米

指　标	总　计	国有独资公司	其他有限责任公司	私营	港澳台商投资	外商投资
房屋出租面积	253452	22975		230477		
住宅	18770			18770		
办公楼	30924	19427		11497		
商业营业用房	201314	3548		197766		
其他	2444			2444		
商品房销售面积	4037083	118221	2502058	1310682	101191	4931
住宅	3651675	101445	2331517	1128497	85559	4657
办公楼	103346		57106	46240		
商业营业用房	259442	14108	100258	129170	15632	274
其他	22620	2668	13177	6775		
现房销售面积	657220	34913	283956	325062	12305	984
住宅	378524	25667	166091	182299	3757	710
办公楼	97445		51494	45951		
商业营业用房	164112	6578	55896	92816	8548	274
其他	17139	2668	10475	3996		
期房销售面积	3379863	83308	2218102	985620	88886	3947
住宅	3273151	75778	2165426	946198	81802	3947
办公楼	5901		5612	289		
商业营业用房	95330	7530	44362	36354	7084	
其他	5481		2702	2779		
商品房销售额(万元)	3387725	109678	2155770	1030640	87954	3683
住宅	3071196	93004	2021541	880849	72373	3429
办公楼	66257		35111	31146		
商业营业用房	246576	16244	97622	116875	15581	254
其他	3696	430	1496	1770		
现房销售额	411708	22512	147501	231027	9782	886
住宅	216327	15447	73528	123553	3167	632

6-10 房地产开发商品房销售、出租情况(续表 1)

单位:万元

指 标	总 计	国有独资公司	其他有限责任公司	私营	港澳台商投资	外商投资
办公楼	62664		31720	30944		
商业营业用房	129971	6635	41246	75221	6615	254
其他	2746	430	1007	1309		
期房销售额	2976017	87166	2008269	799613	78172	2797
住宅	2854869	77557	1948013	757296	69206	2797
办公楼	3593		3391	202		
商业营业用房	116605	9609	56376	41654	8966	
其他	950		489	461		
商品住宅销售套数	**28057**	**805**	**17846**	**8705**	**664**	**37**
现房销售套数	3059	226	1405	1404	19	5
期房销售套数	24998	579	16441	7301	645	32
待售面积(平方米)	**5302104**	**163639**	**2018845**	**3077063**	**26430**	**16127**
住宅	1519848	51770	648067	808729	5339	5943
办公楼	596590	10354	205321	380915		
商业营业用房	2339185	16439	785108	1506363	21091	10184
其他	846481	85076	380349	381056		
待售 1-3 年(含 1 年)	1627075	22736	816671	754125	19594	13949
住宅	547803	396	325978	215411	2253	3765
办公楼	130601		55520	75081		
商业营业用房	621201		233719	359957	17341	10184
其他	327470	22340	201454	103676		
待售 3 年以上(含 3 年)	2672674	126441	757363	1786402	2468	
住宅	611598	43988	181034	384108	2468	
办公楼	321223	10354	49773	261096		
商业营业用房	1335207	9363	387525	938319		
其他	404646	62736	139031	202879		

6-10 房地产开发商品房销售、出租情况(续表2)

单位:平方米

指　标	银川市	市区				永宁县	贺兰县	灵武市
		市区	兴庆区	金凤区	西夏区			
房屋出租面积	253452	202348	114633	81122	6593	30000	8666	12438
住宅	18770	18770	12177		6593			
办公楼	30924	27572	21149	6423			3352	
商业营业用房	201314	153562	81307	72255		30000	5314	12438
其他	2444	2444		2444				
商品房销售面积	4037083	2955346	686512	1846473	422361	412333	586341	83063
住宅	3651675	2653847	623502	1628633	401712	400880	525873	71075
办公楼	103346	89601	332	89269			13745	
商业营业用房	259442	191404	51822	121627	17955	10838	45212	11988
其他	22620	20494	10856	6944	2694	615	1511	
现房销售面积	657220	439712	182669	223186	33857	33898	163606	20004
住宅	378524	222416	130840	66228	25348	26531	120341	9236
办公楼	97445	83700	43	83657			13745	
商业营业用房	164112	116457	41591	66357	8509	7367	29520	10768
其他	17139	17139	10195	6944				
期房销售面积	3379863	2515634	503843	1623287	388504	378435	422735	63059
住宅	3273151	2431431	492662	1562405	376364	374349	405532	61839
办公楼	5901	5901	289	5612				
商业营业用房	95330	74947	10231	55270	9446	3471	15692	1220
其他	5481	3355	661		2694	615	1511	
商品房销售额(万元)	3387725	2622690	497728	1835498	289464	277093	444633	43309
住宅	3071196	2378541	444634	1662476	271431	269006	385847	37802
办公楼	66257	58963	234	58729			7294	
商业营业用房	246576	181816	51727	112540	17549	7977	51276	5507
其他	3696	3370	1133	1753	484	110	216	
现房销售额	411708	270780	86432	164971	19377	23744	109607	7577
住宅	216327	119522	48116	58835	12571	18909	74609	3287

6-10 房地产开发商品房销售、出租情况(续表 3)

单位:平方米

指　标	银川市	市区				永宁县	贺兰县	灵武市
			兴庆区	金凤区	西夏区			
办公楼	62664	55370	32	55338			7294	
商业营业用房	129971	93142	37291	49045	6806	4835	27704	4290
其他	2746	2746	993	1753				
期房销售额	2976017	2351910	411296	1670527	270087	253349	335026	35732
住宅	2854869	2259019	396518	1603641	258860	250097	311238	34515
办公楼	3593	3593	202	3391				
商业营业用房	116605	88674	14436	63495	10743	3142	23572	1217
其他	950	624	140		484	110	216	
商品住宅销售套数	**28057**	**20362**	**5130**	**11924**	**3308**	**3130**	**3998**	**567**
现房销售套数	3059	1905	1134	461	310	226	846	82
期房销售套数	24998	18457	3996	11463	2998	2904	3152	485
待售面积	**5302104**	**3769243**	**1735583**	**1819419**	**214241**	**511182**	**859459**	**162220**
住宅	1519848	940073	514966	334033	91074	184733	359645	35397
办公楼	596590	529884	197113	332771		20854	42073	3779
商业营业用房	2339185	1603360	709016	800269	94075	270336	342445	123044
其他	846481	695926	314488	352346	29092	35259	115296	
待售 1-3 年(含 1 年)	1627075	1150321	727014	321839	101468	115457	358632	2665
住宅	547803	390292	301142	56499	32651	39183	115663	2665
办公楼	130601	77517	42451	35066		20854	32230	
商业营业用房	621201	405006	176516	185885	42605	53290	162905	
其他	327470	277506	206905	44389	26212	2130	47834	
待售 3 年以上(含 3 年)	2672674	1920130	850195	985513	84422	350779	279027	122738
住宅	611598	340679	138229	152190	50260	131386	113826	25707
办公楼	321223	317934	152993	164941			3289	
商业营业用房	1335207	934268	503511	396595	34162	189267	114641	97031
其他	404646	327249	55462	271787		30126	47271	

主要统计指标解释

【全社会固定资产投资】 固定资产投资额是以货币表现的建造和购置固定资产活动的工作量，它是反映固定资产投资规模、速度、比例关系和使用方向的综合性指标。全社会固定资产投资按经济类型分，包括国有经济单位投资、城乡集体经济单位投资、其他各种经济类型的单位投资和城乡居民个人投资。全社会固定资产投资总额分为基本建设、更新改造、其他固定资产投资和房地产开发投资四个部分；城乡集体经济单位投资包括城镇集体所有制单位投资和农村集体所有制单位投资；其他各种经济类型单位投资包括联营经济、股份制经济、中外合资经营、中外合作经营、外资、与大陆合资经营、与大陆合作经营、港澳台独资及其他经济的单位投资。城乡居民个人投资包括城市、县城、镇、工矿区所辖范围内的个人建房和农村个人建房及购买生产性固定资产的投资。

【基本建设投资】 基本建设是企业、事业、行政单位以扩大生产能力或工程效益为主要目的的新建、扩建工程及有关工作。包括(1)列入中央和各级地方本年基本建设计划的建设项目，以及虽未列入本年基本建设计划，但使用以前年度基建计划内结转投资（包括利用基建设备材料）在本年继续施工的建设项目；

(2) 本年基本建设计划内投资与更新改造计划内投资结合安排的新建项目和新增生产能力(或工程效益)达到大中型项目标准的扩建项目，以及为改变生产力布局而进行的全厂性迁建项目；

(3)国有单位既未列入基建计划，也未列入更新改造计划的总投资在50万元以上的新、扩建、恢复项目和为改变生产力布局而进行的全厂性迁建项目，以及行政、事业单位增建业务用房和行政单位增建生活福利设施的项目。

【更新改造投资】 更新改造指企业、事业单位对原有设施进行固定资产更新和技术改造，以及相应配套的工程和有关工作(不包括大修理和维护工程)。包括:(1)列入中央和各级地方本年更新改造计划的项目和虽未列入本年更新改造计划，但使用上年更新改造计划内结转的投产在本年继续施工的项目;(2)本年更新改造计划内投资与基本建设计划内投资结合安排的对企、事业单位原有设施进行技术改造或更新的项目和增建主要生产车间、分厂等其新增生产能力(或工程效益)未达到大中型项目标准的项目，以及由于城市环境保护和安全生产的需要而进行的迁建工作;(3)国有企、事业既未列入基建计划也未列入更新改造计划，总投资在500万元以上的属于改建式更新改造性质的项目，以及由于城市环境保护和安全生产的需要而进行的迁建工程。

【房地产开发投资】 指各种登记注册类型的房地产开发法人单位统一开发的住宅、厂房、仓库、饭店、宾馆、度假村、写字楼、办公楼等房屋建筑物，配套的服务设施，土地开发工程(如道路、给水、排水、供电、供热、通信、平整场地等基础设施工程)和土地购置的投资;不包括单纯的土地开发和交易活动。

【其他固定资产投资】 全社会固定资产投资中未列入基本建设、更新改造和房地产开发投资的建造和购置固定资产的活动。包括:(1)国有单位按规定不纳入基本建设计划和更新改造计划管理，计划总投资或实际需要总投资在50万元以上的工程。(2)城镇集体经济单位固定投资。(3)除国有、城镇集体以外的联营经济、股份制经济、外商投资经济、港澳台投资经济及其他经济类型的企、事业单位建造和购置固定资产其计划总投资在50万元以上的、未列入基本建设计划和更新改造计划的项目。

【新增固定资产】 指在报告期已经完成建造和开发过程并交付使用的房屋和土地开发面积的价值。是房地产开发公司进行开发经营活动的最终成果,即为社会提供的固定资产,而且是在报告期内新增加的。不是反映房地产开发企业本身固定资产的增加。

【建设项目投产率】 指一定时期内全部建成投入生产项目个数占同期正式施工项目个数的比率。它是从项目建设速度的角度反映投资效果的指标。

【商品房销售面积】 指报告期内出售商品房屋的合同总面积（即双方签署的正式买卖合同中所确定的建筑面积）。商品房销售面积由现房销售面积和期房销售面积两部分组成。

【商品房销售额】 指报告期内出售商品房屋的合同总价款（即双方签署的正式买卖合同中所确定的合同总价）。该指标与商品房销售面积同口径，由现房销售额和期房销售额两部分组成。

【项目规划占地面积】 指房地产开发项目规划书载明的相关部门规划的该项目占地面积。

【本年土地购置面积】 指在本年内通过各种方式获得土地使用权的土地面积。

【本年土地成交价款】 指进行土地使用权交易活动的最终金额。在土地一级市场,是指土地最后的划拨款、“招拍挂”价格和出让价;在土地二级市场是指土地转让、出租、抵押等最后确定的合同价格。土地成交价款与土地购置面积同口径,可以计算土地的平均购置价格。

7

建筑业

7-1 主要年份建筑业

指　标	单位	2012 年	2013 年	2014 年	2015 年	2016 年
企业个数	个	331	344	352	344	362
建筑业总产值	**万元**	**2829250**	**3750575**	**4404625**	**3717353**	**3525490**
一、二级企业	万元	2277545	3219796	3947704	3404735	3246890
按构成分						
建筑工程产值	万元	2685345	3603530	4188711	3515093	3287718
安装工程产值	万元	136283	128625	195664	180788	211836
其他产值	万元	7622	18421	20250	21473	25936
按登记注册类型分						
国有企业	万元	771179	1092670	793211	662742	698510
集体企业	万元	10080	18531	29905	7637	11434
有限责任公司	万元	652699	727406	1021153	898011	1020058
股份有限公司	万元	102399	241553	372578	2716209	38617
私营企业	万元	1274610	1638921	2048260	1731402	1686343
港澳台投资企业	万元					
外商投资企业	万元	18283	31494	139518	145941	70530
按建筑行业分(2011)						
房屋建筑业	万元	1967393				
土木工程建筑业	万元	757592				
建筑安装业	万元	42069				
建筑装饰和其他建筑业	万元	62196				
竣工产值	万元	2344996	3067652	3129988	2922459	2723148
房屋施工面积	万平方米	2385	3327	3045	2263	1847
房屋竣工面积	万平方米	948	1330	923	787	661
期末从业人员	人	53864	70894	69295	88766	63199
工程结算收入	万元	2799130	3803254	4406224	3944772	4121375
工程结算利润	万元	176711	174260	257409	238367	238927
利税总额	万元	165473	177330	263319	224349	162658

注:本年度汇总资料均为有工作量的总、专包建筑企业数据。

主要指标

2017 年	2018 年	2019 年	2020 年	2021 年	2022 年
509	509	482	461	460	456
3735159	3859174	4336340	4705855	4981972	5242844
3486065	3564260	3960755	4310048	4467339	4661879
3419064	3506390	3907346	4045148	4306268	4743533
299890	317165	389776	559717	559455	397024
16205	35619	39219	100990	116249	102287
557183	94194	120095	120052	189932	195927
5678	16181	7994	1206	682	
1037727	1678248	1812087	2264294	2257055	2463426
114591	167855	193212	159851	208541	320717
1958159	1890196	2189473	2145791	2309018	2239903
61821	12500	13679	14161	16744	22871
2126586	2351060	2533605	2519869	2910031	3105586
1536009	1432914	2469093	2075359	2002210	2048827
34618	35455	58796	62449	35811	40780
37947	39745	41901	48178	33921	47651
2264803	2342588	2237750	2382792	2938487	2298143
1498	1527	1494	1439	1406	1297
354	502	429	501	615	399
76363	65101	73033	86069	74909	58003
3467181					
202448					
109765					

7-2 建筑业

指 标	企业数(个)	有工作量的企业数	建筑业总产值
总 计	**456**	**398**	**5242844**
一、二级企业	288	253	4661879
按地区分			
市区	395	347	4549085
兴庆区	188	172	2475273
西夏区	15	15	395150
金凤区	192	160	1678663
永宁县	8	6	40270
贺兰县	33	31	558508
灵武市	20	14	94981
按登记注册类型分			
内资企业	455	397	5219973
国有企业	6	5	195927
集体企业	1		
有限责任公司	59	54	2463426
国有独资公司	17	17	1575222
其他有限责任公司	42	37	888204
股份有限公司	1	1	320717
私营企业	388	337	2239903
私营独资企业	2	2	32416
私营有限责任公司	382	331	2187091
私营股份有限公司	4	4	20396
外商投资企业	1	1	22871
中外合资经营企业	1	1	22871

总产值

单位:万元

装配式建筑工程产值	装饰装修产值	在外省完成的产值	建筑工程产值	安装工程产值	其他	竣工产值
10636	**22366**	**1110392**	**4743533**	**397024**	**102287**	**2298143**
4779	18589	1058150	4217354	363717	80808	2157742
10636	21622	803740	4120849	357226	71010	2076242
6550	16074	552683	2139766	310683	24824	1014171
4086	1076	54611	384954	2800	7396	246936
	4472	196446	1596129	43743	38791	815135
		495	39327	943		18435
	745	299550	510979	19460	28069	155486
		6607	72378	19395	3208	47980
10636	22366	1087521	4720662	397024	102287	2298143
		12026	119933	73767	2227	226702
540	4794	787364	2171701	265621	26105	1237830
540	4067	441754	1528773	20344	26105	702666
	727	345610	642928	245276		535164
		55429	320717			1162
10096	17572	232702	2108312	57637	73955	832450
		4831	32270	147		
10096	17572	223998	2055647	57490	73955	831891
		3874	20396			559
		22871	22871			
		22871	22871			

7-2 建筑业

指 标	企业数(个)	有工作量的企业数	建筑业总产值
按国民经济行业分(2017)			
房屋建筑业	234	205	3105586
土木工程建筑业	162	145	2048827
建筑安装业	32	27	40780
建筑装饰、装修和其他建筑业	28	21	47651
按控股情况分			
国有控股	29	27	2332363
集体控股	4	3	52525
私人控股	423	368	2857957
外商控股			
其他			
按企业规模分			
大型	16	16	2775902
中型	102	102	1649733
小型	255	233	790736
微型	83	47	26473
按企业资质等级分			
施工总承包	352	309	5031180
特级	1	1	385592
一级	22	22	2413482
二级	185	161	1679604
三级及以下	144	125	552502
专业承包	104	89	211664
一级	14	14	65171
二级	66	55	118030
三级及以下	24	20	28463

总产值(续表)

单位:万元

装配式建筑工程产值	装饰装修产值	在外省完成的产值	建筑工程产值	安装工程产值	其他	竣工产值
9671	15944	511145	3028971	37428	39187	1473015
		592261	1649368	340950	58509	799817
965		483	23971	16809		13225
	6422	6503	41223	1837	4591	12086
540	4067	751903	1992978	311053	28332	1266493
			44018	8507		52525
10096	18299	358488	2706537	77464	73955	979125
540	4067	918751	2449737	307581	18584	1320627
1010	8501	137148	1579499	33699	36535	738893
8991	8976	54381	692260	52783	45692	233056
95	822	112	22037	2961	1476	5567
9671	16561	1090329	4572731	365225	93224	2231517
		50128	385592			241583
540	4067	744358	2100422	294476	18584	1002315
3274	8717	246957	1577285	47494	54825	859334
5857	3778	48886	509433	23255	19814	128285
965	5805	20063	170802	31799	9063	66626
		11171	48055	12648	4468	14014
965	5805	5536	106000	9100	2930	40496
		3356	16746	10052	1665	12116

7-3 建筑业合同签订及承包工程完成情况

单位:万元

指标	签订的合同额	上年结转合同额	本年新签合同额	直接从建设单位承揽工程完成的产值	自行完成施工产值	分包出去工程的产值	从建设单位以外承揽工程完成的产值
总计	10402012	4388994	6013018	5316281	5206397	109883	36447
一、二级企业	9069021	3748026	5320994	4741812	4633869	107943	28010
按地区分							
市区	9062989	4158025	4904963	4616574	4517947	98626	31138
兴庆区	5379929	2691285	2688644	2464361	2459759	4602	15514
西夏区	679861	277277	402585	393416	393237	179	1914
金凤区	3003198	1189463	1813734	1758797	1664952	93845	13710
永宁县	101127	46448	54678	40270	40270		
贺兰县	999137	113332	885805	554125	553199	926	5309
灵武市	238760	71189	167571	105312	94981	10331	
按登记注册类型分							
内资企业	10287658	4388994	5898664	5201926	5183526	18400	36447
国有企业	265836	59716	206121	195927	195927		
集体企业							
有限责任公司	4851573	1755013	3096561	2463612	2449929	13683	13497
国有独资公司	2857784	1040821	1816963	1573950	1570196	3754	5027
其他有限责任公司	1993789	714191	1279598	889663	879734	9929	8470
股份有限公司	1028084	865251	162833	320717	320717		
私营企业	4142164	1709015	2433149	2221670	2216953	4717	22950
私营独资企业	52456	15061	37395	32819	32416	403	
私营有限责任公司	4047286	1679883	2367403	2168456	2164142	4314	22950
私营股份有限公司	42423	14072	28351	20396	20396		
外商投资企业	114354		114354	114354	22871	91484	
中外合资经营企业	114354		114354	114354	22871	91484	

7-3 建筑业合同签订及承包工程完成情况(续表)

单位:万元

指 标	签订的合同额	上年结转合同额	本年新签合同额	直接从建设单位承揽工程完成的产值	自行完成施工产值	分包出去工程的产值	从建设单位以外承揽工程完成的产值
按国民经济行业分(2017)							
房屋建筑业	5732733	2315742	3416990	3090937	3089363	1574	16224
土木工程建筑业	4539376	2014836	2524540	2137467	2029158	108309	19669
建筑安装业	63483	22265	41218	40226	40226		554
建筑装饰、装修和其他建筑业	66421	36151	30270	47651	47651		
按控股情况分							
国有控股	4547785	1551162	2996623	2331090	2327336	3754	5027
集体控股	105295	19479	85816	60121	52525	7597	
私人控股	5748933	2818353	2930580	2925069	2826537	98533	31420
外商控股							
其他							
按企业规模分							
大型	5805144	2475735	3329409	2869718	2775902	93816	
中型	3196894	1457858	1739036	1647210	1634038	13172	15695
小型	1353247	434899	918348	772911	770157	2754	20578
微型	46727	20502	26225	26442	26300	142	173
按企业资质等级分							
施工总承包	10087796	4300079	5787717	5109227	5000740	108488	30440
特级	759947	515719	244229	385592	385592		
一级	5025288	2075374	2949914	2405011	2405011		8470
二级	3009120	1073385	1935735	1771603	1663660	107943	15944
三级及以下	1293441	635602	657839	547021	546477	545	6026
专业承包	314216	88915	225301	207053	205658	1396	6007
一级	92422	46248	46174	65080	65080		91
二级	182244	37301	144942	114526	114526		3505
三级及以下	39551	5366	34185	27448	26052	1396	2411

7-4 房屋建筑施工面积及竣工面积

单位:平方米

指 标	房屋建筑施工面积	本年新开工面积	房屋建筑竣工面积	住宅房屋	商业及服务用房屋
总 计	**12965145**	**6126564**	**3991203**	**2214626**	**95105**
一、二级企业	12619735	5879366	3955865	2181811	92702
按地区分					
市区	12419478	5897689	3794171	2043265	84138
兴庆区	4997145	1975517	1369360	861076	15180
西夏区	3159811	2423481	919909	248120	1243
金凤区	4262522	1498691	1504902	934069	67715
永宁县	221312	6391	94603	79899	
贺兰县	102798	102798	92684	81717	10967
灵武市	221557	119686	9745	9745	
按登记注册类型分					
内资企业	12965145	6126564	3991203	2214626	95105
国有企业	1765093	1748482	422073		
集体企业					
有限责任公司	6885493	2541548	2374517	1250648	25513
国有独资公司	5318105	1893767	2036910	1071512	1243
其他有限责任公司	1567388	647781	337607	179136	24270
股份有限公司			6910		
私营企业	4314559	1836534	1187703	963978	69592
私营独资企业	111609	111609			
私营有限责任公司	4168369	1690344	1187703	963978	69592
私营股份有限公司	34581	34581			
外商投资企业					
中外合资经营企业					

7-4 房屋建筑施工面积及竣工面积(续表 1)

单位:平方米

指 标	办公用房屋	科研、教育、医疗用房屋	文化、体育、娱乐用房屋	厂房及建筑物	仓库	其他未列明的房屋建筑物
总 计	**46319**	**335319**	**43743**	**675531**	**11103**	**569457**
一、二级企业	46319	335319	43743	675411	11103	569457
按地区分						
市区	46319	335319	43743	660827	11103	569457
兴庆区	9266	155961	31126	289847	3103	3801
西夏区	29519	65512	1830	66629	8000	499056
金凤区	7534	113846	10787	304351		66600
永宁县				14704		
贺兰县						
灵武市						
按登记注册类型分						
内资企业	46319	335319	43743	675531	11103	569457
国有企业		4900		11202		405971
集体企业						
有限责任公司	31575	238640	29388	629306	11103	158344
国有独资公司	31575	231858	7330	592307	8000	93085
其他有限责任公司		6782	22058	36999	3103	65259
股份有限公司			2910	4000		
私营企业	14744	91779	11445	31023		5142
私营独资企业						
私营有限责任公司	14744	91779	11445	31023		5142
私营股份有限公司						
外商投资企业						
中外合资经营企业						

7-4 房屋建筑施工面积及竣工面积(续表 2)

单位:平方米

指 标	房屋建筑施工面积	本年新开工面积	房屋建筑竣工面积	住宅房屋	商业及服务用房屋
按国民经济行业分(2017)					
房屋建筑业	12373189	6018966	3917424	2214626	92666
土木工程建筑业	582749	102387	63576		
建筑安装业	4	4			
建筑装饰、装修和其他建筑业	9203	5207	10203		2439
按控股情况分					
国有控股	7561586	3687756	2498168	1071512	1243
集体控股					
私人控股	5403559	2438808	1493035	1143114	93862
外商控股					
其他					
按企业规模分					
大型	7013358	3664395	2275937	780449	1243
中型	5308311	2116474	1648196	1386844	89000
小型	616892	319111	66620	46883	4862
微型	26584	26584	450	450	
按企业资质等级分					
施工总承包	12761520	5926935	3912807	2214626	92666
特级	1372140	465911	550010	192662	
一级	5262161	2069707	1672051	902931	1243
二级	5781809	3144119	1655408	1086218	89020
三级及以下	345410	247198	35338	32815	2403
专业承包	203625	199629	78396		2439
一级	4	4			
二级	203621	199625	78396		2439
三级及以下					

7-4 房屋建筑施工面积及竣工面积(续表3)

单位:平方米

指 标	办公用房屋	科研、教育、医疗用房屋	文化、体育、娱乐用房屋	厂房及建筑物	仓库	其他未列明的房屋建筑物
按国民经济行业分(2017)						
房屋建筑业	39109	333854	22525	634084	11103	569457
土木工程建筑业	3370		21109	39097		
建筑安装业						
建筑装饰、装修和其他建筑业	3840	1465	109	2350		
按控股情况分						
国有控股	31575	236758	24871	625153	8000	499056
集体控股						
私人控股	14744	98561	18872	50378	3103	70401
外商控股						
其他						
按企业规模分						
大型	31575	236758	27781	629153	8000	560978
中型	10737	97096	15175	42440	3103	3801
小型	4007	1465	787	3938		4678
微型						
按企业资质等级分						
施工总承包	39062	282060	33634	670199	11103	569457
特级		58647		298701		
一级	34945	200762	27781	340918	8000	155471
二级	4117	22651	5853	30460	3103	413986
三级及以下				120		
专业承包	7257	53259	10109	5332		
一级						
二级	7257	53259	10109	5332		
三级及以下						

7-5 房屋建筑竣工价值

单位:万元

指 标	竣工房屋价值	住宅房屋	商业及服务用房屋	办公用房屋
总 计	**830399**	**434375**	**19758**	**8687**
一、二级企业	822488	426790	19566	8687
按地区分				
市区	786050	393699	16585	8687
兴庆区	290887	157704	2493	3912
西夏区	121853	19054	505	2880
金凤区	373309	216941	13587	1895
永宁县	16980	16480		
贺兰县	25566	22393	3173	
灵武市	1803	1803		
按登记注册类型分				
内资企业	830399	434375	19758	8687
国有企业	66637			
集体企业				
有限责任公司	516658	237026	5912	5021
国有独资公司	420850	194567	505	5021
其他有限责任公司	95808	42459	5407	
股份有限公司	1162			
私营企业	245942	197349	13847	3666
私营独资企业				
私营有限责任公司	245942	197349	13847	3666
私营股份有限公司				
外商投资企业				
中外合资经营企业				

7-5 房屋建筑竣工价值(续1)

单位:万元

指 标	科研、教育、医疗用房屋	文化、体育、娱乐用房屋	厂房及建筑物	仓库	其他未列明的房屋建筑物
总 计	**83946**	**19778**	**219575**	**760**	**43520**
一、二级企业	83946	19778	219442	760	43520
按地区分					
市区	83946	19778	219075	760	43520
兴庆区	48911	17665	58535	510	1155
西夏区	10875	1776	70083	250	16431
金凤区	24160	337	90457		25933
永宁县			500		
贺兰县					
灵武市					
按登记注册类型分					
内资企业	83946	19778	219575	760	43520
国有企业	1561		51985		13091
集体企业					
有限责任公司	64147	17329	157707	760	28755
国有独资公司	61583	3869	151714	250	3340
其他有限责任公司	2564	13460	5993	510	25415
股份有限公司		612	550		
私营企业	18238	1837	9333		1673
私营独资企业					
私营有限责任公司	18238	1837	9333		1673
私营股份有限公司					
外商投资企业					
中外合资经营企业					

7-5　房屋建筑竣工价值(续2)

单位:万元

指　标	竣工房屋价值	住宅房屋	商业及服务用房屋	办公用房屋
按国民经济行业分(2017)				
房屋建筑业	803005	434375	19446	6916
土木工程建筑业	26153			1310
建筑安装业				
建筑装饰、装修和其他建筑业	1241		312	461
按控股情况分				
国有控股	504442	194567	505	5021
集体控股				
私人控股	325957	239808	19253	3666
外商控股				
其他				
按企业规模分				
大型	481226	145425	505	5021
中型	335072	278072	18743	3145
小型	14025	10803	510	522
微型	76	76		
按企业资质等级分				
施工总承包	822219	434375	19446	7532
特级	164709	57792		
一级	327419	146973	505	6331
二级	322181	222025	18748	1201
三级及以下	7910	7585	192	
专业承包	8179		312	1155
一级				
二级	8179		312	1155
三级及以下				

7-5 房屋建筑竣工价值(续3)

单位:万元

指标	科研、教育、医疗用房屋	文化、体育、娱乐用房屋	厂房及建筑物	仓库	其他未列明的房屋建筑物
按国民经济行业分(2017)					
房屋建筑业	83694	5770	208524	760	43520
土木工程建筑业		13997	10846		
建筑安装业					
建筑装饰、装修和其他建筑业	252	11	205		
按控股情况分					
国有控股	63144	15754	208770	250	16431
集体控股					
私人控股	20802	4024	10806	510	27088
外商控股					
其他					
按企业规模分					
大型	63144	16366	209320	250	41195
中型	20550	3245	9653	510	1155
小型	252	167	603		1169
微型					
按企业资质等级分					
施工总承包	77988	19597	219002	760	43520
特级	17573		89344		
一级	52878	16366	75507	250	28609
二级	7537	3231	54018	510	14911
三级及以下			134		
专业承包	5958	181	573		
一级					
二级	5958	181	573		
三级及以下					

7-6 建筑业企业自有施工机械设备及劳动人员情况

指　标	年末自有施工机械设备净值(万元)	年末自有施工机械设备总台数(台)	年末自有施工机械设备总功率(千瓦)	从事建筑业活动的平均人数(人)	期末从业人员数(人)	工程技术人员(人)
总　计	**37889**	**7079**	**184485**	**115540**	**58003**	**16165**
一、二级企业	33694	6553	171872	101491	49898	14332
按地区分						
市区	29688	6070	144394	103040	49248	14826
兴庆区	15560	3381	77485	49308	26596	8830
西夏区	508	434	5412	5992	5657	1428
金凤区	13620	2255	61497	47740	16995	4568
永宁县				773	704	182
贺兰县	8061	990	39175	7499	5398	793
灵武市	140	19	916	4228	2653	364
按登记注册类型分						
内资企业	37889	7079	184485	115112	57571	16103
国有企业	4077	423	9319	2700	2661	938
集体企业						
有限责任公司	16267	4348	82165	38295	17089	5304
国有独资公司	7355	1675	38622	24971	9933	3460
其他有限责任公司	8912	2673	43543	13324	7156	1844
股份有限公司	2023	111	12205	2200	1581	591
私营企业	15522	2197	80796	71917	36240	9270
私营独资企业				240	131	26
私营有限责任公司	15522	2197	80796	71160	35600	9178
私营股份有限公司				517	509	66
外商投资企业				428	432	62
中外合资经营企业				428	432	62

7-6 建筑业企业自有施工机械设备及劳动人员情况(续表)

指　标	年末自有施工机械设备净值(万元)	年末自有施工机械设备总台数(台)	年末自有施工机械设备总功率(千瓦)	从事建筑业活动的平均人数(人)	期末从业人员数(人)	工程技术人员(人)
按国民经济行业分(2017)						
房屋建筑业	13854	2853	81882	79237	38266	10529
土木工程建筑业	24007	4130	102367	33964	18321	5255
建筑安装业	4	38	9	1134	840	202
建筑装饰、装修和其他建筑业	26	58	227	1205	576	179
按控股情况分						
国有控股	18732	3936	80986	33134	15245	5339
集体控股				808	774	147
私人控股	19157	3143	103499	81598	41984	10679
外商控股						
其他						
按企业规模分						
大型	16999	2544	79023	44849	26856	9009
中型	14423	3048	73543	48258	18600	3908
小型	5918	1297	28766	21133	11617	3030
微型	549	190	3153	1300	930	218
按企业资质等级分						
施工总承包	34985	6834	179589	110372	54273	15255
特级	520	16	640	8200	844	696
一级	16771	3288	88849	38438	23000	7915
二级	16152	3142	81287	50704	23047	4952
三级及以下	1542	388	8813	13030	7382	1692
专业承包	2904	245	4896	5168	3730	910
一级	1	4	3	1493	854	275
二级	250	103	1093	2656	2153	494
三级及以下	2654	138	3800	1019	723	141

7-7　建筑业企业财务状况

单位:万元

指　标	年初存货	资产总计	流动资产合计	应收账款	应收工程款	存货
总　计	**681858**	**6750982**	**5921763**	**2350412**	**1813772**	**713342**
一、二级企业	605222	6229118	5458006	2135065	1645628	632228
按地区分						
市区	554973	5805325	5072884	1968674	1647885	573659
兴庆区	280013	3176028	2873667	995851	804437	297499
西夏区	6113	388898	367693	193515	187019	6464
金凤区	268847	2240400	1831524	779309	656429	269697
永宁县	11983	206839	194181	108305	96369	27892
贺兰县	72913	565278	503933	243433	52257	79607
灵武市	41989	173540	150765	30000	17262	32184
按登记注册类型分						
内资企业	679408	6563426	5743121	2251666	1715026	711325
国有企业	4475	141137	133651	102221	99850	3087
集体企业						
有限责任公司	267297	3494527	3176834	944542	603952	297342
国有独资公司	55293	1542036	1352097	481300	229870	98823
其他有限责任公司	212004	1952491	1824738	463242	374082	198519
股份有限公司	967	360643	219706	107402	107068	7079
私营企业	406669	2567119	2212930	1097501	904156	403817
私营独资企业	1946	9103	8724	4187	4187	1723
私营有限责任公司	404413	2335244	2116454	1073806	892507	401795
私营股份有限公司	310	222773	87751	19508	7462	298
外商投资企业	2450	187556	178642	98746	98746	2017
中外合资经营企业	2450	187556	178642	98746	98746	2017

7-7 建筑业企业财务状况(续表 1)

单位:万元

指　标	固定资产减值准备	固定资产原价	房屋和购筑物	机器设备
总　计	2217	545793	167520	152567
一、二级企业	1765	495971	160964	132437
按地区分				
市区	1360	469666	156618	134736
兴庆区	662	215000	57492	78491
西夏区	21	12042	2680	2206
金凤区	677	242624	96447	54039
永宁县		8318	5270	2601
贺兰县	857	57245	5320	12421
灵武市		10564	312	2809
按登记注册类型分				
内资企业	2217	508089	167520	152567
国有企业		8233	3716	173
集体企业				
有限责任公司	725	224545	72448	78645
国有独资公司	725	115467	30755	31999
其他有限责任公司		109078	41693	46646
股份有限公司	295	30538	21250	7960
私营企业	1198	244772	70106	65789
私营独资企业		457	111	346
私营有限责任公司	1198	203817	32180	63755
私营股份有限公司		40498	37814	1689
外商投资企业		37705		
中外合资经营企业		37705		

7-7　建筑业企业财务状况(续表2)

单位:万元

指　标	年初存货	资产总计	流动资产合计	应收账款	应收工程款	存货
按国民经济行业分(2017)						
房屋建筑业	416540	3861993	3555235	1464463	1021894	421883
土木工程建筑业	234780	2714931	2209847	812437	734328	277143
建筑安装业	14402	111333	102852	50528	45238	9482
建筑装饰、装修和其他建筑业	16137	62725	53829	22984	12314	4835
按控股情况分						
国有控股	65914	2287628	2018763	681419	423743	108619
集体控股	8818	84914	74770	35939	35939	9582
私人控股	607126	4378440	3828230	1633054	1354091	595141
外商控股						
按企业规模分						
大型	107973	2780143	2426712	917771	684517	154706
中型	387681	2767614	2437328	943894	746199	363758
小型	165488	1065001	934016	433964	349649	173923
微型	20717	138224	123708	54783	33408	20955
按企业资质等级分						
施工总承包	634594	6211685	5593963	2215283	1710071	683301
特级	8455	650090	536854	231043	61502	8753
一级	155102	2200395	1939681	722684	596256	194732
二级	397529	2904395	2705548	1069623	904157	402666
三级及以下	73508	456805	411880	191934	148156	77151
专业承包	47264	539297	327800	135129	103701	30041
一级	17706	89341	76644	40946	27591	5475
二级	26430	384897	199279	70769	56122	20604
三级及以下	3128	65059	51877	23413	19989	3962

7-7　建筑业企业财务状况(续表3)

单位:万元

指　标	固定资产减值准备	固定资产原价	房屋和购筑物	机器设备
按国民经济行业分(2017)				
房屋建筑业	1361	213036	41598	50693
土木工程建筑业	856	313036	120601	95431
建筑安装业		12285	2733	5045
建筑装饰、装修和其他建筑业		7436	2589	1398
按控股情况分				
国有控股	725	177289	59598	58222
集体控股		13363	3935	7156
私人控股	1493	355140	103987	87189
外商控股				
按企业规模分				
大型	674	197452	56897	53777
中型	401	191194	87921	39629
小型	1143	143587	22214	52871
微型		13560	488	6290
按企业资质等级分				
施工总承包	2167	439213	116251	129396
特级	523	37436	1	771
一级	176	155470	65114	57318
二级	1016	210604	46805	56657
三级及以下	452	35703	4331	14651
专业承包	51	106580	51269	23171
一级		6504	695	2674
二级	51	85956	48348	15018
三级及以下		14120	2225	5479

7-7 建筑业企业财务状况(续表 4)

单位:万元

指 标	累计折旧	本年折旧	在建工程	无形资产	土地使用权
总 计	**272457**	**36092**	**17425**	**33990**	**19678**
一、二级企业	245362	29549	6692	32453	19673
按地区分					
市区	235461	29396	12477	27376	16717
兴庆区	114433	15359	2352	15706	8383
西夏区	7644	437		3391	1839
金凤区	113384	13600	10125	8278	6495
永宁县	5067	669		302	302
贺兰县	26136	4686	223	6236	2659
灵武市	5793	1341	4725	77	
按登记注册类型分					
内资企业	242317	36092	17425	33641	19678
国有企业	3158	851		80	
集体企业					
有限责任公司	118259	11207	3364	19031	17141
国有独资公司	56250	4223	2880	9658	8784
其他有限责任公司	62009	6984	484	9374	8357
股份有限公司	7649	1948	29	785	
私营企业	113251	22086	14032	13745	2537
私营独资企业	185	59	101	1	
私营有限责任公司	100645	20092	13931	11767	575
私营股份有限公司	12421	1936		1977	1962
外商投资企业	30141			349	
中外合资经营企业	30141			349	

7-7 建筑业企业财务状况(续表5)

单位:万元

指　标	负债合计	流动负债合计	应付账款	非流动负债合计	所有者权益合计	实收资本	个人资本
总　计	**5053994**	**4904942**	**2300276**	**118303**	**1696988**	**1150388**	**280652**
一、二级企业	4722462	4585090	2166227	115423	1506657	996179	248126
按地区分							
市区	4297452	4164300	2031222	102414	1507874	1003536	242649
兴庆区	2532442	2474571	1219814	49380	643586	491083	120236
西夏区	307978	295064	161401	11513	80920	42434	6862
金凤区	1457032	1394665	650007	41521	783367	470019	115552
永宁县	176201	164047	2331	12154	30638	25067	7186
贺兰县	451470	448043	198293	3421	113807	87723	14553
灵武市	128871	128552	68430	314	44669	34062	16264
按登记注册类型分							
内资企业	4947973	4798921	2259924	118303	1615454	1120388	280652
国有企业	85272	85272	28408		55865	6705	
集体企业							
有限责任公司	2953901	2867623	1299283	84779	540626	408333	45212
国有独资公司	1305918	1245118	690270	60800	236118	177791	
其他有限责任公司	1647983	1622506	609013	23979	304508	230542	45212
股份有限公司	233265	227768	119242	5496	127379	47230	6925
私营企业	1675535	1618258	812991	28028	891584	658120	228515
私营独资企业	7246	6746	3782	500	1857	1718	1718
私营有限责任公司	1616561	1564633	786432	22678	718683	636938	212033
私营股份有限公司	51729	46879	22777	4850	171043	19465	14765
外商投资企业	106021	106021	40352		81535	30000	
中外合资经营企业	106021	106021	40352		81535	30000	

7-7 建筑业企业财务状况(续表 6)

单位:万元

指 标	累计折旧	本年折旧	在建工程	无形资产	土地使用权
按国民经济行业分(2017)					
房屋建筑业	103489	16217	15943	11105	5968
土木工程建筑业	157274	18592	462	21840	13113
建筑安装业	7967	587	91	1	
建筑装饰、装修和其他建筑业	3728	695	929	1044	598
按控股情况分					
国有控股	87060	7506	2880	17706	16169
集体控股	6169	1091		188	
私人控股	179228	27494	14545	16097	3509
外商控股					
按企业规模分					
大型	106097	5452	353	16929	15079
中型	81243	14306	8373	12741	3628
小型	77554	15150	8577	4227	921
微型	7563	1185	122	93	50
按企业资质等级分					
施工总承包	227825	25890	13849	29603	16028
特级	15028	69		2559	2396
一级	82389	6957	1345	14238	12894
二级	111462	13673	1771	11279	734
三级及以下	18946	5191	10734	1528	5
专业承包	44632	10202	3576	4387	3650
一级	3976	1137	91	159	122
二级	32507	7713	3485	4218	3528
三级及以下	8149	1351		10	

7-7 建筑业企业财务状况(续表 7)

单位:万元

指　标	负债合计	流动负债合计	应付账款	非流动负债合计	所有者权益合计	实收资本	个人资本
按国民经济行业分(2017)							
房屋建筑业	3136923	3051672	1316363	64705	725070	582192	119848
土木工程建筑业	1816010	1754154	949316	53435	898921	511685	138407
建筑安装业	55849	54076	23804	29	55484	41042	16684
建筑装饰、装修和其他建筑业	45212	45042	10793	135	17513	15469	5713
按控股情况分							
国有控股	1899518	1827219	1039690	72298	388110	247529	
集体控股	74227	72564	18188	164	10687	7700	
私人控股	3080249	3005159	1242397	45841	1298191	895160	280652
外商控股							
按企业规模分							
大型	2276162	2206449	1242011	69713	503981	279636	24175
中型	2015733	1982833	743755	32181	751881	478632	121202
小型	682358	636073	278262	16404	382644	336963	117602
微型	79741	79588	36248	5	58483	55157	17674
按企业资质等级分							
施工总承包	4813201	4679899	2207246	109606	1398484	1040309	237874
特级	548365	537289	230899	11076	101725	76696	
一级	1800379	1733662	1116482	66616	400017	273534	42175
二级	2174172	2123603	736980	30253	730223	556364	167650
三级及以下	290286	285345	122886	1662	166519	133714	28049
专业承包	240793	225043	93030	8697	298504	110079	42778
一级	52151	52120	22487	30	37191	31990	14757
二级	147396	138415	59379	7448	237501	57595	23543
三级及以下	41247	34508	11164	1219	23813	20495	4478

7-7　建筑业企业财务状况(续表 8)

单位:万元

指　标	营业收入	主营业务收入	营业成本	主营业务成本	税金及附加	主营业务税金及附加	其他业务利润
总　计	5451000	5368509	5063368	4964975	22628	21408	4053
一、二级企业	4874431	4820257	4528596	4460472	20191	19625	3723
按地区分							
市区	4654004	4573272	4306130	4209548	19890	18849	3800
兴庆区	2469925	2436952	2318777	2271639	9387	9038	1002
西夏区	351526	351500	332914	327271	1636	1628	14
金凤区	1832553	1784820	1654439	1610638	8868	8184	2784
永宁县	32044	31695	29605	29414	465	372	107
贺兰县	585055	583670	557913	556293	1688	1641	146
灵武市	179897	179872	169720	169720	585	546	
按登记注册类型分							
内资企业	5335945	5254155	5000942	4902549	21871	20652	4216
国有企业	98132	98132	91256	85193	713	713	
集体企业							
有限责任公司	2596584	2584435	2462685	2441510	9611	9294	1363
国有独资公司	1626032	1618733	1565025	1547496	5940	5855	442
其他有限责任公司	970553	965703	897660	894014	3671	3439	921
股份有限公司	306189	306089	250212	250191	1100	1100	35
私营企业	2335040	2265498	2196789	2125656	10448	9545	2817
私营独资企业	25603	25603	24410	24410	112	112	
私营有限责任公司	2258888	2206846	2132142	2076605	9610	8741	2817
私营股份有限公司	50549	33050	40236	24641	726	692	
外商投资企业	115056	114354	62426	62426	756	756	-163
中外合资经营企业	115056	114354	62426	62426	756	756	-163

7-7 建筑业企业财务状况(续表 9)

单位:万元

指　标	营业收入	主营业务收入	营业成本	主营业务成本	税金及附加	主营业务税金及附加	其他业务利润
按国民经济行业分(2017)							
房屋建筑业	3101620	3061556	2966842	2915529	12392	11765	2308
土木工程建筑业	2237900	2198647	1996828	1952114	9819	9277	1279
建筑安装业	64546	62489	56662	55098	221	171	243
建筑装饰、装修和其他建筑业	46935	45816	43036	42234	195	195	223
按控股情况分							
国有控股	2286560	2276705	2175491	2149683	8166	7890	793
集体控股	73973	73440	66251	65789	564	564	
私人控股	3090468	3018364	2821626	2749503	13897	12954	3260
外商控股							
按企业规模分							
大型	2716130	2712165	2510316	2497303	10049	9857	685
中型	1919508	1909687	1800484	1786550	8840	8486	2629
小型	750014	739022	687640	673466	3472	2939	740
微型	65348	7635	64927	7656	268	127	-1
按企业资质等级分							
施工总承包	5190991	5119553	4833270	4746285	20974	19842	3899
特级	766871	766871	738024	737985	2422	2422	
一级	1949719	1945848	1822825	1810372	7273	7081	1171
二级	1931350	1892098	1766162	1721938	8974	8639	2397
三级及以下	543051	514737	506259	475990	2305	1700	331
专业承包	260009	248956	230098	218690	1654	1566	154
一级	63490	55523	57268	48998	283	243	1
二级	163001	159917	144317	141179	1239	1239	154
三级及以下	33518	33516	28513	28513	132	83	

7-7 建筑业企业财务状况(续表 10)

单位:万元

指　标	销售费用	管理费用	研发费用	财务费用	利息收入	利息支出	资产减值损失	公允价值变动收益	投资收益	其他收益
总　计	7218	193550	33794	20564	2857	16792	-9714		-1534	1465
一、二级企业	6007	159024	30782	19742	3141	16208	-9607		-1554	1444
按地区分										
市区	6997	165257	30295	19233	2454	16612	-9213		-2496	1460
兴庆区	3831	77479	21377	9742	1312	7219	-7433		-3975	955
西夏区	3	8272	1299	801	174	811	135		95	13
金凤区	3163	79506	7618	8690	967	8582	-1916		1384	492
永宁县	6	934		130						
贺兰县	214	20218	3499	1759	1299	152	-685		479	1
灵武市	1	7142		-558	-895	28	184		483	4
按登记注册类型分										
内资企业	7218	190008	33794	19945	2857	16792	-9714		-1534	1465
国有企业	2	2532	36	224	39	233	-190			20
集体企业										
有限责任公司	123	71312	25166	9041	2058	5909	-5626		-3090	310
国有独资公司	91	36066	9368	5641	1903	4279	-1822		542	158
其他有限责任公司	33	35246	15798	3400	155	1631	-3804		-3632	152
股份有限公司	2628	11346	5372	3256	694	3222	-5400		391	962
私营企业	4464	104818	3220	7424	66	7428	1503		1165	174
私营独资企业		726		54						
私营有限责任公司	4318	96934	2915	7122	-677	6614	35		92	1
私营股份有限公司	146	7158	305	249	743	814	1468		1073	173
外商投资企业		3542		619						
中外合资经营企业		3542		619						

7-7 建筑业企业财务状况(续表11)

单位:万元

指　标	销售费用	管理费用	研发费用	财务费用			资产减值损失	公允价值变动收益	投资收益	其他收益
					利息收入	利息支出				
按国民经济行业分(2017)										
房屋建筑业	1220	89926	7543	10348	1596	8055	-2043		559	141
土木工程建筑业	5728	94424	25414	9017	1344	8088	-5643		-2093	1322
建筑安装业	231	5557	535	776	0	253	-1973			3
建筑装饰、装修和其他建筑业	40	3643	302	422	-83	396	-55			
按控股情况分										
国有控股	93	51753	25063	9026	2547	5906	-2958		-3837	319
集体控股		5738		-23	41		-886		317	7
私人控股	7125	136059	8731	11561	270	10886	-5870		1986	1139
外商控股										
按企业规模分										
大型	2425	54953	26833	12140	2994	8640	-6856		-3365	1004
中型	2690	77972	4631	5197	-74	5943	-2683		1741	440
小型	1988	54147	2206	3130	-62	2102	-210		89	19
微型	115	6479	124	97	-2	107	35			2
按企业资质等级分										
施工总承包	6608	166288	32518	19446	2269	15149	-11042		-2599	1273
特级		13511	4647	3331	1308	1881	-759		490	72
一级	2425	45418	22185	10184	1705	7969	-8071		-3846	927
二级	3128	77911	2903	5323	-533	4923	-2105		737	253
三级及以下	1055	29446	2783	608	-211	377	-107		20	21
专业承包	610	27263	1276	1118	588	1642	1328		1065	192
一级	232	5874	605	97	-83	57	-55			2
二级	222	16309	442	807	744	1379	1383		1065	190
三级及以下	156	5079	229	214	-73	207				

7-7 建筑业企业财务状况(续表 12)

单位:万元

指 标	营业利润	营业外收入	营业外支出	利润总额	所得税费用	应付职工薪酬(本年贷方累计发生额)	应交增值税(本期累计发生额)	在境外完成的营业收入	亏损企业数(个)
总 计	112625	8955	9340	112241	22246	339024	133381	14550	124
一、二级企业	105613	8096	7771	105938	20783	292177	117672	14550	75
按地区分									
市区	106301	7945	7314	106933	21006	281395	119536	14550	107
兴庆区	41326	5614	3374	43566	7703	159779	53561	14112	49
西夏区	11585	523	402	11706	3054	21161	6648		6
金凤区	53390	1809	3539	51661	10250	100455	59328	438	52
永宁县	1052	2	94	960	6	7646	782		2
贺兰县	1593	897	1229	1261	644	37481	7170		11
灵武市	3679	111	702	3088	590	12502	5893		4
按登记注册类型分									
内资企业	87042	8926	9322	86647	18878	331071	128187	14550	124
国有企业	10095	239	1	10333	2737	1152	472		
集体企业									
有限责任公司	21154	5593	3514	23232	6361	165698	58129	6044	11
国有独资公司	13528	1858	1688	13698	4019	102903	36352		2
其他有限责任公司	7626	3734	1826	9534	2342	62795	21777	6044	9
股份有限公司	33605	40	170	33474	4848	15472	5785	8061	
私营企业	22189	3055	5637	19608	4931	148749	63801	445	113
私营独资企业	301	45	238	109	41	514	274		
私营有限责任公司	17141	2998	5385	14755	4168	144855	62326	445	112
私营股份有限公司	4747	12	15	4745	722	3380	1202		1
外商投资企业	25583	29	18	25594	3368	7953	5194		
中外合资经营企业	25583	29	18	25594	3368	7953	5194		

7-7 建筑业企业财务状况(续表13)

单位:万元

指　标	营业利润	营业外收入	营业外支出	利润总额	所得税费用	应付职工薪酬(本年贷方累计发生额)	应交增值税(本期累计发生额)	在境外完成的营业收入	亏损企业数(个)
按国民经济行业分(2017)									
房屋建筑业	27313	3879	5012	26179	8333	180328	68647	438	54
土木工程建筑业	86561	2584	4056	85090	13680	149131	61099	14105	44
建筑安装业	-981	2300	255	1064	78	5856	2484		11
建筑装饰、装修和其他建筑业	-268	193	18	-92	156	3710	1152	7	15
按控股情况分									
国有控股	27994	2461	2071	28384	8071	137076	44010	6044	2
集体控股	881	19	11	888	149	12158	6938		
私人控股	83751	6476	7258	82969	14026	189790	82434	8506	122
外商控股									
按企业规模分									
大型	80161	2425	2482	80104	14777	168182	51378	14105	
中型	31933	4281	4702	31512	6174	93634	57454	438	9
小型	6096	1536	1710	5922	1198	70101	22874	7	82
微型	-5565	714	447	-5297	97	7108	1675		33
按企业资质等级分									
施工总承包	107705	7684	8728	106662	20967	316976	126166	14543	84
特级	4514	928	539	4904	1890	33032	12253		
一级	39697	3509	1691	41515	7215	137778	36145	14105	2
二级	55911	2413	5093	53231	10534	104225	63233	438	44
三级及以下	7583	833	1405	7012	1328	41942	14535		38
专业承包	4920	1272	613	5579	1279	22048	7215	7	40
一级	366	685	66	985	249	5947	2174	7	2
二级	5125	561	382	5304	895	11196	3867		27
三级及以下	-570	26	164	-709	135	4905	1174		11

7-8 建筑业

指 标	企业数（个）	有工作量的企业数	建筑业总产值	装配式建筑工程产值
总 计	**395**	**347**	**4549085**	**10636**
一、二级企业	254	226	4069263	4779
按地区分				
兴庆区	188	172	2475273	6550
西夏区	15	15	395150	4086
金凤区	192	160	1678663	
按登记注册类型分				
内资企业	394	346	4526214	10636
国有企业	6	5	195927	
有限责任公司	48	44	1939456	540
国有独资公司	14	14	1146917	540
其他有限责任公司	34	30	792538	
股份有限公司	1	1	320717	
私营企业	339	296	2070115	10096
私营独资企业	1	1	26953	
私营有限责任公司	334	291	2022767	10096
私营股份有限公司	4	4	20396	
外商投资企业	1	1	22871	
中外合资经营企业	1	1	22871	

总产值(市区)

单位:万元

装饰装修产值	在外省完成的产值	建筑工程产值	安装工程产值	其他产值	竣工产值
21622	803740	4120849	357226	71010	2076242
17844	756238	3685966	325148	58148	1964906
16074	552683	2139766	310683	24824	1014171
1076	54611	384954	2800	7396	246936
4472	196446	1596129	43743	38791	815135
21622	780869	4097978	357226	71010	2076242
	12026	119933	73767	2227	226702
4794	487284	1703036	228250	8170	1072564
4067	146642	1136525	2222	8170	631408
727	340642	566511	226028		441157
	55429	320717			1162
16828	226130	1954292	55210	60613	775815
	4831	26953			
16828	217425	1906944	55210	60613	775256
	3874	20396			559
	22871	22871			
	22871	22871			

7-8 建筑业

指 标	企业数（个）	有工作量的企业数	建筑业总产值	装配式建筑工程产值
按国民经济行业分(2017)				
房屋建筑业	195	174	2514934	9671
土木工程建筑业	140	125	1945720	
建筑安装业	32	27	40780	965
建筑装饰、装修和其他建筑业	28	21	47651	
按控股情况分				
国有控股	24	23	1894103	540
集体控股	2	2	43879	
私人控股	369	322	2611103	10096
外商控股				
其他				
按企业规模分				
大型	14	14	2350866	540
中型	91	91	1530940	1010
小型	216	201	648838	8991
微型	74	41	18441	95
按企业资质等级分				
施工总承包	298	265	4357660	9671
特级	1	1	385592	
一级	21	21	2001543	540
二级	156	139	1510545	3274
三级及以下	120	104	459980	5857
专业承包	97	82	191425	965
一级	14	14	65171	
二级	62	51	106413	965
三级及以下	21	17	19842	

总产值(市区)(续表)

单位:万元

装饰装修产值	在外省完成的产值	建筑工程产值	安装工程产值	其他产值	竣工产值
15200	213944	2485697	18904	10333	1321579
	582810	1569957	319676	56087	729352
	483	23971	16809		13225
6422	6503	41223	1837	4591	12086
4067	456792	1590775	292931	10397	1185280
		41524	2355		43879
17555	346948	2488549	61941	60613	847083
4067	619167	2073855	276362	649	1217963
7756	134820	1467113	27292	36535	650112
8976	49641	564933	51555	32350	202601
822	112	14947	2018	1476	5567
15817	785892	3966188	327102	64369	2010615
	50128	385592			241583
4067	449247	1724540	276354	649	931057
7972	240157	1431225	27989	51331	738149
3778	46361	424832	22759	12390	99827
5805	17848	154660	30124	6641	65628
	11171	48055	12648	4468	14014
5805	5536	96555	8157	1700	40104
	1141	10050	9319	472	11510

7-9 建筑业合同签订及承包工程完成情况(市区)

单位:万元

指 标	签订的合同额	上年结转合同额	本年新签合同额	直接从建设单位承揽工程完成的产值	自行完成施工产值	分包出去工程的产值	从建设单位以外承揽工程完成的产值
总 计	**9062989**	**4158025**	**4904963**	**4616574**	**4517947**	**98626**	**31138**
一、二级企业	7944102	3554036	4390066	4142295	4044281	98014	24982
按地区分							
兴庆区	5379929	2691285	2688644	2464361	2459759	4602	15514
西夏区	679861	277277	402585	393416	393237	179	1914
金凤区	3003198	1189463	1813734	1758797	1664952	93845	13710
按登记注册类型分							
内资企业	8948634	4158025	4790609	4502219	4495076	7143	31138
国有企业	265836	59716	206121	195927	195927		
有限责任公司	3856143	1628977	2227166	1929713	1925959	3754	13497
国有独资公司	2075733	1025708	1050025	1145645	1141891	3754	5027
其他有限责任公司	1780410	603269	1177141	784068	784068		8470
股份有限公司	1028084	865251	162833	320717	320717		
私营企业	3798571	1604082	2194490	2055862	2052474	3389	17641
私营独资企业	39063	15061	24002	26953	26953		
私营有限责任公司	3717086	1574949	2142137	2008514	2005126	3389	17641
私营股份有限公司	42423	14072	28351	20396	20396		
外商投资企业	114354		114354	114354	22871	91484	
中外合资经营企业	114354		114354	114354	22871	91484	

7-9 建筑业合同签订及承包工程完成情况(市区)(续表)

单位:万元

指 标	签订的合同额	上年结转合同额	本年新签合同额	直接从建设单位承揽工程完成的产值	自行完成施工产值	分包出去工程的产值	从建设单位以外承揽工程完成的产值
按国民经济行业分(2017)							
房屋建筑业	4682438	2147014	2535424	2502145	2500973	1172	13961
土木工程建筑业	4250647	1952595	2298051	2026552	1929097	97455	16623
建筑安装业	63483	22265	41218	40226	40226		554
建筑装饰、装修和其他建筑业	66421	36151	30270	47651	47651		
按控股情况分							
国有控股	3749878	1535648	2214231	1892831	1889077	3754	5027
集体控股	74065	6211	67854	43879	43879		
私人控股	5239045	2616166	2622879	2679864	2584991	94872	26111
外商控股							
其他							
按企业规模分							
大型	5046708	2433881	2612827	2442350	2350866	91484	
中型	2909554	1358616	1550938	1522693	1517118	5575	13822
小型	1075215	358411	716804	633121	631695	1426	17143
微型	31511	7117	24395	18410	18268	142	173
按企业资质等级分							
施工总承包	8786564	4079653	4706911	4428358	4330202	98156	27458
特级	759947	515719	244229	385592	385592		
一级	4314346	2064926	2249420	1993072	1993072		8470
二级	2618390	897976	1720414	1594489	1496475	98014	14070
三级及以下	1093881	601032	492849	455205	455063	142	4917
专业承包	276425	78373	198052	188215	187745	470	3680
一级	92422	46248	46174	65080	65080		91
二级	158997	29167	129830	104062	104062		2351
三级及以下	25006	2958	22048	19073	18603	470	1239

7-10 房屋建筑施工面积及竣工面积(市区)

单位:平方米

指　标	房屋建筑施工面积	本年新开工面积	房屋建筑竣工面积	住宅房屋	商业及服务用房屋
总　计	**12419478**	**5897689**	**3794171**	**2043265**	**84138**
一、二级企业	12266943	5770177	3768578	2020195	81735
按地区分					
兴庆区	4997145	1975517	1369360	861076	15180
西夏区	3159811	2423481	919909	248120	1243
金凤区	4262522	1498691	1504902	934069	67715
按登记注册类型分					
内资企业	12419478	5897689	3794171	2043265	84138
国有企业	1765093	1748482	422073		
有限责任公司	6664001	2508973	2187230	1089032	14546
国有独资公司	5318105	1893767	2036910	1071512	1243
其他有限责任公司	1345896	615206	150320	17520	13303
股份有限公司			6910		
私营企业	3990384	1640234	1177958	954233	69592
私营独资企业					
私营有限责任公司	3955803	1605653	1177958	954233	69592
私营股份有限公司	34581	34581			
外商投资企业					
中外合资经营企业					

7-10 房屋建筑施工面积及竣工面积(市区)(续1)

单位:平方米

指　标	房屋建筑竣工面积					
	办公用房屋	科研、教育、医疗用房屋	文化、体育、娱乐用房屋	厂房及建筑物	仓库	其他未列明的房屋建筑物
总　计	**46319**	**335319**	**43743**	**660827**	**11103**	**569457**
一、二级企业	46319	335319	43743	660707	11103	569457
按地区分						
兴庆区	9266	155961	31126	289847	3103	3801
西夏区	29519	65512	1830	66629	8000	499056
金凤区	7534	113846	10787	304351		66600
按登记注册类型分						
内资企业	46319	335319	43743	660827	11103	569457
国有企业		4900		11202		405971
有限责任公司	31575	238640	29388	614602	11103	158344
国有独资公司	31575	231858	7330	592307	8000	93085
其他有限责任公司		6782	22058	22295	3103	65259
股份有限公司			2910	4000		
私营企业	14744	91779	11445	31023		5142
私营独资企业						
私营有限责任公司	14744	91779	11445	31023		5142
私营股份有限公司						
外商投资企业						
中外合资经营企业						

7-10 房屋建筑施工面积及竣工面积(市区)(续2)

单位:平方米

指 标	房屋建筑施工面积	本年新开工面积	房屋建筑竣工面积	住宅房屋	商业及服务用房屋
按国民经济行业分(2017)					
房屋建筑业	11884158	5820723	3720392	2043265	81699
土木工程建筑业	526113	71755	63576		
建筑安装业	4	4			
建筑装饰、装修和其他建筑业	9203	5207	10203		2439
按控股情况分					
国有控股	7561586	3687756	2498168	1071512	1243
集体控股					
私人控股	4857892	2209933	1296003	971753	82895
外商控股					
其他					
按企业规模分					
大型	7013358	3664395	2275937	780449	1243
中型	5067021	2064101	1460909	1225228	78033
小型	338699	168793	56875	37138	4862
微型	400	400	450	450	
按企业资质等级分					
施工总承包	12246485	5728692	3715775	2043265	81699
特级	1372140	465911	550010	192662	
一级	5262161	2069707	1672051	902931	1243
二级	5459649	3065562	1468121	924602	78053
三级及以下	152535	127512	25593	23070	2403
专业承包	172993	168997	78396		2439
一级	4	4			
二级	172989	168993	78396		2439
三级及以下					

7-10 房屋建筑施工面积及竣工面积(市区)(续3)

单位:平方米

指 标	房屋建筑竣工面积					
	办公用房屋	科研、教育、医疗用房屋	文化、体育、娱乐用房屋	厂房及建筑物	仓库	其他未列明的房屋建筑物
按国民经济行业分(2017)						
房屋建筑业	39109	333854	22525	619380	11103	569457
土木工程建筑业	3370		21109	39097		
建筑安装业						
建筑装饰、装修和其他建筑业	3840	1465	109	2350		
按控股情况分						
国有控股	31575	236758	24871	625153	8000	499056
集体控股						
私人控股	14744	98561	18872	35674	3103	70401
外商控股						
其他						
按企业规模分						
大型	31575	236758	27781	629153	8000	560978
中型	10737	97096	15175	27736	3103	3801
小型	4007	1465	787	3938		4678
微型						
按企业资质等级分						
施工总承包	39062	282060	33634	655495	11103	569457
特级		58647		298701		
一级	34945	200762	27781	340918	8000	155471
二级	4117	22651	5853	15756	3103	413986
三级及以下				120		
专业承包	7257	53259	10109	5332		
一级						
二级	7257	53259	10109	5332		
三级及以下						

7-11 房屋建筑竣工价值(市区)

单位:万元

指　标	竣工房屋价值	住宅房屋	商业及服务用房屋	办公用房屋
总　计	**786050**	**393699**	**16585**	**8687**
一、二级企业	779942	387917	16393	8687
按地区分				
兴庆区	290887	157704	2493	3912
西夏区	121853	19054	505	2880
金凤区	373309	216941	13587	1895
按登记注册类型分				
内资企业	786050	393699	16585	8687
国有企业	66637			
有限责任公司	474112	198153	2739	5021
国有独资公司	420850	194567	505	5021
其他有限责任公司	53262	3586	2234	
股份有限公司	1162			
私营企业	244140	195546	13847	3666
私营独资企业				
私营有限责任公司	244140	195546	13847	3666
私营股份有限公司				
外商投资企业				
中外合资经营企业				

7-11 房屋建筑竣工价值(市区)(续表1)

单位:万元

指 标	竣工房屋价值				
	科研、教育、医疗用房屋	文化、体育、娱乐用房屋	厂房及建筑物	仓库	其他未列明的房屋建筑物
总 计	**83946**	**19778**	**219075**	**760**	**43520**
一、二级企业	83946	19778	218942	760	43520
按地区分					
兴庆区	48911	17665	58535	510	1155
西夏区	10875	1776	70083	250	16431
金凤区	24160	337	90457		25933
按登记注册类型分					
内资企业	83946	19778	219075	760	43520
国有企业	1561		51985		13091
有限责任公司	64147	17329	157207	760	28755
国有独资公司	61583	3869	151714	250	3340
其他有限责任公司	2564	13460	5493	510	25415
股份有限公司		612	550		
私营企业	18238	1837	9333		1673
私营独资企业					
私营有限责任公司	18238	1837	9333		1673
私营股份有限公司					
外商投资企业					
中外合资经营企业					

7-11 房屋建筑竣工价值(市区)(续表 2)

单位:万元

指 标	竣工房屋价值	住宅房屋	商业及服务用房屋	办公用房屋
按国民经济行业分(2017)				
房屋建筑业	758656	393699	16273	6916
土木工程建筑业	26153			1310
建筑安装业				
建筑装饰、装修和其他建筑业	1241		312	461
按控股情况分				
国有控股	504442	194567	505	5021
集体控股				
私人控股	281608	199132	16080	3666
外商控股				
其他				
按企业规模分				
大型	481226	145425	505	5021
中型	292526	239199	15570	3145
小型	12222	9000	510	522
微型	76	76		
按企业资质等级分				
施工总承包	777871	393699	16273	7532
特级	164709	57792		
一级	327419	146973	505	6331
二级	279635	183152	15575	1201
三级及以下	6108	5782	192	
专业承包	8179		312	1155
一级				
二级	8179		312	1155
三级及以下				

7-11 房屋建筑竣工价值(市区)(续表 3)

单位:万元

指 标	竣工房屋价值				
	科研、教育、医疗用房屋	文化、体育、娱乐用房屋	厂房及建筑物	仓库	其他未列明的房屋建筑物
按国民经济行业分(2017)					
房屋建筑业	83694	5770	208024	760	43520
土木工程建筑业		13997	10846		
建筑安装业					
建筑装饰、装修和其他建筑业	252	11	205		
按控股情况分					
国有控股	63144	15754	208770	250	16431
集体控股					
私人控股	20802	4024	10306	510	27088
外商控股					
其他					
按企业规模分					
大型	63144	16366	209320	250	41195
中型	20550	3245	9153	510	1155
小型	252	167	603		1169
微型					
按企业资质等级分					
施工总承包	77988	19597	218502	760	43520
特级	17573		89344		
一级	52878	16366	75507	250	28609
二级	7537	3231	53518	510	14911
三级及以下			134		
专业承包	5958	181	573		
一级					
二级	5958	181	573		
三级及以下					

7-12 建筑业企业自有施工机械设备及劳动人员情况(市区)

指　标	年末自有施工机械设备净值(万元)	年末自有施工机械设备总台数(台)	年末自有施工机械设备总功率(千瓦)	从事建筑业活动的平均人数(人)	期末从业人员数(人)	工程技术人员(人)
总　计	**29688**	**6070**	**144394**	**103040**	**49248**	**14826**
一、二级企业	25742	5635	133582	91359	42617	13288
按地区分						
兴庆区	15560	3381	77485	49308	26596	8830
西夏区	508	434	5412	5992	5657	1428
金凤区	13620	2255	61497	47740	16995	4568
按登记注册类型分						
内资企业	29688	6070	144394	102612	48816	14764
国有企业	4077	423	9319	2700	2661	938
有限责任公司	9186	3487	47775	30466	11787	4403
国有独资公司	1542	868	8373	20830	7021	2958
其他有限责任公司	7644	2619	39402	9636	4766	1445
股份有限公司	2023	111	12205	2200	1581	591
私营企业	14401	2049	75095	67246	32787	8832
私营独资企业				98	103	26
私营有限责任公司	14401	2049	75095	66631	32175	8740
私营股份有限公司				517	509	66
外商投资企业				428	432	62
中外合资经营企业				428	432	62

7-12 建筑业企业自有施工机械设备及劳动人员情况(市区)(续表)

指　标	年末自有施工机械设备净值(万元)	年末自有施工机械设备总台数(台)	年末自有施工机械设备总功率(千瓦)	从事建筑业活动的平均人数(人)	期末从业人员数(人)	工程技术人员(人)
按国民经济行业分(2017)						
房屋建筑业	6367	1913	46676	71010	32397	9626
土木工程建筑业	23292	4061	97482	29691	15435	4819
建筑安装业	4	38	9	1134	840	202
建筑装饰、装修和其他建筑业	26	58	227	1205	576	179
按控股情况分						
国有控股	12919	3129	50737	28949	12294	4798
集体控股				358	323	79
私人控股	16769	2941	93657	73733	36631	9949
外商控股						
其他						
按企业规模分						
大型	11186	1737	48774	38799	23136	8431
中型	12572	2989	66189	45533	15789	3593
小型	5577	1241	26965	17627	9666	2597
微型	353	103	2466	1081	657	205
按企业资质等级分						
施工总承包	26803	5847	140283	98426	45827	13964
特级	520	16	640	8200	844	696
一级	10958	2481	58600	34588	20380	7470
二级	14014	3031	73246	44724	18514	4375
三级及以下	1312	319	7797	10914	6089	1423
专业承包	2884	223	4111	4614	3421	862
一级	1	4	3	1493	854	275
二级	250	103	1093	2354	2025	472
三级及以下	2634	116	3015	767	542	115

7-13 建筑业企业财务状况(市区)

单位:万元

指　标	年初存货	资产总计	流动资产合计	应收账款	应收工程款	存货
总　计	554973	5805325	5072884	1968674	1647885	573659
一、二级企业	488017	5368154	4683806	1786426	1500339	513647
按地区分						
兴庆区	280013	3176028	2873667	995851	804437	297499
西夏区	6113	388898	367693	193515	187019	6464
金凤区	268847	2240400	1831524	779309	656429	269697
按登记注册类型分						
内资企业	552522	5617770	4894241	1869927	1549138	571642
国有企业	4475	141137	133651	102221	99850	3087
有限责任公司	193031	2793997	2540131	645684	489549	226695
国有独资公司	51549	1183042	1033926	307867	229632	94268
其他有限责任公司	141482	1610955	1506205	337817	259917	132427
股份有限公司	967	360643	219706	107402	107068	7079
私营企业	354049	2321993	2000754	1014621	852672	334781
私营独资企业	1946	9103	8724	4187	4187	1723
私营有限责任公司	351794	2091968	1905102	990989	841086	332760
私营股份有限公司	310	220922	86928	19445	7399	298
外商投资企业	2450	187556	178642	98746	98746	2017
中外合资经营企业	2450	187556	178642	98746	98746	2017
按国民经济行业分(2017)						
房屋建筑业	321213	3095132	2851613	1120975	878639	294152
土木工程建筑业	203221	2536136	2064590	774187	711694	265192
建筑安装业	14402	111333	102852	50528	45238	9482
建筑装饰、装修和其他建筑业	16137	62725	53829	22984	12314	4835

7-13　建筑业企业财务状况(市区)(续表1)

单位:万元

指　标	固定资产减值准备	固定资产原价	房屋和购筑物	机器设备
总　计	1360	469666	156618	134736
一、二级企业	908	428246	152803	118165
按地区分				
兴庆区	662	215000	57492	78491
西夏区	21	12042	2680	2206
金凤区	677	242624	96447	54039
按登记注册类型分				
内资企业	1360	431961	156618	134736
国有企业		8233	3716	173
有限责任公司	202	173828	66318	71917
国有独资公司	202	80957	30755	31999
其他有限责任公司		92871	35563	39917
股份有限公司	295	30538	21250	7960
私营企业	864	219362	65335	54687
私营独资企业		457	111	346
私营有限责任公司	864	179676	28407	52924
私营股份有限公司		39229	36817	1417
外商投资企业		37705		
中外合资经营企业		37705		
按国民经济行业分(2017)				
房屋建筑业	838	161224	40176	42103
土木工程建筑业	522	288721	111121	86191
建筑安装业		12285	2733	5045
建筑装饰、装修和其他建筑业		7436	2589	1398

7-13 建筑业企业财务状况(市区)(续表2)

单位:万元

指 标	年初存货	资产总计	流动资产合计	应收账款	应收工程款	存货
按控股情况分						
国有控股	62170	1924732	1697041	507325	422843	103970
集体控股	8766	64560	56361	33541	33541	9531
私人控股	484037	3816033	3319482	1427808	1191501	460158
外商控股						
按企业规模分						
大型	104229	2433299	2120301	748230	684517	150193
中型	297041	2348299	2050166	797357	627649	268789
小型	133005	896323	782590	371600	305603	133702
微型	20698	127405	119827	51487	30116	20974
按企业资质等级分						
施工总承包	510137	5288211	4762686	1842390	1552531	547658
特级	4711	303246	230443	61502	61502	4240
一级	155102	2200395	1939681	722684	596256	194732
二级	285851	2402794	2247837	895012	762859	291952
三级及以下	64472	381776	344725	163192	131914	56734
专业承包	44836	517115	310198	126284	95354	26001
一级	17706	89341	76644	40946	27591	5475
二级	24646	372378	189201	66282	52132	17249
三级及以下	2484	55395	44353	19056	15631	3278

7-13 建筑业企业财务状况(市区)(续表3)

单位:万元

指 标	固定资产减值准备	固定资产原价	房屋和购筑物	机器设备
按控股情况分				
国有控股	202	142360	59483	58208
集体控股		11400	3846	7156
私人控股	1159	315906	93289	69372
外商控股				
按企业规模分				
大型	151	163361	56897	53777
中型	401	173498	81883	32202
小型	809	122046	17578	44518
微型		10761	260	4240
按企业资质等级分				
施工总承包	1310	368709	106947	114445
特级		3345	1	771
一级	176	155470	65114	57318
二级	682	179534	38644	43916
三级及以下	452	30360	3187	12440
专业承包	51	100957	49672	20291
一级		6504	695	2674
二级	51	83392	48348	13486
三级及以下		11061	628	4131

7-13 建筑业企业财务状况(市区)(续表4)

单位:万元

指 标	累计折旧	本年折旧	在建工程	无形资产	土地使用权
总 计	**235461**	**29396**	**12477**	**27376**	**16717**
一、二级企业	212888	24918	6468	25919	16717
按地区分					
兴庆区	114433	15359	2352	15706	8383
西夏区	7644	437		3391	1839
金凤区	113384	13600	10125	8278	6495
按登记注册类型分					
内资企业	205321	29396	12477	27026	16717
国有企业	3158	851		80	
有限责任公司	95653	8065	3364	16131	14410
国有独资公司	42458	3967	2880	7172	6388
其他有限责任公司	53195	4098	484	8959	8022
股份有限公司	7649	1948	29	785	
私营企业	98860	18533	9084	10031	2307
私营独资企业	185	59	101	1	
私营有限责任公司	86496	16608	8983	8053	345
私营股份有限公司	12179	1867		1977	1962
外商投资企业	30141			349	
中外合资经营企业	30141			349	
按国民经济行业分(2017)					
房屋建筑业	79438	13450	11145	4944	3314
土木工程建筑业	144329	14664	312	21387	12806
建筑安装业	7967	587	91	1	
建筑装饰、装修和其他建筑业	3728	695	929	1044	598

7-13 建筑业企业财务状况(市区)(续表 5)

单位:万元

指 标	负债合计	流动负债合计	应付账款	非流动负债合计	所有者权益合计	实收资本	个人资本
总 计	**4297452**	**4164300**	**2031222**	**102414**	**1507874**	**1003536**	**242649**
一、二级企业	4023055	3901244	1921933	99869	1345099	868906	213082
按地区分							
兴庆区	2532442	2474571	1219814	49380	643586	491083	120236
西夏区	307978	295064	161401	11513	80920	42434	6862
金凤区	1457032	1394665	650007	41521	783367	470019	115552
按登记注册类型分							
内资企业	4191431	4058279	1990870	102414	1426339	973536	242649
国有企业	85272	85272	28408		55865	6705	
有限责任公司	2363442	2289633	1078410	72311	430555	325234	29928
国有独资公司	1005084	944599	543531	60486	177957	133126	
其他有限责任公司	1358357	1345034	534880	11825	252597	192107	29928
股份有限公司	233265	227768	119242	5496	127379	47230	6925
私营企业	1509453	1455607	764810	24607	812540	594368	205796
私营独资企业	7246	6746	3782	500	1857	1718	1718
私营有限责任公司	1451153	1402657	738926	19257	640815	574386	189314
私营股份有限公司	51055	46205	22102	4850	169868	18265	14765
外商投资企业	106021	106021	40352		81535	30000	
中外合资经营企业	106021	106021	40352		81535	30000	
按国民经济行业分(2017)							
房屋建筑业	2501383	2421161	1112226	59686	593749	477408	106113
土木工程建筑业	1695008	1644022	884399	42564	841128	469617	114139
建筑安装业	55849	54076	23804	29	55484	41042	16684
建筑装饰、装修和其他建筑业	45212	45042	10793	135	17513	15469	5713

7-13 建筑业企业财务状况(市区)(续表6)

单位:万元

指 标	累计折旧	本年折旧	在建工程	无形资产	土地使用权
按控股情况分					
国有控股	72890	7225	2880	15218	13774
集体控股	5292	895		113	
私人控股	157279	21277	9597	12044	2944
外商控股					
按企业规模分					
大型	92568	5457	353	14445	12683
中型	71975	10720	3648	8919	3293
小型	65129	12311	8354	3919	691
微型	5789	908	122	93	50
按企业资质等级分					
施工总承包	193349	19682	8901	22996	13067
特级	1498	73		74	
一级	82389	6957	1345	14238	12894
二级	94110	9373	1548	7230	173
三级及以下	15351	3279	6009	1454	
专业承包	42113	9715	3576	4380	3650
一级	3976	1137	91	159	122
二级	30915	7378	3485	4218	3528
三级及以下	7222	1200		3	

7-13 建筑业企业财务状况(市区)(续表7)

单位:万元

指　标	负债合计	流动负债合计	应付账款	非流动负债合计	所有者权益合计	实收资本	个人资本
按控股情况分							
国有控股	1595702	1523718	891450	71984	329030	202331	
集体控股	58519	56856	17678	164	6042	5700	
私人控股	2643231	2583726	1122095	30266	1172802	795505	242649
外商控股							
按企业规模分							
大型	1987511	1917799	1101150	69712	445788	235658	24175
中型	1666915	1646489	649382	19713	681384	427546	103218
小型	571615	528753	248386	12986	324709	290180	98325
微型	71411	71260	32305	3	55994	50152	16932
按企业资质等级分							
施工总承包	4067797	3950396	1943357	93717	1220414	902851	203865
特级	259714	248639	90038	11075	43532	32718	
一级	1800379	1733662	1116482	66616	400017	273534	42175
二级	1771529	1736521	637443	14699	631265	477563	136600
三级及以下	236175	231574	99395	1327	145600	119036	25090
专业承包	229655	213904	87865	8697	287460	100685	38784
一级	52151	52120	22487	30	37191	31990	14757
二级	139283	130301	55484	7448	233095	53100	19549
三级及以下	38221	31483	9894	1219	17174	15595	4478

7-13 建筑业企业财务状况(市区)(续表 8)

单位:万元

指 标	营业收入	主营业务收入	营业成本	主营业务成本	税金及附加	主营业务税金及附加	其他业务利润
总 计	4654004	4573272	4306130	4209548	19890	18849	3800
一、二级企业	4184487	4132071	3871971	3805658	17857	17360	3470
按地区分							
兴庆区	2469925	2436952	2318777	2271639	9387	9038	1002
西夏区	351526	351500	332914	327271	1636	1628	14
金凤区	1832553	1784820	1654439	1610638	8868	8184	2784
按登记注册类型分							
内资企业	4538949	4458918	4243704	4147122	19134	18093	3963
国有企业	98132	98132	91256	85193	713	713	
有限责任公司	1994366	1982670	1885518	1864587	7683	7428	1257
国有独资公司	1173863	1166564	1127589	1110099	4765	4719	442
其他有限责任公司	820504	816107	757928	754488	2918	2709	814
股份有限公司	306189	306089	250212	250191	1100	1100	35
私营企业	2140262	2072027	2016718	1947151	9638	8852	2671
私营独资企业	25603	25603	24410	24410	112	112	
私营有限责任公司	2064716	2013980	1952680	1898710	8803	8051	2671
私营股份有限公司	49943	32444	39627	24032	724	689	
外商投资企业	115056	114354	62426	62426	756	756	-163
中外合资经营企业	115056	114354	62426	62426	756	756	-163
按国民经济行业分(2017)							
房屋建筑业	2493401	2453832	2385986	2334986	10642	10063	2279
土木工程建筑业	2049122	2011134	1820446	1777230	8831	8420	1055
建筑安装业	64546	62489	56662	55098	221	171	243
建筑装饰、装修和其他建筑业	46935	45816	43036	42234	195	195	223

7-13　建筑业企业财务状况(市区)(续表9)

单位:万元

指　标	营业收入	主营业务收入	营业成本	主营业务成本	税金及附加	主营业务税金及附加	其他业务利润
按控股情况分							
国有控股	1833395	1823541	1737211	1711442	6964	6727	793
集体控股	57718	57198	51995	51533	473	473	
私人控股	2762891	2692533	2516924	2446573	12453	11649	3007
外商控股							
按企业规模分							
大型	2294437	2290472	2102654	2089679	8915	8723	685
中型	1647642	1638274	1545087	1531408	7709	7451	2523
小型	647683	637997	595601	582944	3005	2555	594
微型	64242	6529	62788	5517	261	120	-1
按企业资质等级分							
施工总承包	4419963	4350284	4099733	4014039	18298	17344	3646
特级	345178	345178	330361	330361	1288	1288	
一级	1949719	1945848	1822825	1810372	7273	7081	1171
二级	1680445	1642952	1533754	1490782	7810	7544	2144
三级及以下	444620	416307	412793	382524	1927	1431	331
专业承包	234041	222988	206397	195509	1593	1505	154
一级	63490	55523	57268	48998	283	243	1
二级	145654	142570	127763	125146	1203	1203	154
三级及以下	24897	24894	21366	21366	106	58	

7-13 建筑业企业财务状况(市区)(续表 10)

单位:万元

指 标	销售费用	管理费用	研发费用	财务费用			资产减值损失	公允价值变动收益	投资收益	其他收益
					利息收入	利息支出				
总 计	**6997**	**165257**	**30295**	**19233**	**2454**	**16612**	**-9213**		**-2496**	**1460**
一、二级企业	5968	136504	28294	18476	2744	16140	-9106		-2505	1440
按地区分										
兴庆区	3831	77479	21377	9742	1312	7219	-7433		-3975	955
西夏区	3	8272	1299	801	174	811	135		95	13
金凤区	3163	79506	7618	8690	967	8582	-1916		1384	492
按登记注册类型分										
内资企业	6997	161714	30295	18614	2454	16612	-9213		-2496	1460
国有企业	2	2532	36	224	39	233	-190			20
有限责任公司	118	54385	21844	8350	1382	6030	-5126		-4016	305
国有独资公司	91	26492	6880	4493	593	4399	-1137		99	158
其他有限责任公司	28	27893	14964	3857	789	1631	-3988		-4115	146
股份有限公司	2628	11346	5372	3256	694	3222	-5400		391	962
私营企业	4248	93452	3043	6784	339	7128	1503		1129	174
私营独资企业		726		54						
私营有限责任公司	4194	86433	2738	6490	-403	6322	35		56	1
私营股份有限公司	55	6293	305	240	743	806	1468		1073	173
外商投资企业		3542		619						
中外合资经营企业		3542		619						
按国民经济行业分(2017)										
房屋建筑业	1182	71937	5055	8579	556	7991	-1358		115	141
土木工程建筑业	5545	84120	24403	9456	1981	7972	-5827		-2611	1316
建筑安装业	231	5557	535	776		253	-1973			3
建筑装饰、装修和其他建筑业	40	3643	302	422	-83	396	-55			

7-13 建筑业企业财务状况(市区)(续表 11)

单位:万元

指　标	销售费用	管理费用	研发费用	财务费用	利息收入	利息支出	资产减值损失	公允价值变动收益	投资收益	其他收益
按控股情况分										
国有控股	93	41648	21741	7881	1238	6026	-2273		-4281	318
集体控股		4126		-2	18		-1070		257	3
私人控股	6905	119483	8554	11354	1198	10586	-5870		1528	1139
外商控股										
按企业规模分										
大型	2425	46184	24345	10959	1686	8775	-6172		-3808	1004
中型	2654	67849	4631	5628	566	5923	-2867		1259	436
小型	1803	45693	1195	2503	204	1808	-210		54	18
微型	115	5531	124	143	-2	107	35			2
按企业资质等级分										
施工总承包	6526	141194	29196	18215	1868	15031	-10541		-3561	1268
特级		4742	2159	2150		2016	-74		46	72
一级	2425	45418	22185	10184	1705	7969	-8071		-3846	927
二级	3090	65313	2903	5277	379	4721	-2289		231	249
三级及以下	1010	25720	1949	604	-217	325	-107		9	20
专业承包	471	24063	1098	1018	586	1582	1328		1065	192
一级	232	5874	605	97	-83	57	-55			2
二级	220	15156	442	768	742	1378	1383		1065	190
三级及以下	19	3033	52	153	-73	146				

7-13 建筑业企业财务状况(市区)(续表12)

单位:万元

指标	营业利润	营业外收入	营业外支出	利润总额	所得税费用	应付职工薪酬(本年贷方累计发生额)	应交增值税	在境外完成的营业收入	亏损企业数(个)
总计	**106301**	**7945**	**7314**	**106933**	**21006**	**281395**	**119536**	**14550**	**107**
一、二级企业	99887	7219	6024	101083	19864	247320	106868	14550	67
按地区分									
兴庆区	41326	5614	3374	43566	7703	159779	53561	14112	49
西夏区	11585	523	402	11706	3054	21161	6648		6
金凤区	53390	1809	3539	51661	10250	100455	59328	438	52
按登记注册类型分									
内资企业	80719	7916	7296	81339	17638	273442	114342	14550	107
国有企业	10095	239	1	10333	2737	1152	472		
有限责任公司	17127	4723	2079	19771	5470	132140	49104	6044	9
国有独资公司	13420	1152	1126	13447	3651	81552	31741		1
其他有限责任公司	3707	3571	954	6324	1819	50588	17363	6044	8
股份有限公司	33605	40	170	33474	4848	15472	5785	8061	
私营企业	19892	2915	5046	17761	4583	124678	58981	445	98
私营独资企业	301	45	238	109	41	514	274		
私营有限责任公司	13873	2860	4793	11940	3823	121354	57535	445	98
私营股份有限公司	5718	9	15	5713	719	2811	1172		
外商投资企业	25583	29	18	25594	3368	7953	5194		
中外合资经营企业	25583	29	18	25594	3368	7953	5194		
按国民经济行业分(2017)									
房屋建筑业	24225	3052	3715	23562	7674	134623	60326	438	45
土木工程建筑业	83326	2400	3327	82399	13098	137206	55574	14105	36
建筑安装业	-981	2300	255	1064	78	5856	2484		11
建筑装饰、装修和其他建筑业	-268	193	18	-92	156	3710	1152	7	15

7-13 建筑业企业财务状况(市区)(续表13)

单位:万元

指 标	营业利润	营业外收入	营业外支出	利润总额	所得税费用	应付职工薪酬(本年贷方累计发生额)	应交增值税	在境外完成的营业收入	亏损企业数(个)
按控股情况分									
国有控股	27784	1685	1508	27961	7695	115257	39363	6044	1
集体控股	316	18	7	327	-30	9259	6333		
私人控股	78201	6242	5799	78645	13341	156879	73840	8506	106
外商控股									
按企业规模分									
大型	79944	1725	2115	79553	14597	147348	47268	14105	
中型	25574	4087	3495	26166	5194	72358	50331	438	7
小型	4408	1423	1428	4403	1118	54934	20267	7	71
微型	-3624	712	276	-3189	96	6755	1670		29
按企业资质等级分									
施工总承包	100673	6678	6719	100632	19746	262069	112879	14543	69
特级	4297	228	172	4353	1710	12199	8143		
一级	39697	3509	1691	41515	7215	137778	36145	14105	2
二级	50487	2237	3718	49006	9807	81643	56833	438	37
三级及以下	6192	704	1137	5759	1014	30450	11758		30
专业承包	5629	1267	596	6300	1260	19326	6657	7	38
一级	366	685	66	985	249	5947	2174	7	2
二级	5041	561	377	5225	883	9754	3574		26
三级及以下	222	22	153	91	128	3625	910		10

主要统计指标解释

【建筑业统计单位】 指从事房屋、构筑物建造和设备安装活动的法人企业。建筑业法人企业应同时具备的条件是:1.依法成立,有自己的名称、组织机构和场所,能够承担民事责任;2.独立拥有和使用资产,承担负债,有权与其他单位签订合同;3.独立核算盈亏,能够编制资产负债表。统计范围是具有建筑业资质等级的独立核算的总承包、专业承包和劳务分包企业。

【年末自有施工机械设备总台数】 指年末本企业(或单位)自有的直接用于工程施工的各种机械设备的台数。但不包括附属辅助生产机械设备、运输设备、生产试验机械设备的台数。

【年末自有施工机械设备总功率】 指年末本企业(或单位)自有的直接用于工程施工的各种机械设备年末总功率，按设定能力或查定能力计算。包括施工机械本身的动力和为该机械服务的单独动力设备,如电动机等。但不包括附属辅助生产机械设备、运输机械设备、生产试验机械设备的功率。计算单位用千瓦,动力换算可按 1 马力 =0.735 千瓦折合成千瓦数。电焊机、变压器、锅炉不计算动力。

【建筑业总产值】 是以货币表现的建筑业企业在一定时期内生产的建筑业产品和服务的总和。建筑业总产值包括三部分内容:

(1)建筑工程产值:指列入建筑工程预算内的各种工程价值。

(2)安装工程产值:指设备安装工程价值，不包括被安装设备本身价值。

(3)其他产值:建筑业总产值中除建筑工程、安装工程以外的产值。包括房屋构筑物修理产值、非标准设备制造产值、总包企业向分包企业收取的管理费以及不能明确划分的施工活动所完成的产值。

【房屋建筑施工面积】 指在报告期内施过工的全部房屋建筑面积，它包括本期新开工的房屋面积、上期施工跨入本期继续施工的房屋面积、上期停缓建在本期恢复施工的房屋面积、本期竣工的房屋面积以及本期施工后又停缓建的房屋面积。

【房屋建筑竣工面积】 指在报告期内房屋建筑按照设计要求已全部完工，达到了住人和使用条件,经检查验收鉴定合格,正式移交使用单位的房屋建筑面积。

【从事建筑业活动的平均人数】 指建筑业企业(或单位)报告期实际拥有的、与建筑施工活动有关的平均人数，包括参加本企业（或单位)建筑施工活动的非本企业(或单位)人员,但不包括企业内部社会服务性机构的人员以及由本企业支付工资但所从事的工作与本企业生产基本无关的人员。

8

交通运输与邮电

8-1 主要年份交通运输业主要经济指标

年 份	载客汽车年末拥有量(辆)	载货汽车年末拥有量(辆)	公路客运量(万人)	公路客运周转量(万人公里)	公路货运量(万吨)	公路货运周转量(万吨公里)
1978	227	1028	185	12436	441	17512
1979	230	1083	162	10980	476	11429
1980	1225	3647	189	15004	469	10284
1981	1448	3668	265	14477	266	8391
1982	1488	3718	340	18282	284	10400
1983	1719	3154	344	20421	319	12018
1984	2030	3583	400	22801	292	12851
1985	2840	4791	529	30601	645	30305
1986	2838	4778	653	35965	672	29367
1987	3028	5152	815	41344	688	38034
1988	3313	5380	879	48898	649	37890
1989	3789	6023	1154	54764	646	36800
1990	4422	7532	1095	49564	685	36796
1991	4794	7913	1329	54133	735	40943
1992	5285	8533	1396	56210	862	46592
1993	5991	9306	1324	57166	960	56678
1994	6908	10068	1405	62297	957	58098
1995	7921	11387	1784	74634	1083	59637
1996	9754	12627	2057	82712	1103	62332
1997	13025	13819	2196	94080	1125	66804
1998	15393	15408	2396	106437	1210	78994
1999	17687	17353	2118	117973	1157	159830
2000	19286	17825	2457	134031	1422	170906
2001	21002	19278	2526	144234	1504	168145
2002	23395	17963	2672	152435	1600	190162
2003	27499	25117	1974	124815	1897	211205
2004	27928	24570	2240	142166	2013	216448
2005	28852	31253	2468	160420	2149	232092
2006	48154	28130	2475	162024	2170	235412
2007	56514	28035	2601	173365	2261	247417
2008	76417	35092	2775	187408	2428	263994
2009	106290	45953	2498	216942	9433	1257876
2010	133293	54316	2682	231846	10244	1347185
2011	206527	73279	2926	251785	11473	1498070
2012	267539	86579	3201	279481	12976	1728042
2013	328567	99235	2818	251389	14520	1604415
2014	391035	107336	3366	303176	15314	1643428
2015	460883	106105	3602	318396	10656	1370800
2016	542718	112795	3447	311482	8779	1132969
2017	630274	121208	2862	277263	7797	1032520
2018	709368	133775	2378	217685	7006	694981
2019	772854	146949				
2020	830253	162901				
2021	902881	179978				
2022	972131	188868				

8-2 主要年份邮电业主要经济指标

年 份	邮电业务总量(万元)	函件(万件)	包件(万件)	年末本地固定电话用户(户)	住宅电话	移动电话用户期末数(户)	上网用户(户)
1978	183	413	7.4	2622			
1979	188	546	7.6	2717			
1980	200	603	7.4	3303			
1981	289	652	7.3	3498			
1982	310	674	6.9	3742			
1983	343	651	7.1	4230			
1984	377	636	11.3	5036			
1985	465	897	8.5	5738			
1986	532	949	9.8	6721			
1987	606	1001	9.5	7007			
1988	789	969	11.3	9003			
1989	998	934	10.2	10610			
1990	2307	976	9.0	12178			
1991	2953	1153	7.0	14036			
1992	3798	1086	8.5	16572			
1993	5800	1292	13.0	29502			
1994	8199	1225	9.0	49742	26509	2495	
1995	12967	1296	10.0	81657	55094	4740	
1996	18352	1356	11.0	108910	80450	8053	
1997	25225	1098	11.0	130056	95776	15457	
1998	37400	1090	11.0	160444	126770	31935	
1999	57015	1098	12.6	187467	150534	52902	
2000	72997	1213	15.0	260162	171586	107817	21102
2001	116008	1685	15.1	329612	185834	197215	47456
2002	130389	134	18.3	402525	214230	327112	116364
2003	150294	59	20.3	457690	246919	580460	150238
2004	199442	44	21.3	541000	253133	705009	181568
2005	218200	649	20.4	615000	267000	856800	221700
2006	246431	1964	17.5	572300	258030	1035800	108600
2007	280632	1132	18.2	535100	260900	1248600	114000
2008	326375	942	15.0	536835	259688	1226000	116410
2009	360200	1830	15.8	628400	302800	1469700	197400
2010	431880	1281	15.5	677691	339035	1821558	241946
2011	264017	600	17.1	495652	374830	2428721	307117
2012	293125	828	16.6	508069	402494	3102341	339593
2013	366108	655	17.3	509774	419314	3428468	385854
2014	365423	581	15.6	532104	430248	3796484	440269
2015	316125	594	17.4	389543	410576	3600094	492937
2016	348251	642	18.3	323852	387645	3906918	637648
2017	347126	682	16.7	297944	232587	4153148	683325
2018	334174	235	14.3	244000	165000	3848000	988000
2019	396800	224		254400	94000	3627000	1125600
2020	428900	187		252525	89000	3921600	1234100
2021	679892	161		231010	88698	3776109	1365708
2022	685499	166		235165		3842996	1497250

注:1.2019 年起包件不再进行统计。

2.2022 年起,住宅电话指标不再进行统计。

8-3 全社会客货运输量

指 标	客运量（万人）	客运周转量（万人公里）	货运量（万吨）	货运周转量（万吨公里）
铁路运输	263.69		729.62	
民航运输	173.43	263184.08	1.43	2331.83

8-4 机动车拥有量

单位:辆

指 标	合计	个人	营运	公交客运	出租客运
总 计	**1220842**	**1115655**	**103849**	**2270**	**5898**
汽车	1169747	1073904	82568	2270	5898
载客汽车	972131	918816	12063	2270	5898
大型	5089	74	3612	2259	
中型	1845	665	334	7	
小型	960974	913918	8117	4	5898
微型	4223	4159			
载货汽车	188868	150036	68991		
重型	47776	26231	47058		
中型	2577	2055	2095		
轻型	138302	121541	19764		
微型	13	12	5		
其他汽车	200	197	69		
摩托车	29612	29313			
普通	29155	28858			
轻便	457	455			
挂车	21483	12438	21281		

8-5 邮政、电信

指 标	单位	2010年	2011年	2012年	2013年
邮电业务总量	万元	431880	264017	293125	366108
邮政	万元	15836	10845	12318	13264
包件	万件	15.51	17.06	16.60	17.30
订销报纸累计份数	万份	2319.77	2720.80	2857.79	3281.1
订销杂志累计份数	万份	167.30	174.85	174.88	168.15
收寄特快专递	万份	28.87	25.41	26.90	21.40
市内电话年末到达户数	户	677691	495652	508069	509774
住宅电话	户	339035	374830	402494	419314
农村电话期末到达户数	户	71847	60679	54640	49212
公用电话	部	47987	45743	42611	41248
移动电话期末数	部	1821558	2428721	3102341	3428468
互联网用户	户	241946	307117	339593	385854
邮政局、所总数	处	536	614	555	542
邮政服务网点	处	105	98	97	97
电信服务网点	处	431	516	458	445
本地网及接入网设备总容量	门	876060	901443	929538	937147
电话普及率	部/百人	125.40	144.36	176.43	187.50
移动电话普及率	部/百人	91.39	119.89	151.60	164.30

注：1.2022年，"收寄特快专递"指标不再进行统计。
2.2022年，"住宅电话"指标不再进行统计。

业务量

2014年	2015年	2016年	2017年	2018年	2019年	2020年	2021年	2022年
365423	316125	348253	347126	334174	396800	428900	679892	685499
12832	17835	20514	20411	22263	66900	186000	161200	154500
15.60	17.40	18.30	16.70	14.30				
3190.90	3164.27	2569.92	2752.85	3075.39	2803.36	2917.78	3684.96	3540.39
158.08	173.75	184.05	166.19	171.04	180.53	193.95	165.74	185.17
17.30	29.38	96.42	103.42	117.63		194.71	243.04	
526517	389543	323852	297944	244000	254400	252525	231010	235165
430231	410576	387645	232587	165000	94000	89000	88698	
43214	26050	17819	17017	11354				
39785	20716	16388	9341	6578				
3796467	3600094	3906918	4153148	3848000	3627000	3921600	3776109	3842996
440291	492937	637648	683325	988000	1125600	1234100	1365708	1497250
680	106	103	101	94	93	93	95	95
106	2109	2117	1186	1098	147	149	180	95
426	1120	1292	1175	1032	902	765	765	765
975216	993214	987654	1004444	1178956				
208.60	196.40	185.70	184.60	176.50	169.30	145.90	139.00	140.78
176.20	182.32	196.76	202.99	189.32	121.18	137.16	131.02	132.66

主要统计指标解释

【货(客)运量】 指在一定时期内,各种运输工具实际运送的货物(旅客)数量。货运按吨计算,客运按人计算。

【货物(旅客)周转量】 指在一定时期内,由各种运输工具运送的货物(旅客)数量与其相应运输距离的乘积之总和。计算公式为:货物(旅客)周转量 =∑货物(旅客)运输量 × 运输距离

【邮电业务总量】 即邮电专业产品量。邮电业务量按专业分类包括函件、机要文件、包裹、汇票、报刊发行、邮政快件、特快专递、邮政储蓄、集邮、公众电报、用户电报、传真、长途电话、出租电路、市话无线寻呼、移动电话、分组交换数据通信、出租代维等。

【移动电话用户】 指在邮电部门登记,通过移动电话交换机进入移动电话网、占有移动电话号码的电话用户,按实际办理登记手续进入邮电部门移动电话网的户数进行计算。一部(台)移动电话统计为一户。

【固定电话用户】 指在电信运营商营业网点办理开户登记手续并已接入固定电话网上,并按固定电话业务进行经营管理的全部电话用户。包括普通电话用户、公共电话用户、窄带综合业务数字网(N-ISDN)用户、智能网专用接入终端用户等。

【计算机互联网(INTERNET)用户】 计算机互联网是一个连接计算机网的网络,范围遍及全世界,包括局域网、城域网和广域网,旨在实现计算机资源共享。它分为两大类,一类是学术范围的非盈利的网络,另一类是商业性或非学术的网络。接入这个网络的用户,称为INTERNET用户。

9

内贸、外贸和旅游

9-1 主要年份社会消费品零售总额分类情况

单位:万元

年份	社会消费品零售总额	按经济类型分					按行业分	
		国有经济	集体经济	个体经济	私营经济	股份制经济	批发和零售业	住宿和餐饮业
1949	728	177		540			618	
1950	1128	335	69	711			860	66
1951	1601	468	99	1019			1245	75
1952	2080	616	172	1275			1555	90
1953	2588	678	297	1559			2024	94
1954	3131	906	516	1647			2604	139
1955	3101	994	524	1546			2672	115
1956	3505	1342	1046	963			2949	163
1957	3761	1384	1226	958			2968	164
1958	5098	2299	1925	455			4271	193
1959	7038	4537	2163	222			6520	331
1960	8007	5484	2460				7625	231
1961	7362	5211	2065				7271	256
1962	7079	5628	1225	83			6421	378
1963	6998	5354	1381	102			6319	375
1964	7059	5506	1404	46			6442	295
1965	7213	5575	1533	46			6610	286
1966	8193	6062	2111	5			7603	291
1967	7796	6136	1641	7			7435	250
1968	8324	6376	1928	10			7763	260
1969	8730	6616	2090	11			8231	275
1970	9857	7452	2375	14			9326	329
1971	10821	8254	2536	9			10354	352
1972	13137	9430	3370	12			12125	468
1973	13343	9738	3564	15			12709	484
1974	13933	10008	3778	10			13229	473
1975	14903	10766	3974	11			13963	559
1976	16050	11561	4328	18			15001	599
1977	16780	12039	4559	24			15628	577
1978	22581	14282	5963	40			18031	773
1979	26308	19110	6782	221			21049	885
1980	30622	22929	6924	417			24425	1066
1981	34389	24324	8970	970			27137	1102

9-1 主要年份社会消费品零售总额分类情况(续表)

单位:万元

年 份	社会消费品零售总额	按经济类型分					按行业分	
		国有经济	集体经济	个体经济	私营经济	股份制经济	批发和零售业	住宿和餐饮业
1982	39754	25835	12656	1243			31332	1436
1983	44007	27596	13924	2398			34590	1547
1984	52457	29743	15408	6932			41148	2104
1985	64364	36022	15084	12455			50945	2330
1986	74148	41250	18806	13215			59079	2499
1987	84158	43319	25144	14419			66184	3581
1988	106964	53149	32266	20370			84657	4406
1989	123437	61632	36472	23670			98072	4767
1990	135904	65184	36417	32575			107772	5487
1991	151126	71094	38439	39379			119229	6463
1992	144346	81822	43881	44707			136158	8091
1993	196698	93383	20010	50249	32864	382	181725	10960
1994	245684	106092	21929	61113	38550	1093	199277	23476
1995	304417	143211	29752	77665	52273	2715	267919	31548
1996	370005	158139	35227	90725	59843	11012	312164	36994
1997	407201	144521	32856	112897	63924	38925	346450	41993
1998	456788	138273	29095	131677	71097	56507	378256	47821
1999	501958	125797	23359	148339	86828	79256	408701	54567
2000	554213	111087	19636	175010	106822	99046	448299	63039
2001	620116	98044	17126	192152	118014	123542	486107	72563
2002	700272	88324	14679	225369	144302	149996	537957	85124
2003	818992	81502	12754	257501	165745	193922	611801	99806
2004	970316	78049	11349	299751	194872	236438	703023	117450
2005	1132968	76948	11530	339585	231788	286559	809167	137023
2006	1326059	79711	10552	392046	405463	214033	941556	159583
2007	1592516	92843	11471	448567	510765	246667	1126913	184785
2008	1976527	97582	14296	522094	620487	349751	1370188	240549
2009	2341186	134824	11712	524427	629819	727251	1766161	272020
2010	3001761	86917	12848	574085	730708	994984	2131164	315306
2011	3857070	129041	14604	649466	851599	1469824	2737851	379147
2012	4458194	75602	15232	590872	1208496	1665508	3196050	373247
2013	5115239	70843	15741	725107	1085524	2117639	3655413	396400
2014	5666444	70801	19532	867631	1233817	2164136	4031619	422571
2015	6140230	47638	5893	1332987	1488606	1780833	4131980	644307
2016	6660120	45438	5383	1502518	1690331	1765915	4587696	554231
2017	7366994	51572	41969	2182577	1428396	1777773	5064667	558446
2018	7809593	38367	17470	1957868	1598715	1748196	4973068	554244
2019	8300064	42735	40336	2015246	1630474	1974050	7110775	1189289
2020	7708699	48895	11468	3262855	2139370	2045423	7316705	391994
2021	7886870	49357	11409	3450564	2420706	1754894	6925386	961484
2022	7916241	41918	63666	3281528	2412208	1938769	6957841	958401

9-2 社会消费品零售总额

单位:万元

指标	合计	兴庆区	金凤区	西夏区	永宁县	贺兰县	灵武市
社会消费品零售总额	7916241	3513390	1649803	691218	269478	1436135	356218
按销售单位所在地分							
城镇	7326278	3378529	1465222	633309	218900	1378559	251759
城区	5007199	2752558	1378824	584030	38418	82086	171283
乡村	589963	134861	184580	57909	50578	57576	104459
按登记注册类型分							
国有经济	41918	24196	5142	5401	115	2087	4979
集体经济	63666	3600	4492	852	594	53878	251
私营经济	2412208	846657	715256	128265	83694	535095	103241
个体经济	3281528	1513680	768874	381579	127700	296529	193166
股份制经济	1938769	1099391	92635	164346	56521	475394	50483
其他经济	178151	25867	63404	10775	854	73153	4098
按行业分							
批发业	2138667	1055741	460283	211892	85075	221758	103918
限额以上	475858	121847	193239	58751	31567	28937	41517
零售业	4819174	2003333	945598	395327	156527	1127791	190598
限额以上	2680498	1160287	274271	130128	50845	1005149	59816
住宿业	46159	19491	15705	3395	1063	4100	2405
限额以上	18436	6433	11442			422	138
餐饮业	912242	434825	228216	80605	26813	82486	59296
限额以上	50099	13981	28602	1162	1507	1515	3332

9-3 限额以上批发和零售业法人企业商品分类销售额

单位:万元

指　标	销售额	批发额	零售额
总　计	15001061	11418525	3582536
批发业	12073356	11368170	705186
通过公共网络实现的商品销售	28423	18458	9965
粮油、食品类	393386	374124	19262
粮油类	50799	50799	
肉禽蛋类	14248	5307	8941
水产品类	2493	1658	835
蔬菜类			
干鲜果品类			
饮料类	18337	5942	12395
烟酒类	1122036	1102653	19383
服装、鞋帽、针纺织品类	37485	37485	
服装类			
鞋帽类			
针纺织品类	37485	37485	
化妆品类			
金银珠宝类	40676	40676	
日用品类			
五金、电料类			
体育、娱乐用品类			
照相器材类			
书报杂志类	34694	32139	2555
电子出版物及音像制品类			
家用电器和音像器材类	10361	10361	
能效等级为1级和2级的商品	10361	10361	
智能家用电器和音像器材			
中西药品类	671537	661239	10298
西药类	509247	500951	8296
中草药及中成药类	65371	64358	1013
文化办公用品类			
计算机及其配套产品			
家具类			
通信器材类			
智能手机			
煤炭及制品类	505625	504641	984
石油及制品类	6721606	6087676	633930
化工材料及制品类	281185	281185	
化肥类	144488	144488	
金属材料类	1125470	1125470	
建筑及装潢材料类	12955	12955	
机电产品及设备类	32918	32918	
农机类	29116	29116	
汽车类	114902	108522	6380
新能源汽车	4104	4104	
新车	100840	94460	6380
二手车			
种子饲料类	477265	477265	
棉麻类	15494	15494	
其他未列明商品类	457424	457424	

9-3 限额以上批发和零售业法人企业商品分类销售额(续表)

单位:万元

指　标	销售额	批发额	零售额
零售业	**2927705**	**50355**	**2877350**
通过公共网络实现的商品销售	173280		173280
粮油、食品类	453250	4267	448983
粮油类	56453		56453
肉禽蛋类	62048	1897	60151
水产品类	3142	10	3132
蔬菜类	18499	20	18479
干鲜果品类	67252	20	67232
饮料类	30103		30103
烟酒类	57016		57016
服装、鞋帽、针纺织品类	156655		156655
服装类	120476		120476
鞋帽类	17530		17530
针纺织品类	18649		18649
化妆品类	45416		45416
金银珠宝类	59825		59825
日用品类	83372		83372
五金、电料类	3		3
体育、娱乐用品类	7323		7323
照相器材类			
书报杂志类	12640		12640
电子出版物及音像制品类	673		673
家用电器和音像器材类	137943	1807	136136
能效等级为1级和2级的商品	5811		5811
智能家用电器和音像器材	1618		1618
中西药品类	78307	110	78197
西药类	52299	67	52232
中草药及中成药类	26008	43	25965
文化办公用品类	15511		15511
计算机及其配套产品	5810		5810
家具类	525		525
通信器材类	19765	182	19583
智能手机	18141	200	17941
煤炭及制品类			
石油及制品类	515867	41667	474200
化工材料及制品类			
化肥类			
金属材料类			
建筑及装潢材料类			
机电产品及设备类			
农机类			
汽车类	1248516	2323	1246193
新能源汽车	131672		131672
新车	1145857	1970	1143887
二手车	14578		14578
种子饲料类			
棉麻类			
其他未列明商品类	4999		4999

9-4 限额以上批发和零售业法人企业经营情况

单位:万元

指 标	法人企业数（个）	从业人员期末人数（人）	商品购进额	进口	商品销售额	通过公共网络实现的商品销售额	通过非自营平台实现的商品销售额
总 计	**408**	**25812**	**16043930**	**97634**	**15801531**	**195778**	**8703**
兴庆区	92	12678	3603219	7340	2742484	79804	103
西夏区	28	2126	1457938		1448623	14164	
金凤区	82	3846	5579828	21409	6033720	42496	203
永宁县	61	1170	1982370		2044300	13363	8398
贺兰县	94	4796	2312631	68885	2325337	30411	
灵武市	51	1196	1107945		1207068	15541	
批发业	**195**	**8655**	**13054274**	**86542**	**12711003**	**19423**	**8398**
按批发行业小类分							
农、林、牧、渔产品批发	5	326	1158488		1208374	8398	8398
谷物、豆及薯类批发	3	73	44901		50134		
畜牧渔业饲料批发	2	253	1113586		1158240	8398	8398
食品、饮料及烟草制品批发	10	878	976109		1129510	311	
米、面制品及食用油批发	1	51	1893		3313		
肉、禽、蛋、奶及水产品批发	1	13	3527		3427	311	
盐及调味品批发	1	193	4462		7320		
酒、饮料及茶叶批发	5	177	35568		39194		
烟草制品批发	2	444	930660		1076256		
纺织、服装及家庭用品批发	4	111	68371		70358		
纺织品、针织品及原料批发	1		51800		52996		
服装批发	1	42	2724		2739		
日用家电批发	2	69	13847		14623		
文化、体育用品及器材批发	3	142	78933		75370		
图书批发	2	122	45985		34694		
首饰、工艺品及收藏品批发	1	20	32948		40676		
医药及医疗器材批发	21	1878	616931	74241	685481	4168	
西药批发	13	1555	535162	74241	589509	4168	
中药批发	1	150	15621		21985		
医疗用品及器材批发	7	173	66148		73987		
矿产品、建材及化工产品批发	138	4794	9941765	12302	9319001	3425	
煤炭及制品批发	33	528	611131		673713	3425	
石油及制品批发	35	3444	7687609		6950469		
金属及金属矿批发	51	344	1168682	12302	1177668		
建材批发	4	56	51951		60896		
化肥批发	5	369	117882		133030		
其他化工产品批发	10	53	304510		323225		

9-4 限额以上批发和零售业

指 标	商品销售额		
	批发额	出口	零售额
总 计	**12019802**	**17157**	**3768379**
兴庆区	1037351		1705006
西夏区	1181335		266745
金凤区	5417765	17157	603276
永宁县	2009143		35157
贺兰县	1204568		1120769
灵武市	1169641		37426
批发业	**11952075**	**17157**	**745577**
按批发行业小类分			
农、林、牧、渔产品批发	1208374		
谷物、豆及薯类批发	50134		
畜牧渔业饲料批发	1158240		
食品、饮料及烟草制品批发	1128405		1105
米、面制品及食用油批发	3313		
肉、禽、蛋、奶及水产品批发	2322		1105
盐及调味品批发	7320		
酒、饮料及茶叶批发	39194		
烟草制品批发	1076256		
纺织、服装及家庭用品批发	70358		
纺织品、针织品及原料批发	52996		
服装批发	2739		
日用家电批发	14623		
文化、体育用品及器材批发	72816		2555
图书批发	32140		2555
首饰、工艺品及收藏品批发	40676		
医药及医疗器材批发	675603		9878
西药批发	584830		4679
中药批发	16786		5199
医疗用品及器材批发	73987		
矿产品、建材及化工产品批发	8590224	17157	715428
煤炭及制品批发	669670		4043
石油及制品批发	6226277		711384
金属及金属矿批发	1177668	17157	
建材批发	60896		
化肥批发	132487		
其他化工产品批发	323225		

法人企业经营情况(续表 1)

单位:万元

通过公共网络实现的零售额	通过非自营平台实现的零售额	期末商品库存额	服务营业额	年末零售营业面积（平方米）
177353	305	638959	143816	2008151
75635	102	240828	9828	1398813
11042		22497	67835	96337
42201	203	108790	15670	297680
4965		36367		30946
30411		176839	24344	147987
13100		53638	26139	36388
1294		304957	99739	799779
		8818		
		8619		
		198		
311		42211		490
		9697		
311		382		210
		926		
		14148		280
		17058		
		3474	3087	
		3		
		1799	92	
		1672	2996	
		18775	143	5989
		17268	143	5989
		1508		
		73773	228	22150
		64820	228	16977
		2672		3842
		6280		1331
984		136853	93980	763164
984		22589	77508	535
		61524	13533	762539
		41340	2216	90
		2173		
		4637	723	
		4590		

9-4 限额以上批发和零售业

指　标	法人企业数（个）	从业人员期末人数（人）
机械设备、五金产品及电子产品批发	13	488
农业机械批发	5	120
汽车及零配件批发	8	368
其他批发业	1	38
再生物资回收与批发	1	38
按登记注册类型分		
内资企业	195	8655
国有企业	5	739
有限责任公司	29	2057
国有独资公司	5	484
其他有限责任公司	24	1573
股份有限公司	8	2357
私营企业	153	3502
私营独资企业	3	57
私营有限责任公司	150	3445
按控股情况分		
国有控股	28	4475
私人控股	167	4180
按经营形式分		
独立门店	139	4542
连锁总店(总部)	6	2106
其他	50	2007
按单位规模分		
大型	9	3622
中型	47	3417
小型	100	1512
微型	39	104
按经营地分		
城镇	157	7744
城区	78	5303
乡村	38	911

法人企业经营情况(续表 2)

单位:万元

商品购进额	进口	商品销售额	通过公共网络实现的商品销售额	通过非自营平台实现的商品销售额
150372		157841		
27909		34798		
122463		123043		
63305		65068	3121	
63305		65068	3121	
13054274	86542	12711003	19423	8398
963093		1113033		
2129769	6019	2243413	12088	8398
217366		222375		
1912403	6019	2021039	12088	8398
6035656	68222	5262878		
3925756	12302	4091678	7335	
114159	11121	118282	3121	
3811597	1181	3973396	4214	
8719259	74241	8189993	12088	8398
4335015	12302	4521010	7335	
4391367	68222	3535870	4214	
1508845		1568120		
7154062	18320	7607013	15209	8398
3922699	6019	3183568	12088	8398
5613818	68222	5957734	4583	
2808051	12302	2837290	311	
709706		732410	2441	
12296289	86542	11897220	16504	8398
8840826	86542	8332044	8106	
757984		813783	2919	

9-4 限额以上批发和零售业

指 标	商品销售额		
	批发额	出口	零售额
机械设备、五金产品及电子产品批发	141230		16612
农业机械批发	33537		1262
汽车及零配件批发	107693		15350
其他批发业	65068		
再生物资回收与批发	65068		
按登记注册类型分			
内资企业	11952075	17157	745577
国有企业	1113033		
有限责任公司	2189033		41158
国有独资公司	219820		2555
其他有限责任公司	1969213		38604
股份有限公司	4714871		548007
私营企业	3935138	17157	156412
私营独资企业	118282	6457	
私营有限责任公司	3816856	10701	156412
按控股情况分			
国有控股	7619466		557305
私人控股	4332610	17157	188272
按经营形式分			
独立门店	3493278	6154	29241
连锁总店(总部)	1071816		496304
其他	7386981	11003	220032
按单位规模分			
大型	2631770		551798
中型	5907965		49769
小型	2695587	17157	141703
微型	716753		2307
按经营地分			
城镇	11140024	17157	743974
城区	7601382	17157	717440
乡村	812052		1603

法人企业经营情况(续表 3)

单位:万元

通过公共网络实现的零售额	通过非自营平台实现的零售额	期末商品库存额	服务营业额	年末零售营业面积(平方米)
		18562	2301	7986
		2121	33	3215
		16441	2268	4771
		2493		
		2493		
1294		304957	99739	799779
		27681		
		63711	68148	14568
		21040	3628	5989
		42671	64520	8579
		59868		733077
1294		153697	31590	52134
		7209		
1294		146488	31590	52134
		137725	65779	743865
1294		167232	33960	55914
1294		199297	82930	44601
		22100	171	678580
		83560	16638	76598
		78026	723	734633
984		123453	82853	37968
311		92332	16163	25178
		11147		2000
1294		248477	78987	783484
1294		146144	71143	757961
		56480	20752	16295

9-4 限额以上批发和零售业

指　标	法人企业数（个）	从业人员期末人数（人）
零售业	213	17157
按零售行业小类分		
综合零售	11	7127
百货零售	6	1721
超级市场零售	5	5406
食品、饮料及烟草制品专门零售	25	890
粮油零售	1	26
糕点、面包零售	1	58
果品、蔬菜零售	17	703
肉、禽、蛋、奶及水产品零售	3	30
酒、饮料及茶叶零售	3	73
纺织、服装及日用品专门零售	5	92
服装零售	1	16
化妆品及卫生用品零售	1	11
钟表、眼镜零售	1	49
自行车等代步设备零售	2	16
文化、体育用品及器材专门零售	8	323
文具用品零售	1	26
体育用品及器材零售	1	31
图书、报刊零售	2	194
珠宝首饰零售	2	55
乐器零售	1	10
照相器材零售	1	7
医药及医疗器材专门零售	9	1496
西药零售	8	1355
中药零售	1	141
汽车、摩托车、零配件和燃料及其他动力销售	122	5539
汽车新车零售	107	4923
汽车旧车零售	1	
机动车燃油零售	12	385
机动车燃气零售	2	231
家用电器及电子产品专门零售	18	1238
日用家电零售	8	1019
计算机、软件及辅助设备零售	6	141
通信设备零售	4	78
货摊、无店铺及其他零售业	15	452
互联网零售	13	282
自动售货机零售	1	10
生活用燃料零售	1	160

法人企业经营情况(续表 4)

单位:万元

商品购进额	进口	商品销售额	通过公共网络实现的商品销售额	通过非自营平台实现的商品销售额
2989656	11091	3090529	176355	306
712402		746501	70761	
228863		258503	2942	
483540		487997	67819	
127925		152777	3672	
1188		1505		
4001		5394		
66617		78087	1136	
2781		3100		
53337		64690	2536	
5420		6582		
341		274		
938		1219		
2548		3458		
1594		1631		
26952		25695	137	102
1178		1270	32	
2826		3026		
14867		13294	3	
4407		3540		
1241		1499	102	102
2435		3066		
61954		83701		
59733		81375		
2220		2326		
1843047	11091	1848807	61430	203
1422979	11091	1420900	61227	
328		615		
403058		404649	203	203
16683		22644		
174930		177459	3824	1
150697		152207	3824	1
12433		13541		
11800		11711		
37026		49008	36531	
31837		42484	35390	
1081		1142	1142	
4108		5383		

9-4　限额以上批发和零售业

指　标	商品销售额		
	批发额	出口	零售额
零售业	67727		3022802
按零售行业小类分			
综合零售			746501
百货零售			258503
超级市场零售			487997
食品、饮料及烟草制品专门零售	28429		124347
粮油零售			1505
糕点、面包零售			5394
果品、蔬菜零售	2635		75452
肉、禽、蛋、奶及水产品零售			3100
酒、饮料及茶叶零售	25794		38896
纺织、服装及日用品专门零售			6582
服装零售			274
化妆品及卫生用品零售			1219
钟表、眼镜零售			3458
自行车等代步设备零售			1631
文化、体育用品及器材专门零售			25695
文具用品零售			1270
体育用品及器材零售			3026
图书、报刊零售			13294
珠宝首饰零售			3540
乐器零售			1499
照相器材零售			3066
医药及医疗器材专门零售			83701
西药零售			81375
中药零售			2326
汽车、摩托车、零配件和燃料及其他动力销售	27105		1821703
汽车新车零售	7444		1413456
汽车旧车零售			615
机动车燃油零售	11022		393626
机动车燃气零售	8638		14006
家用电器及电子产品专门零售	2672		174787
日用家电零售			152207
计算机、软件及辅助设备零售	2672		10869
通信设备零售			11711
货摊、无店铺及其他零售业	9521		39487
互联网零售	6862		35622
自动售货机零售			1142
生活用燃料零售	2660		2724

法人企业经营情况(续表 5)

单位:万元

通过公共网络实现的零售额	通过非自营平台实现的零售额	期末商品库存额	服务营业额	年末零售营业面积(平方米)
176059	305	334002	44078	1208372
70761		63169	3354	622772
2942		7520	3354	297034
67819		55649		325738
3672		6888		33778
		342		994
		232		158
1136		2689		30868
		330		1060
2536		3295		698
		8131	6	2658
		4820		1300
		503	6	278
		1059		600
		1749		480
137	102	22211	111	18602
32		660		155
		2929		4397
3		5283		9848
		11540		3758
102	102	1142		254
		657	111	190
		12889		75335
		12854		73835
		35		1500
61135	203	187026	39974	362094
60932		184881	39974	284531
203	203	2144		45921
		1		31642
3823		31591	583	88826
3823		25045		84481
		4074	581	1554
		2472	2	2791
36531		2098	49	4307
35390		2004	12	2707
1142		30		
		65	38	1600

9-4 限额以上批发和零售业

指　标	法人企业数（个）	从业人员期末人数（人）
按登记注册类型分		
内资企业	209	16808
国有企业	3	223
集体企业	1	14
有限责任公司	39	7441
国有独资公司	3	195
其他有限责任公司	36	7246
股份有限公司	3	1913
私营企业	162	7210
私营独资企业	1	62
私营合伙企业	2	35
私营有限责任公司	158	7082
私营股份有限公司	1	31
其他企业	1	7
港、澳、台商投资企业	3	266
与港澳台商合资经营企业	1	100
港澳台商独资企业	2	166
外商投资企业	1	83
中外合资经营企业	1	83
按控股情况分		
国有控股	11	1387
集体控股	3	159
私人控股	195	15262
港澳台商控股	3	266
外商控股	1	83
按经营形式分		
独立门店	173	9063
连锁总店(总部)	17	7479
连锁直营店	3	118
其他	20	497
按单位规模分		
大型	5	7771
中型	63	6066
小型	117	3173
微型	28	147
按零售业态分		
有店铺零售	189	16577
便利店	1	48
超市	9	5775
仓储会员店	1	7
百货店	7	1747
专业店	60	3958
品牌专卖店	101	4790
集合店	10	252
无店铺零售	24	580
网络零售	12	307
邮寄零售	1	4
直销	2	25
其他	9	244
按经营地分		
城镇	212	17139
城区	103	5383
乡村	1	18

法人企业经营情况(续表 6)

单位:万元

商品购进额	进口	商品销售额	通过公共网络实现的商品销售额	通过非自营平台实现的商品销售额
2891432	11091	2978033	137679	306
61386		68180	2298	
2586		3071		
1206226		1245380	72263	
6316		7881		
1199909		1237498	72263	
218251		229275	4310	
1397061	11091	1427593	58808	306
18563		18504		
5211		5856		
1370461	11091	1400207	58808	306
2826		3026		
5922		4535		
92770		103831	38676	
51444		61150		
41326		42682	38676	
5455		8664		
5455		8664		
479268		522500	2538	
57286		56815		
2354877	11091	2398718	135141	306
92770		103831	38676	
5455		8664		
2185156	11091	2266496	97812	306
687742		703862	64406	
33921		30683		
82837		89488	14137	
788156		785034	70606	
1109776	11091	1180694	13894	
989376		1008693	77317	306
102349		116107	14537	
2896932	11091	2983981	104371	306
99		1038		
516704		529531	69196	
5922		4535		
230041		259773	2975	
885468	1321	930380	7369	305
1205357	9770	1207801	24832	1
53341		50924		
92724		106548	71983	
67219		77787	70693	
614		734	734	
1775		2054		
23116		25973	556	
2988161	11091	3087904	173730	306
939967	10428	1029833	58541	306
1495		2624	2624	

9-4 限额以上批发和零售业

指　标	商品销售额		
	批发额	出口	零售额
按登记注册类型分			
内资企业	65784		2912249
国有企业	23324		44856
集体企业			3071
有限责任公司	12286		1233093
国有独资公司	2660		5222
其他有限责任公司	9627		1227872
股份有限公司	3549		225726
私营企业	26625		1400967
私营独资企业			18504
私营合伙企业			5856
私营有限责任公司	26625		1373582
私营股份有限公司			3026
其他企业			4535
港、澳、台商投资企业	295		103537
与港澳台商合资经营企业			61150
港澳台商独资企业	295		42387
外商投资企业	1648		7016
中外合资经营企业	1648		7016
按控股情况分			
国有控股	35517		486984
集体控股	34		56781
私人控股	30234		2368484
港澳台商控股	295		103537
外商控股	1648		7016
按经营形式分			
独立门店	57992		2208503
连锁总店(总部)			703862
连锁直营店			30683
其他	9735		79754
按单位规模分			
大型			785034
中型	22385		1158309
小型	21369		987325
微型	23974		92134
按零售业态分			
有店铺零售	57899		2926082
便利店			1038
超市	2471		527060
仓储会员店			4535
百货店			259773
专业店	48966		881414
品牌专卖店	5872		1201929
集合店	591		50333
无店铺零售	9828		96720
网络零售	7156		70631
邮寄零售			734
直销			2054
其他	2672		23301
按经营地分			
城镇	67727		3020177
城区	48950		980883
乡村			2624

法人企业经营情况(续表 7)

单位:万元

通过公共网络实现的零售额	通过非自营平台实现的零售额	期末商品库存额	服务营业额	年末零售营业面积(平方米)
137678	305	328393	41623	1172987
2298		7369		10462
		46		1000
72263		97781	8421	484255
		477	38	2794
72263		97304	8383	481461
4310		11937	168	184838
58807	305	210443	33033	491952
		1022	1068	16072
		2396	16	3100
58807	305	204095	31949	468383
		2929		4397
		818		480
38381		5608	2455	14816
		3687	2182	2567
38381		1921	274	12249
		1		20569
		1		20569
2538		18123	38	142001
		4043	1685	5520
135140	305	306227	39900	1025466
38381		5608	2455	14816
		1		20569
97516	305	212777	41635	801333
64406		98250	581	385708
		13051	635	6090
14137		9923	1227	15241
70606		83263		452815
13894		144798	32041	515811
77022	305	90359	11780	211270
14537		15582	257	28476
104370	305	327059	42897	1195870
				1992
69196		58663		336253
		818		480
2975		8180	3354	297189
7369	305	70554	3400	285620
24831		180436	33360	258186
		8408	2783	16150
71689		6943	1181	12502
70399		3248	285	6555
734				
		330		800
556		3365	895	5147
173435	305	332974	44078	1207166
58245	305	124669	20496	553176
2624		1028		1206

9-5 限额以上批发和零售业法人企业主要财务状况

单位:万元

指 标	法人企业数(个)	执行《2006年企业会计准则》企业数(个)	年初存货	期末资产负债		
				流动资产合计	应收账款	存货
总 计	408	216	619278	3651653	686019	640351
批发业	195	97	314866	2429338	546081	321008
按批发行业小类分						
农、林、牧、渔产品批发	5	3	12310	121070	9811	8963
谷物、豆及薯类批发	3	1	12145	20571	3075	8705
畜牧渔业饲料批发	2	2	165	100499	6736	257
食品、饮料及烟草制品批发	10	6	31979	430622	2611	28390
米、面制品及食用油批发	1	1	1053	5453		-617
肉、禽、蛋、奶及水产品批发	1		308	1597	464	530
盐及调味品批发	1	1	698	6906	199	926
酒、饮料及茶叶批发	5	3	13406	22034	1948	12455
烟草制品批发	2	1	16515	394632		15096
纺织、服装及家庭用品批发	4	2	5240	26147	11345	6047
纺织品、针织品及原料批发	1	1	526	12063	10995	2
服装批发	1		1175	2657	17	1592
日用家电批发	2	1	3540	11428	333	4453
文化、体育用品及器材批发	3	3	15405	49982	10993	8782
图书批发	2	2	8137	43448	6661	8372
首饰、工艺品及收藏品批发	1	1	7268	6534	4332	410
医药及医疗器材批发	21	15	59823	378390	233659	66452
西药批发	13	10	54150	323598	199597	58336
中药批发	1		1408	2398	-1520	2674
医疗用品及器材批发	7	5	4266	52395	35581	5443
矿产品、建材及化工产品批发	138	56	169225	1288320	205593	182602
煤炭及制品批发	33	10	29998	224926	68071	26573
石油及制品批发	35	17	46273	619133	82593	90391
金属及金属矿批发	51	19	44190	208108	34103	42296
建材批发	4		5532	16463	5834	1924
化肥批发	5	3	35247	28203	630	17243
其他化工产品批发	10	7	7984	191487	14362	4176
批发业按地区分组	195	97	314866	2429338	546081	321008
银川市	195	97	314866	2429338	546081	321008
兴庆区	21	15	49615	283585	123218	62741
西夏区	18	17	50629	298705	103000	38281
金凤区	44	18	73087	854083	57078	80205
永宁县	47	14	35875	236122	48576	34767
贺兰县	23	20	51430	339102	124962	60877
灵武市	42	13	54230	417741	89248	44138
零售业按地区分组	213	119	304413	1222315	139938	319343
银川市	213	119	304413	1222315	139938	319343
兴庆区	71	35	156950	662741	94884	160243
西夏区	10	5	2008	17898	1768	2469
金凤区	38	22	48147	202175	11919	49741
永宁县	14	4	3533	26044	7407	3487
贺兰县	71	52	90314	297831	19157	95499
灵武市	9	1	3461	15626	4802	7905

9-5 限额以上批发和零售业法人企业主要财务状况(续表1)

单位:万元

指 标	期末资产负债				
	固定资产原价	房屋和构筑物	机器设备	累计折旧	本年折旧
总 计	**970885**	**337047**	**239344**	**403095**	**56200**
批发业	**576914**	**117605**	**185789**	**238368**	**34538**
按批发行业小类分					
农、林、牧、渔产品批发	10049	5838	2767	2667	553
谷物、豆及薯类批发	10042	5838	2767	2666	552
畜牧渔业饲料批发	7			1	1
食品、饮料及烟草制品批发	43643	17757	9729	23014	2648
米、面制品及食用油批发	8376	7606	519	3614	333
肉、禽、蛋、奶及水产品批发	22			7	4
盐及调味品批发	1653	902	751	1256	86
酒、饮料及茶叶批发	1032		840	622	104
烟草制品批发	32560	9248	7619	17515	2121
纺织、服装及家庭用品批发	304		304	63	30
纺织品、针织品及原料批发					
服装批发	1		1	1	
日用家电批发	303		303	62	30
文化、体育用品及器材批发	5298	4267	483	3247	272
图书批发	5298	4267	483	3247	272
首饰、工艺品及收藏品批发					
医药及医疗器材批发	39674	26526	2400	12665	2019
西药批发	38279	26404	2130	11922	1853
中药批发	39			29	8
医疗用品及器材批发	1357	122	270	714	158
矿产品、建材及化工产品批发	473940	61753	169202	194288	28645
煤炭及制品批发	87186	6883	9260	35314	3746
石油及制品批发	373754	52186	154303	152827	22939
金属及金属矿批发	7064	1504	2116	4130	893
建材批发	1152	785	331	671	77
化肥批发	3030		2927	644	596
其他化工产品批发	1755	395	266	702	394
批发业按地区分组	**576914**	**117605**	**185789**	**238368**	**34538**
银川市	576914	117605	185789	238368	34538
兴庆区	215942	48457	122011	80495	11894
西夏区	170075	19797	15382	79631	9247
金凤区	49996	13317	11940	25554	3343
永宁县	19028	10101	6542	7074	1138
贺兰县	28667	13405	2344	12082	1755
灵武市	93207	12528	27570	33532	7161
零售业按地区分组	**393971**	**219442**	**53555**	**164727**	**21663**
银川市	393971	219442	53555	164727	21663
兴庆区	226508	138719	27787	90560	12543
西夏区	15280	2672	967	11499	585
金凤区	73036	39176	8754	28966	3483
永宁县	2184	50	324	924	169
贺兰县	74502	38033	14483	32091	4539
灵武市	2460	792	1240	688	344

9-5 限额以上批发和零售业法人企业主要财务状况(续表2)

单位:万元

指 标	法人企业数(个)	执行《2006年企业会计准则》企业数(个)	年初存货	期末资产负债		
				流动资产合计	应收账款	存货
机械设备、五金产品及电子产品批发	13	11	18645	87876	31437	17280
农业机械批发	5	4	6398	16695	4626	2259
汽车及零配件批发	8	7	12247	71181	26811	15021
其他批发业	1	1	2238	46931	40634	2493
再生物资回收与批发	1	1	2238	46931	40634	2493
按登记注册类型分						
内资企业	195	97	314866	2429338	546081	321008
国有企业	5	4	18266	407550	199	15405
有限责任公司	29	23	84278	607127	189835	68770
国有独资公司	5	5	43445	144791	12969	31476
其他有限责任公司	24	18	40834	462336	176866	37294
股份有限公司	8	8	50962	237876	69926	60427
私营企业	153	62	161360	1176785	286122	176407
私营独资企业	3	2	8606	59006	42475	6686
私营有限责任公司	150	60	152754	1117779	243646	169721

9-5 限额以上批发和零售业法人企业主要财务状况(续表3)

单位:万元

指　标	期末资产负债				
	固定资产原价	房屋和构筑物	机器设备	累计折旧	本年折旧
机械设备、五金产品及电子产品批发	3811	1463	729	2309	365
农业机械批发	1549	544		1058	123
汽车及零配件批发	2262	920	729	1251	243
其他批发业	195		175	115	6
再生物资回收与批发	195		175	115	6
按登记注册类型分					
内资企业	576914	117605	185789	238368	34538
国有企业	42589	17757	8889	22385	2540
有限责任公司	132695	44440	19406	50846	6314
国有独资公司	12759	6696	5182	6175	960
其他有限责任公司	119937	37744	14223	44670	5354
股份有限公司	256164	25066	119801	110594	14862
私营企业	145467	30342	37693	54543	10821
私营独资企业	1072		175	521	123
私营有限责任公司	144395	30342	37519	54022	10698

9-5 限额以上批发和零售业法人企业主要财务状况(续表 4)

单位:万元

指 标	法人企业数(个)	执行《2006 年企业会计准则》企业数(个)	年初存货	期末资产负债		
				流动资产合计	应收账款	存货
按控股情况分						
国有控股	28	26	134016	1132706	217095	131364
私人控股	167	71	180849	1296632	328986	189644
按经营形式分						
独立门店	139	69	197986	1066430	276718	191601
连锁总店(总部)	6	5	18464	152162	37426	22164
其他	50	23	98416	1210747	231938	107243
按单位规模分						
大型	9	8	82319	464530	110167	86490
中型	47	34	122756	973202	235105	116368
小型	100	40	92416	783516	160674	107374
微型	39	15	17374	208090	40136	10777
按经营地分						
城镇	157	85	265433	2154953	473695	279833
城区	78	47	174035	1468358	313780	187645
乡村	38	12	49433	274385	72386	41176
零售业	**213**	**119**	**304413**	**1222315**	**139938**	**319343**
按零售行业小类分						
综合零售	11	10	53998	364465	52900	62443
百货零售	6	5	7462	155750	2435	7485
超级市场零售	5	5	46536	208715	50465	54958
食品、饮料及烟草制品专门零售	25	8	8886	51906	9657	7306
粮油零售	1		195	1024	253	166
糕点、面包零售	1	1	10	711	272	10
果品、蔬菜零售	17	5	4878	33313	8305	3741
肉、禽、蛋、奶及水产品零售	3		366	2091	691	353
酒、饮料及茶叶零售	3	2	3436	14768	135	3037
纺织、服装及日用品专门零售	5	2	8198	10636	201	8044
服装零售	1		4356	4602	10	4265
化妆品及卫生用品零售	1	1	496	573	5	445
钟表、眼镜零售	1	1	2101	3557	72	1786
自行车等代步设备零售	2		1245	1905	114	1548

9-5 限额以上批发和零售业法人企业主要财务状况(续表5)

单位:万元

指　标	期末资产负债				
	固定资产原价	房屋和构筑物	机器设备	累计折旧	本年折旧
按控股情况分					
国有控股	403001	70747	140553	173312	22184
私人控股	173914	46858	45236	65056	12354
按经营形式分					
独立门店	212323	52018	27047	90799	14522
连锁总店(总部)	235542	36242	126697	98790	12543
其他	129049	29345	32045	48778	7473
按单位规模分					
大型	282513	34266	123346	123305	16420
中型	227689	57140	47146	84247	13280
小型	64235	25957	14576	29543	4612
微型	2477	242	721	1273	225
按经营地分					
城镇	474700	90560	158160	204752	27574
城区	425894	67889	148701	184964	24238
乡村	102214	27045	27629	33616	6963
零售业	**393971**	**219442**	**53555**	**164727**	**21663**
按零售行业小类分					
综合零售	155220	117073	20307	59307	9676
百货零售	85135	77017	2565	27564	2676
超级市场零售	70085	40056	17743	31743	7000
食品、饮料及烟草制品专门零售	13136	2360	323	6990	725
粮油零售	753	625	30	530	26
糕点、面包零售	5		3	3	3
果品、蔬菜零售	10661	227	277	5554	623
肉、禽、蛋、奶及水产品零售	27			12	6
酒、饮料及茶叶零售	1690	1508	13	891	67
纺织、服装及日用品专门零售	1758	1332	61	1140	95
服装零售	14		14	14	
化妆品及卫生用品零售	122			111	7
钟表、眼镜零售	1579	1332	4	1001	80
自行车等代步设备零售	42		42	15	8

9-5 限额以上批发和零售业法人企业主要财务状况(续表 6)

单位:万元

指　标	法人企业数(个)	执行《2006 年企业会计准则》企业数(个)	年初存货	期末资产负债		
				流动资产合计	应收账款	存货
文化、体育用品及器材专门零售	8	4	24400	32312	2773	19463
文具用品零售	1		752	1127	45	950
体育用品及器材零售	1		8232	4375	492	2929
图书、报刊零售	2	2	3118	10127	1402	2568
珠宝首饰零售	2	1	10471	13566	38	11106
乐器零售	1		1209	1372	1	1254
照相器材零售	1	1	619	1746	797	657
医药及医疗器材专门零售	9	3	10390	48249	7383	16578
西药零售	8	3	8733	45189	7157	13752
中药零售	1		1657	3060	226	2826
汽车、摩托车、零配件和燃料及其他动力销售	122	80	164965	581780	46578	168572
汽车新车零售	107	71	162034	516470	42007	165462
汽车旧车零售	1	1	269	208	63	
机动车燃油零售	12	7	2549	34999	4229	3007
机动车燃气零售	2	1	114	30102	279	103
家用电器及电子产品专门零售	18	8	30040	117472	17388	31973
日用家电零售	8	3	24267	89751	11552	25340
计算机、软件及辅助设备零售	6	4	3821	12832	3136	4194
通信设备零售	4	1	1952	14890	2701	2439
货摊、无店铺及其他零售业	15	4	3536	15495	3057	4965
互联网零售	13	3	2712	9588	3028	4132
自动售货机零售	1		30	1171		
生活用燃料零售	1	1	794	4736	29	833

9-5 限额以上批发和零售业法人企业主要财务状况(续表7)

单位:万元

指 标	期末资产负债				
	固定资产原价	房屋和构筑物	机器设备	累计折旧	本年折旧
文化、体育用品及器材专门零售	31472	7069	557	8307	1128
文具用品零售	38		38	22	3
体育用品及器材零售	552	187	365	369	7
图书、报刊零售	19263	372	62	5350	777
珠宝首饰零售	11517	6510		2470	327
乐器零售	10			10	10
照相器材零售	92		92	86	3
医药及医疗器材专门零售	11365	7892	195	5083	623
西药零售	11307	7892	195	5077	622
中药零售	58			6	1
汽车、摩托车、零配件和燃料及其他动力销售	170963	80643	27822	77885	8709
汽车新车零售	136425	75715	24897	54513	7310
汽车旧车零售	12			8	8
机动车燃油零售	23767	4928	2925	16264	1011
机动车燃气零售	10759			7099	380
家用电器及电子产品专门零售	4945	1866	438	2448	547
日用家电零售	4101	1866	328	1973	477
计算机、软件及辅助设备零售	331		92	230	56
通信设备零售	513		19	245	14
货摊、无店铺及其他零售业	5112	1207	3852	3567	161
互联网零售	1194		1157	362	70
自动售货机零售	15				
生活用燃料零售	3903	1207	2696	3205	91

9-5 限额以上批发和零售业法人企业主要财务状况(续表 8)

单位:万元

指　标	法人企业数(个)	执行《2006 年企业会计准则》企业数(个)	年初存货	期末资产负债		
				流动资产合计	应收账款	存货
按登记注册类型分						
内资企业	209	116	300172	1210640	137650	314666
国有企业	3	2	5595	19174	739	4451
集体企业	1		12	1421	2	61
有限责任公司	39	30	95883	384024	66169	101244
国有独资公司	3	2	1024	7684	1036	1045
其他有限责任公司	36	28	94859	376340	65134	100199
股份有限公司	3	3	10308	155959	1960	11586
私营企业	162	81	188342	645046	66430	196506
私营独资企业	1		1577	6808	136	1483
私营合伙企业	2		1788	3370	602	2264
私营有限责任公司	158	81	176746	630493	65202	189830
私营股份有限公司	1		8232	4375	492	2929
其他企业	1		32	5015	2349	818
港、澳、台商投资企业	3	3	4128	7845	2120	4577
与港澳台商合资经营企业	1	1	3478	6137	1638	3478
港澳台商独资企业	2	2	650	1707	482	1098
外商投资企业	1		113	3831	168	100
中外合资经营企业	1		113	3831	168	100
按控股情况分						
国有控股	11	9	14043	65622	7844	15883
集体控股	3	1	5388	19187	172	3619
私人控股	195	106	280741	1125831	129634	295165
港澳台商控股	3	3	4128	7845	2120	4577
外商控股	1		113	3831	168	100
按经营形式分						
独立门店	173	101	189641	791779	60612	192698
连锁总店(总部)	17	7	93867	371808	71689	103757
连锁直营店	3	1	10869	25407	420	12278
其他	20	10	10037	33321	7217	10611
按单位规模分						
大型	5	5	70784	448311	64405	83263
中型	63	44	133275	425707	23363	132540
小型	117	64	92470	289023	41394	87661
微型	28	6	7884	59275	10776	15879
按零售业态分						
有店铺零售	189	111	296741	1191827	132276	310377
便利店	1		5	272	12	13
超市	9	6	49975	221598	50570	58215
仓储会员店	1		32	5015	2349	818
百货店	7	5	8213	156877	2480	8435
专业店	60	29	69637	320665	46582	71112
品牌专卖店	101	66	162830	456282	25256	164059
集合店	10	5	6049	31118	5028	7725
无店铺零售	24	8	7672	30488	7662	8967
网络零售	12	4	3312	11915	3139	5204
邮寄零售	1		7	105	1	1
直销	2		366	2025	626	353
其他	9	4	3987	16442	3896	3410

9-5 限额以上批发和零售业法人企业主要财务状况(续表 9)

单位:万元

指 标	期末资产负债				
	固定资产原价	房屋和构筑物	机器设备	累计折旧	本年折旧
按登记注册类型分					
内资企业	379378	212148	51606	156830	20636
国有企业	20701	1300		6229	613
集体企业	138		138	69	23
有限责任公司	114874	69976	27987	52224	6372
国有独资公司	5090	2205	2787	3961	343
其他有限责任公司	109784	67771	25200	48263	6029
股份有限公司	90336	76888	2433	30515	5716
私营企业	153318	63984	21048	67785	7908
私营独资企业	2871	2407	465	691	64
私营合伙企业	45			28	12
私营有限责任公司	149849	61391	20218	66697	7825
私营股份有限公司	552	187	365	369	7
其他企业	12			7	4
港、澳、台商投资企业	10647	7294	1949	4659	996
与港澳台商合资经营企业	9179	7294	1885	4339	679
港澳台商独资企业	1468		64	320	317
外商投资企业	3946			3239	31
中外合资经营企业	3946			3239	31
按控股情况分					
国有控股	37391	12601	3009	15157	1455
集体控股	3899	1824	1268	2047	166
私人控股	338088	197722	47329	139625	19015
港澳台商控股	10647	7294	1949	4659	996
外商控股	3946			3239	31
按经营形式分					
独立门店	287737	163879	35982	121461	16176
连锁总店(总部)	102860	54428	16384	41613	5174
连锁直营店	847		545	348	92
其他	2527	1136	644	1306	222
按单位规模分					
大型	159476	126078	19622	58844	6752
中型	162545	62926	21518	72585	10894
小型	66733	28592	11606	30000	3540
微型	5217	1847	809	3299	476
按零售业态分					
有店铺零售	392001	219442	52301	164039	21490
便利店	44	26	10	8	5
超市	72122	40263	17796	32938	7112
仓储会员店	12			7	4
百货店	85173	77017	2602	27586	2679
专业店	95479	24178	6675	45708	3930
品牌专卖店	131265	74286	23109	54951	7530
集合店	7907	3672	2109	2842	230
无店铺零售	1970		1254	688	173
网络零售	1338		1221	382	88
邮寄零售					
直销	11			4	2
其他	620		33	302	84

9-5 限额以上批发和零售业法人企业主要财务状况(续表10)

单位:万元

指　标	期末资产负债				
	固定资产净值	在建工程	无形资产	土地使用权	资产总计
总　计	**543159**	**66598**	**250214**	**140051**	**5810540**
批发业	**322657**	**31216**	**155939**	**108806**	**3583383**
按批发行业小类分					
农、林、牧、渔产品批发	6182	2059	2888	2879	133701
谷物、豆及薯类批发	6176	2059	2888	2879	33066
畜牧渔业饲料批发	6				100634
食品、饮料及烟草制品批发	20585	17	5737	4286	540810
米、面制品及食用油批发	4762	17	571	571	10804
肉、禽、蛋、奶及水产品批发	15				1612
盐及调味品批发	397		6		9174
酒、饮料及茶叶批发	366				22518
烟草制品批发	15045		5160	3715	496702
纺织、服装及家庭用品批发	241		19		26409
纺织品、针织品及原料批发					12063
服装批发					2659
日用家电批发	241		19		11688
文化、体育用品及器材批发	2051	415	299	184	68333
图书批发	2051	415	299	184	61799
首饰、工艺品及收藏品批发					6534
医药及医疗器材批发	27009	186	4418	2997	421053
西药批发	26356	186	4388	2997	360837
中药批发	10		14		6995
医疗用品及器材批发	642		16		53220
矿产品、建材及化工产品批发	265031	28229	140652	96535	2253757
煤炭及制品批发	49890	5044	2295	2021	283325
石油及制品批发	208858	22995	137688	94002	1489309
金属及金属矿批发	2885	100			238321
建材批发	481	9	512	512	17886
化肥批发	2372		21		31753
其他化工产品批发	545	81	135		193163
批发业按地区分组	**322657**	**31216**	**155939**	**108806**	**3583383**
银川市	322657	31216	155939	108806	3583383
兴庆区	123657	22273	59720	34596	510534
西夏区	89396	1310	53663	49135	455242
金凤区	24022	15	17373	3715	1460490
永宁县	11954	2059	8425	8411	276395
贺兰县	16585	773	4732	2954	385952
灵武市	57044	4786	12027	9995	494771
零售业按地区分组	**220502**	**35383**	**94275**	**31245**	**2227156**
银川市	220502	35383	94275	31245	2227156
兴庆区	132273	28500	55762	7482	1456415
西夏区	3421	1910	6295	6295	32844
金凤区	42599	873	14432	4874	290242
永宁县	1161	8	188		27483
贺兰县	39484	3266	17161	12595	400995
灵武市	1564	825	437		19178

9-5 限额以上批发和零售业法人企业主要财务状况(续表11)

单位:万元

指 标	期末资产负债				
	流动负债合计	应付账款	负债合计	所有者权益	实收资本
总 计	**3506353**	**510221**	**3959074**	**1895785**	**868067**
批发业	**2369336**	**284484**	**2446013**	**1180771**	**491444**
按批发行业小类分					
农、林、牧、渔产品批发	106291	10233	108979	24722	26112
谷物、豆及薯类批发	16448	2777	19136	13931	15833
畜牧渔业饲料批发	89843	7456	89843	10791	10279
食品、饮料及烟草制品批发	250314	3041	258969	281841	13153
米、面制品及食用油批发	769	28	7561	3243	3752
肉、禽、蛋、奶及水产品批发	920	347	920	692	550
盐及调味品批发	2542	409	2542	6632	3384
酒、饮料及茶叶批发	20611	1449	20611	1907	1365
烟草制品批发	225472	808	227335	269368	4103
纺织、服装及家庭用品批发	24645	5491	24645	1764	1340
纺织品、针织品及原料批发	12255	4635	12255	-193	
服装批发	2826		2826	-168	140
日用家电批发	9563	856	9563	2124	1200
文化、体育用品及器材批发	32323	15683	33819	34515	8010
图书批发	25789	15683	27285	34515	8010
首饰、工艺品及收藏品批发	6534		6534		
医药及医疗器材批发	299680	103730	304042	117010	37584
西药批发	261750	85136	265522	95316	31720
中药批发	4039	3069	4604	2391	1000
医疗用品及器材批发	33891	15525	33917	19304	4864
矿产品、建材及化工产品批发	1536497	109301	1595415	701743	385086
煤炭及制品批发	188093	31766	193640	89685	72512
石油及制品批发	1016200	43382	1038962	483586	159343
金属及金属矿批发	122321	23503	140758	102093	106343
建材批发	9116	904	10566	7320	6701
化肥批发	25226	2296	34777	2609	6600
其他化工产品批发	175541	7449	176711	16452	33588
批发业按地区分组	**2369336**	**284484**	**2446013**	**1180771**	**491444**
银川市	2369336	284484	2446013	1180771	491444
兴庆区	358022	85925	366759	180021	24267
西夏区	294102	26182	332939	132465	76040
金凤区	827558	33855	829772	627711	170404
永宁县	181527	23413	190225	86169	82200
贺兰县	293827	72765	295911	90041	50510
灵武市	414300	42345	430407	64364	88023
零售业按地区分组	**1137017**	**225737**	**1513061**	**715014**	**376623**
银川市	1137017	225737	1513061	715014	376623
兴庆区	705863	150299	1025199	431215	188081
西夏区	7834	1534	8177	24667	20114
金凤区	145741	25522	176485	113757	68766
永宁县	15250	12518	16497	10986	7270
贺兰县	250045	26957	273827	128086	90079
灵武市	12284	8907	12876	6302	2314

9-5 限额以上批发和零售业法人企业主要财务状况(续表12)

单位:万元

指 标	期末资产负债				
	固定资产净值	在建工程	无形资产	土地使用权	资产总计
机械设备、五金产品及电子产品批发	1501	309	1926	1925	92324
农业机械批发	490				17473
汽车及零配件批发	1011	309	1926	1925	74851
其他批发业	58				46997
再生物资回收与批发	58				46997
按登记注册类型分					
内资企业	322657	31216	155939	108806	3583383
国有企业	20204	17	5737	4286	517239
有限责任公司	80974	3209	10809	10543	724007
国有独资公司	6031	769	498	363	167248
其他有限责任公司	74943	2440	10311	10180	556759
股份有限公司	133806	22650	104418	74963	526361
私营企业	87673	5339	34975	19014	1815777
私营独资企业	529				64523
私营有限责任公司	87144	5339	34975	19014	1751254

9-5 限额以上批发和零售业法人企业主要财务状况(续表13)

单位:万元

指 标	期末资产负债				
	流动负债合计	应付账款	负债合计	所有者权益	实收资本
机械设备、五金产品及电子产品批发	83536	21938	83595	8730	10160
农业机械批发	13778	4908	13823	3650	3260
汽车及零配件批发	69758	17030	69771	5080	6900
其他批发业	36050	15068	36550	10447	10000
再生物资回收与批发	36050	15068	36550	10447	10000
按登记注册类型分					
内资企业	2369336	284484	2446013	1180771	491444
国有企业	229342	1245	237997	279242	11238
有限责任公司	486050	105675	509411	217221	144894
国有独资公司	119594	19930	124896	42352	25316
其他有限责任公司	366457	85745	384515	174869	119578
股份有限公司	382895	40344	391787	170819	4000
私营企业	1271049	137220	1306818	513489	331313
私营独资企业	47223	16388	47723	16800	14379
私营有限责任公司	1223826	120833	1259096	496689	316934

9-5 限额以上批发和零售业法人企业主要财务状况(续表14)

单位:万元

指 标	期末资产负债				
	固定资产净值	在建工程	无形资产	土地使用权	资产总计
按控股情况分					
国有控股	217112	25824	115175	84078	1621690
私人控股	105545	5391	40764	24729	1961693
按经营形式分					
独立门店	120150	7423	22383	17360	1265027
连锁总店(总部)	124989	19344	108545	80486	427119
其他	77518	4449	25011	10960	1891238
按单位规模分					
大型	147444	22787	107063	76921	774770
中型	142393	1960	23660	20061	1245355
小型	31968	6169	25154	11824	1352643
微型	852	299	61		210616
按经营地分					
城镇	256687	26467	142418	95805	3222234
城区	227697	23589	130508	85967	2448932
乡村	65970	4749	13521	13001	361149
零售业	**220502**	**35383**	**94275**	**31245**	**2227156**
按零售行业小类分					
综合零售	94887	19754	43837		1041657
百货零售	57619	19729	41446		627578
超级市场零售	37269	24	2391		414079
食品、饮料及烟草制品专门零售	5996	5807	1831		66752
粮油零售	223				1402
糕点、面包零售					784
果品、蔬菜零售	4981	5807	1830		46611
肉、禽、蛋、奶及水产品零售	14				2104
酒、饮料及茶叶零售	779		1		15852
纺织、服装及日用品专门零售	537		2		11240
服装零售	1				4602
化妆品及卫生用品零售	12		2		586
钟表、眼镜零售	498				4120
自行车等代步设备零售	27				1931

9-5 限额以上批发和零售业法人企业主要财务状况(续表15)

单位:万元

指 标	期末资产负债				
	流动负债合计	应付账款	负债合计	所有者权益	实收资本
按控股情况分					
国有控股	991232	129837	1030426	630135	118055
私人控股	1378104	154647	1415587	550637	373390
按经营形式分					
独立门店	829293	143615	866910	400742	267255
连锁总店(总部)	264713	19489	282072	145047	1359
其他	1275330	121380	1297031	634983	222831
按单位规模分					
大型	448024	82720	464278	346738	29831
中型	885399	117546	902768	342587	137981
小型	862009	60868	886258	466384	274913
微型	173903	23350	192709	25063	48720
按经营地分					
城镇	2075629	246244	2132740	1132895	415411
城区	1507418	153399	1551158	941175	265385
乡村	293707	38240	313273	47876	76033
零售业	**1137017**	**225737**	**1513061**	**715014**	**376623**
按零售行业小类分					
综合零售	442849	107832	754585	287552	109023
百货零售	255881	19108	458238	169820	30063
超级市场零售	186967	88724	296347	117732	78960
食品、饮料及烟草制品专门零售	28148	16873	31136	35617	20215
粮油零售	241	169	244	1158	574
糕点、面包零售	605	307	605	179	
果品、蔬菜零售	22293	15336	25110	21501	17323
肉、禽、蛋、奶及水产品零售	1660	537	1760	344	100
酒、饮料及茶叶零售	3348	525	3417	12435	2218
纺织、服装及日用品专门零售	10526	322	10526	714	5441
服装零售	9107	18	9107	-4505	1800
化妆品及卫生用品零售	535		535	51	200
钟表、眼镜零售	631	307	631	3489	2161
自行车等代步设备零售	252	-2	252	1679	1280

9-5 限额以上批发和零售业法人企业主要财务状况(续表16)

单位:万元

指标	期末资产负债				
	固定资产净值	在建工程	无形资产	土地使用权	资产总计
文化、体育用品及器材专门零售	22667	473	1545		67400
文具用品零售	16				1145
体育用品及器材零售	183		47		5815
图书、报刊零售	13706	473	1264		31315
珠宝首饰零售	8757		234		26002
乐器零售					1372
照相器材零售	6				1751
医药及医疗器材专门零售	6003	27	39		62252
西药零售	5951	27	39		59134
中药零售	52				3118
汽车、摩托车、零配件和燃料及其他动力销售	86477	8782	46016	31245	785770
汽车新车零售	75621	5547	35082	23360	691555
汽车旧车零售					212
机动车燃油零售	7196	2804	10831	7885	59506
机动车燃气零售	3660	431	104		34497
家用电器及电子产品专门零售	2405		469		159430
日用家电零售	2069		376		130887
计算机、软件及辅助设备零售	67		93		13053
通信设备零售	268				15490
货摊、无店铺及其他零售业	1530	539	536		32655
互联网零售	832	423	441		13500
自动售货机零售					1186
生活用燃料零售	698	116	95		17970

9-5 限额以上批发和零售业法人企业主要财务状况(续表17)

单位:万元

指　标	期末资产负债				
	流动负债合计	应付账款	负债合计	所有者权益	实收资本
文化、体育用品及器材专门零售	40130	10522	43884	23517	25098
文具用品零售	1127	-33	79	1066	1000
体育用品及器材零售	5445	1095	5445	370	2837
图书、报刊零售	17984	8047	22786	8529	4055
珠宝首饰零售	13569		13569	12433	16601
乐器零售	1085	518	1085	287	100
照相器材零售	919	895	919	832	505
医药及医疗器材专门零售	35820	25249	40241	22011	10183
西药零售	32757	22306	37078	22057	10133
中药零售	3064	2944	3164	-46	50
汽车、摩托车、零配件和燃料及其他动力销售	478149	45945	508895	277313	173318
汽车新车零售	449443	44764	480255	211929	145642
汽车旧车零售			21		
机动车燃油零售	24560	1161	24473	35032	23628
机动车燃气零售	4146	20	4146	30351	4048
家用电器及电子产品专门零售	89804	14776	110526	48905	17340
日用家电零售	69921	9323	90422	40465	9750
计算机、软件及辅助设备零售	6932	631	6954	6099	5869
通信设备零售	12952	4823	13150	2340	1721
货摊、无店铺及其他零售业	11592	4216	13269	19387	16007
互联网零售	7538	4091	7715	5785	2296
自动售货机零售	1174		1174	12	
生活用燃料零售	2880	125	4380	13590	13711

9-5 限额以上批发和零售业法人企业主要财务状况(续表18)

单位:万元

指　标	期末资产负债				
	固定资产净值	在建工程	无形资产	土地使用权	资产总计
按登记注册类型分					
内资企业	214842	35383	92962	30027	2205369
国有企业	14472	70	1264		40500
集体企业	69				1490
有限责任公司	62061	2715	20177	6154	694678
国有独资公司	921	519	95		21925
其他有限责任公司	61140	2196	20082	6154	672753
股份有限公司	59796	19729	41537		608319
私营企业	78440	12868	29984	23872	855361
私营独资企业	2181		1059	1059	10871
私营合伙企业	17				3376
私营有限责任公司	76060	12868	28878	22813	835300
私营股份有限公司	183		47		5815
其他企业	4				5020
港、澳、台商投资企业	4953		1225	1219	17145
与港澳台商合资经营企业	4840		1225	1219	12419
港澳台商独资企业	112				4726
外商投资企业	707		87		4643
中外合资经营企业	707		87		4643
按控股情况分					
国有控股	22006	987	4160	123	153274
集体控股	1852		335	335	40172
私人控股	190985	34396	88468	29569	2011923
港澳台商控股	4953		1225	1219	17145
外商控股	707		87		4643
按经营形式分					
独立门店	157868	33487	87748	29208	1567101
连锁总店(总部)	60946	1896	6110	1915	597554
连锁直营店	499		17		26799
其他	1190		400	123	35702
按单位规模分					
大型	100584	19773	44185		1061447
中型	83340	11362	37623	22807	714884
小型	35166	3846	12354	8326	387022
微型	1412	402	113	113	63803
按零售业态分					
有店铺零售	219264	34960	93738	31245	2190611
便利店	36				364
超市	38091	32	2470		428275
仓储会员店	4				5020
百货店	57634	19729	41446		628723
专业店	46290	3450	13947	7885	471277
品牌专卖店	72331	11284	35738	23225	619787
集合店	4877	465	136	135	37166
无店铺零售	1238	423	537		36545
网络零售	941	423	441		17522
邮寄零售					105
直销	6				2031
其他	292		96		16888

9-5 限额以上批发和零售业法人企业主要财务状况(续表19)

单位:万元

指　标	期末资产负债				
	流动负债合计	应付账款	负债合计	所有者权益	实收资本
按登记注册类型分					
内资企业	1127631	221070	1502127	704160	366116
国有企业	19583	8807	24025	16475	4550
集体企业	263	183	263	1227	1
有限责任公司	306192	102211	489879	205088	136532
国有独资公司	3900	894	5762	16163	14340
其他有限责任公司	302293	101317	484117	188925	122192
股份有限公司	263497	22899	405761	202559	39563
私营企业	533142	83882	577246	278745	185470
私营独资企业	8393	118	8447	2424	2000
私营合伙企业	2493	1295	2493	883	685
私营有限责任公司	516811	81374	560861	275068	179948
私营股份有限公司	5445	1095	5445	370	2837
其他企业	4954	3088	4954	66	
港、澳、台商投资企业	8713	4668	10261	6884	8460
与港澳台商合资经营企业	3734	728	3741	8678	7000
港澳台商独资企业	4979	3939	6520	-1794	1460
外商投资企业	672		672	3970	2048
中外合资经营企业	672		672	3970	2048
按控股情况分					
国有控股	48505	22465	100037	53237	31198
集体控股	14126	528	14448	25724	9261
私人控股	1065001	198077	1387642	625199	325657
港澳台商控股	8713	4668	10261	6884	8460
外商控股	672		672	3970	2048
按经营形式分					
独立门店	788652	89468	1050049	517971	282096
连锁总店(总部)	303780	114231	413567	183987	81389
连锁直营店	20855	11032	25555	1244	550
其他	23731	11006	23890	11812	12588
按单位规模分					
大型	466428	105522	705878	355569	89663
中型	398168	63580	479360	235524	168749
小型	243155	44192	280972	106051	112779
微型	29266	12444	46852	17870	5432
按零售业态分					
有店铺零售	1115825	217849	1490091	701438	368101
便利店	388	178	388	-23	19
超市	189053	89427	298719	129556	89178
仓储会员店	4954	3088	4954	66	
百货店	257009	19075	458317	170886	31063
专业店	230074	59793	263636	207641	99844
品牌专卖店	416867	43447	433566	186029	143817
集合店	17481	2842	30511	7284	4180
无店铺零售	21193	7888	22970	13576	8522
网络零售	9104	4158	10782	6740	2296
邮寄零售	94	7	94	11	
直销	1614	491	1714	317	100
其他	10380	3232	10380	6508	6126

9-5 限额以上批发和零售业法人企业主要财务状况(续表20)

单位:万元

指　标	期末资产负债	损益及分配		
	个人资本	营业收入	主营业务收入	营业成本
总　计	203534	14182373	13842961	13495338
批发业	153505	11479368	11249192	11129818
按批发行业小类分				
农、林、牧、渔产品批发	279	1080988	1076117	1065871
谷物、豆及薯类批发		46126	45994	43176
畜牧渔业饲料批发	279	1034862	1030123	1022695
食品、饮料及烟草制品批发	265	1002999	1000139	868952
米、面制品及食用油批发		3345	3313	4443
肉、禽、蛋、奶及水产品批发		3138	3138	2798
盐及调味品批发		7229	6646	4289
酒、饮料及茶叶批发	265	35171	34597	30835
烟草制品批发		954116	952445	826586
纺织、服装及家庭用品批发	240	67059	62730	62071
纺织品、针织品及原料批发		47366	47366	46831
服装批发	140	2510	2424	1993
日用家电批发	100	17183	12941	13246
文化、体育用品及器材批发		70540	70386	62573
图书批发		34848	34694	27691
首饰、工艺品及收藏品批发		35692	35692	34882
医药及医疗器材批发	4867	615268	611865	551970
西药批发	4167	529148	526536	481799
中药批发		20349	20003	16367
医疗用品及器材批发	700	65771	65326	53805
矿产品、建材及化工产品批发	140986	8439001	8225013	8328475
煤炭及制品批发	12016	676958	671907	631884
石油及制品批发	21880	6247315	6038997	6217822
金属及金属矿批发	76661	1051519	1051519	1035606
建材批发	5000	54320	54221	50558
化肥批发	200	122493	121974	112146
其他化工产品批发	25230	286396	286395	280460
批发业按地区分组				
银川市	153505	11479368	11249192	11129818
兴庆区	2012	1234298	1068446	1167588
西夏区	2500	1344769	1323817	1353623
金凤区	40099	4929496	4910883	4771947
永宁县	44339	1791843	1786909	1765401
贺兰县	13577	1109422	1105859	1061328
灵武市	50979	1069540	1053277	1009931
零售业按地区分组				
银川市	50030	2703005	2593769	2365520
兴庆区	2817	1152123	1058729	942006
西夏区	11350	24688	23648	19156
金凤区	18200	445833	441868	391264
永宁县	5806	33414	33382	28598
贺兰县	11211	1004799	994028	954081
灵武市	646	42149	42115	30416

9-5 限额以上批发和零售业法人企业主要财务状况(续表21)

单位:万元

指　标	期末资产负债	损益及分配		
	个人资本	营业收入	主营业务收入	营业成本
机械设备、五金产品及电子产品批发	6868	145931	145361	133884
农业机械批发	1168	34428	34367	31333
汽车及零配件批发	5700	111503	110994	102551
其他批发业		57582	57582	56022
再生物资回收与批发		57582	57582	56022
按登记注册类型分				
内资企业	153505	11479368	11249192	11129818
国有企业		988125	985839	858676
有限责任公司	30238	2078106	2057234	1994494
国有独资公司		207150	206880	189390
其他有限责任公司	30238	1870956	1850354	1805103
股份有限公司	10	4696556	4514029	4709390
私营企业	123257	3716581	3692091	3567258
私营独资企业	4354	108080	108080	101886
私营有限责任公司	118903	3608501	3584011	3465373

9-5 限额以上批发和零售业法人企业主要财务状况(续表22)

单位:万元

指 标	期末资产负债	损益及分配		
	个人资本	营业收入	主营业务收入	营业成本
按控股情况分				
国有控股	118	7370090	7164481	7186714
私人控股	153387	4109278	4084711	3943104
按经营形式分				
独立门店	96489	3256272	3233782	3033911
连锁总店(总部)		1410421	1375817	1405812
其他	57016	6812675	6639593	6690095
按单位规模分				
大型	3000	2850996	2663225	2656603
中型	22862	5386439	5360890	5263572
小型	92631	2586317	2581448	2561342
微型	35012	655618	643629	648302
按经营地分				
城镇	108924	10731370	10517448	10432696
城区	44235	7523661	7318735	7304764
乡村	44581	747999	731744	697122
零售业	**50030**	**2703005**	**2593769**	**2365520**
按零售行业小类分				
综合零售	-12343	549764	467345	402976
百货零售	1000	95069	60933	48876
超级市场零售	-13343	454695	406412	354100
食品、饮料及烟草制品专门零售	5703	142019	140511	119945
粮油零售		1469	782	1092
糕点、面包零售		4736	4736	3977
果品、蔬菜零售	5603	75069	74497	65059
肉、禽、蛋、奶及水产品零售	100	3019	3019	2665
酒、饮料及茶叶零售		57727	57478	47153
纺织、服装及日用品专门零售	3441	5489	5483	4277
服装零售		243	243	196
化妆品及卫生用品零售		1085	1079	928
钟表、眼镜零售	2161	2718	2718	1991
自行车等代步设备零售	1280	1443	1443	1161

9-5 限额以上批发和零售业法人企业主要财务状况(续表23)

单位:万元

指　标	期末资产负债	损益及分配		
	个人资本	营业收入	主营业务收入	营业成本
文化、体育用品及器材专门零售	16701	28544	28387	23932
文具用品零售		1127	1127	923
体育用品及器材零售		2680	2680	1993
图书、报刊零售		11390	11317	8460
珠宝首饰零售	16601	9300	9216	8908
乐器零售	100	1327	1327	1198
照相器材零售		2720	2720	2451
医药及医疗器材专门零售	996	75842	74983	51979
西药零售	946	73783	72924	50771
中药零售	50	2058	2058	1209
汽车、摩托车、零配件和燃料及其他动力销售	31960	1707488	1690746	1606367
汽车新车零售	19531	1321552	1306982	1236429
汽车旧车零售		676		640
机动车燃油零售	12429	360791	359395	351578
机动车燃气零售		24470	24369	17720
家用电器及电子产品专门零售	3269	146932	139738	119006
日用家电零售	868	123931	116824	98726
计算机、软件及辅助设备零售	2300	12537	12537	10830
通信设备零售	101	10464	10377	9451
货摊、无店铺及其他零售业	303	46928	46576	37038
互联网零售	303	40576	40541	31285
自动售货机零售		1142	1142	1081
生活用燃料零售		5210	4894	4673

9-5 限额以上批发和零售业法人企业主要财务状况(续表24)

单位:万元

指标	期末资产负债	损益及分配		
	个人资本	营业收入	主营业务收入	营业成本
按登记注册类型分				
内资企业	50030	2600670	2493534	2272845
国有企业		59909	59869	49273
集体企业		2718	2718	2250
有限责任公司	-10774	1117732	1066621	982638
国有独资公司		7704	6668	6401
其他有限责任公司	-10774	1110027	1059953	976237
股份有限公司		124502	85773	80737
私营企业	60804	1291275	1274019	1153525
私营独资企业		16983	16973	16341
私营合伙企业		5160	5144	4342
私营有限责任公司	60804	1266452	1249222	1130849
私营股份有限公司		2680	2680	1993
其他企业		4535	4535	4423
港、澳、台商投资企业		94284	92286	87138
与港澳台商合资经营企业		56561	54563	52153
港澳台商独资企业		37723	37723	34985
外商投资企业		8050	7949	5537
中外合资经营企业		8050	7949	5537
按控股情况分				
国有控股		446018	443059	414207
集体控股	128	52247	51986	49598
私人控股	49902	2102405	1998490	1809041
港澳台商控股		94284	92286	87138
外商控股		8050	7949	5537
按经营形式分				
独立门店	39071	1956598	1896876	1769412
连锁总店(总部)	6266	637707	589117	495662
连锁直营店	500	26861	26643	25410
其他	4192	81839	81133	75037
按单位规模分				
大型		623346	542209	460324
中型	2803	1053878	1035169	954146
小型	45503	916714	909260	862441
微型	1723	109066	107130	88609
按零售业态分				
有店铺零售	47827	2603658	2494736	2279747
便利店		1038	1038	903
超市	-9343	493390	444959	386262
仓储会员店		4535	4535	4423
百货店	1000	96196	62061	49799
专业店	32497	848205	836070	757892
品牌专卖店	21423	1109672	1096265	1034510
集合店	2250	50620	49808	45959
无店铺零售	2203	99347	99033	85774
网络零售	303	72101	72095	61230
邮寄零售		673	673	615
直销	100	1976	1975	1655
其他	1800	24598	24290	22274

9-5 限额以上批发和零售业法人企业主要财务状况(续表25)

单位:万元

指 标	损益及分配							
	营业税金及附加	其他业务利润	销售费用	管理费用	研发费用	财务费用	利息收入	利息支出
总 计	75571	20384	386341	163881	2247	53162	8831	35459
批发业	64645	10926	184817	90996	1441	15212	7770	21488
按批发行业小类分								
农、林、牧、渔产品批发	1643		10955	2257	200	187	481	232
谷物、豆及薯类批发	130		2013	1448	200	176	2	112
畜牧渔业饲料批发	1513		8942	809		11	479	120
食品、饮料及烟草制品批发	52239	803	9885	26114	7	-4990	5388	359
米、面制品及食用油批发	11	32	259	681		1	-5	6
肉、禽、蛋、奶及水产品批发	2		134	122				
盐及调味品批发	161	543	2594	426		6	1	
酒、饮料及茶叶批发	47	597	1798	2108		288	3	264
烟草制品批发	52019	-369	5100	22777	7	-5284	5390	90
纺织、服装及家庭用品批发	101	86	933	2269	755	13	-31	44
纺织品、针织品及原料批发	62		603	53		2	1	3
服装批发	3	86		587				
日用家电批发	36		330	1629	755	12	-32	42
文化、体育用品及器材批发	111		1081	3105		-270	279	
图书批发	75		1051	3016		-279	279	
首饰、工艺品及收藏品批发	37		30	89		9		
医药及医疗器材批发	2114	631	20883	16146		4673	354	4686
西药批发	1481	631	16190	12817		4483	334	4543
中药批发	17		1076	1316		47		42
医疗用品及器材批发	616		3618	2013		143	20	100
矿产品、建材及化工产品批发	8081	8093	131972	38656	478	13906	858	15015
煤炭及制品批发	1100	122	30579	5266		1949	74	1826
石油及制品批发	4299	7872	76286	24727	10	7552	-149	8229
金属及金属矿批发	2212		9880	4274		1005	167	1306
建材批发	54	99	3285	621		361		356
化肥批发	129		7666	3067	443	1642	5	1598
其他化工产品批发	287		4276	702	26	1397	761	1700
批发业按地区分组								
银川市	64645	10926	184817	90996	1441	15212	7770	21488
兴庆区	1865	5973	42182	16617	10	2066	596	1870
西夏区	1788	2871	37937	7699	469	3468	-1221	4710
金凤区	55546	278	27780	33990	762	-131	6610	6023
永宁县	2192	2	16920	6039		1995	508	2009
贺兰县	1851	1598	19820	15487		3395	1256	3351
灵武市	1404	204	40178	11165	200	4420	20	3526
零售业按地区分组								
银川市	10926	9458	201524	72885	807	37950	1062	13971
兴庆区	6171	4024	132109	41130	18	28909	722	8490
西夏区	148	306	4148	1417	58	43	2	44
金凤区	1898	1429	25809	10706	63	3468	171	2149
永宁县	43		1449	1900	117	267	1	130
贺兰县	2596	3699	29165	15795		5070	160	3029
灵武市	70		8845	1938	551	195	5	129

9-5 限额以上批发和零售业法人企业主要财务状况(续表26)

单位:万元

指 标	损益及分配							
	营业税金及附加	其他业务利润	销售费用	管理费用	研发费用	财务费用	利息收入	利息支出
机械设备、五金产品及电子产品批发	256	1313	8739	2170		1006	437	472
农业机械批发	38	256	2685	782		184	2	208
汽车及零配件批发	218	1057	6054	1388		822	435	264
其他批发业	100		369	280		687	4	680
再生物资回收与批发	100		369	280		687	4	680
按登记注册类型分								
内资企业	64645	10926	184817	90996	1441	15212	7770	21488
国有企业	52199	206	8009	23902	7	-5277	5385	95
有限责任公司	4281	439	40031	15917	443	4263	1793	5623
国有独资公司	367	95	8311	7213	443	2271	979	3194
其他有限责任公司	3913	344	31720	8704		1992	814	2429
股份有限公司	2120	2777	54817	12381	10	3320	-836	4024
私营企业	6046	7504	81960	38796	981	12905	1427	11746
私营独资企业	1408		2981	760		403	172	754
私营有限责任公司	4639	7504	78979	38036	981	12502	1255	10992

9-5 限额以上批发和零售业法人企业主要财务状况(续表27)

单位:万元

指 标	损益及分配							
	营业税金及附加	其他业务利润	销售费用	管理费用	研发费用	财务费用	利息收入	利息支出
按控股情况分								
国有控股	57655	3422	91135	48377	460	741	6339	8219
私人控股	6990	7504	93683	42619	981	14471	1430	13269
按经营形式分								
独立门店	54201	2630	83832	49938	443	8800	5930	11847
连锁总店(总部)	1712	2777	47522	10859	10	1654	-1185	2706
其他	8732	5519	53463	30199	988	4758	3024	6936
按单位规模分								
大型	53437	2865	76860	29769	453	-482	4239	4025
中型	6305	2697	57118	38779	7	6147	2505	7427
小型	4235	5364	46812	20530	981	8276	684	9358
微型	668		4027	1918		1271	342	678
按经营地分								
城镇	63530	10865	150753	79182	1241	11177	7790	17946
城区	59365	8571	107571	57555	1241	6592	6020	13790
乡村	1116	61	34064	11814	200	4035	-20	3542
零售业	**10926**	**9458**	**201524**	**72885**	**807**	**37950**	**1062**	**13971**
按零售行业小类分								
综合零售	5000	1140	91728	25597		24497	259	5661
百货零售	3528	352	24373	8749		13467	123	2947
超级市场零售	1471	788	67356	16848		11030	136	2714
食品、饮料及烟草制品专门零售	381	10	6879	3973	117	366	19	204
粮油零售	5		239	121		-2	2	
糕点、面包零售	17		663	55			1	1
果品、蔬菜零售	82	10	4654	3230	117	331	3	188
肉、禽、蛋、奶及水产品零售	4		175	65		15		14
酒、饮料及茶叶零售	273		1147	503		22	13	
纺织、服装及日用品专门零售	18		856	288		269	2	263
服装零售	1		142	37		264		263
化妆品及卫生用品零售	2		109	24		6		
钟表、眼镜零售	14		498	117		-2	2	
自行车等代步设备零售	1		106	110				

9-5 限额以上批发和零售业法人企业主要财务状况(续表28)

单位:万元

指 标	损益及分配							
	营业税金及附加	其他业务利润	销售费用	管理费用	研发费用	财务费用	利息收入	利息支出
文化、体育用品及器材专门零售	169	645	2391	3493	18	801	2	362
文具用品零售	2		32	169				
体育用品及器材零售	5		371	78		107		104
图书、报刊零售	71	645	1702	2326	18	326	2	
珠宝首饰零售	89		204	690		368		258
乐器零售	1		77	47				
照相器材零售	2		6	183				
医药及医疗器材专门零售	377	673	19032	3716		255	259	324
西药零售	375	673	18591	3284		255	259	324
中药零售	2		441	431		1		1
汽车、摩托车、零配件和燃料及其他动力销售	4487	6850	50371	29703		9581	142	6594
汽车新车零售	3768	6428	43946	25815		9399	288	6511
汽车旧车零售	2		3	37				
机动车燃油零售	601	422	4541	2864		313	20	83
机动车燃气零售	117		1882	987		-130	-165	
家用电器及电子产品专门零售	410		23238	4161	121	1939	306	329
日用家电零售	383		22185	2919		1645	292	147
计算机、软件及辅助设备零售	17		362	1178	121	255		153
通信设备零售	10		691	64		39	14	29
货摊、无店铺及其他零售业	85	140	7030	1956	551	242	73	235
互联网零售	29		6458	1556	551	204	1	136
自动售货机零售	2		9	40				
生活用燃料零售	54	140	563	360		37	72	99

9-5 限额以上批发和零售业法人企业主要财务状况(续表29)

单位:万元

指　标	损益及分配							
	营业税金及附加	其他业务利润	销售费用	管理费用	研发费用	财务费用	利息收入	利息支出
按登记注册类型分								
内资企业	10193	8090	196067	71670	807	37963	1101	13959
国有企业	250	649	1916	2489	18	325	15	
集体企业	5		16	150				
有限责任公司	3347	2385	87459	26678		15207	421	3278
国有独资公司	63	140	967	542		34	75	99
其他有限责任公司	3285	2245	86492	26136		15173	346	3179
股份有限公司	2852		23002	7079		11553	42	3941
私营企业	3736	5055	83658	35198	789	10878	623	6740
私营独资企业	74	4	406	245		103	34	123
私营合伙企业	7	16	231	245		1		
私营有限责任公司	3649	5035	82650	34630	789	10666	589	6514
私营股份有限公司	5		371	78		107		104
其他企业	4		16	76				
港、澳、台商投资企业	688	1368	4710	886		36	21	12
与港澳台商合资经营企业	613	1368	2025	660		9	21	12
港澳台商独资企业	76		2685	226		27		
外商投资企业	45		747	330		–49	–61	
中外合资经营企业	45		747	330		–49	–61	
按控股情况分								
国有控股	1440	1458	15498	5522	18	2529	382	253
集体控股	147	257	886	510		174	10	153
私人控股	8606	6375	179683	65637	789	35260	710	13553
港澳台商控股	688	1368	4710	886		36	21	12
外商控股	45		747	330		–49	–61	
按经营形式分								
独立门店	8677	7949	98297	43356	668	25994	471	11255
连锁总店(总部)	2130	1508	97554	25835	18	11472	565	2313
连锁直营店	40		913	1091		216	18	198
其他	80		4761	2603	121	268	9	205
按单位规模分								
大型	4753	668	104540	25032		20959	804	4483
中型	4286	5771	54959	27946	569	10115	55	5911
小型	1582	2961	31733	18365	238	6583	183	3321
微型	305	57	10293	1544		293	21	256
按零售业态分								
有店铺零售	10796	9195	193507	69421	135	37196	1051	13646
便利店				118		7		1
超市	1598	788	71025	17548		11090	136	2751
仓储会员店	4		16	76				
百货店	3530	352	24404	8918		13467	123	2948
专业店	2175	3125	53807	17539	135	4125	559	1808
品牌专卖店	3331	4661	40910	24211		8196	118	5889
集合店	157	268	3345	1012		311	115	248
无店铺零售	130	263	8017	3464	672	754	11	325
网络零售	86		6979	1759	551	219	1	136
邮寄零售	1		22	22				
直销	3		175	39		14		14
其他	40	263	841	1645	121	520	9	175

9-5 限额以上批发和零售业法人企业主要财务状况(续表30)

单位:万元

指　标	损益及分配				
	投资收益	营业利润	营业外收入	营业外支出	利润总额
总　计	57971	66407	8225	9548	65094
批发业	32355	28368	3450	5096	26728
按批发行业小类分					
农、林、牧、渔产品批发	15	353	17	11	359
谷物、豆及薯类批发	−13	−484	2	11	−493
畜牧渔业饲料批发	28	837	15		852
食品、饮料及烟草制品批发	31787	84375	56	1175	83256
米、面制品及食用油批发		−322	2		−320
肉、禽、蛋、奶及水产品批发		82	2		84
盐及调味品批发	96	−76	4	1	−73
酒、饮料及茶叶批发		72	1	30	43
烟草制品批发	31691	84620	47	1145	83521
纺织、服装及家庭用品批发		1672	256	3	1925
纺织品、针织品及原料批发		−185			−185
服装批发		−73	6		−68
日用家电批发		1930	251	3	2178
文化、体育用品及器材批发	3	3832	90	5	3916
图书批发	3	3171	89	5	3255
首饰、工艺品及收藏品批发		661			661
医药及医疗器材批发	−178	18482	325	332	18467
西药批发	−165	11375	251	291	11327
中药批发		1529	7	2	1534
医疗用品及器材批发	−12	5579	67	39	5606
矿产品、建材及化工产品批发	702	−80616	1745	3101	−81959
煤炭及制品批发		5153	324	226	5251
石油及制品批发	57	−82387	803	2794	−84377
金属及金属矿批发	629	−792	480	73	−372
建材批发		−558	2	7	−563
化肥批发		−2428	32		−2397
其他化工产品批发	15	396	104	2	499
批发业按地区分组					
银川市	32355	28368	3450	5096	26728
兴庆区	−155	5153	1126	1055	5224
西夏区	83	−59754	359	461	−59857
金凤区	31978	74169	849	1286	73746
永宁县	352	−98	167	76	−7
贺兰县	28	6443	403	571	6268
灵武市	69	2454	545	1646	1354
零售业按地区分组					
银川市	25616	38039	4775	4452	38366
兴庆区	25564	23528	2720	3218	23035
西夏区	18	−279	73	21	−226
金凤区	33	13241	394	245	13390
永宁县		831	229	3	1058
贺兰县	2	116	692	943	−136
灵武市		602	666	23	1245

9-5 限额以上批发和零售业法人企业主要财务状况(续表31)

单位:万元

指　标	损益及分配	人工成本及增值税		从事批发零售业活动的从业人员平均人数(人)
	所得税费用	应付职工薪酬	应交增值税	
总　计	26493	212963	104892	26345
批发业	20614	99334	75060	8677
按批发行业小类分				
农、林、牧、渔产品批发	119	8562	2852	308
谷物、豆及薯类批发		421	-519	66
畜牧渔业饲料批发	119	8141	3370	242
食品、饮料及烟草制品批发	13361	16081	16029	892
米、面制品及食用油批发		474		50
肉、禽、蛋、奶及水产品批发	1	63		13
盐及调味品批发	-51	264	20	203
酒、饮料及茶叶批发	38	975	250	177
烟草制品批发	13373	14305	15759	449
纺织、服装及家庭用品批发	379	724	392	106
纺织品、针织品及原料批发			18	
服装批发		268	20	40
日用家电批发	379	456	353	66
文化、体育用品及器材批发		2944	7	144
图书批发		2939	7	132
首饰、工艺品及收藏品批发		5		12
医药及医疗器材批发	3275	17894	9409	1907
西药批发	2077	15176	7467	1582
中药批发	253	1120	139	152
医疗用品及器材批发	946	1598	1803	173
矿产品、建材及化工产品批发	3198	48493	44379	4784
煤炭及制品批发	1505	3511	4227	535
石油及制品批发	1547	41423	32243	3521
金属及金属矿批发	399	2068	2965	333
建材批发	11	150	194	60
化肥批发	-474	964	503	279
其他化工产品批发	211	377	4248	56
批发业按地区分组				
银川市	20614	99334	75060	8677
兴庆区	3645	32490	35435	2211
西夏区	814	13050	3491	1762
金凤区	14533	21476	23530	1389
永宁县	251	11542	4916	810
贺兰县	1061	15099	5334	1699
灵武市	309	5677	2355	806
零售业按地区分组				
银川市	5879	113630	29832	17668
兴庆区	323	66813	16252	11013
西夏区	5	1708	259	299
金凤区	4611	19376	6237	2688
永宁县	10	1233	106	314
贺兰县	938	22654	6895	2996
灵武市	-8	1845	83	358

9-5 限额以上批发和零售业法人企业主要财务状况(续表32)

单位:万元

指 标	损益及分配				
	投资收益	营业利润	营业外收入	营业外支出	利润总额
机械设备、五金产品及电子产品批发	27	151	934	468	617
农业机械批发		-347	815	178	290
汽车及零配件批发	27	498	119	290	327
其他批发业		120	27		147
再生物资回收与批发		120	27		147
按登记注册类型分					
内资企业	32355	28368	3450	5096	26728
国有企业	31787	84197	53	1146	83104
有限责任公司	-155	18608	302	230	18680
国有独资公司	3	-563	115	17	-464
其他有限责任公司	-158	19171	187	214	19144
股份有限公司	-2	-85921	450	1128	-86599
私营企业	726	11484	2645	2592	11542
私营独资企业		638	359	21	976
私营有限责任公司	726	10846	2286	2571	10567

9-5 限额以上批发和零售业法人企业主要财务状况(续表33)

单位:万元

指 标	损益及分配	人工成本及增值税		从事批发零售业活动的从业人员平均人数(人)
	所得税费用	应付职工薪酬	应交增值税	
机械设备、五金产品及电子产品批发	245	4361	1609	498
农业机械批发	73	1352	921	128
汽车及零配件批发	172	3009	688	370
其他批发业	37	275	384	38
再生物资回收与批发	37	275	384	38
按登记注册类型分				
内资企业	20614	99334	75060	8677
国有企业	13322	15975	15785	753
有限责任公司	3463	23696	11624	1971
国有独资公司	87	4062	476	401
其他有限责任公司	3377	19635	11148	1570
股份有限公司	1227	34157	30834	2363
私营企业	2602	25506	16818	3590
私营独资企业	249	512	968	57
私营有限责任公司	2353	24994	15849	3533

9-5 限额以上批发和零售业法人企业主要财务状况(续表34)

单位:万元

指 标	损益及分配				
	投资收益	营业利润	营业外收入	营业外支出	利润总额
按控股情况分					
国有控股	31623	17739	701	2382	16058
私人控股	733	10629	2749	2713	10670
按经营形式分					
独立门店	536	28152	2031	1805	28370
连锁总店(总部)	-5	-55958	259	757	-56455
其他	31824	56174	1160	2534	54813
按单位规模分					
大型	-131	33533	515	1597	32451
中型	31846	45279	1560	3115	43717
小型	628	-50814	1254	343	-49890
微型	12	370	121	41	450
按经营地分					
城镇	32136	26740	2969	3529	26185
城区	31742	20335	2355	2807	19897
乡村	220	1629	481	1567	543
零售业	**25616**	**38039**	**4775**	**4452**	**38366**
按零售行业小类分					
综合零售	24039	19175	964	2555	17589
百货零售	26104	15838	444	250	16038
超级市场零售	-2066	3337	520	2306	1551
食品、饮料及烟草制品专门零售		9525	1024	84	10466
粮油零售		14	1		15
糕点、面包零售		28	13	3	38
果品、蔬菜零售		705	797	11	1491
肉、禽、蛋、奶及水产品零售		95			95
酒、饮料及茶叶零售		8684	213	70	8827
纺织、服装及日用品专门零售	128	-12	22	18	-8
服装零售		-398	4		-394
化妆品及卫生用品零售		15	15		31
钟表、眼镜零售	128	227	3		230
自行车等代步设备零售		143		18	126

9-5 限额以上批发和零售业法人企业主要财务状况(续表35)

单位:万元

指 标	损益及分配	人工成本及增值税		从事批发零售业活动的从业人员平均人数(人)
	所得税费用	应付职工薪酬	应交增值税	
按控股情况分				
国有控股	17866	69885	55804	4415
私人控股	2748	29449	19256	4262
按经营形式分				
独立门店	10673	43753	25098	4526
连锁总店(总部)	1232	23145	6845	2111
其他	8709	32435	43117	2040
按单位规模分				
大型	10979	53483	43667	3533
中型	8877	34963	15361	3467
小型	1157	9994	14402	1537
微型	-399	894	1631	140
按经营地分				
城镇	20328	92595	73197	7756
城区	19096	66227	63596	5280
乡村	287	6738	1863	921
零售业	**5879**	**113630**	**29832**	**17668**
按零售行业小类分				
综合零售	-446	41814	8042	7442
百货零售	-677	11418	2736	1584
超级市场零售	231	30397	5306	5858
食品、饮料及烟草制品专门零售	2288	4874	1833	836
粮油零售		205	11	26
糕点、面包零售	13	392	224	59
果品、蔬菜零售	47	3042	238	650
肉、禽、蛋、奶及水产品零售	14	162	86	29
酒、饮料及茶叶零售	2215	1072	1273	72
纺织、服装及日用品专门零售	6	523	163	138
服装零售		125	10	23
化妆品及卫生用品零售		54	27	43
钟表、眼镜零售	3	272	117	57
自行车等代步设备零售	3	73	9	15

9-5 限额以上批发和零售业法人企业主要财务状况(续表36)

单位:万元

指标	损益及分配				
	投资收益	营业利润	营业外收入	营业外支出	利润总额
文化、体育用品及器材专门零售	13	-1603	644	147	-1105
文具用品零售		3	20	1	23
体育用品及器材零售		123	5	39	89
图书、报刊零售		-866	561	98	-404
珠宝首饰零售	13	-946	55	9	-900
乐器零售		4			4
照相器材零售		79	4		83
医药及医疗器材专门零售		515	337	37	815
西药零售		539	337	37	839
中药零售		-24			-24
汽车、摩托车、零配件和燃料及其他动力销售	1357	10430	979	1242	10167
汽车新车零售	1312	5371	963	1157	5177
汽车旧车零售		-5			-5
机动车燃油零售	18	1142	13	54	1102
机动车燃气零售	27	3922	3	32	3893
家用电器及电子产品专门零售		-868	180	352	-1039
日用家电零售		-892	98	351	-1144
计算机、软件及辅助设备零售		-214	81		-133
通信设备零售		238	1	1	238
货摊、无店铺及其他零售业	79	876	625	17	1483
互联网零售		992	440	17	1414
自动售货机零售		12			12
生活用燃料零售	79	-128	185		57

9-5 限额以上批发和零售业法人企业主要财务状况(续表37)

单位:万元

指　标	损益及分配	人工成本及增值税		从事批发零售业活动的从业人员平均人数(人)
	所得税费用	应付职工薪酬	应交增值税	
文化、体育用品及器材专门零售	2	3082	108	324
文具用品零售		122	2	25
体育用品及器材零售		227	3	31
图书、报刊零售		2215	43	194
珠宝首饰零售		387	23	57
乐器零售		67	10	10
照相器材零售	2	64	27	7
医药及医疗器材专门零售	377	10810	1623	1754
西药零售	377	10210	1604	1613
中药零售		600	19	141
汽车、摩托车、零配件和燃料及其他动力销售	3695	41378	15239	5430
汽车新车零售	2734	37479	11433	4819
汽车旧车零售			4	11
机动车燃油零售	234	2658	3246	402
机动车燃气零售	726	1242	557	198
家用电器及电子产品专门零售	-49	8737	2525	1346
日用家电零售	-107	7466	2084	1114
计算机、软件及辅助设备零售	10	843	160	134
通信设备零售	48	429	281	98
货摊、无店铺及其他零售业	5	2410	299	398
互联网零售	5	829	179	224
自动售货机零售		16		10
生活用燃料零售		1565	120	164

9-5 限额以上批发和零售业法人企业主要财务状况(续表38)

单位:万元

指 标	损益及分配				
	投资收益	营业利润	营业外收入	营业外支出	利润总额
按登记注册类型分					
内资企业	25616	35690	4766	4442	36020
国有企业		6289	559	161	6687
集体企业		297		5	292
有限责任公司	-1976	4553	1083	2323	3318
国有独资公司	79	47	188		234
其他有限责任公司	-2055	4506	896	2323	3084
股份有限公司	26104	19173	440	322	19291
私营企业	1487	5364	2683	1632	6415
私营独资企业		-182	1	5	-186
私营合伙企业		333	13	33	313
私营有限责任公司	1487	5090	2664	1554	6200
私营股份有限公司		123	5	39	89
其他企业		16			16
港、澳、台商投资企业		908	7	6	909
与港澳台商合资经营企业		1171	7	4	1174
港澳台商独资企业		-263		2	-265
外商投资企业		1440	2	5	1438
中外合资经营企业		1440	2	5	1438
按控股情况分					
国有控股	79	8129	982	171	8944
集体控股		999	1	6	995
私人控股	25536	26562	3783	4266	26080
港澳台商控股		908	7	6	909
外商控股		1440	2	5	1438
按经营形式分					
独立门店	27681	34606	3023	2562	35072
连锁总店(总部)	-2066	5184	1604	1848	4940
连锁直营店		-785	14	13	-784
其他		-966	134	29	-862
按单位规模分					
大型	24039	26955	927	1826	26056
中型	1413	5540	2929	2108	6366
小型	164	-2492	627	360	-2225
微型		8036	293	158	8170
按零售业态分					
有店铺零售	25616	36215	4241	4427	36033
便利店		10			10
超市	-2066	5269	925	2312	3883
仓储会员店		16			16
百货店	26104	15842	464	250	16060
专业店	1424	15982	1304	740	16546
品牌专卖店	148	-1239	1514	1091	-816
集合店	5	336	32	35	333
无店铺零售		1824	534	25	2333
网络零售		1777	429	17	2189
邮寄零售		14			14
直销		88			88
其他		-55	105	8	42

9-5 限额以上批发和零售业法人企业主要财务状况(续表39)

单位:万元

指　标	损益及分配	人工成本及增值税		从事批发零售业活动的从业人员平均人数(人)
	所得税费用	应付职工薪酬	应交增值税	
按登记注册类型分				
内资企业	5026	111123	28675	17319
国有企业	1820	2512	1059	221
集体企业	18	81	49	14
有限责任公司	1514	51063	13401	8057
国有独资公司		1891	132	199
其他有限责任公司	1514	49172	13268	7858
股份有限公司	-1040	9535	2284	1812
私营企业	2714	47904	11883	7208
私营独资企业		502	243	62
私营合伙企业		201	42	35
私营有限责任公司	2714	46974	11595	7080
私营股份有限公司		227	3	31
其他企业		28		7
港、澳、台商投资企业	501	1928	941	267
与港澳台商合资经营企业	294	1380	768	101
港澳台商独资企业	207	548	173	166
外商投资企业	352	579	216	82
中外合资经营企业	352	579	216	82
按控股情况分				
国有控股	2560	13495	5813	1594
集体控股	127	1510	972	171
私人控股	2339	96118	21890	15554
港澳台商控股	501	1928	941	267
外商控股	352	579	216	82
按经营形式分				
独立门店	5447	61580	18253	8933
连锁总店(总部)	365	48530	8327	8134
连锁直营店	12	977	209	123
其他	55	2542	3043	478
按单位规模分				
大型	-720	50147	10277	8240
中型	3875	42667	11202	6055
小型	979	19437	6944	3061
微型	1745	1379	1409	312
按零售业态分				
有店铺零售	5635	111048	29074	17170
便利店		196		48
超市	729	32634	5651	6207
仓储会员店		28		7
百货店	-677	11540	2738	1609
专业店	3520	29339	10168	4231
品牌专卖店	2030	35357	10180	4704
集合店	32	1954	337	364
无店铺零售	244	2581	758	498
网络零售	211	1328	334	247
邮寄零售	1	2	8	4
直销	14	140	83	25
其他	18	1111	332	222

9-6 限额以上批发和零售业连锁经营情况

单位:万元

指　标	连锁总店数（个）	商品购进总额	统一配送	商品销售总额	零售额
总　计	24	2113625	1529866	2379675	1423813
按登记注册类型分					
内资企业	24	2113625	1529866	2379675	1423813
国有企业	3	318579	318579	429630	12301
有限责任公司	9	499601	68221	519885	503071
国有独资公司	2	2633	2633	19553	2740
其他有限责任公司	7	496969	65588	500332	500332
股份有限公司	4	1117349	965818	1245681	723961
私营企业	8	178096	177248	184479	184479
私营有限责任公司	7	175270	175270	180755	180755
私营股份有限公司	1	2826	1978	3724	3724
按行业分					
批发业	9	1252788	1101257	1511084	555222
食品、饮料及烟草制品批发	2	304733	304733	417329	
文化、体育用品及器材批发	1	2555	2555	2555	2555
医药及医疗器材批发	3	4495	4495	21474	4660
矿产品、建材及化工产品批发	3	941005	789474	1069727	548007
零售业	15	860837	428609	868591	868591
综合零售	5	630260	198879	624767	624767
文化、体育用品及器材专门零售	2	16672	15824	16025	16025
医药及医疗器材专门零售	5	45363	45363	59047	59047
汽车、摩托车、燃料及零配件专门零售	1	32766	32766	33083	33083
家用电器及电子产品专门零售	2	135776	135776	135669	135669
按业态分					
超市	4	453916	22536	448813	448813
百货店	1	176344	176344	175954	175954
加油站	12	202035	202035	231045	214232
专卖店	3	40054	39206	44126	36806
其他	1	300271	300271	410009	

9-7　限额以上住宿和餐饮业法人企业经营情况

单位:万元

指　标	法人企业数（个）	从业人员（人）	营业额	客房收入	通过公共网络实现的客房收入	通过非自营平台实现的客房收入	餐费收入
总　计	49	3321	62327	19209	2040	741	28622
住宿业	22	2072	30776	16038	1670	504	10233
按住宿业行业小类分							
旅游饭店	16	1764	26588	14117	1356	461	9036
旅游饭店	16	1764	26588	14117	1356	461	9036
一般旅馆	6	308	4188	1922	314	44	1198
经济型连锁酒店	2	27	453	442	16		4
其他一般旅馆	4	281	3735	1479	298	44	1194
按登记注册类型分							
内资企业	22	2072	30776	16038	1670	504	10233
国有企业	2	518	6383	2566	23		1653
有限责任公司	6	681	12874	6492	658	188	4526
国有独资公司	1	207	4697	3298			1137
其他有限责任公司	5	474	8177	3194	658	188	3389
私营企业	14	873	11519	6980	990	317	4054
私营有限责任公司	13	746	10555	6438	990	317	3632
私营股份有限公司	1	127	965	542			422
按控股情况分							
国有控股	3	725	11080	5864	23		2790
私人控股	19	1347	19696	10174	1647	504	7443
按单位规模分							
中型	4	1039	17060	8061	215		6260
小型	17	1025	13667	7929	1455	504	3973
微型	1	8	49	49			
按经营地分							
城镇	22	2072	30776	16038	1670	504	10233
城区	18	1645	25598	13107	1514	348	8016

9-7 限额以上住宿和餐饮业法人企业经营情况(续表1)

单位:万元

指　标	法人企业数(个)	从业人员(人)	营业额	客房收入	通过公共网络实现的客房收入	通过非自营平台实现的客房收入	餐费收入
餐饮业	27	1249	31550	3171	370	236	18389
按餐饮业行业小类分							
正餐服务	24	1142	23951	3171	370	236	17241
正餐服务	24	1142	23951	3171	370	236	17241
饮料及冷饮服务	2	45	1170				1147
酒吧服务	1	13	232				232
其他饮料及冷饮服务	1	32	938				915
餐饮配送及外卖送餐服务	1	62	6430				
外卖送餐服务	1	62	6430				
按登记注册类型分							
内资企业	27	1249	31550	3171	370	236	18389
有限责任公司	3	150	5016	1079	70	70	839
其他有限责任公司	3	150	5016	1079	70	70	839
私营企业	24	1099	26534	2092	300	167	17550
私营有限责任公司	23	1041	25963	2092	300	167	16978
私营股份有限公司	1	58	572				572
按控股情况分							
国有控股	1	80	3887	609	70	70	199
私人控股	26	1169	27664	2562	300	167	18190
按单位规模分							
小型	23	1215	30729	3046	370	236	17692
微型	4	34	822	125			696
按经营地分							
城镇	26	1213	31042	3171	370	236	18069
城区	24	1093	29266	2821	370	236	16739
乡村	1	36	509				320
住宿业按地区分组							
银川市	22	2072	30776	16038	1670	504	10233
兴庆区	9	901	13586	7274	333	301	5493
西夏区	1	8	49	49			
金凤区	8	940	14745	7055	1322	204	4229
永宁县							
贺兰县	1	127	965	542			422
灵武市	3	96	1433	1119	16		89
餐饮业按地区分组							
银川市	27	1249	31550	3171	370	236	18389
兴庆区	10	653	14006	1182	236	236	9595
西夏区	3	112	6840				410
金凤区	9	250	7090	1640	133		5407
永宁县							
贺兰县	2	120	1775	349			1331
灵武市	3	114	1840				1646

9-7 限额以上住宿和餐饮业法人企业经营情况(续表 2)

单位:万元

指　标	营业额					客房数(间)	床位数(个)	餐位数(位)	年末餐饮营业面积(平方米)
	餐费收入		商品销售额收入	其他收入					
	通过公共网络实现的餐费收入	通过非自营平台实现的餐费收入			外卖送餐服务收入				
总　计	2291	222	3430	11066	6439	4199	6481	20733	157074
住宿业	202	62	482	4023		3393	5224	7851	91089
按住宿业行业小类分									
旅游饭店	106	47	253	3183		2795	4290	6564	82807
旅游饭店	106	47	253	3183		2795	4290	6564	82807
一般旅馆	96	15	229	840		598	934	1287	8282
经济型连锁酒店			7			146	226	52	90
其他一般旅馆	96	15	222	840		452	708	1235	8192
按登记注册类型分									
内资企业	202	62	482	4023		3393	5224	7851	91089
国有企业	4		79	2085		613	810	1488	12564
有限责任公司	195	62	336	1520		964	1501	2562	26892
国有独资公司			123	139		233	389	568	3500
其他有限责任公司	195	62	213	1381		731	1112	1994	23392
私营企业	3		67	418		1816	2913	3801	51633
私营有限责任公司	3		67	418		1610	2513	3214	49933
私营股份有限公司						206	400	587	1700
按控股情况分									
国有控股	4		202	2224		846	1199	2056	16064
私人控股	198	62	280	1799		2547	4025	5795	75025
按单位规模分									
中型	52		146	2594		1340	1988	3785	48227
小型	149	62	337	1429		2003	3164	4066	42862
微型						50	72		
按经营地分									
城镇	202	62	482	4023		3393	5224	7851	91089
城区	202	62	460	4015		2700	4085	5824	68409

9-7 限额以上住宿和餐饮业法人企业经营情况(续表 3)

单位:万元

指　标	营业额					客房数(间)	床位数(个)	餐位数(位)	年末餐饮营业面积(平方米)
	餐费收入		商品销售额收入	其他收入					
	通过公共网络实现的餐费收入	通过非自营平台实现的餐费收入			外卖送餐服务收入				
餐饮业	**2089**	**160**	**2948**	**7043**	**6439**	**806**	**1257**	**12882**	**65985**
按餐饮业行业小类分									
正餐服务	1285	160	2926	613	10	806	1257	12827	64955
正餐服务	1285	160	2926	613	10	806	1257	12827	64955
饮料及冷饮服务	804		23					55	1030
酒吧服务								40	930
其他饮料及冷饮服务	804		23					15	100
餐饮配送及外卖送餐服务				6430	6430				
外卖送餐服务				6430	6430				
按登记注册类型分									
内资企业	2089	160	2948	7043	6439	806	1257	12882	65985
有限责任公司			2703	396		295	455	1240	5726
其他有限责任公司			2703	396		295	455	1240	5726
私营企业	2089	160	245	6647	6439	511	802	11642	60259
私营有限责任公司	2089	160	245	6647	6439	511	802	11174	58659
私营股份有限公司								468	1600
按控股情况分									
国有控股			2703	376		174	285	680	3996
私人控股	2089	160	245	6667	6439	632	972	12202	61989
按单位规模分									
小型	2089	160	2948	7043	6439	761	1190	11146	54905
微型						45	67	1736	11080
按经营地分									
城镇	2089	160	2764	7038	6439	806	1257	12776	65685
城区	2089	160	2741	6965	6439	612	988	10296	60685
乡村			184	5				106	300
住宿业按地区分组									
银川市	202	62	482	4023		3393	5224	7851	91089
兴庆区	52	47	253	566		1502	2345	4030	40437
西夏区						50	72		
金凤区	150	15	222	3238		1483	2170	3062	38882
永宁县									
贺兰县						206	400	587	1700
灵武市			7	218		152	237	172	10070
餐饮业按地区分组									
银川市	2089	160	2948	7043	6439	806	1257	12882	65985
兴庆区	1035		2719	511	10	337	572	3805	27247
西夏区	250	160		6430	6430			50	100
金凤区	804		23	20		275	416	4695	27478
永宁县									
贺兰县			23	73		194	269	2480	5000
灵武市			184	10				1852	6160

9-8 限额以上住宿和餐饮业法人企业主要财务状况

单位:万元

指标	法人企业数(个)	执行《2006年企业会计准则》企业数(个)	年初存货	期末资产负债		
				流动资产合计	应收账款	存货
总计	49	22	1945	39593	6243	1833
住宿业	22	10	1225	25078	3671	1157
按住宿业行业小类分						
旅游饭店	16	8	1050	18162	3229	1004
旅游饭店	16	8	1050	18162	3229	1004
一般旅馆	6	2	175	6916	442	153
经济型连锁酒店	2		3	134	31	8
其他一般旅馆	4	2	172	6782	412	146
按登记注册类型分						
内资企业	22	10	1225	25078	3671	1157
国有企业	2	2	623	4269	401	644
有限责任公司	6	2	228	13298	2002	180
国有独资公司	1	1	52	2969	746	46
其他有限责任公司	5	1	175	10330	1256	134
私营企业	14	6	375	7511	1269	334
私营有限责任公司	13	5	333	7436	1342	284
私营股份有限公司	1	1	43	75	-73	50
按控股情况分						
国有控股	3	3	675	7238	1146	690
私人控股	19	7	551	17840	2525	467
按单位规模分						
中型	4	3	666	10419	2391	651
小型	17	7	559	14652	1276	503
微型	1			8	3	4
按经营地分						
城镇	22	10	1225	25078	3671	1157
城区	18	8	1085	23744	3313	1032

9-8 限额以上住宿和餐饮业法人企业主要财务状况(续表 1)

单位:万元

指 标	期末资产负债				
	固定资产原价			累计折旧	
		房屋和构筑物	机器设备		本年折旧
总 计	204259	42134	16321	84896	7649
住宿业	155232	15759	9775	63833	5342
按住宿业行业小类分					
旅游饭店	147479	11963	6682	58531	5233
旅游饭店	147479	11963	6682	58531	5233
一般旅馆	7754	3796	3093	5303	109
经济型连锁酒店	542			15	9
其他一般旅馆	7212	3796	3093	5288	100
按登记注册类型分					
内资企业	155232	15759	9775	63833	5342
国有企业	121392	2892	1198	43497	4380
有限责任公司	6939	3546	3341	4708	238
国有独资公司	3181	2376	753	2604	107
其他有限责任公司	3758	1170	2588	2105	132
私营企业	26901	9321	5236	15628	723
私营有限责任公司	19827	9321	5236	14703	496
私营股份有限公司	7074			925	227
按控股情况分					
国有控股	124573	5268	1951	46101	4487
私人控股	30659	10491	7824	17733	855
按单位规模分					
中型	123847	4049	2361	45329	4463
小型	31386	11710	7413	18505	879
微型					
按经营地分					
城镇	155232	15759	9775	63833	5342
城区	145592	15238	7991	60921	5081

9-8 限额以上住宿和餐饮业法人企业主要财务状况(续表 2)

单位:万元

指 标	期末资产负债				
	固定资产净值	在建工程	无形资产	土地使用权	资产总计
总 计	115795	7611	2126	908	178844
住宿业	91299	7611	981	178	129139
按住宿业行业小类分					
旅游饭店	88848	2309	977	178	114145
旅游饭店	88848	2309	977	178	114145
一般旅馆	2451	5302	4		14994
经济型连锁酒店	527		1		671
其他一般旅馆	1924	5302	3		14322
按登记注册类型分					
内资企业	91299	7611	981	178	129139
国有企业	77895				82178
有限责任公司	2231	5302	186	178	21216
国有独资公司	577		186	178	3922
其他有限责任公司	1654	5302			17293
私营企业	11173	2309	795		25746
私营有限责任公司	5025	2309	795		19498
私营股份有限公司	6148				6248
按控股情况分					
国有控股	78472		186	178	86100
私人控股	12827	7611	795		43039
按单位规模分					
中型	78518		186	178	89314
小型	12782	7611	795		39818
微型					8
按经营地分					
城镇	91299	7611	981	178	129139
城区	84670	7611	981	178	121017

9-8 限额以上住宿和餐饮业法人企业主要财务状况(续表3)

单位:万元

指　标	法人企业数(个)	执行《2006年企业会计准则》企业数(个)	年初存货	期末资产负债		
				流动资产合计	应收账款	存货
餐饮业	27	12	720	14515	2572	675
按餐饮业行业小类分						
正餐服务	24	10	712	13604	2545	669
正餐服务	24	10	712	13604	2545	669
饮料及冷饮服务	2	1	8	667	27	7
酒吧服务	1			138	27	
其他饮料及冷饮服务	1	1	8	529		7
餐饮配送及外卖送餐服务	1	1		243		
外卖送餐服务	1	1		243		
按登记注册类型分						
内资企业	27	12	720	14515	2572	675
有限责任公司	3	2	117	2250	349	143
其他有限责任公司	3	2	117	2250	349	143
私营企业	24	10	603	12265	2223	532
私营有限责任公司	23	9	569	10735	1120	498
私营股份有限公司	1	1	35	1530	1103	35
按控股情况分						
国有控股	1	1	11	125	96	10
私人控股	26	11	709	14390	2476	666
按单位规模分						
小型	23	12	690	12237	2496	671
微型	4		30	2278	76	4
按经营地分						
城镇	26	12	708	14080	2562	576
城区	24	11	659	13789	2502	542
乡村	1		12	434	10	100
住宿业按地区分组						
银川市	22	10	1225	25078	3671	1157
兴庆区	9	5	517	10491	1860	441
西夏区	1			8	3	4
金凤区	8	3	653	14117	1787	649
永宁县						
贺兰县	1	1	43	75	-73	50
灵武市	3	1	13	388	94	14
餐饮业按地区分组						
银川市	27	12	720	14515	2572	675
兴庆区	10	5	386	4147	1386	212
西夏区	3	2		503	151	
金凤区	9	3	273	8854	922	288
永宁县						
贺兰县	2	1	48	291	60	34
灵武市	3	1	13	720	53	141

9-8 限额以上住宿和餐饮业法人企业主要财务状况(续表4)

单位:万元

指标	期末资产负债				
	固定资产原价	房屋和构筑物	机器设备	累计折旧	本年折旧
餐饮业	49027	26376	6547	21063	2307
按餐饮业行业小类分					
正餐服务	48750	26376	6499	20841	2093
正餐服务	48750	26376	6499	20841	2093
饮料及冷饮服务	57		48	15	8
酒吧服务					
其他饮料及冷饮服务	57		48	15	8
餐饮配送及外卖送餐服务	220			206	206
外卖送餐服务	220			206	206
按登记注册类型分					
内资企业	49027	26376	6547	21063	2307
有限责任公司	17785	14486	3299	7405	276
其他有限责任公司	17785	14486	3299	7405	276
私营企业	31242	11890	3247	13657	2030
私营有限责任公司	30060	11190	3176	13381	1755
私营股份有限公司	1182	699	72	276	276
按控股情况分					
国有控股	17785	14486	3299	7405	276
私人控股	31242	11890	3247	13657	2030
按单位规模分					
小型	48519	26376	6542	20632	2280
微型	508		5	431	27
按经营地分					
城镇	49015	26376	6535	21057	2302
城区	41676	26376	6535	16878	1977
乡村	12		12	6	5
住宿业按地区分组					
银川市	155232	15759	9775	63833	5342
兴庆区	23604	12327	7159	18415	740
西夏区					
金凤区	121387	1170	2607	43012	4353
永宁县					
贺兰县	7074			925	227
灵武市	3169	2261	9	1481	21
餐饮业按地区分组					
银川市	49027	26376	6547	21063	2307
兴庆区	31907	18981	5853	13071	1240
西夏区	220			206	206
金凤区	9473	7394	631	3560	504
永宁县					
贺兰县	7339			4179	326
灵武市	88		63	47	31

9-8 限额以上住宿和餐饮业法人企业主要财务状况(续表5)

单位:万元

指　标	期末资产负债				
	固定资产净值	在建工程	无形资产	土地使用权	资产总计
餐饮业	24495		1145	730	49705
按餐饮业行业小类分					
正餐服务	24454		1145	730	48648
正餐服务	24454		1145	730	48648
饮料及冷饮服务	42				761
酒吧服务					138
其他饮料及冷饮服务	42				622
餐饮配送及外卖送餐服务					296
外卖送餐服务					296
按登记注册类型分					
内资企业	24495		1145	730	49705
有限责任公司	7000		513	513	14284
其他有限责任公司	7000		513	513	14284
私营企业	17495		632	216	35422
私营有限责任公司	16589		631	216	30775
私营股份有限公司	906				4647
按控股情况分					
国有控股	7000		513	513	8812
私人控股	17495		632	216	40894
按单位规模分					
小型	24493		1145	730	47310
微型	3				2395
按经营地分					
城镇	24489		1145	730	49108
城区	21329		760	730	45271
乡村	6				597
住宿业按地区分组					
银川市	91299	7611	981	178	129139
兴庆区	5189	1480	977	178	18794
西夏区					8
金凤区	78374	5306	3		98609
永宁县					
贺兰县	6148				6248
灵武市	1588	825	1		5480
餐饮业按地区分组					
银川市	24495		1145	730	49705
兴庆区	15456		760	730	25923
西夏区					556
金凤区					
永宁县	5838				18212
贺兰县	3160		385		3837
灵武市	41				1178

9-8 限额以上住宿和餐饮业法人企业主要财务状况(续表6)

单位:万元

指 标	期末资产负债					
	流动负债合计	应付账款	负债合计	所有者权益	实收资本	个人资本
总 计	120120	31402	143769	35076	45237	11907
住宿业	71430	8648	92074	37065	30838	5729
按住宿业行业小类分						
旅游饭店	55842	8125	73685	40460	25596	2887
旅游饭店	55842	8125	73685	40460	25596	2887
一般旅馆	15588	523	18388	-3395	5242	2842
经济型连锁酒店	504	19	504	167	2	2
其他一般旅馆	15084	504	17884	-3562	5240	2840
按登记注册类型分						
内资企业	71430	8648	92074	37065	30838	5729
国有企业	17268	3556	17290	64888	5343	
有限责任公司	23354	2265	39932	-18717	4464	502
国有独资公司	1150	325	1235	2688	2262	
其他有限责任公司	22205	1940	38698	-21404	2202	502
私营企业	30809	2827	34852	-9106	21032	5227
私营有限责任公司	28825	2251	32868	-13370	12826	5227
私营股份有限公司	1984	577	1984	4264	8206	
按控股情况分						
国有控股	18417	3881	18525	67576	7605	
私人控股	53013	4767	73549	-30510	23234	5729
按单位规模分						
中型	47787	6414	47872	41441	5280	518
小型	23637	2230	44196	-4378	25557	5209
微型	6	5	6	2	2	2
按经营地分						
城镇	71430	8648	92074	37065	30838	5729
城区	61875	6577	82280	38737	21289	4386

9-8 限额以上住宿和餐饮业法人企业主要财务状况(续表 7)

单位:万元

指　标	期末资产负债					
	流动负债合计	应付账款	负债合计	所有者权益	实收资本	个人资本
餐饮业	**48690**	**22753**	**51695**	**-1990**	**14398**	**6178**
按餐饮业行业小类分						
正餐服务	48442	22615	51308	-2659	14298	6178
正餐服务	48442	22615	51308	-2659	14298	6178
饮料及冷饮服务	247	138	261	500	100	
酒吧服务	164	104	164	-26		
其他饮料及冷饮服务	84	34	97	525	100	
餐饮配送及外卖送餐服务			126	170		
外卖送餐服务			126	170		
按登记注册类型分						
内资企业	48690	22753	51695	-1990	14398	6178
有限责任公司	27076	16037	27076	-12793	5855	
其他有限责任公司	27076	16037	27076	-12793	5855	
私营企业	21614	6716	24619	10803	8543	6178
私营有限责任公司	17397	6455	20402	10373	8113	6178
私营股份有限公司	4217	262	4217	430	430	
按控股情况分						
国有控股	19576	15497	19576	-10764	3855	
私人控股	29114	7256	32119	8775	10543	6178
按单位规模分						
小型	45886	22410	48607	-1297	14288	6178
微型	2804	343	3088	-693	110	
按经营地分						
城镇	48273	22727	51279	-2170	14398	6178
城区	43968	18855	46973	-1702	13398	6178
乡村	416	27	416	181		
住宿业按地区分组						
银川市	71430	8648	92074	37065	30838	5729
兴庆区	14806	2701	32410	-13616	12911	5663
西夏区	6	5	6	2	2	2
金凤区	53182	5352	55982	42627	6219	64
永宁县						
贺兰县	1984	577	1984	4264	8206	
灵武市	1452	14	1692	3789	3500	
餐饮业按地区分组						
银川市	48690	22753	51695	-1990	14398	6178
兴庆区	27702	16419	30257	-4334	5563	1178
西夏区	248	6	374	182		
金凤区	15388	2195	15685	2527	7735	5000
永宁县						
贺兰县	4306	3871	4306	-469	1000	
灵武市	1047	263	1074	104	100	

9-8 限额以上住宿和餐饮业法人企业主要财务状况(续表 8)

单位:万元

指　标	损益及分配					
	营业收入	主营业务收入	营业成本	营业税金及附加	其他业务利润	销售费用
总　计	59387	58330	43040	532	156	16348
住宿业	29632	29126	26138	164	75	9385
按住宿业行业小类分						
旅游饭店	25486	25139	24798	157		7713
旅游饭店	25486	25139	24798	157		7713
一般旅馆	4146	3986	1340	6	75	1672
经济型连锁酒店	441	439	151			3
其他一般旅馆	3705	3547	1189	6	75	1669
按登记注册类型分						
内资企业	29632	29126	26138	164	75	9385
国有企业	6087	5913	9374	66		176
有限责任公司	12125	12122	12473	64		3747
国有独资公司	4420	4420	4011	53		2
其他有限责任公司	7704	7702	8462	11		3745
私营企业	11421	11091	4291	34	75	5462
私营有限责任公司	10502	10181	3945	33	75	4872
私营股份有限公司	919	910	347	1		590
按控股情况分						
国有控股	10507	10334	13384	119		178
私人控股	19125	18792	12753	45	75	9207
按单位规模分						
中型	16237	16214	20421	98		3433
小型	13354	12870	5676	66	75	5951
微型	42	42	41			1
按经营地分						
城镇	29632	29126	26138	164	75	9385
城区	24380	24046	23634	158	75	6704

9-8 限额以上住宿和餐饮业法人企业主要财务状况(续表 9)

单位:万元

指 标	损益及分配					
	营业收入	主营业务收入	营业成本	营业税金及附加	其他业务利润	销售费用
餐饮业	**29755**	**29204**	**16903**	**368**	**82**	**6964**
按餐饮业行业小类分						
正餐服务	22205	21655	11438	365	82	6648
正餐服务	22205	21655	11438	365	82	6648
饮料及冷饮服务	1120	1119	506	1		316
酒吧服务	232	232	183			
其他饮料及冷饮服务	887	887	323	1		316
餐饮配送及外卖送餐服务	6430	6430	4959	2		
外卖送餐服务	6430	6430	4959	2		
按登记注册类型分						
内资企业	29755	29204	16903	368	82	6964
有限责任公司	4661	4367	3932	180		71
其他有限责任公司	4661	4367	3932	180		71
私营企业	25094	24837	12971	188	82	6893
私营有限责任公司	24556	24299	12735	183	82	6638
私营股份有限公司	538	538	236	5		255
按控股情况分						
国有控股	3586	3293	3008	177		71
私人控股	26169	25911	13894	191	82	6893
按单位规模分						
小型	29440	28890	16687	367	82	6805
微型	315	315	216	1		159
按经营地分						
城镇	29291	28903	16732	368	82	6784
城区	27546	27196	15953	365	43	6171
乡村	464	301	171			179
住宿业按地区分组						
银川市	29632	29126	26138	164	75	9385
兴庆区	13072	12774	7953	103	75	4422
西夏区	42	42	41			1
金凤区	14058	13974	16894	51		4131
永宁县						
贺兰县	919	910	347	1		590
灵武市	1542	1426	903	8		241
餐饮业按地区分组						
银川市	29755	29204	16903	368	82	6964
兴庆区	12739	12394	6862	277	43	3208
西夏区	6838	6838	5328	2		
金凤区	6724	6724	2937	84		2707
永宁县						
贺兰县	1745	1706	779	2	38	614
灵武市	1709	1541	997	2		435

9-8 限额以上住宿和餐饮业法人企业主要财务状况(续表10)

单位:万元

指 标	损益及分配						
	管理费用	研发费用	财务费用	利息收入	利息支出	投资收益	营业利润
总 计	17499		465	25	362	8	-11695
住宿业	11358		329	16	294	8	-10592
按住宿业行业小类分							
旅游饭店	10074		86	16	84	-1	-10208
旅游饭店	10074		86	16	84	-1	-10208
一般旅馆	1284		242		210	9	-385
经济型连锁酒店	100		30				157
其他一般旅馆	1185		212		210	9	-542
按登记注册类型分							
内资企业	11358		329	16	294	8	-10592
国有企业	1770		3	6	2		-5290
有限责任公司	6292			10	1	-1	-3776
国有独资公司	315		-1	8	1	-1	168
其他有限责任公司	5978			2			-3944
私营企业	3296		326		290	9	-1527
私营有限责任公司	2797		325		289	9	-1009
私营股份有限公司	499		1		1		-518
按控股情况分							
国有控股	2084		3	15	4	-1	-5122
私人控股	9274		326	2	290	9	-5471
按单位规模分							
中型	7361		2	16	4	-1	-8392
小型	3997		327		290	9	-2200
微型	1						
按经营地分							
城镇	11358		329	16	294	8	-10592
城区	10077		326	16	293	8	-9812

9-8 限额以上住宿和餐饮业法人企业主要财务状况(续表11)

单位:万元

指 标	损益及分配						
	管理费用	研发费用	财务费用	利息收入	利息支出	投资收益	营业利润
餐饮业	**6141**		**136**	**9**	**68**		**-1103**
按餐饮业行业小类分							
正餐服务	4594		134	9	68		-1321
正餐服务	4594		134	9	68		-1321
饮料及冷饮服务	148		2				149
酒吧服务	31						19
其他饮料及冷饮服务	117		2				131
餐饮配送及外卖送餐服务	1399		1		1		70
外卖送餐服务	1399		1		1		70
按登记注册类型分							
内资企业	6141		136	9	68		-1103
有限责任公司	729			2			-220
其他有限责任公司	729			2			-220
私营企业	5412		136	7	68		-883
私营有限责任公司	5324		125	7	58		-826
私营股份有限公司	88		11		11		-57
按控股情况分							
国有控股	267		-2	2			96
私人控股	5874		138	7	68		-1199
按单位规模分							
小型	6025		101	9	68		-1031
微型	116		35				-72
按经营地分							
城镇	5971		135	9	67		-906
城区	5495		134	9	67		-779
乡村	170		1		1		-197
住宿业按地区分组							
银川市	11358		329	16	294	8	-10592
兴庆区	2701		84	8	80	-1	-2057
西夏区	1						
金凤区	7775		214	8	213	9	-8436
永宁县							
贺兰县	499		1		1		-518
灵武市	383		30				418
餐饮业按地区分组							
银川市	6141		136	9	68		-1103
兴庆区	2149		84	1	61		-256
西夏区	1421		1		1		87
金凤区	1622		44	8			-492
永宁县							
贺兰县	476		1				-127
灵武市	473		6		6		-314

9-8 限额以上住宿和餐饮业法人企业主要财务状况(续表12)

单位:万元

指　标	损益及分配				人工成本及增值税		从事住宿和餐饮业活动的从业人员平均人数(人)
	营业外收入	营业外支出	利润总额	所得税费用	应付职工薪酬	应交增值税	
总　计	1156	277	-10816	148	17873	1281	3495
住宿业	956	236	-9872	93	11988	846	2153
按住宿业行业小类分							
旅游饭店	902	233	-9539	87	10678	784	1845
旅游饭店	902	233	-9539	87	10678	784	1845
一般旅馆	54	2	-333	6	1310	62	308
经济型连锁酒店	23		180	6	84	2	29
其他一般旅馆	31	2	-514		1225	60	279
按登记注册类型分							
内资企业	956	236	-9872	93	11988	846	2153
国有企业	750	142	-4682		3323	253	534
有限责任公司	20	2	-3757	82	4534	198	739
国有独资公司		1	167	82	2053	136	225
其他有限责任公司	20	1	-3924		2481	62	514
私营企业	186	92	-1433	11	4131	395	880
私营有限责任公司	174	92	-927	11	3683	389	757
私营股份有限公司	12		-506		448	6	123
按控股情况分							
国有控股	750	143	-4515	82	5376	389	759
私人控股	206	92	-5357	12	6612	457	1394
按单位规模分							
中型	580	3	-7816	82	7578	592	1106
小型	376	232	-2056	11	4404	254	1037
微型					7		10
按经营地分							
城镇	956	236	-9872	93	11988	846	2153
城区	923	228	-9117	88	9971	628	1721

9-8 限额以上住宿和餐饮业法人企业主要财务状况(续表13)

单位:万元

指标	损益及分配				人工成本及增值税		从事住宿和餐饮业活动的从业人员平均人数(人)
	营业外收入	营业外支出	利润总额	所得税费用	应付职工薪酬	应交增值税	
餐饮业	**200**	**41**	**-944**	**55**	**5886**	**435**	**1342**
按餐饮业行业小类分							
正餐服务	164	37	-1194	50	5425	430	1253
正餐服务	164	37	-1194	50	5425	430	1253
饮料及冷饮服务		4	145	5	184		46
酒吧服务			19		23		13
其他饮料及冷饮服务		4	127	5	160		33
餐饮配送及外卖送餐服务	36		106		277	5	43
外卖送餐服务	36		106		277	5	43
按登记注册类型分							
内资企业	200	41	-944	55	5886	435	1342
有限责任公司	4	1	-216		562	86	172
其他有限责任公司	4	1	-216		562	86	172
私营企业	196	41	-727	55	5324	348	1170
私营有限责任公司	192	41	-675	55	5136	324	1112
私营股份有限公司	4		-53		188	24	58
按控股情况分							
国有控股			97		212	61	81
私人控股	200	41	-1040	56	5674	374	1261
按单位规模分							
小型	200	41	-872	55	5611	431	1307
微型	1		-71		275	4	35
按经营地分							
城镇	195	40	-751	55	5738	426	1315
城区	169	40	-650	55	5145	410	1189
乡村	5	1	-192		148	9	27
住宿业按地区分组							
银川市	956	236	-9872	93	11988	846	2153
兴庆区	309	215	-1963	82	5735	443	943
西夏区					7		10
金凤区	608	17	-7845		5653	366	981
永宁县							
贺兰县	12		-506		448	6	123
灵武市	27	3	442	11	145	30	96
餐饮业按地区分组							
银川市	200	41	-944	55	5886	435	1342
兴庆区	101	32	-187	41	2441	223	687
西夏区	36	1	122	1	534	6	73
金凤区	31	8	-469	13	1758	152	342
永宁县							
贺兰县	26		-102	1	592	16	126
灵武市	7	1	-309		560	39	114

9-9 亿元以上重点商品交易市场成交情况

指　标	市场个数(个)	总摊位数(个)	成交额(万元)	营业面积(平方米)
总　计	22	17864	2028778	1857591
按经营环境分				
露天式	1	925	22941	92470
封闭式	20	13887	1130160	1294221
其他	1	3052	875677	470900
常年营业	22	17864	2028778	1857591
以批发为主	12	13132	1862460	1488469
以零售为主	10	4732	166318	369122
按市场类别分				
综合市场	5	3899	263721	227002
工业消费品综合市场	1	368	15881	48742
农产品综合市场	3	2356	207080	97246
其他综合市场	1	1175	40760	81014
专业市场	17	13965	1765057	1630589
生产资料市场	3	1976	350124	281370
金属材料市场	2	1704	322124	242470
机械设备市场	1	272	28000	38900
农产品市场	4	5129	1207632	929060
粮油市场	1	46	19820	7160
蔬菜市场	1	1498	142803	370000
水产品市场	1	533	169332	81000
干鲜果品市场	1	3052	875677	470900
纺织、服装、鞋帽市场	4	5060	90928	110999
其他纺织服装鞋帽市场	4	5060	90928	110999
电器、通信器材、电子设备市场	2	287	31647	12757
通信器材市场	1	70	4850	5657
计算机及辅助设备市场	1	217	26797	7100
家具、五金及装饰材料市场	4	1513	84726	296403
家具市场	2	835	37608	114375
其他装饰材料市场	2	678	47118	182028

9-10 利用外资情况

单位:万美元

指　标	新批外贸企业数(家)	项目总投资	合同外资	实际利用外资
直接利用外资	19	95212	67405	13236
中外合资企业	13	64419	51490	12126
外商独资企业	6	30792	15912	1110

9-11 进出口贸易总额

单位:亿元

指　标	合计
进出口贸易总额	156.60
出口贸易总额	122.61
进口贸易总额	33.99

9-12 主要出口商品数量

指　标	单位	2022 年
铁合金	吨	13659
碳化硅	吨	20999
未列名抗菌素	吨	2013
机车用柴油机的零件	吨	4665
汽轮机零件	吨	1956
制成的饲料添加剂	吨	2643
其他未混合的水果汁	吨	207
葡萄酒	千升	33
天然蜂蜜	吨	1952

9-13 旅游情况

指　标	单位	2022 年	2021 年	2020 年
接待国内游客总人数	万人次	2052.19	1917.00	1679.69
接待国内游客总收入	亿元	134.13	125.38	113.48
接待国内游客人均花费额	元	653.60	654.00	675.60
接待海外旅游者	人次	827	8153	7840
旅游外汇收入	万美元	30.08	298.24	272.63

主要统计指标解释

【社会消费品零售总额】 指国民经济各行业直接售给城乡居民和社会集团的消费品总额，它是反映各行业通过多种商品流通渠道向居民和社会集团供应的生活消费品总量，是研究国内零售市场变动情况、反映经济景气程度的重要指标。

社会消费品零售总额包括:(1)售给城乡居民作为生活用的商品和修建房屋用的建筑材料;(2)售给社会集团的各种办公用品和公用消费品;(3)售给机关、团体、学校、部队、企业、事业单位的职工食堂和旅店(招待所)附设专门供本店旅客食用,不对外营业的食堂的各种食品、燃料; 企业单位和国有农场直接售给本单位职工和职工食堂的自己生产的产品;(4)售给部队干部、战士生活用和粮食、副食品、衣着品、日用品、燃料;(5)售给来华的外国人、华侨、港澳台同胞的消费品;(6)居民自费购买的中、西药品、中药材及医疗用品;(7)报社、出版社直接售给居民和社会集团的报纸、图书、杂志,集邮公司出售的新、旧纪念邮票、特种邮票、首日封、集邮册、集邮工具等;(8)旧货寄售商店自购、自销部分的商品;(9)煤气公司、液化石油气站售给居民和社会集团的煤气灶具和罐装液化气石油气;(10) 农民售给非农业居民和社会集团的商品。不包括售给国民经济各部门企业、事业单位(包括国有经济的农场)生产经营用的各种原材料、燃料、设备、工具等和售给批发零售贸易业、餐饮业作为转卖用的商品,旧货寄售商店受托寄售卖出的商品,服务业的营业收入,邮局出售邮票的收入,自来水、电力、煤气生产(供应)单位的产品供应收入，也不包括农民之间的商品销售。

【商品销售总额】 指对本企业(单位)以外的单位和个人出售的商品金额（包括售给本单位消费用的商品,含增值税)。它反映批发零售贸易业在国内市场上销售商品以及出口商品的总量。商品销售总额包括:(1)售给城乡居民和社会集团消费用的商品;(2)售给工业、农业、建筑业、运输邮电业、批发零售贸易业、餐饮业、服务业等作为生产、经营使用的商品;(3)售给批发零售贸易业作为转卖或加工后转卖的商品;(4)对国(境)外直接出口的商品。不包括出售本企业(单位)自用的废旧包装用品;未通过买卖行为付出的商品;经本单位介绍,由买卖双方直接结算,本单位只收取手续费的业务;购货退出的商品以及商品损耗和损失等。

【零售额】 指售给城乡居民用于生活消费和社会集团用于公共消费的商品金额。

商品零售包括:(1)售给城乡居民的各种生活消费品,售给入境旅游的外国人、华侨、港澳台同胞的各类商品;(2) 售给行政事业单位、社会团体、军队和武警等机构的商品,以及以零售方式售给各类企业的商品。具体包括:用于非生产和社会交往的办公用品,如通信设备、计算器具和设备、电讯网络设备、文印设备、音像视听器材和设备、纸张、本册、文具及装订文印材料、家具、日用电器、针纺织品、清洁卫生用品、文体用品、奖品、纪念品、礼品等;供内部人员乘坐的交通工具和燃料; 用于办公设施修缮的各类配件、材料、工具等;用于取暖和防暑降温的设备、燃料、材料及食品等; 专用于教学的用品和设备;非营利医疗机构的中、西药品、中药材和医疗设备器材;非专用的劳动保护用品;不对外营业的内部食堂用的餐具、炊具、设备、清洁卫生工具和食品、燃料等;军队、武警用于其人员生活的衣着品和个人用品;其他各类非生产性设备和用品。

商品零售不包括:(1)售给城乡居民已确知是用于生产、经营的商品;(2)售给各类农业生产者的生产资料类商品,如农机、农药化肥、农膜、种子饲料等商品;(3)售给企业单位生产用具及生产上专用的劳动保护用品。

【营业额】 指住宿和餐饮业单位在经营活动中因提供服务或销售商品等取得的全部收入,包括:客房收入、餐费收入、商品销售额(含增值税)和其他收入。不包括法人单位附营的其他行业产业活动单位的餐费收入、商品销售收入等各项收入。

【客房收入】 指住宿和餐饮业单位在经营活动中因提供住宿服务取得的收入。不包括法人单位附营的其他行业产业活动单位的客房收入。

【餐费收入】 指住宿和餐饮业单位因为顾客提供就餐服务取得的收入。包括:经烹饪、调制加工后出售的各种食品,如主食、炒菜、凉拌菜等的收入。不包括法人单位附营的其他行业产业活动单位的餐费收入。

【其他收入】 指营业额中除客房收入、餐费收入、商品销售额(含增值税)以外的其他收入。

【进出口总额】 海关进出口总额指实际进出我国国境的货物总金额。包括对外贸易实际进出口货样。来料加工装配进出口货物，国家间、联合国及国际组织无偿援助物资和赠送品，华侨、港澳台同胞和外籍华人捐赠品,租赁期满归承租人所有的租赁货物。进料加工进出口货物。边境地方贸易及边境地区小额贸易进出口货物(边民互市贸易除外),中外合资企业、中外合作经营企业、外商独资经营企业进出口货物和公用物品,到、离岸价格在规定限额以上进出口货物和广告品(无商业价值、无使用价值和免费提供出口的除外),从保税仓库提取在中国境内销售的进口货物,以及其他进出口货物。进出口总额用以观察一个国家在对外贸易方面的总规模,我国规定出口货物按离岸价格统计,进口货物按到岸价格统计。

【利用外资】 指我国各级政府、部门、企业和其他经济组织通过对外借款、吸收外商直接投资以及用其他方式筹措的境外现汇、设备、技术等。

10

财政金融保险

10-1　主要年份地方财政收支情况

单位:万元

年　份	地方财政收　入	市区	地方财政支　出	市区	基本建设支出	农业支出	文教科学卫生
1951	201	79	39	23	4		
1952	307	159	92	67	16		
1953	452	307	243	88	7	1	70
1954	850	604	337	181	91	2	79
1955	607	326	225	83	14	4	66
1956	584	341	409	198	54	5	172
1957	730	422	392	176	33	7	158
1958	773	721	1040	652	694	6	139
1959	1356	1242	1349	929	785	36	234
1960	2100	1576	2571	1761	1618	73	382
1961	1007	903	1631	876	638	113	343
1962	970	843	1194	759	439	26	319
1963	1145	982	1387	858	541	62	288
1964	1457	1108	1904	1244	871	84	499
1965	1580	1175	1641	1027	636	83	557
1966	1935	1501	1930	1207	742	83	578
1967	1434	1101	1520	892	651	42	461
1968	1260	913	1455	941	664	27	435
1969	2198	1782	1932	1298	1043	13	520
1970	2827	2381	2294	1430	1234	34	568
1971	3277	2798	2837	1527	1095	48	625
1972	3886	3265	3069	1873	975	80	709
1973	4449	3657	3451	2163	837	118	756
1974	4574	3655	3885	2507	1211	153	834
1975	5467	4308	4324	2410	1200	191	901
1976	5333	4037	5214	2528	1993	158	993
1977	5522	4057	5257	2776	1682	188	1035
1978	7254	5413	6833	3915	2317	202	
1979	7117	5441	8272	4688	2337	1955	
1980	3881	2396	6669	3411	276	1932	
1981	3160	1671	5153	2416	217	1070	

10-1 主要年份地方财政收支情况(续表)

单位:万元

年 份	地方财政收 入	市区	地方财政支 出	市区	基本建设支出	农业支出	文教科学卫生
1982	3958	2271	7478	4221	501	1052	
1983	4087	2554	9219	5669	723	1335	
1984	5833	4080	12048	7390	809	1199	
1985	13171	10544	12223	6974	744	1472	
1986	14056	11251	17413	10993	1242	1513	
1987	15941	12815	15306	8986	368	1578	
1988	18850	15133	18230	10862	436	2023	
1989	21277	17458	21238	13674	470	2425	
1990	22965	19173	22367	14382	453	2315	
1991	26391	22130	26179	18147	493	1680	
1992	24737	19790	25198	16805	641	2136	
1993	31260	24223	31211	19732	866	2614	
1994	19598	14899	33718	21292	797	1878	
1995	26402	20868	42954	28799	1641	1673	
1996	42468	32474	51499	35104	2487	2279	
1997	54396	41935	66118	45690	2297	3099	
1998	74720	61745	85335	63941	2360	3394	
1999	80515	66323	90549	67040	2694	3369	
2000	94989	79183	123786	91481	16031	3416	
2001	123089	103303	163850	118290	25296	3530	
2002	133234	112189	202666	147863	36049	4689	
2003	160561	137437	234359	177796	29063	9665	
2004	194609	162362	284863	215923	30969	12876	
2005	249307	210424	343573	254325	35907	14021	
2006	299372	244279	431830	306971	47976	16419	
2007	539726	389012	744479	499537			
2008	646674	467143	926417	613012			
2009	925713	655309	1114240	641419			
2010	1379942	932676	1768768	1041810			
2011	1801422	1253585	2377933	1515983			
2012	1873131	1331335	2672293	1693464			
2013	2232886	1623472	3077821	1943088			
2014	2517282	1785730	3685557	2379303			
2015	2438310	1622913	3718067	2330739			
2016	2276231	1632488	3970408	2668690			
2017	2245024	1494755	3924870	2479659			
2018	2355961	1683905	4413415	2869232			
2019	2164968	1600978	4497767	2826260			
2020	2482911	1862942	4417554	2894815			
2021	2611067	1796671	3587314	2287471			
2022	2489035	1573854	4392423	2809464			

10-2　地方财政收入

单位:万元

指　标	合计	市区	永宁县	贺兰县	灵武市
本年收入总计	**2489035**	**1573854**	**198640**	**165837**	**550704**
一般公共预算收入	**1688603**	**1005760**	**105211**	**121563**	**456069**
税收收入	1181758	694834	40934	76393	369597
增值税	410249	196695	7906	8678	196970
企业所得税	136625	92116	3941	8562	32006
个人所得税	44779	33867	2155	2245	6512
资源税	0	0	0	0	0
城市维护建设税	151869	94878	2239	4088	50664
房产税	77585	48460	3423	7864	17838
印花税	45718	27579	2172	2944	13023
城镇土地使用税	50358	15600	4793	8369	21596
土地增值税	62419	46567	3206	11489	1157
车船税	32570	23199	1446	5244	2681
耕地占用税	16875	888	27	415	15545
契税	147793	114470	9562	16369	7392
非税收入	**506845**	**310926**	**64277**	**45170**	**86472**
专项收入	122672	77366	10104	3752	31450
行政事业性收费收入	71559	26289	2297	17506	25467
罚没收入	29216	16672	2075	4232	6237
国有资本经营收入	25974	0	25974	0	0
国有资源(资产)有偿使用收入	192021	129845	22995	18864	20317
其他收入	4290	3887	0	0	403
基金预算收入	**792155**	**561732**	**93429**	**44274**	**92720**
国有土地使用权出让收入	722240	502986	91812	39623	87819
国有资本经营预算收入	**8277**	**6362**	**0**	**0**	**1915**
国有资本经营收入	8277	6362	0	0	1915

10-3 地方财政支出

单位:万元

指 标	合计	市区	永宁县	贺兰县	灵武市
本年支出总计	4392423	2809464	418804	399661	764494
一般公共预算支出	3565547	2186358	338187	351939	689063
一般公共服务支出	272612	181384	20324	20560	50344
国防支出	837	580	75	89	93
公共安全支出	130964	98540	8473	10510	13441
教育支出	462312	280168	59379	54856	67909
科学技术支出	79028	51954	354	7495	19225
文化旅游体育与传媒支出	58168	45238	3684	2503	6743
社会保障和就业支出	484910	276917	67371	61741	78881
卫生健康支出	322317	219725	28678	29924	43990
节能环保支出	161969	117167	6858	8169	29775
城乡社区支出	544716	316274	52948	24191	151303
农林水支出	254966	94722	38329	56653	65262
交通运输支出	80154	42053	2997	7491	27613
资源勘探信息等支出	261985	192295	1431	24265	43994
商业服务业等支出	27244	21961	1399	1278	2606
金融支出	1661	1656	0	0	5
自然资源海洋气象等支出	24464	10794	2031	1282	10357
住房保障支出	177603	108019	12211	25155	32218
粮油物资储备支出	5458	2453	2273	54	678
灾害防治及应急管理支出	34071	21460	1976	1641	8994
其他支出(类)	32587	29325	-1	2983	280
债务付息支出	147521	73673	27397	11099	35352
政府性基金支出	815808	623094	80616	47675	64423
文化旅游体育与传媒支出	0	0	0	0	0
社会保障和就业支出	327	81	88	152	6
城乡社区支出	716512	578014	39254	41927	57317
其他支出	5358	1603	694	1743	1318
债务付息支出	93611	43396	40580	3853	5782
国有资本经营支出	11068	12	1	47	11008

10-4 主要年份金融机构存、贷款余额

单位:万元

年 份	各项存款余额	国家银行	居民储蓄	各项贷款余额	国家银行	工业贷款	商业贷款	农业贷款
1951	27	27	8	13	13		2	7
1952	51	51	12	25	25		2	10
1953	92	92	19	39	39	2	5	21
1954	1137	1137	135	1092	1092	28	43	19
1955	2256	2256	155	2605	2605	80	1213	29
1956	2525	2525	248	2966	2966	50	569	178
1957	3282	3282	355	3523	3523	10	426	118
1958	5898	5898	413	6088	6088	225	1700	49
1959	19157	19157	625	19480	19480	1548	4528	89
1960	31169	31169	757	31608	31608	3248	2093	167
1961	18809	18809	752	19481	19481	2002	8101	178
1962	12994	12994	936	13213	13213	883	633	536
1963	9310	9310	670	10824	10824	538	1767	520
1964	8908	8908	892	9326	9326	456	2294	404
1965	13077	13077	1009	13907	13907	256	3375	438
1966	21340	21340	1195	20958	20958	415	6076	966
1967	23802	23802	1291	24300	24300	489	6405	804
1968	21700	21700	1361	22263	22263	679	6991	633
1969	26827	26827	1333	27592	27592	848	7299	577
1970	26021	26021	1455	27210	27210	2461	10592	563
1971	29952	29952	1723	30038	30038	5528	13362	751
1972	26818	26818	2025	27003	27003	4970	12852	379
1973	29112	29112	2303	28643	28643	2019	13350	354
1974	28487	28487	2575	28972	28972	4309	12420	337
1975	36203	36203	2774	36696	36696	3864	14235	445
1976	37683	37683	2957	38506	38506	4596	12950	642
1977	41410	41410	3383	42337	42337	4041	14454	759
1978	49659	49659	3903	50310	50310	3802	17152	934
1979	50928	50928	5135	50453	50453	4044	17681	1131
1980	83659	83659	6734	83659	83659	6700	16611	908
1981	98680	98680	8862	99103	99103	7519	20505	758

10-4 主要年份金融机构存、贷款余额(续表)

单位:万元

年份	各项存款余额	国家银行	居民储蓄	各项贷款余额	国家银行	工业贷款	商业贷款	农业贷款
1982	71523	71523	11802	72742	72742	6803	22173	676
1983	107439	107439	15814	106354	106354	8699	20620	464
1984	148583	148583	23568	149627	149627	12361	24332	4228
1985	95110	95110	30382	98640	98640	26876	40067	4992
1986	115343	115343	42416	126374	126374	36572	46583	6282
1987	128112	128112	57368	170829	170829	47666	55486	8961
1988	149310	149310	71642	224608	224608	62190	79357	8570
1989	180472	180472	93624	257532	257532	78071	89926	11639
1990	225386	225386	122634	311791	311791	108775	100529	12956
1991	281564	281564	154230	399997	399997	131676	107238	13563
1992	345822	345822	186737	468094	468094	156467	128217	13913
1993	416441	416441	236156	570809	570809	184433	151318	15877
1994	674904	549733	362184	796435	690839	205252	168235	26422
1995	863818	708656	493414	900108	782052	233542	175200	23903
1996	1097742	933259	628206	1051645	931411	294426	239680	27268
1997	1242053	1091149	714143	1201302	1032897	328032	275001	33885
1998	1389316	1215715	813962	1310574	1164919	335518	290594	42587
1999	1903393	1642217	913344	1848119	1655668	377651	433091	46311
2000	2232318	1885173	998236	2053071	1774688	362999	373399	49141
2001	2813614	2319854	1239655	2353019	1970644	405628	315090	75352
2002	3583910	2666719	1548067	2854180	2177933	407808	283762	136569
2003	4641305	3069964	1930771	3724738	2543640	458811	262614	218000
2004	5139463	3455615	2188016	4013796	2840865	496620	267837	261023
2005	6126851	4200698	2649514	5517095	4152282	456304	308036	331312
2006	7182299		3063847	6612150		450296	336665	356859
2007	8096592		3264143	7960248		669992	371927	390264
2008	9939064		4231523	9650819		1172224	292573	330976
2009	12789671		5194029	12891250		1142625	325506	410443
2010	15979613		6344542	16410628				
2011	18101999		7252604	19454215				
2012	21082811		9014685	22829704				
2013	23409309		10152220	26606157				
2014	26089685		10898949	31859330				
2015	30177702		13049710	36539817				
2016	33434020		13913467	40765663				
2017	35872321		14969408	44603072				
2018	37045588		13535639	47978695				
2019	40137730		15361820	51506746				
2020	44880080		18761269	55349972				
2021	46913234		19863838	59796191				
2022	54165012		23055778	64442912				

10-5 金融机构年末存、贷款余额

单位:万元

指 标	合计	市区	永宁县	贺兰县	灵武市
年末各项存款余额	**54165012**	**46715675**	**2089040**	**2610440**	**2749857**
境内存款	54036661	46588293	2088942	2610104	2749322
住户存款	26938748	21307794	1712462	2048428	1870065
活期存款	8800645	6954020	477548	574240	794837
定期及其他存款	18138103	14353773	1234914	1474188	1075227
非金融企业存款	12063532	10930864	220593	315897	596178
活期存款	5145976	4591658	124998	153810	275510
定期及其他存款	6917556	6339206	95595	162086	320668
财政性存款	3872874	3764299	11597	36924	60053
机关团体存款	8543269	7967102	144290	208851	223025
非银行业金融机构存款	2618238	2618234		4	
境外存款	128351	127382	98	336	535
年末各项贷款余额	**64442912**	**58352269**	**1515329**	**1983099**	**2592215**
境内贷款	64442575	58351980	1515281	1983099	2592215
住户贷款	17661823	14562806	904141	1313815	881060
短期贷款	3604726	2572005	301895	303914	426912
消费贷款	1944347	1686985	71556	69134	116671
经营贷款	1660380	885020	230338	234780	310241
中长期贷款	14057096	11990801	602246	1009901	454148
消费贷款	12433619	11005161	461315	706949	260193
经营贷款	1623477	985639	140931	302951	193955
非金融企业及机关团体贷款	46746753	43755174	611140	669284	1711155
短期贷款	6238900	5295819	188193	228332	526556
中长期贷款	34141070	32531212	252307	315285	1042266
票据融资	6337874	5909344	170639	115558	142333
各项垫款	28909	18800		10109	
非银行业金融机构贷款	34000	34000			
境外贷款	336	288	48		

10-6 中资全国性大型银行年末存、贷款余额

单位:万元

指　标	合计	市区	永宁县	贺兰县	灵武市
年末各项存款余额	**24700508**	**20941833**	**1145580**	**1086869**	**1526227**
境内存款	24575084	20817355	1145483	1086554	1525691
个人存款	13141371	10409629	877182	846184	1008376
活期储蓄存款	5738615	4412800	346301	380097	599416
定期储蓄存款	4333875	3485503	329062	283054	236256
结构性存款	119309	107994	342	2035	8938
单位存款	10025864	8999877	268301	240370	517315
活期存款	3838056	3334490	154645	111204	237716
定期存款	2556838	2398077	36068	70328	52365
保证金存款	537415	431845	11101	14783	79687
结构性存款	179993	152193			27800
国库定期存款	612604	612604			
非存款类金融机构存款	795244	795244			
境外存款	125424	124478	96	315	535
年末各项贷款余额	**38565894**	**35635132**	**651252**	**717399**	**1562111**
境内贷款	38565679	35634965	651204	717399	1562111
短期贷款	4190622	3343957	180417	165633	500615
个人贷款及透支	1258406	911089	83057	102816	161443
个人消费贷款	847309	696212	38470	34875	77752
单位贷款及透支	2932216	2432868	97360	62816	339172
经营贷款及透支	2615105	2125294	89512	62119	338179
固定资产贷款	63230	62630		600	
贸易融资	253881	244943	7847	98	993
中长期贷款	31290731	29343644	437395	535389	974302
个人贷款	7505235	6426734	405180	474963	198358
个人消费贷款	7224651	6200471	384662	462186	177332
单位贷款	23785496	22916910	32215	60426	775944
经营贷款	3434647	3322830	14471	2065	95282
固定资产贷款	20040254	19283485	17745	58362	680663
并购贷款	295194	295194			
贸易融资	15400	15400			
票据融资	3055612	2928759	33392	6268	87193
各项垫款	28714	18605		10109	
境外贷款	215	167	48		

10-7　政策性银行年末存、贷款余额

单位:万元

指　标	合计	市区	永宁县	贺兰县	灵武市
年末各项存款余额	175655	146119	9866	10190	9479
单位存款	175655	146119	9866	10190	9479
活期存款	135596	117047	6501	3578	8470
定期存款	5914	5715	149	50	
保证金存款	7306	3399	2786	1121	
年末各项贷款余额	2247903	1863925	130112	163656	90210
短期贷款	381246	313867	38250	15869	13260
单位贷款及透支	381246	313867	38250	15869	13260
经营贷款及透支	381246	313867	38250	15869	13260
中长期贷款	1866657	1550058	91862	147787	76950
单位贷款	1866657	1550058	91862	147787	76950
非存款类金融机构贷款					
票据融资					
融资租赁					
各项垫款					

10-8 地方性金融机构年末存、贷款余额

单位:万元

指 标	合计	市区	永宁县	贺兰县	灵武市
年末各项存款余额	**19809335**	**16439466**	**921997**	**1293774**	**1154098**
境内存款	19807674	16437825	921996	1293756	1154098
个人存款	11563031	8746254	835280	1119809	861689
活期储蓄存款	2075473	1586238	131247	162567	195421
定期储蓄存款	8131750	5906178	668371	910394	646807
结构性存款					
单位存款	6596837	6043765	86715	173947	292409
活期存款	3163493	2807026	63482	117630	175354
定期存款	1811193	1682611	16820	39491	72272
保证金存款	1400995	1337951	6413	16170	40461
结构性存款					
国库定期存款	261300	261300			
非存款类金融机构存款	1386506	1386506			
境外存款	1661	1641	2	18	
年末各项贷款余额	**15767476**	**13149186**	**733965**	**944431**	**939894**
短期贷款	4369401	3350503	271421	307884	439592
个人贷款及透支	1935069	1257559	218838	193204	265468
个人消费贷款	764502	663147	33086	29350	38919
单位贷款及透支	2089331	1747944	52584	114680	174124
经营贷款及透支	2071198	1731822	52584	114680	172112
固定资产贷款	9382	9222			160
贸易融资	8752	6900			1852
非存款类金融机构贷款	345000	345000			
中长期贷款	8895212	7597465	325296	527288	445162
个人贷款	4071701	3183213	197066	435631	255791
个人消费贷款	2864673	2556538	76653	148622	82860
单位贷款	4823511	4414253	128230	91656	189372
经营贷款	3517010	3208106	97932	88436	122536
固定资产贷款	1306501	1206147	30298	3220	66835
票据融资	2502669	2201022	137247	109259	55140
各项垫款	195	195			

10-9 保险业务情况

单位:万元

指 标	保费收入	赔款与给付支出
总 计	1267050.74	389546.20
财产险	367757.34	223978.20
企业财产险	25573.07	14526.28
家庭财产险	2416.64	450.36
责任险	37500.23	22158.44
机动车辆险	242473.19	138018.15
货物运输险	1540.41	262.73
工程险	2653.26	845.60
农业险	31248.25	20004.61
其他险	24352.29	27712.03
人身险	899293.40	165568.00
人寿险	648204.35	96272.02
意外伤害险	30603.58	9658.48
健康险	220485.47	59637.50

主要统计指标解释

【一般公共预算收入】 指属于地方一般公共预算的收入,包括地方企业上交利润,城市维护建设税(不含铁道部门、各银行总行、各保险公司总公司集中缴纳的部分),房产税,城镇土地使用税,土地增值税,车船税,耕地占用税,契税,烟叶税,印花税,增值税 25%部分,纳入共享范围的企业所得税 40%部分, 个人所得税 40%部分,证券交易印花税 3%部分,海洋石油资源税以外的其他资源税,地方非税收入等。

【税收收入】 包括增值税、消费税、企业所得税、企业所得税退税、个人所得税、资源税、固定资产投资方向调节税、城市维护建设税、房产税、印花税、城镇土地使用税、土地增值税、车船税、耕地占用税、契税、烟叶税和其他税收收入。

【企业所得税】 指税务机关按《中华人民共和国企业所得税暂行条例》征收的企业所得税及依照《中华人民共和国外商投资企业和外国企业所得税法》征收的外商投资企业和外国企业所得税。税务机关对港澳台商投资企业征收的企业所得税也包括在内。

【个人所得税】 指反映按照《中华人民共和国个人所得税法》和《对储蓄存款利息所得征收个人所得税的实施办法》征收的个人所得税。

【一般公共预算支出】 指一般公共服务,公共安全支出,地方统筹的各项社会事业支出等。

【一般公共服务支出】 指政府提供一般公共服务的支出。

【年末金融机构人民币各项存款余额】 指企业、机关、团体和居民根据可以收回的原则,把货币存入银行或其他信用机构保管并取得一定利息的年末货币总量。

【年末金融机构人民币各项贷款余额】 指年终时银行或其他信用机构根据必须归还的原则,按一定利率,为企业、个人等提供资金贷款的总额。不包括外币贷款。

【住户存款余额】 指城乡居民在某一时点上,在银行和其他金融机构的本(人民币)、外币储蓄存款总额。不包括居民的手存现金和工矿企业、部队、机关、团体等单位存款。

【保费收入】 保险费收入指投保人或被保险人为获得保险保障而付给保险人的代价。储金收入指投保人为取得经济保障而存入保险公司的存款,保险期满,保险公司连同部分利息退还投保人。

【赔款支出】 赔款指财产保险在被保险财产发生保险合同规定的损失后, 保险公司按实际损失给予的经济补偿金额。给付指人身保险在保险责任发生的意外伤害或事故及返还性保险期满,保险公司给保险人支付的款项。

11

人民生活和物价

11-1 主要年份城市居民收支及价格指数情况

年份	城镇居民人均可支配收入（元）	城镇居民人均消费性支出（元）	恩格尔系数（%）	居民消费价格总指数（以上年价格为100）	服务项目价格指数	商品零售价格指数（以上年价格为100）
1949	118.64	110.96	60.1			
1950	136.13	135.94	60.1			
1951	156.15	166.52	60.1	123.7		113.3
1952	179.24	204.02	60.1	106.7		102.6
1953	187.00	205.38	60.0	104.7		102.8
1954	195.04	206.70	59.9	101.4		102.1
1955	203.43	208.05	59.9	100.7		101.2
1956	212.18	209.44	59.8	100.1		100.2
1957	221.56	211.09	59.7	102.5		101.5
1958	222.31	210.03	60.0	102.4		101.7
1959	222.97	209.52	60.2	102.9		102.0
1960	223.64	209.74	60.2	104.3		104.4
1961	224.31	210.79	60.0	120.2		120.6
1962	224.99	212.85	59.5	95.1		95.3
1963	226.08	216.48	58.7	88.9		89.1
1964	233.73	218.25	58.7	94.9		95.7
1965	263.90	235.81	57.0	97.7		97.5
1966	268.74	238.59	57.5	98.2		98.1
1967	273.58	241.75	57.9	102.5		102.5
1968	278.50	245.26	58.2	101.3		101.3
1969	283.51	249.08	58.4	102.5		102.5
1970	288.62	253.26	58.6	100.8		100.8
1971	293.81	257.74	58.8	99.8		99.7
1972	299.10	262.50	58.8	100.4		100.4
1973	304.49	267.59	58.9	100.3		100.3
1974	309.97	272.97	58.9	100.4		100.4
1975	315.55	278.65	58.8	100.6		100.7
1976	321.23	284.62	58.7	100.9		101.1
1977	327.01	291.24	58.8	108.2		108.4
1978	346.08	306.12	58.8	100.6	100.0	100.7
1979	369.49	314.13	60.0	101.2	100.1	101.3
1980	488.18	403.32	54.8	106.5	105.0	106.5

11-1 主要年份城市居民收支及价格指数情况(续表)

年 份	城镇居民人均可支配收入（元）	城镇居民人均消费性支出（元）	恩格尔系数（%）	居民消费价格总指数(以上年价格为100)	服务项目价格指数	商品零售价格指数(以上年价格为100)
1981	485.01	422.90	52.5	101.7	103.2	101.6
1982	501.36	448.07	52.9	101.2	102.6	101.1
1983	550.00	477.46	55.1	101.8	98.5	101.7
1984	672.43	583.30	54.7	103.8	101.9	103.8
1985	815.45	703.41	47.9	108.9	112.3	108.6
1986	972.44	830.82	46.4	107.3	109.8	107.1
1987	1050.51	916.73	49.3	110.1	100.7	111.0
1988	1170.23	1177.16	46.9	117.2	107.6	118.1
1989	1298.92	1241.06	53.1	115.8	105.6	116.7
1990	1580.72	1432.67	52.9	106.3	145.3	102.9
1991	1708.50	1490.00	49.4	106.0	113.3	105.3
1992	1961.60	1683.80	46.1	109.7	117.1	108.9
1993	2326.00	2159.50	42.1	116.7	140.3	113.9
1994	3410.40	3036.10	43.9	124.3	115.9	119.1
1995	3931.70	3540.50	44.2	117.3	120.3	114.7
1996	4252.07	3684.99	44.5	107.0	107.7	106.2
1997	4471.08	4016.61	42.7	104.1	114.1	102.2
1998	4821.05	4398.48	39.0	100.2	117.7	97.1
1999	5167.67	4484.40	36.3	100.1	105.5	98.7
2000	5621.51	5369.05	34.2	99.2	107.6	97.7
2001	6256.61	5507.79	33.7	101.4	109.6	100.6
2002	6845.28	5979.36	35.7	99.5	103.9	98.7
2003	7245.32	6093.01	36.4	101.7	104.5	99.8
2004	7984.33	6728.85	37.4	103.2	102.9	102.0
2005	8852.42	7311.38	35.8	101.7	102.9	100.6
2006	10067.76	8288.47	34.6	101.6	101.9	101.2
2007	12185.47	9176.42	36.3	105.3	102.1	103.6
2008	14458.00	11455.00	35.4	107.6	101.5	105.9
2009	15715.44	12271.76	32.8	99.7	100.4	98.5
2010	17073.12	13589.00	32.1	103.8	104.8	102.5
2011	19480.85	14931.24	35.3	105.5	104.1	104.2
2012	21900.50	16389.53	33.4	102.6	102.6	100.6
2013	23776.41	16843.79	32.3	103.5	101.8	102.3
2014	26117.69	20401.22	30.5	102.1	102.8	100.8
2015	28261.37	21694.03	30.3	101.6	103.4	100.2
2016	30477.81	22897.85	29.1	101.7	101.8	100.8
2017	32980.81	23124.48	28.8	101.7	103.6	101.5
2018	35586.34	25505.80	25.4	102.2	101.6	102.7
2019	38216.85	27716.91	25.2	102.2	101.5	101.1
2020	39416.00	26670.00	27.2	101.8	101.2	100.5
2021	42412.00	29073.50	27.0	101.4	100.8	102.0
2022	44392.00	28685.59	28.1	102.0	101.1	102.2

11-2 城镇居民家庭就业情况

指　标	单位	总平均
调查人口和就业情况		
户均常住人口	人	2.81
由本户供养的在校学生	人 / 户	0.58
不由本户供养的在校学生	人 / 户	0.00
非在校学生	人 / 户	2.08
受教育程度	人 / 户	2.66
未上过学	人 / 户	0.07
小学	人 / 户	0.41
初中	人 / 户	0.57
高中	人 / 户	0.59
大学专科	人 / 户	0.50
大学本科	人 / 户	0.46
研究生	人 / 户	0.06
常住劳动力情况		
劳动力人数	人 / 户	2.04
整劳动力人数	人 / 户	1.03
半劳动力人数	人次	1.02
常住从业人员情况		
参加医疗保险情况	人 / 户	2.04
新型农村合作医疗	人 / 户	1.32
城镇职工基本医疗保险	人 / 户	0.71
城乡居民基本医疗保险	人 / 户	0.01
公费医疗	人 / 户	0.20
商业医疗保险	人 / 户	0.01
其他医疗保险	人 / 户	0.01
没有参加任何医疗保险	人 / 户	0.00
参加养老保险情况	人 / 户	2.04
城镇职工基本养老保险	人 / 户	1.56
（城乡）居民社会养老保险	人 / 户	0.22
企业年金（职业年金）	人 / 户	0.29
商业养老保险	人 / 户	0.05
其他养老保险	人 / 户	0.01
没有参加任何养老保险	人 / 户	0.24

11-2 城镇居民家庭就业情况(续表)

指 标	单位	总平均
从事行业	**人 / 户**	**1.22**
第一产业	人 / 户	0.01
第二产业	人 / 户	0.30
采矿业	人 / 户	0.04
制造业	人 / 户	0.10
电力、热力、燃气及水生产供应业	人 / 户	0.07
建筑业	人 / 户	0.09
第三产业	人 / 户	0.91
批发和零售业	人 / 户	0.21
交通运输、仓储和邮政业	人 / 户	0.11
住宿和餐饮业	人 / 户	0.03
信息传输、软件业和信息技术服务业	人 / 户	0.03
金融业	人 / 户	0.04
房地产业	人 / 户	0.01
租赁和商务服务业	人 / 户	0.01
科学研究和技术服务业	人 / 户	0.01
水利、环境和公共设施管理业	人 / 户	0.02
居民服务、修理和其他服务业	人 / 户	0.16
教育	人 / 户	0.07
卫生和社会工作	人 / 户	0.07
文化、体育和娱乐业	人 / 户	0.01
公共管理、社会保障和社会组织	人 / 户	0.14
国际组织	人 / 户	0.00
从事职业	**人 / 户**	**1.22**
国家机关、党群组织、企业、事业单位负责人	人 / 户	0.02
专业技术人员	人 / 户	0.22
办事人员和有关人员	人 / 户	0.33
社会生产服务和生活服务人员	人 / 户	0.42
农、林、牧、渔业生产及辅助人员	人 / 户	0.01
生产、运输设备操作人员及有关人员	人 / 户	0.20
军人	人 / 户	0.00
不便分类的其他从业人员	人 / 户	0.01

11-3 城镇居民家庭年末主要消费拥有情况

指　标	单位	总平均
摩托车	辆	2.61
助力车	辆	50.79
家用汽车	辆	55.30
洗衣机	台	101.14
电冰箱	台	100.96
计算机	台	71.00
其他中高档乐器	件	15.60
微波炉	台	66.50
空调器	台	50.52
淋浴热水器	台	100.09
洗碗机	台	2.65
健身器材	套	8.53
固定电话	部	2.28
移动电话	部	240.47
空气净化器(含新风系统)	台	10.48
吸尘器	台	18.48

11-4 城镇居民家庭收支情况(年人均)

单位:元

指 标	总平均
可支配收入(新口径)	**44391.71**
工资性收入	29744.92
工资	27822.59
实物福利	169.01
其他	1753.32
经营净收入	3851.56
第一产业经营净收入	84.81
第二产业经营净收入	546.34
第三产业经营净收入	3220.40
财产净收入	1847.83
利息净收入	-345.18
红利收入	75.62
储蓄性保险净收益	0.00
转让承包土地经营权租金净收入	27.18
出租房屋财产性收入	429.35
出租机械、专利、版权等资产的收入	35.67
其他财产净收入	6.22
房屋虚拟租金	1618.97
转移净收入	8947.40
转移性收入	12579.41
养老金或离退休金	11595.89
社会救济和补助	40.58
转移性支出	3632.00
个人所得税	265.72
社会保障支出	3047.91
外来从业人员寄给家人的支出	9.82
赡养支出	190.18
其他转移性支出	118.37
消费支出	**28685.59**
食品烟酒	8073.39
食品	4891.25
谷物	517.47
薯类	45.28
豆类	66.00
食用油	161.81
蔬菜和食用菌	625.43
肉类	1233.57
禽类	258.00
水产品	225.62
蛋类	135.02
奶类	393.22
干鲜瓜果类	816.79
糖果糕点类	204.42
其他食品	208.63
烟酒	588.92
烟草	374.29
酒类	214.63
饮料	204.34

11-4 城镇居民家庭收支情况(年人均)(续表)

单位:元

指 标	总平均
饮食服务	2388.88
食堂用餐	172.28
其他在外饮食	2216.15
食品加工服务费	0.45
衣着	2089.37
衣类	1716.31
鞋类	373.06
居住	6129.18
租赁房房租	119.85
住房维修及管理	887.12
水电燃料及其他	1281.38
自有住房折算租金	3840.83
生活用品及服务	1819.94
家具及室内装饰品	204.80
家用器具	384.49
家用纺织品	152.63
家庭日用杂品	343.07
个人用品	631.34
家庭服务	103.61
交通通信	3902.67
交通	2952.24
交通工具	747.80
交通费	345.12
交通工具用燃料	940.33
交通工具使用及维修	918.98
车辆保险支出	422.98
通信	950.43
通信工具	347.77
通信服务	602.65
教育文化娱乐	3241.80
教育	2344.79
学前教育	320.28
小学教育	385.44
初中教育	338.25
高中教育	495.77
中专职高教育	37.66
大专及以上教育	643.08
成人教育	124.31
文化娱乐	897.01
文娱耐用消费品	258.60
其他文娱用品	302.16
文化娱乐服务	336.25
医疗保健	2601.15
医疗器具及药品	819.18
医疗服务	1781.97
门诊总费用	800.28
住院总费用	981.69
其他用品和服务	828.10
其他用品	359.34
其他服务	468.76

11-5 城镇居民平均每人全年购买商品数量

指　标	单位	总平均
食用植物油	千克	8.0
猪肉	千克	9.6
牛肉	千克	4.7
羊肉	千克	5.9
禽类	千克	8.1
鲜蛋	千克	11.3
鱼	千克	3.2
鲜菜	千克	101.3
白酒	千克	0.0
啤酒	千克	0.0
鲜瓜果	千克	75.0
糕点	千克	0.0
鲜奶	千克	15.4
酸奶	千克	6.0
鞋类	双	2.4
液化石油气	千克	0.3
管道天然气	立方米	105.7

11-6 城镇居民家庭住房基本情况

指 标	单位	总平均
现住房建筑面积	平方米	37.29
本住户居住空间样式	%	100.00
单栋楼房	%	0.33
单栋平房	%	0.00
四居室及以上单元房	%	5.07
三居室单元房	%	40.31
二居室单元房	%	51.36
一居室单元房	%	2.94
筒子楼或连片平房	%	0.00
其他	%	0.00
主要建筑材料	%	100.00
钢筋混凝土	%	57.33
砖混材料	%	42.56
砖瓦砖木	%	0.11
竹草土坯	%	0.00
其他	%	0.00
现住房房屋来源	%	100.00
租赁公房	%	1.46
租赁私房	%	4.67
自建住房	%	0.10
购买商品房	%	73.33
购买房改住房	%	3.55
购买保障性住房	%	3.79
拆迁安置房	%	11.00
继承或获赠住房	%	0.31
免费借用房	%	1.80
雇主提供免费住房	%	0.00
其他来源	%	0.00

11-7 农村居民家庭就业情况

指 标	单位	总平均
调查人口和就业情况		
户均常住人口	人	3.11
由本户供养的在校学生	人 / 户	0.60
不由本户供养的在校学生	人 / 户	0.00
非在校学生	人 / 户	2.39
6 周岁及以上住户成员受教育程度	**人 / 户**	**2.99**
未上过学	人 / 户	0.24
小学	人 / 户	0.82
初中	人 / 户	1.22
高中	人 / 户	0.40
大学专科	人 / 户	0.15
大学本科	人 / 户	0.15
研究生	人 / 户	0.00
常住劳动力情况		
劳动力人数	人 / 户	2.34
整劳动力人数	人 / 户	1.00
半劳动力人数	人 / 户	1.34
常住从业人员情况		
参加医疗保险情况	人 / 户	2.34
新型农村合作医疗	人 / 户	0.25
城镇职工基本医疗保险	人 / 户	2.07
城乡居民基本医疗保险	人 / 户	0.01
公费医疗	人 / 户	0.04
商业医疗保险	人 / 户	0.00
其他医疗保险	人 / 户	0.01
没有参加任何医疗保险	人 / 户	0.00
参加养老保险情况	人 / 户	2.34
城镇职工基本养老保险	人 / 户	0.41
城乡居民基本养老保险	人 / 户	1.54
企业年金(职业年金)	人 / 户	0.02
商业养老保险	人 / 户	0.01
其他养老保险	人 / 户	0.05
没有参加任何养老保险	人 / 户	0.33

11-7　农村居民家庭就业情况(续表)

指　标	单位	总平均
从事行业	**人 / 户**	**1.74**
第一产业	人 / 户	0.66
第二产业	人 / 户	0.30
采矿业	人 / 户	0.01
制造业	人 / 户	0.07
电力、热力、燃气及水生产供应业	人 / 户	0.05
建筑业	人 / 户	0.17
第三产业	人 / 户	0.78
批发和零售业	人 / 户	0.16
交通运输、仓储和邮政业	人 / 户	0.12
住宿和餐饮业	人 / 户	0.04
信息传输、软件业和信息技术服务业	人 / 户	0.01
金融业	人 / 户	0.01
房地产业	人 / 户	0.01
租赁和商务服务业	人 / 户	0.00
科学研究和技术服务业	人 / 户	0.00
水利、环境和公共设施管理业	人 / 户	0.07
居民服务、修理和其他服务业	人 / 户	0.21
教育	人 / 户	0.02
卫生和社会工作	人 / 户	0.04
文化、体育和娱乐业	人 / 户	0.00
公共管理、社会保障和社会组织	人 / 户	0.08
国际组织	人 / 户	0.00
从事职业	**人 / 户**	**1.74**
国家机关、党群组织、企业、事业单位负责人	人 / 户	0.00
专业技术人员	人 / 户	0.08
办事人员和有关人员	人 / 户	0.19
社会生产服务和生活服务人员	人 / 户	0.53
农、林、牧、渔业生产及辅助人员	人 / 户	0.65
生产、运输设备操作人员及有关人员	人 / 户	0.26
军人	人 / 户	0.00
不便分类的其他从业人员	人 / 户	0.03

11-8 农村居民家庭收支情况(年人均)

单位:元

指 标	总平均
可支配收入(新口径)	**19349.00**
工资性收入	9077.61
工资	8818.50
实物福利	175.27
其他	83.85
经营净收入	8246.24
第一产业经营净收入	4866.70
第二产业经营净收入	208.50
第三产业经营净收入	3171.04
财产净收入	745.05
利息净收入	-20.23
红利收入	12.86
储蓄性保险净收益	0.00
转让承包土地经营权租金净收入	527.82
出租房屋财产性收入	191.70
出租机械、专利、版权等资产的收入	35.05
其他财产净收入	-2.16
房屋虚拟租金	0.00
转移净收入	1280.09
转移性收入	2145.23
养老金或离退休金	1197.94
社会救济和补助	148.88
转移性支出	865.14
个人所得税	6.03
社会保障支出	770.10
外来从业人员寄给家人的支出	0.00
赡养支出	66.42
其他转移性支出	22.58
总支出	**33374.22**
消费支出	**14331.40**
食品烟酒	4752.32
食品	3532.72
谷物	565.56
薯类	32.66
豆类	42.50
食用油	183.25
蔬菜和食用菌	460.94
肉类	998.55
禽类	230.16
水产品	61.14
蛋类	87.58
奶类	177.50
干鲜瓜果类	450.27
糖果糕点类	92.33
其他食品	150.28
烟酒	384.17
烟草	330.18
酒类	53.99
饮料	106.80

11-8 农村居民家庭收支情况(年人均)(续表1)

单位:元

指　标	总平均
饮食服务	728.63
食堂用餐	124.54
其他在外饮食	599.82
食品加工服务费	4.27
衣着	929.29
衣类	711.40
鞋类	217.89
居住	2791.75
租赁房房租	27.44
住房维修及管理	479.50
水电燃料及其他	906.19
自有住房折算租金	1378.61
生活用品及服务	835.75
家具及室内装饰品	85.43
家用器具	155.06
家用纺织品	79.95
家庭日用杂品	215.34
个人用品	277.80
家庭服务	22.17
交通通信	2098.34
交通	1476.94
交通工具	196.45
交通费	140.36
交通工具用燃料	632.59
交通工具使用及维修	507.55
车辆保险支出	230.40
通信	621.40
通信工具	157.02
通信服务	464.38
教育文化娱乐	1255.04
教育	1000.37
学前教育	97.38
小学教育	88.78
初中教育	91.41
高中教育	152.74
中专职高教育	49.60
大专及以上教育	457.52
成人教育	62.96
文化娱乐	254.66
文娱耐用消费品	80.10
其他文娱用品	90.36
文化娱乐服务	84.20
医疗保健	1450.32
医疗器具及药品	479.05
医疗服务	971.27
门诊总费用	433.81
住院总费用	537.46
其他用品和服务	218.59
其他用品	77.33
其他服务	141.26

11-8 农村居民家庭收支情况(年人均)(续表2)

单位:元

指　标	总平均
生产经营费用支出	7767.96
第一产业经营费用支出	6654.05
农业	3789.42
林业	1.83
牧业	2714.38
渔业	148.42
第二产业生产费用支出	54.72
采矿业	0.00
制造业	8.84
电力、热力、燃气及水生产和供应业	0.00
建筑业	45.88
第三产业经营费用支出	1059.19
批发和零售业	191.82
交通运输、仓储和邮政业	775.99
住宿和餐饮业	12.52
房地产业	0.00
租赁和商务服务业	0.00
居民服务、修理和其他服务业	12.37
其他	0.47
农林牧渔服务业	66.02
财产性支出	73.25
转移性支出	865.14
部分商业保险支出	247.52
购置资产及非经常性转移支出	8640.91
借贷性支出	1448.04

11-9 农村居民家庭住房基本情况

指　标	单位	总平均
现住房建筑面积	平方米	34.96
本住户居住空间样式	%	100.00
单栋楼房	%	0.29
单栋平房	%	71.30
四居室及以上单元房	%	0.48
三居室单元房	%	13.19
二居室单元房	%	14.33
一居室单元房	%	0.41
筒子楼或连片平房	%	0.00
其他	%	0.00
主要建筑材料	%	100.00
钢筋混凝土	%	21.95
砖混材料	%	47.83
砖瓦砖木	%	29.67
竹草土坯	%	0.20
其他	%	0.35
现住房房屋来源	%	100.00
租赁公房	%	0.00
租赁私房	%	1.97
自建住房	%	69.71
购买商品房	%	6.49
购买房改住房	%	0.00
购买保障性住房	%	0.00
拆迁安置房	%	20.80
继承或获赠住房	%	0.00
免费借用房	%	0.76
雇主提供免费住房	%	0.26
其他来源	%	0.00

11-10　农民人均消费品消费量

指　标	单位	总平均
粮食消费量	公斤	134.48
谷物消费量	公斤	128.27
小麦	公斤	65.49
稻谷	公斤	59.39
玉米	公斤	1.52
其他谷物	公斤	1.87
薯类消费量	公斤	0.84
豆类消费量	公斤	5.36
油脂类消费量	公斤	10.17
蔬菜及菜制品	公斤	111.36
肉类	公斤	22.24
猪肉	公斤	9.17
牛肉	公斤	4.83
羊肉	公斤	7.18
禽类	公斤	10.37
水产品	公斤	2.58
蛋类及蛋制品	公斤	8.34
奶和奶制品	公斤	13.36
干鲜瓜果类	公斤	66.50
糖果糕点类	公斤	2.70
饮料	公斤	0.00
烟叶	公斤	0.00
酒	公斤	0.00

11-11 农民百户耐用消费品拥有量

指　标	单位	总平均
家用汽车	辆	51.69
摩托车	辆	31.77
助力车	辆	105.75
洗衣机	台	103.99
电冰箱	台	104.80
微波炉	台	34.96
彩色电视机	台	
空调	台	5.08
热水器	台	100.97
洗碗机	台	0.00
排油烟机	台	61.55
固定电话	部	1.35
移动电话	部	273.50
接入互联网	部	
计算机	台	29.61
接入互联网	台	
中高档乐器	台	2.35
健身器材	台	1.03
空气净化器(含新风系统)	台	0.27
吸尘器	台	4.15

11-12 居民消费

（以上年价格为 100）

指 标	年度	月份			
		一月	二月	三月	四月
居民消费价格总指数	**102.0**	**101.8**	**102.5**	**102.4**	**102.1**
非食品烟酒价格指数	101.8	102.3	103.0	102.5	101.7
食品(原口径)指数	102.6	100.0	100.9	102.2	102.8
非食品(原口径)指数	101.8	102.4	103.0	102.5	101.8
服务价格指数	101.1	101.9	102.3	101.4	100.4
工业品价格指数	102.6	102.7	103.8	103.7	103.3
鲜活食品价格指数	101.9	95.3	96.9	100.5	101.6
消费品价格指数	**102.6**	**101.7**	**102.6**	**103.1**	**103.1**
能源价格指数	111.1	110.6	114.0	113.6	113.3
非食品价格指数	101.8	102.3	102.9	102.4	101.8
扣除食品和能源价格指数	100.8	101.4	101.8	101.3	100.6
扣除鲜菜鲜果价格指数	102.0	102.0	102.7	102.3	101.8
扣除自有住房价格指数	102.4	102.0	102.8	102.8	102.5
居住(扣自有住房)价格指数	101.2	101.8	103.1	102.5	101.3
食品烟酒	**102.6**	**100.4**	**101.2**	**102.3**	**102.9**
食品	103.3	99.3	100.4	102.5	103.4
粮食	105.2	101.1	101.9	104.4	106.9
大米	102.3	97.7	99.6	100.6	101.1
面粉	106.6	105.1	106.2	106.4	110.4
其他粮食	100.7	102.2	101.8	99.4	99.5
粮食制品	106.9	101.5	101.6	106.5	109.8
薯类	115.7	89.6	99.6	111.8	122.1
薯类	115.7	89.6	99.6	111.8	122.1
豆类	101.3	102.8	101.2	101.0	97.8
干豆	104.7	109.0	108.6	104.4	106.3
豆制品	101.3	102.7	101.1	100.9	97.7
食用油	109.4	110.9	110.3	109.7	106.4
食用植物油	109.4	110.9	110.4	109.7	106.4
食用动物油	102.1	107.4	107.4	107.4	102.6
菜及食用菌	102.5	95.5	103.4	116.1	118.0
鲜菜	101.6	94.6	102.8	116.9	118.4
鲜菌	130.3	103.9	116.2	112.5	140.0
干菜干菌及制品	104.7	108.7	108.4	105.0	105.3
畜肉类	98.7	90.3	90.0	90.2	91.3
猪肉	96.2	62.2	60.1	60.1	68.5
牛肉	100.8	100.0	99.7	99.6	99.0
羊肉	97.1	101.0	100.6	100.6	97.3
其他畜肉及副产品	100.7	81.9	82.7	77.4	77.0
畜肉制品	101.8	99.8	102.0	99.4	96.7
禽肉类	102.1	100.6	100.9	100.5	100.6
鸡	103.3	101.0	101.3	101.3	102.1
鸭	92.5	87.4	94.7	95.7	93.7
其他禽肉及制品	100.1	100.5	100.4	98.9	97.8

价格指数

五月	六月	七月	八月	九月	十月	十一月	十二月
101.5	102.0	102.1	102.2	102.5	102.2	101.4	101.8
101.3	102.0	101.6	101.6	101.7	101.3	101.3	101.6
102.3	102.0	103.7	103.8	104.9	104.9	101.7	102.2
101.3	102.0	101.6	101.6	101.7	101.3	101.3	101.6
100.1	101.0	100.7	100.8	101.0	101.3	101.4	101.6
102.5	103.2	102.6	102.5	102.4	101.4	101.3	101.6
100.6	100.3	105.1	105.1	108.5	108.0	100.3	102.5
102.4	102.6	102.9	103.0	103.3	102.8	101.4	101.9
112.8	116.8	113.1	111.0	110.6	107.6	105.8	105.2
101.3	101.9	101.5	101.6	101.6	101.3	101.2	101.5
100.1	100.4	100.3	100.6	100.7	100.6	100.7	101.1
101.3	101.9	101.8	102.0	102.1	102.1	101.9	102.0
101.9	102.4	102.5	102.5	102.8	102.5	101.6	102.0
100.8	100.9	100.8	101.0	101.0	100.5	100.4	100.5
102.3	102.0	103.4	103.7	104.6	104.6	101.6	102.2
102.9	102.5	105.1	105.1	106.9	107.2	102.2	102.9
106.4	105.0	105.8	105.5	106.0	107.6	106.9	104.9
102.5	102.4	103.5	100.9	102.3	105.6	106.8	104.3
109.8	105.9	106.0	106.9	106.9	109.7	105.4	100.7
101.9	102.2	100.9	98.5	98.6	100.8	100.6	101.7
107.9	106.5	107.6	108.4	108.6	108.6	108.1	107.2
124.4	111.6	114.9	122.9	138.6	120.5	117.0	122.8
124.4	111.6	114.9	122.9	138.6	120.5	117.0	122.8
99.1	100.6	102.2	99.7	102.9	104.0	103.9	100.9
106.8	108.2	106.7	103.8	102.0	99.1	100.6	101.9
99.0	100.5	102.1	99.7	103.0	104.1	104.0	100.9
106.5	107.9	109.9	111.6	112.3	110.9	109.0	107.3
106.6	108.0	110.0	111.6	112.4	111.0	109.1	107.4
97.7	97.7	97.7	102.6	102.6	102.6	102.6	97.7
106.6	99.3	108.8	107.7	114.1	101.9	80.1	89.6
106.6	98.0	108.4	106.4	113.8	100.4	77.7	87.9
117.5	134.0	138.5	163.7	150.9	147.6	117.5	125.4
103.1	102.8	103.8	102.7	103.1	106.2	105.4	102.6
92.3	94.5	100.4	103.6	105.4	112.2	109.7	107.0
78.6	90.2	120.5	120.1	131.6	158.1	139.2	123.9
97.3	96.7	99.5	100.9	101.3	106.3	104.6	104.7
94.4	92.8	90.4	96.1	96.1	98.2	99.5	98.8
88.6	103.4	110.6	116.0	117.1	120.0	132.8	124.9
96.3	98.3	99.3	106.5	105.0	106.7	103.4	108.9
100.0	99.6	101.3	102.4	104.2	104.7	104.6	106.4
100.9	100.3	102.2	103.7	106.8	107.4	106.2	106.7
89.7	89.1	90.7	96.4	89.1	93.3	92.1	99.2
98.5	98.5	100.0	99.9	99.5	99.9	101.8	106.1

11-12 居民消费

（以上年价格为 100）

指 标	年度	月份			
		一月	二月	三月	四月
水产品	102.4	114.3	111.1	109.0	102.8
淡水鱼	102.0	128.0	119.1	116.7	104.4
海水鱼	99.7	101.7	102.0	99.4	101.0
虾蟹类	105.5	102.8	104.6	102.0	101.0
其他水产品及制品	101.9	102.0	102.7	102.6	100.9
蛋类	105.6	102.3	101.6	107.6	110.0
鸡蛋	105.6	102.3	101.5	107.6	110.1
其他蛋及制品	104.8	102.9	103.3	108.3	106.3
奶类	103.4	105.3	105.7	103.4	104.0
鲜奶	104.4	106.2	105.2	105.2	108.5
酸奶	102.0	100.7	104.0	99.1	94.1
奶粉	103.7	109.8	109.9	106.1	107.5
其他奶制品	101.4	96.6	95.8	96.6	96.4
干鲜瓜果类	104.6	99.8	98.3	99.3	100.6
鲜果	104.1	97.8	96.2	96.8	98.4
坚果	107.7	109.3	108.2	112.2	111.3
瓜果制品	102.9	105.6	106.6	105.6	106.8
糖果糕点类	109.6	113.6	113.8	110.6	113.3
食糖	102.9	109.7	109.7	109.7	112.3
糖果	103.1	101.1	101.3	103.4	104.2
糕点	114.1	119.7	120.1	115.1	117.2
其他糖果糕点	100.3	103.5	102.5	97.0	107.2
调味品	104.1	105.2	105.2	104.4	104.2
食用盐	101.2	100.0	100.0	100.0	100.0
酱油	102.7	105.7	103.9	103.8	106.0
食醋	110.1	112.1	112.9	112.9	112.9
增味剂	103.0	103.0	101.7	103.8	101.9
其他调味品	104.5	105.5	107.1	103.8	102.6
其他食品类	104.9	102.8	105.0	104.9	106.4
方便食品	103.4	100.2	101.5	102.1	104.8
淀粉及制品	103.1	100.7	107.0	102.7	106.3
其他食品	109.3	109.6	108.0	111.6	109.0
茶及饮料	103.4	101.9	101.2	101.2	101.8
茶叶	97.6	99.8	96.6	97.2	100.0
固体咖啡	100.4	102.0	104.8	103.5	103.8
其他固体饮料	100.9	104.3	105.6	106.2	109.0
饮用水	102.1	100.0	100.0	100.0	101.9
果汁饮料	100.3	101.5	103.9	101.3	98.7
其他液体饮料	110.2	103.7	102.8	102.8	101.4

价格指数(续表 1)

五月	六月	七月	八月	九月	十月	十一月	十二月
94.8	93.1	95.2	100.5	101.9	103.1	104.6	103.6
90.0	88.5	92.8	100.3	98.2	100.4	100.8	100.0
100.2	99.3	99.3	99.9	99.5	97.8	97.9	98.6
100.9	97.1	95.2	100.8	112.8	113.5	119.6	116.4
101.3	101.2	101.4	101.3	101.9	102.4	102.4	102.4
108.2	106.4	105.7	98.9	105.7	108.8	105.4	106.5
108.1	106.3	105.8	98.8	105.7	109.0	105.6	106.7
110.2	109.1	104.8	102.3	104.1	102.9	101.0	103.1
104.6	104.6	105.0	101.6	100.6	102.0	101.6	103.3
105.8	103.1	107.4	102.7	102.4	102.4	102.4	102.4
102.4	106.5	103.0	103.9	100.5	101.8	104.5	103.9
105.2	105.2	103.6	97.9	97.4	101.1	97.9	104.1
102.6	104.5	104.3	104.1	104.1	104.6	104.6	104.1
107.2	110.4	110.0	106.6	107.5	107.0	105.8	105.4
106.2	110.5	111.6	107.1	108.5	108.1	105.6	107.5
111.0	111.6	107.2	107.2	106.3	104.1	108.9	97.0
110.7	105.9	97.6	98.5	98.6	100.3	100.0	100.0
113.3	108.0	107.5	111.0	108.6	111.8	104.8	100.8
112.3	97.8	101.7	97.1	97.1	97.1	97.1	97.1
107.7	101.7	102.4	104.2	102.2	105.1	101.4	102.8
117.6	112.9	111.7	117.5	113.9	118.0	107.4	101.0
99.0	99.4	96.0	98.1	98.6	101.4	101.7	100.0
104.0	103.7	103.9	102.6	105.3	106.2	104.4	100.4
101.9	101.9	101.9	101.9	101.9	101.9	100.3	101.9
102.1	103.9	107.3	102.8	102.8	102.0	99.5	93.7
112.9	110.0	112.9	108.8	105.9	110.3	111.8	99.7
103.9	102.1	102.5	100.9	104.3	105.5	102.1	104.4
103.0	102.6	100.2	101.1	108.5	109.5	107.6	102.7
105.3	104.0	105.1	106.1	105.1	107.1	102.6	104.9
106.0	101.4	104.3	108.6	105.4	105.6	100.2	101.7
102.7	104.9	103.6	99.6	101.5	105.3	99.1	104.1
107.3	106.9	108.2	110.2	109.0	111.1	110.3	110.8
103.0	103.9	105.5	106.0	103.1	104.8	102.4	105.9
100.0	98.2	98.2	99.3	92.6	92.6	95.6	101.6
98.7	99.7	99.8	99.3	99.8	102.0	96.7	95.5
107.7	98.4	96.8	99.3	97.1	98.7	92.2	97.9
103.3	102.9	103.3	102.9	103.6	106.2	99.1	101.6
101.3	103.7	101.6	100.1	94.4	99.8	97.1	100.6
106.0	111.1	116.1	116.7	114.4	116.7	113.7	116.7

11-12 居民消费

（以上年价格为 100）

指　标	年度	月份			
		一月	二月	三月	四月
烟酒	102.3	104.4	104.6	103.9	104.3
卷烟	103.1	103.5	104.6	104.6	104.6
卷烟	103.1	103.5	104.6	104.6	104.6
酒类	100.2	106.6	104.8	102.1	103.7
白酒	101.1	108.9	107.0	103.6	106.3
葡萄酒	97.3	100.9	99.5	100.9	97.4
啤酒	98.0	99.8	97.2	95.1	96.5
其他酒类	102.8	109.9	112.9	105.2	105.7
在外餐饮	101.2	101.4	102.0	101.7	101.8
餐馆餐饮	101.2	100.3	100.7	101.1	101.0
饮品店餐饮	100.7	105.6	104.4	105.1	105.1
外卖	101.2	100.0	103.1	99.6	100.4
其他在外餐饮	101.3	103.6	103.6	103.6	103.6
衣着	**99.1**	**100.0**	**100.4**	**99.4**	**99.2**
服装	99.6	100.9	100.8	100.1	99.8
男式服装	99.5	100.3	100.3	100.2	99.9
男式外套	97.1	96.9	97.4	97.2	97.5
男式针织衫	100.9	101.2	97.6	101.2	101.2
男式衬衫 T 恤	99.1	99.8	100.8	100.8	100.0
男式裤子	103.1	105.8	105.2	104.6	103.1
男式内衣	101.9	104.2	106.1	102.5	102.5
女式服装	99.7	101.1	100.8	99.9	99.9
女式外套	99.3	100.2	100.2	98.6	99.1
女式针织衫	100.7	100.5	98.9	101.4	101.4
女式衬衫 T 恤	99.9	99.9	100.7	99.4	100.5
女式裤子	97.4	102.3	101.4	101.1	100.2
女式裙子	99.1	100.3	99.6	99.3	99.0
女式内衣	101.9	104.9	105.2	101.6	100.8
儿童服装	99.2	102.8	101.6	101.3	98.0
婴儿服装	98.0	100.0	100.0	98.7	96.1
儿童上衣	97.1	103.5	100.4	100.8	96.7
儿童裤子	102.7	104.9	104.9	104.0	99.9
儿童裙子	98.9	103.8	103.8	102.7	99.7
儿童内衣	101.4	99.2	99.2	99.6	99.6

价格指数(续表 2)

五月	六月	七月	八月	九月	十月	十一月	十二月
102.4	101.4	100.7	102.1	101.3	100.3	100.4	101.7
102.9	103.7	102.4	102.7	101.7	101.7	102.3	103.1
102.9	103.7	102.4	102.7	101.7	101.7	102.3	103.1
101.2	95.8	96.7	100.7	100.5	97.1	95.9	98.5
102.6	95.9	96.5	100.4	100.4	97.8	96.2	99.3
96.8	91.0	95.4	99.7	99.7	93.7	95.5	97.6
98.5	100.5	98.8	102.7	101.7	96.9	94.2	94.8
101.7	101.4	100.8	104.1	102.9	95.9	97.8	97.2
101.1	101.1	100.8	101.3	101.3	100.7	100.5	100.4
100.9	101.5	101.5	101.5	101.5	101.5	101.6	101.7
98.6	98.6	98.6	98.6	98.6	98.6	98.6	98.6
103.0	102.7	100.9	103.9	103.8	100.3	99.1	98.3
101.7	100.0	100.0	100.0	100.0	100.0	100.0	100.0
97.4	97.0	98.1	98.7	98.9	99.1	99.6	100.8
98.0	97.7	98.8	99.2	99.3	99.2	100.0	101.2
97.1	97.6	98.9	99.0	99.5	99.6	100.5	101.5
94.9	95.4	95.7	95.6	97.4	98.5	98.8	100.3
101.2	101.2	101.2	101.2	101.2	99.7	101.8	101.9
95.0	95.9	97.8	98.1	99.3	99.9	101.2	101.4
98.2	99.2	103.5	105.2	103.7	101.1	103.3	104.8
102.5	102.5	102.5	100.8	99.2	100.8	99.2	100.0
98.5	97.4	98.8	99.4	99.4	99.3	99.9	101.4
97.8	96.7	97.6	98.6	98.8	99.7	101.2	103.3
101.4	101.4	101.4	101.4	101.4	99.3	98.5	101.2
98.5	96.9	99.3	100.1	100.3	100.5	101.0	102.2
95.4	93.1	93.5	94.3	95.8	96.5	97.0	98.5
99.0	97.4	99.4	98.8	98.8	98.8	99.2	100.2
100.3	100.3	103.8	104.0	101.8	100.4	100.4	100.0
97.2	97.9	98.5	99.0	98.1	97.1	99.4	100.2
94.1	95.4	97.0	97.3	97.3	100.0	100.0	100.0
96.3	96.1	96.1	96.1	93.3	92.4	96.6	97.7
101.2	103.7	103.7	103.7	104.2	99.1	101.4	102.3
94.7	94.5	96.9	98.6	97.6	96.7	99.2	100.0
99.6	99.6	99.6	101.9	103.6	106.1	104.4	105.2

11-12 居民消费

（以上年价格为 100）

指　标	年度	月份			
		一月	二月	三月	四月
衣着材料及配件	99.3	100.6	102.4	101.3	100.1
袜子	96.9	100.0	100.0	100.0	97.8
帽子	100.0	100.0	100.0	100.0	100.0
其他衣着材料及配件	101.1	101.6	106.2	103.2	102.2
衣着服务费	100.5	100.0	100.0	100.5	100.5
衣着洗涤保养	100.7	100.0	100.0	100.8	100.8
其他衣着服务	100.0	100.0	100.0	100.0	100.0
鞋类	96.5	95.8	98.9	96.1	96.4
鞋	96.5	95.7	98.9	96.1	96.4
男鞋	97.0	93.8	98.3	95.2	95.3
女鞋	95.0	94.3	97.7	94.4	95.8
童鞋	99.2	103.5	103.2	102.1	99.9
鞋类服务	100.0	100.0	100.0	100.0	100.0
鞋类服务	100.0	100.0	100.0	100.0	100.0
居住	**100.0**	**100.5**	**101.2**	**100.8**	**99.8**
租赁房房租	99.0	99.0	99.0	98.8	98.2
公房房租	100.0	100.0	100.0	100.0	100.0
私房房租	98.8	98.8	98.8	98.5	97.7
住房保养维修及管理	102.8	104.2	104.2	104.6	103.3
住房装潢材料	102.7	105.4	105.4	105.7	103.8
木地板	101.5	102.2	100.8	100.0	102.8
瓷砖	95.1	98.0	100.0	98.5	94.1
水泥	138.1	164.8	164.8	165.7	164.8
涂料	104.4	102.5	102.5	102.5	105.8
板材	102.8	104.2	104.2	103.4	103.4
管材	106.5	116.3	105.1	105.1	107.9
厨卫设备	100.7	100.6	100.6	100.6	103.6
门窗	102.3	105.9	107.6	112.2	98.3
其他住房装潢材料	98.8	101.0	101.0	101.0	101.0
住房维修管理费用	102.9	103.5	103.5	104.0	102.9
物业管理费	100.0	100.0	100.0	100.0	100.0
装潢维修费	109.0	108.0	108.0	109.1	109.1
其他住房费用	100.1	103.2	103.2	103.2	100.0

价格指数(续表 3)

五月	六月	七月	八月	九月	十月	十一月	十二月
98.4	99.2	98.4	98.4	98.6	97.4	98.3	98.9
95.5	95.5	95.5	95.5	95.5	95.5	95.5	95.5
100.0	100.0	100.0	100.0	100.0	100.0	100.0	100.0
100.0	102.0	100.0	100.0	100.6	97.5	99.6	101.1
100.5	100.5	100.5	100.5	100.5	100.5	100.5	100.5
100.8	100.8	100.8	100.8	100.8	100.8	100.8	100.8
100.0	100.0	100.0	100.0	100.0	100.0	100.0	100.0
94.6	93.8	94.8	96.6	96.7	98.6	97.4	98.5
94.6	93.7	94.8	96.6	96.6	98.6	97.4	98.5
95.7	94.6	96.0	98.2	97.5	99.3	99.1	101.7
92.9	92.3	93.0	94.6	94.9	97.8	95.9	97.3
96.9	95.7	97.2	98.9	99.6	99.5	98.1	96.1
100.0	100.0	100.0	100.0	100.0	100.0	100.0	100.0
100.0	100.0	100.0	100.0	100.0	100.0	100.0	100.0
99.6	99.6	99.6	100.0	100.1	99.8	99.7	100.0
98.2	98.2	98.8	99.6	99.5	99.5	99.5	99.8
100.0	100.0	100.0	100.0	100.0	100.0	100.0	100.0
97.7	97.7	98.5	99.5	99.4	99.4	99.4	99.8
102.8	103.0	102.5	102.6	102.8	101.4	101.1	101.3
102.5	103.1	102.3	102.7	103.2	99.8	98.9	99.5
100.0	101.7	101.7	101.7	101.7	101.7	101.7	101.7
94.1	94.1	94.1	94.1	94.1	94.1	91.6	94.1
150.0	148.1	148.1	148.1	156.4	102.9	102.9	102.9
105.8	105.8	105.8	105.8	105.8	104.4	103.2	103.2
103.4	103.4	103.4	103.4	103.4	100.6	101.5	100.0
107.9	107.9	107.9	107.9	105.1	102.7	102.7	102.7
100.6	98.9	98.4	102.0	102.0	102.0	99.9	99.9
100.9	104.9	100.7	100.1	100.0	98.3	100.2	100.2
97.5	97.5	97.5	97.5	99.3	99.3	95.1	97.7
102.9	102.9	102.5	102.5	102.5	102.5	102.5	102.5
100.0	100.0	100.0	100.0	100.0	100.0	100.0	100.0
109.1	109.1	109.1	109.1	109.1	109.1	109.1	109.1
100.0	100.0	98.7	98.7	98.7	98.7	98.7	98.7

11-12 居民消费

（以上年价格为 100）

指　标	年度	月份			
		一月	二月	三月	四月
水电燃料	100.6	100.7	103.6	102.2	100.7
水	100.0	100.0	100.0	100.0	100.0
水	100.0	100.0	100.0	100.0	100.0
电	100.0	100.0	100.0	100.0	100.0
电	100.0	100.0	100.0	100.0	100.0
燃气	101.3	103.4	103.4	103.6	103.6
管道燃气	101.3	103.9	103.9	103.9	103.9
液化石油气	101.4	100.0	100.0	101.6	101.6
其他水电燃料类	100.7	100.0	106.1	102.9	100.0
其他水电燃料类	100.7	100.0	106.1	102.9	100.0
自有住房	98.8	99.2	99.2	98.9	98.3
自有住房	98.8	99.2	99.2	98.9	98.3
生活用品及服务	**101.7**	**101.0**	**101.6**	**102.0**	**102.1**
家具及室内装饰品	100.9	101.5	100.6	100.9	100.8
家具	100.9	101.1	100.1	100.1	100.8
柜	100.4	104.5	100.0	100.0	100.0
床	101.5	100.0	100.0	100.0	101.8
桌	99.2	99.7	101.2	101.2	98.5
椅	99.9	95.9	100.0	100.0	100.0
沙发	101.7	102.9	100.0	100.0	101.3
其他家具	101.4	99.5	99.5	99.5	102.2
室内装饰品	101.0	103.4	103.4	105.8	100.8
灯具	100.9	105.0	105.0	107.2	100.7
其他室内装饰品	101.2	98.2	98.2	100.9	100.9
家用器具	101.1	102.0	102.1	101.9	100.8
大型家用器具	100.9	102.4	102.6	102.1	101.0
洗衣机	101.2	105.7	105.0	101.3	101.6
电冰箱(柜)	101.8	106.4	106.4	106.1	101.5
抽油烟机	99.5	101.2	101.3	101.5	99.0
空调器	99.8	101.1	103.2	103.2	104.1
热水器	96.3	95.3	94.8	94.3	94.7
炉具灶具	103.8	101.2	101.5	103.0	101.9
吸尘器	102.9	96.6	98.1	99.8	105.4
空气净化器	100.5	95.7	97.7	98.7	99.8
净水器	102.4	94.7	96.1	99.0	101.2
其他大型家用器具	101.9	99.1	99.6	101.3	101.3

价格指数(续表 4)

五月	六月	七月	八月	九月	十月	十一月	十二月
100.0	100.0	100.0	100.0	100.0	100.0	100.0	100.0
100.0	100.0	100.0	100.0	100.0	100.0	100.0	100.0
100.0	100.0	100.0	100.0	100.0	100.0	100.0	100.0
100.0	100.0	100.0	100.0	100.0	100.0	100.0	100.0
100.0	100.0	100.0	100.0	100.0	100.0	100.0	100.0
100.2	100.2	100.2	100.2	100.2	100.2	100.2	100.2
100.0	100.0	100.0	100.0	100.0	100.0	100.0	100.0
101.6	101.6	101.6	101.6	101.6	101.6	101.6	101.6
100.0	100.0	100.0	100.0	100.0	100.0	100.0	100.0
100.0	100.0	100.0	100.0	100.0	100.0	100.0	100.0
98.3	98.3	98.3	99.0	99.0	99.0	99.0	99.4
98.3	98.3	98.3	99.0	99.0	99.0	99.0	99.4
101.8	102.0	101.6	101.5	102.6	101.5	101.7	101.6
100.8	100.6	100.5	100.6	100.7	100.9	101.3	101.6
100.8	101.0	100.6	101.0	101.0	101.0	101.6	101.6
100.0	100.0	100.0	100.0	100.0	100.0	100.0	100.0
102.3	102.3	100.6	102.3	102.3	102.3	102.3	102.3
98.5	98.7	98.7	98.7	98.7	98.7	99.2	99.2
100.0	100.0	100.0	100.0	100.0	100.0	101.6	101.6
101.3	101.6	101.6	101.6	101.6	101.6	103.3	103.3
102.0	102.0	102.0	102.0	102.0	102.0	102.0	102.0
100.8	98.5	99.8	98.5	99.5	100.4	99.7	101.7
100.8	97.8	99.5	97.9	98.4	99.7	98.9	101.4
100.9	100.9	100.9	100.9	103.6	102.8	102.8	102.8
100.9	101.4	101.1	101.6	101.3	101.0	99.3	100.0
100.8	101.0	100.8	101.1	100.7	100.4	98.7	99.6
101.5	101.5	102.4	100.3	100.1	99.0	97.0	99.8
101.3	101.9	101.6	102.5	101.7	100.9	96.3	95.5
98.1	98.2	97.5	98.9	99.6	99.4	99.1	100.1
102.3	99.7	99.0	97.7	97.1	97.0	95.0	97.9
94.3	95.3	93.5	96.6	96.9	98.7	100.6	101.4
101.9	103.6	104.8	105.6	104.5	106.3	105.4	105.8
101.8	102.9	103.7	104.6	102.9	103.0	107.4	108.6
99.2	97.8	97.9	101.1	104.5	103.3	103.7	107.2
104.0	106.1	104.4	106.2	105.0	103.9	105.2	103.8
102.5	102.8	102.4	102.8	102.4	102.8	102.4	102.8

11-12 居民消费

（以上年价格为 100）

指 标	年度	月份			
		一月	二月	三月	四月
小家电	101.9	99.9	99.7	100.9	100.0
厨房小家电	103.3	100.9	99.9	101.5	101.0
生活小家电	99.8	98.5	99.4	100.0	98.5
家用纺织品	99.8	99.8	99.4	99.9	100.3
床上用品	100.0	100.0	100.0	100.0	100.0
被子	100.0	100.0	100.0	100.0	100.0
床单被套	100.0	100.0	100.0	100.0	100.0
其他床上用品	100.0	100.0	100.0	100.0	100.0
窗帘门帘	93.7	93.2	93.2	91.9	94.6
窗帘门帘	93.7	93.2	93.2	91.9	94.6
其他家用纺织品	104.1	104.3	101.5	106.8	106.9
其他家用纺织品	104.1	104.3	101.5	106.8	106.9
家庭日用杂品	102.8	102.8	104.3	103.8	104.8
洗涤卫生用品	104.1	102.2	105.3	103.7	105.5
清洗用品	103.3	99.2	104.5	104.1	103.2
清洁用具	109.2	107.4	108.8	109.9	113.8
清洁用纸	101.3	101.9	103.8	99.0	102.4
厨具餐具茶具	103.3	102.0	100.6	103.7	105.5
厨具	105.9	103.1	105.4	107.5	109.9
餐具	101.8	101.3	95.1	99.8	104.0
茶具	98.8	99.9	99.6	101.7	96.2
其他家庭日用杂品	101.1	104.1	106.2	103.9	103.4
配电附件	98.7	101.6	101.4	103.1	107.9
雨具	101.6	105.1	107.0	102.0	109.2
其他日用杂品	101.6	104.7	107.5	104.9	100.3
个人护理用品	102.6	98.5	100.7	101.9	102.3
化妆品	102.7	97.1	99.8	101.7	101.6
清洁化妆品	99.2	91.7	94.9	95.6	96.0
护肤化妆品	103.1	96.0	99.0	102.8	101.5
彩妆化妆品	104.3	103.4	104.2	102.5	104.8
化妆器具	105.3	104.1	107.8	106.9	110.4
其他护理用品类	102.3	100.9	102.3	102.2	103.5
清洁类护理用品	100.1	98.0	101.2	98.7	100.9
护发美发用品	103.8	100.8	101.2	103.7	104.4
护理器具	100.2	97.9	97.7	100.0	101.5
其他护理用品	105.6	109.5	111.0	108.5	108.5

价格指数(续表 5)

五月	六月	七月	八月	九月	十月	十一月	十二月
101.2	103.0	102.6	104.0	103.8	103.9	102.5	101.7
103.8	106.7	105.0	105.1	105.0	104.7	104.0	102.7
97.4	97.5	99.0	102.2	101.9	102.7	100.1	100.3
99.4	99.8	99.5	99.8	100.2	100.2	99.9	99.9
100.0	100.0	100.0	100.0	100.0	100.0	100.0	100.0
100.0	100.0	100.0	100.0	100.0	100.0	100.0	100.0
100.0	100.0	100.0	100.0	100.0	100.0	100.0	100.0
100.0	100.0	100.0	100.0	100.0	100.0	100.0	100.0
92.5	92.5	92.5	92.5	94.9	94.9	96.3	96.3
92.5	92.5	92.5	92.5	94.9	94.9	96.3	96.3
101.5	104.8	102.2	104.8	106.2	106.2	102.0	102.0
101.5	104.8	102.2	104.8	106.2	106.2	102.0	102.0
102.3	102.6	102.4	102.1	104.6	101.1	101.5	101.1
103.0	103.0	103.7	105.6	105.2	103.6	104.2	103.8
103.2	104.1	101.7	105.3	106.1	102.6	102.5	103.1
112.1	108.7	111.4	111.2	109.7	106.7	106.4	105.3
96.5	97.8	100.5	101.8	101.1	102.5	104.6	103.5
102.2	104.7	103.2	104.4	106.8	101.8	103.2	101.3
102.9	107.7	105.9	108.1	109.1	102.2	104.5	104.6
101.5	103.8	102.8	103.3	105.3	102.6	102.6	99.3
101.7	97.4	95.7	95.8	103.5	98.6	100.3	96.0
101.6	100.6	100.6	97.0	102.4	98.0	97.4	98.3
99.8	97.8	96.6	95.1	96.1	96.3	94.5	95.6
108.6	99.6	99.1	98.7	98.3	98.7	97.3	97.7
100.0	101.8	102.4	97.0	106.1	98.2	98.4	99.3
103.6	103.9	102.8	101.9	104.2	103.1	104.4	103.6
104.1	103.9	103.3	102.1	104.4	103.6	106.2	105.3
99.2	101.7	101.0	100.4	101.8	101.7	102.4	104.8
105.2	103.8	103.7	101.7	105.3	103.7	108.2	106.2
105.1	104.7	104.7	104.3	104.2	104.9	104.4	104.0
105.9	108.8	102.8	103.2	103.4	103.5	104.4	102.9
102.9	103.8	102.0	101.6	103.9	102.3	101.5	100.8
100.6	102.5	99.3	98.0	102.1	99.6	100.6	100.4
106.8	107.1	105.4	104.1	103.6	103.7	103.1	101.4
101.7	102.1	102.4	100.3	99.2	100.0	99.8	99.5
101.1	101.9	100.6	104.7	112.5	106.6	101.8	101.8

11-12 居民消费

（以上年价格为 100）

指　标	年度	月份			
		一月	二月	三月	四月
家庭服务	101.1	101.8	100.3	101.4	101.4
家政服务	102.4	103.7	103.7	103.7	103.7
母婴护理服务	100.7	100.0	100.0	100.0	100.0
家庭维修服务	100.9	99.1	98.9	101.3	101.3
其他家庭服务	100.3	105.3	97.7	100.0	100.0
交通通信	**106.9**	**106.3**	**107.8**	**106.9**	**107.8**
交通	109.6	108.7	110.9	109.8	110.9
交通工具	99.7	101.9	102.1	101.6	100.8
燃油小汽车	99.1	102.3	102.2	101.8	100.8
新能源小汽车	100.3	100.5	101.8	100.0	99.9
电动自行车	100.8	101.5	101.5	101.5	101.5
自行车	106.5	106.8	106.8	109.2	105.4
其他交通工具	100.0	100.0	100.0	100.0	100.0
交通工具用燃料	121.6	121.6	124.5	124.9	126.3
汽油	121.5	120.9	124.2	124.7	129.2
柴油	123.4	123.0	126.5	127.0	132.0
其他车用能源	122.4	126.0	126.0	126.0	103.5
交通工具使用和维修	100.0	100.0	100.0	100.0	100.0
停车费	100.0	100.0	100.0	100.0	100.0
车辆使用费	100.0	100.0	100.0	100.0	100.0
交通工具零配件	100.0	100.0	100.0	100.0	100.0
车辆修理与保养	100.0	100.0	100.0	100.0	100.0
交通费	106.1	101.7	106.2	99.4	103.5
市内公共交通	100.0	100.0	100.0	100.0	100.0
出租汽车	103.6	100.0	100.0	100.0	100.0
飞机票	120.1	108.1	126.9	98.0	114.3
火车票	99.9	100.0	100.0	100.0	100.0
长途汽车	100.0	100.0	100.0	100.0	100.0
网约车	101.0	101.2	101.2	101.2	101.2
交通工具租赁费	92.3	90.7	89.4	89.3	88.4
其他交通费	103.8	101.9	101.9	101.9	101.9
通信	98.8	99.6	98.9	98.8	98.7
通信工具	95.7	98.7	96.0	95.7	95.3
电话机	95.7	98.7	95.8	95.5	95.1
其他通信工具及零配件	96.1	98.4	99.1	98.4	99.2
通信服务	100.0	100.0	100.0	100.0	100.0
电话费	100.0	100.0	100.0	100.0	100.0
家庭宽带服务	100.0	100.0	100.0	100.0	100.0
其他通信服务	100.0	100.0	100.0	100.0	100.0

价格指数(续表 6)

五月	六月	七月	八月	九月	十月	十一月	十二月
101.1	100.8	100.8	101.2	101.2	101.2	101.2	101.2
102.8	101.6	101.6	101.6	101.6	101.6	101.6	101.6
100.0	100.0	100.0	101.6	101.6	101.6	101.6	101.6
101.3	101.3	101.3	101.3	101.3	101.3	101.3	101.3
100.0	100.0	100.0	100.0	100.0	100.0	100.0	100.0
107.2	111.2	108.8	107.0	106.1	104.9	104.4	104.3
110.3	115.9	112.1	109.7	108.5	106.9	106.1	105.8
101.5	100.2	99.7	99.9	97.0	96.7	97.7	97.3
101.5	99.6	98.9	99.3	95.9	95.3	96.3	95.9
101.7	101.3	101.5	101.1	98.1	98.1	100.1	99.6
101.1	101.1	100.5	100.5	100.0	100.0	100.0	100.0
103.5	106.7	106.7	106.7	106.7	106.7	106.7	106.7
100.0	100.0	100.0	100.0	100.0	100.0	100.0	100.0
126.0	133.9	125.9	122.0	121.1	114.9	111.0	110.1
128.0	133.7	124.9	120.4	119.4	112.6	111.5	110.6
130.4	136.8	127.0	122.1	121.2	113.7	112.4	111.6
109.4	134.7	134.7	134.7	134.7	134.7	107.6	106.7
100.0	100.0	100.0	100.0	100.0	100.0	100.0	100.0
100.0	100.0	100.0	100.0	100.0	100.0	100.0	100.0
100.0	100.0	100.0	100.0	100.0	100.0	100.0	100.0
100.0	100.0	100.0	100.0	100.0	100.0	100.0	100.0
100.0	100.0	100.0	100.0	100.0	100.0	100.0	100.0
100.7	112.6	109.1	105.4	105.0	108.2	110.1	111.0
100.0	100.0	100.0	100.0	100.0	100.0	100.0	100.0
100.0	106.2	106.2	106.2	106.2	106.2	106.2	106.2
102.7	144.6	125.3	112.8	112.7	125.1	135.6	139.9
100.0	99.7	99.7	100.0	100.0	100.0	100.0	100.0
100.0	100.0	100.0	100.0	100.0	100.0	100.0	100.0
101.2	98.7	101.2	101.2	101.2	101.2	101.2	101.2
88.9	100.8	96.2	96.5	90.4	90.3	91.8	96.4
106.5	104.6	104.6	104.6	104.6	104.6	104.6	104.6
98.2	97.5	98.7	98.8	98.8	98.7	99.2	99.6
93.6	91.2	95.5	95.7	95.6	95.4	97.0	98.7
93.4	91.0	95.4	95.8	95.7	95.5	97.1	99.0
95.8	94.9	95.9	94.9	94.2	93.4	94.5	94.6
100.0	100.0	100.0	100.0	100.0	100.0	100.0	100.0
100.0	100.0	100.0	100.0	100.0	100.0	100.0	100.0
100.0	100.0	100.0	100.0	100.0	100.0	100.0	100.0
100.0	100.0	100.0	100.0	100.0	100.0	100.0	100.0

11-12 居民消费

（以上年价格为 100）

指　标	年度	月份			
		一月	二月	三月	四月
邮递服务	100.0	100.0	100.0	100.0	100.0
邮递服务	100.0	100.0	100.0	100.0	100.0
教育文化娱乐	**101.0**	**103.5**	**103.8**	**102.3**	**100.0**
教育	100.9	103.7	103.7	102.3	100.6
教育用品	100.8	100.4	100.4	101.1	100.8
工具书	100.0	100.0	100.0	100.0	100.0
教材	100.2	98.0	98.0	100.5	100.5
参考资料	102.8	102.5	102.5	102.5	102.5
其他教育用品	94.6	98.9	98.9	98.5	95.9
教育服务	100.9	104.1	104.1	102.4	100.5
幼儿早期教育	108.2	115.8	115.8	116.6	103.6
学前教育	101.5	110.1	110.1	100.0	100.0
小学初中教育	100.0	100.0	100.0	100.0	100.0
高中中职教育	100.0	100.0	100.0	100.0	100.0
高等教育	100.0	100.0	100.0	100.0	100.0
课外教育	101.6	109.5	109.5	107.5	102.4
专业技能培训	100.2	105.4	105.4	105.0	99.6
其他教育服务	100.0	100.0	100.0	100.0	100.0
文化娱乐	101.3	103.2	103.9	102.4	99.1
文娱耐用消费品	97.8	103.7	104.1	102.0	101.1
电视机	90.1	97.7	98.3	95.0	95.0
照相机	105.0	110.6	111.2	107.5	111.7
台式计算机	103.8	117.9	117.7	118.4	111.0
笔记本电脑	100.3	103.2	102.5	100.4	103.0
平板电脑	104.2	92.6	98.5	99.6	100.3
乐器	102.6	107.6	107.6	107.6	104.0
音响	103.4	105.2	104.9	104.9	101.1
可穿戴智能设备	100.5	100.1	107.3	105.9	102.1
其他文娱耐用消费品	104.8	123.4	117.0	111.6	107.0
其他文娱用品	100.3	99.9	99.8	99.1	99.8
书报杂志及音像制品	100.4	100.0	100.0	100.0	100.0
纸张文具	99.9	100.0	100.0	100.0	98.7
体育户外用品	104.6	100.9	104.3	100.5	104.2
游戏用品和玩具	98.7	98.9	98.9	98.9	98.9
园艺花卉及用品	98.8	100.0	96.9	91.6	100.6
宠物及用品	102.9	100.6	100.6	102.7	102.7
其他文化娱乐用品	99.5	100.0	100.0	100.0	96.8
文化娱乐服务	100.9	104.3	106.3	103.7	100.4
电影及演出票	105.7	108.5	120.2	102.8	101.0
景点门票	96.3	106.3	106.3	106.3	93.8
电视服务	100.0	100.0	100.0	100.0	100.0
健身活动	104.0	110.1	110.1	110.1	110.1
宠物服务	103.2	100.0	101.9	103.6	103.6
网络文娱服务	104.7	101.0	102.0	101.7	101.8
儿童娱乐项目	100.0	100.0	100.0	100.0	100.0
其他文娱服务	100.0	100.0	100.0	100.0	100.0

价格指数(续表 7)

五月	六月	七月	八月	九月	十月	十一月	十二月
100.0	100.0	100.0	100.0	100.0	100.0	100.0	100.0
100.0	100.0	100.0	100.0	100.0	100.0	100.0	100.0
99.8	100.1	99.7	99.9	100.9	100.9	100.7	100.8
100.6	99.8	99.8	99.9	100.1	100.1	100.1	100.0
100.8	100.7	100.6	100.4	100.9	100.9	100.9	101.0
100.0	100.0	100.0	100.0	100.0	100.0	100.0	100.0
100.5	100.5	100.5	100.5	100.9	100.9	100.9	100.9
102.5	102.5	102.5	102.5	103.5	103.5	103.5	103.5
95.9	94.6	94.2	92.3	91.5	91.5	91.2	91.9
100.5	99.7	99.7	99.8	100.0	100.0	100.0	99.9
103.6	103.6	103.6	107.2	108.6	108.6	108.6	105.4
100.0	100.0	100.0	100.0	100.0	100.0	100.0	100.0
100.0	100.0	100.0	100.0	100.0	100.0	100.0	100.0
100.0	100.0	100.0	100.0	100.0	100.0	100.0	100.0
100.0	100.0	100.0	100.0	100.0	100.0	100.0	100.0
102.4	98.6	98.6	98.6	98.6	98.6	98.6	98.6
99.6	98.0	97.8	97.8	98.6	98.6	98.6	98.6
100.0	100.0	100.0	100.0	100.0	100.0	100.0	100.0
98.4	100.5	99.6	99.9	102.2	102.4	101.9	102.3
98.4	95.3	95.4	96.0	95.8	95.5	94.1	92.5
93.6	87.9	87.9	85.0	85.0	86.3	85.0	84.9
108.3	104.8	101.3	102.2	101.7	101.8	101.0	99.2
99.3	95.6	96.7	101.1	102.0	100.3	98.1	93.0
102.4	101.0	101.8	100.6	99.3	97.4	96.7	96.1
100.6	104.3	101.7	113.5	111.2	107.1	113.5	108.5
101.9	100.0	100.7	100.7	100.7	100.7	100.7	100.7
99.8	98.7	103.7	103.9	109.5	104.7	104.8	100.6
98.5	97.0	96.0	101.2	101.5	101.0	96.8	98.5
101.8	101.5	100.3	105.9	105.8	104.9	95.4	88.3
100.2	100.8	100.9	100.9	100.6	100.8	100.7	100.3
100.0	100.0	100.0	101.0	101.0	101.0	101.0	101.0
100.0	100.0	100.0	100.0	100.0	100.0	100.0	100.0
106.1	106.7	107.2	106.2	104.4	106.4	103.5	104.5
98.7	99.1	98.9	98.6	98.5	98.9	98.4	98.3
100.8	99.5	99.5	99.5	100.6	100.6	100.6	97.0
103.9	104.2	104.2	104.2	102.3	101.7	103.6	103.6
96.8	100.0	100.0	100.0	100.0	100.0	100.0	100.0
100.2	99.1	99.6	100.8	100.6	98.6	97.9	99.8
97.9	101.7	105.8	114.5	114.0	97.6	97.6	107.0
93.8	93.8	93.8	93.8	93.8	93.8	90.7	92.6
100.0	100.0	100.0	100.0	100.0	100.0	100.0	100.0
110.1	100.0	100.0	100.0	100.0	100.0	100.0	100.0
103.6	103.6	103.6	103.6	103.6	103.6	103.6	103.6
106.1	105.9	105.3	107.2	104.9	106.9	104.4	108.6
100.0	100.0	100.0	100.0	100.0	100.0	100.0	100.0
100.0	100.0	100.0	100.0	100.0	100.0	100.0	100.0

11-12 居民消费

（以上年价格为 100）

指　标	年度	月份			
		一月	二月	三月	四月
旅游	104.3	103.6	103.6	103.2	96.5
旅行社收费	103.8	103.9	103.9	103.5	96.2
其他旅游	110.2	100.0	100.0	100.0	100.0
医疗保健	**101.9**	**102.8**	**102.7**	**102.6**	**101.5**
药品及医疗器具	99.7	99.8	99.3	99.4	99.4
中药	105.6	101.8	100.4	100.0	100.0
中药材	104.3	105.7	101.0	100.1	100.1
中成药	106.2	100.0	100.0	100.0	100.0
西药	94.6	96.0	95.8	96.3	96.3
抗微生物药	68.8	74.9	74.9	74.9	74.9
消化系统用药	101.3	105.8	101.7	101.7	102.3
呼吸系统用药	99.7	100.0	100.0	99.7	99.7
解热镇痛药	98.9	100.0	99.5	99.5	99.5
抗肿瘤药	99.4	100.0	100.0	99.3	99.3
激素及影响内分泌药	91.8	100.0	100.0	99.9	99.9
心血管系统用药	101.3	100.1	100.1	105.2	105.2
血液系统用药	98.9	101.8	101.8	97.8	97.3
治疗精神障碍药	100.9	99.5	99.5	100.0	100.0
神经系统用药	95.3	95.6	95.6	95.6	95.6
泌尿系统用药	101.7	97.6	97.6	101.7	102.6
维生素、矿物质类药	95.3	94.7	94.7	92.4	92.4
调节水、电解质及酸碱平衡药	100.0	100.0	100.0	100.0	100.0
其他西药	95.5	87.5	95.1	95.1	95.1
滋补保健品	101.1	103.3	103.3	103.3	103.3
滋补保健品	101.1	103.3	103.3	103.3	103.3
医疗卫生器具	102.1	104.2	104.2	104.2	104.2
医疗卫生器具	102.1	104.2	104.2	104.2	104.2
保健器具	100.0	100.0	100.0	100.0	100.0
保健器具	100.0	100.0	100.0	100.0	100.0
医疗服务	102.9	104.3	104.3	104.1	102.4
综合医疗类	108.7	105.7	105.7	105.7	109.6
一般医疗服务	117.2	101.5	101.5	101.5	122.4
一般治疗操作	102.6	111.4	111.4	111.4	100.0
护理	101.7	107.2	107.2	107.2	100.0
其他综合医疗服务	100.0	100.0	100.0	100.0	100.0
诊断类	99.2	98.9	98.9	98.5	99.2
病理学诊断	96.7	94.5	94.5	94.5	94.5
实验室诊断	100.0	100.0	100.0	100.0	100.0
影像学诊断	99.5	98.2	98.2	98.2	100.0
临床诊断	98.0	100.0	100.0	97.6	97.6

价格指数(续表 8)

五月	六月	七月	八月	九月	十月	十一月	十二月
96.4	105.0	101.6	101.2	108.0	110.7	110.7	111.7
96.1	105.4	99.9	99.8	107.2	110.0	110.0	111.1
100.0	100.0	126.8	121.4	118.6	118.6	118.6	118.6
101.2	101.1	101.4	101.8	101.7	101.8	101.8	102.3
98.5	98.2	99.2	100.3	100.0	100.3	100.2	101.6
101.7	101.7	107.3	111.3	110.0	111.2	110.7	110.7
105.5	105.5	107.5	107.5	105.5	105.5	103.9	103.9
99.8	99.8	107.2	113.0	112.2	114.0	114.0	114.0
94.7	94.0	93.2	93.0	93.1	93.1	93.1	96.5
63.6	63.6	63.6	63.6	63.6	63.6	63.9	85.0
102.3	100.3	100.3	100.3	100.3	100.3	100.3	100.3
99.7	99.7	99.7	99.7	99.7	99.7	99.7	99.7
99.5	98.7	98.7	98.7	98.1	98.1	98.1	98.1
99.3	99.3	99.3	99.3	99.3	99.3	99.3	99.3
99.9	90.2	85.4	85.4	85.4	85.4	85.4	85.4
105.2	105.2	99.5	99.5	99.2	99.2	99.2	98.6
97.3	97.3	97.3	97.3	100.0	100.0	100.0	100.0
101.5	101.5	101.5	101.5	101.5	101.5	101.5	101.5
95.5	95.5	95.5	95.5	94.7	94.7	94.7	94.7
101.4	101.4	101.4	101.4	103.9	103.9	103.9	103.9
92.4	92.4	97.5	97.5	97.5	97.5	97.5	97.5
100.0	100.0	100.0	100.0	100.0	100.0	100.0	100.0
95.1	100.0	100.0	95.8	95.8	95.8	95.8	95.8
100.0	100.0	100.0	100.0	100.0	100.0	100.0	100.0
100.0	100.0	100.0	100.0	100.0	100.0	100.0	100.0
104.2	104.2	100.0	100.0	100.0	100.0	100.0	100.0
104.2	104.2	100.0	100.0	100.0	100.0	100.0	100.0
100.0	100.0	100.0	100.0	100.0	100.0	100.0	100.0
100.0	100.0	100.0	100.0	100.0	100.0	100.0	100.0
102.4	102.4	102.4	102.5	102.5	102.5	102.5	102.5
109.6	109.6	109.6	109.6	109.6	109.6	109.6	109.6
122.4	122.4	122.4	122.4	122.4	122.4	122.4	122.4
100.0	100.0	100.0	100.0	100.0	100.0	100.0	100.0
100.0	100.0	100.0	100.0	100.0	100.0	100.0	100.0
100.0	100.0	100.0	100.0	100.0	100.0	100.0	100.0
99.2	99.2	99.2	99.6	99.6	99.6	99.6	99.6
94.5	94.5	94.5	100.0	100.0	100.0	100.0	100.0
100.0	100.0	100.0	100.0	100.0	100.0	100.0	100.0
100.0	100.0	100.0	100.0	100.0	100.0	100.0	100.0
97.6	97.6	97.6	97.6	97.6	97.6	97.6	97.6

11-12 居民消费

（以上年价格为 100）

指　标	年度	月份			
		一月	二月	三月	四月
治疗类	102.4	110.6	110.6	110.6	100.0
临床手术治疗	103.8	117.4	117.4	117.4	100.0
临床非手术治疗	101.4	105.8	105.8	105.8	100.0
康复类	101.2	105.0	105.0	105.0	100.0
康复医疗	101.2	105.0	105.0	105.0	100.0
中医医疗服务类	101.2	104.9	104.9	104.9	100.0
中医治疗	101.2	104.9	104.9	104.9	100.0
其他医疗保健服务	100.0	100.0	100.0	100.0	100.0
其他医疗保健服务	100.0	100.0	100.0	100.0	100.0
其他用品及服务	**100.3**	**98.7**	**100.9**	**102.4**	**100.3**
其他用品	100.5	97.3	100.1	102.7	99.9
首饰手表	100.8	95.6	99.0	106.0	99.0
金饰品	103.6	93.7	97.8	113.2	105.0
银饰品	102.3	98.7	101.9	108.4	106.8
铂金饰品	95.9	92.2	99.3	100.8	83.7
手表	99.6	100.2	99.4	97.9	98.7
母婴用品	102.4	97.3	98.5	98.3	100.9
母婴洗护喂养用品	103.1	98.0	97.5	97.6	100.8
其他母婴用品	100.5	95.4	101.6	100.5	101.3
其他杂项用品	98.7	100.3	103.3	99.3	101.1
箱包	100.8	100.7	106.6	101.9	103.0
眼镜	96.4	100.0	100.0	96.7	99.3
其他服务	100.0	101.5	102.4	101.8	101.1
在外住宿	91.3	98.0	103.0	100.5	97.6
宾馆住宿	94.3	108.1	115.3	108.4	105.7
其他住宿	84.6	78.8	78.9	84.4	81.7
美容美发洗浴	101.5	101.7	101.8	101.6	100.8
美容	102.9	100.0	104.1	103.5	101.3
美发	100.0	100.0	100.0	100.0	100.0
洗浴	102.0	106.6	101.6	101.6	101.6
养老服务	100.8	100.0	100.0	101.0	101.0
养老服务	100.8	100.0	100.0	101.0	101.0
金融及保险服务	103.9	104.0	104.0	104.0	104.0
金融服务	95.5	99.0	99.0	98.9	98.9
车辆保险	100.0	100.0	100.0	100.0	100.0
旅行保险	100.0	100.0	100.0	100.0	100.0
其他保险	109.6	108.8	108.8	108.8	108.8
中介法律及其他服务	98.5	101.3	101.3	98.3	98.3
中介服务	96.2	103.2	103.2	95.9	95.9
法律服务	100.0	100.0	100.0	100.0	100.0
其他杂项服务	100.0	100.0	100.0	100.0	100.0

价格指数(续表 9)

□五月	六月	七月	八月	九月	十月	十一月	十二月
100.0	100.0	100.0	100.0	100.0	100.0	100.0	100.0
100.0	100.0	100.0	100.0	100.0	100.0	100.0	100.0
100.0	100.0	100.0	100.0	100.0	100.0	100.0	100.0
100.0	100.0	100.0	100.0	100.0	100.0	100.0	100.0
100.0	100.0	100.0	100.0	100.0	100.0	100.0	100.0
100.0	100.0	100.0	100.0	100.0	100.0	100.0	100.0
100.0	100.0	100.0	100.0	100.0	100.0	100.0	100.0
100.0	100.0	100.0	100.0	100.0	100.0	100.0	100.0
100.0	100.0	100.0	100.0	100.0	100.0	100.0	100.0
100.0	99.6	98.2	100.2	100.2	99.7	101.1	102.4
100.8	100.2	98.1	100.6	100.6	100.1	101.5	103.7
100.3	99.5	97.8	101.6	100.5	100.9	103.2	106.8
106.3	101.0	101.6	104.7	102.4	104.0	105.3	109.1
106.8	102.2	102.2	102.2	100.8	99.4	99.4	99.4
87.4	95.4	85.2	97.3	97.4	97.2	104.1	114.9
98.7	98.7	99.8	99.7	99.7	99.7	101.0	101.0
105.5	107.3	104.2	104.8	103.7	104.3	102.6	101.9
106.4	108.5	104.9	106.7	105.1	105.8	103.7	103.0
103.2	103.9	102.2	99.4	99.8	100.1	99.8	99.1
98.9	97.6	95.3	96.3	98.9	96.1	97.9	99.2
102.3	102.8	99.4	100.0	100.2	94.8	98.1	100.7
95.5	92.3	91.0	92.5	97.6	97.6	97.6	97.6
98.5	98.3	98.3	99.6	99.4	99.1	100.2	99.8
86.4	84.1	83.9	90.6	90.3	89.5	89.2	86.2
88.2	84.1	81.2	90.5	89.9	90.8	92.2	87.0
82.4	84.1	90.6	90.8	91.3	86.8	82.5	84.2
100.8	101.6	101.6	101.6	101.6	101.6	101.6	101.6
101.3	103.5	103.5	103.5	103.5	103.5	103.5	103.5
100.0	100.0	100.0	100.0	100.0	100.0	100.0	100.0
101.6	101.6	101.6	101.6	101.6	101.6	101.6	101.6
101.0	101.0	101.0	101.0	101.0	101.0	101.0	101.0
101.0	101.0	101.0	101.0	101.0	101.0	101.0	101.0
103.8	103.5	103.7	103.5	103.1	103.0	105.4	105.3
97.6	95.3	96.8	95.0	91.7	91.5	91.6	91.0
100.0	100.0	100.0	100.0	100.0	100.0	100.0	100.0
100.0	100.0	100.0	100.0	100.0	100.0	100.0	100.0
108.8	108.8	108.8	108.8	108.8	108.8	113.1	113.1
97.0	98.1	98.1	97.3	97.3	97.7	97.7	99.1
92.8	95.5	95.5	93.4	93.4	94.4	94.4	97.8
100.0	100.0	100.0	100.0	100.0	100.0	100.0	100.0
100.0	100.0	100.0	100.0	100.0	100.0	100.0	100.0

11-13 商品零售价格分类指数

（以上年价格为 100）

指　标	指数
商品零售价格指数	**102.2**
食品	**103.2**
粮食	104.6
大米	102.3
面粉	106.6
其他粮食	100.7
粮食制品	106.9
薯类	115.7
薯类	115.7
豆类	102.4
干豆	104.7
豆制品	101.3
食用油	107.2
食用植物油	109.4
食用动物油	102.1
菜及食用菌	103.2
鲜菜	101.6
鲜菌	130.3
干菜干菌及制品	104.7
畜肉类	98.7
猪肉	96.2
牛肉	100.8
羊肉	97.1
其他畜肉及副产品	100.7
畜肉制品	101.8
禽肉类	101.4
鸡	103.3
鸭	92.5
其他禽肉及制品	100.1
水产品	102.1
淡水鱼	102.0
海水鱼	99.7
虾蟹类	105.5
其他水产品及制品	101.9
蛋类	105.4
鸡蛋	105.6
其他蛋及制品	104.8
奶类	103.2
鲜奶	104.4
酸奶	102.0

11-13 商品零售价格分类指数(续表 1)

(以上年价格为 100)

指 标	指数
奶粉	103.7
其他奶制品	101.4
干鲜瓜果类	104.5
鲜果	104.1
坚果	107.7
瓜果制品	102.9
糖果糕点类	106.4
食糖	102.9
糖果	103.1
糕点	114.1
其他糖果糕点	100.3
调味品	104.5
食用盐	101.2
酱油	102.7
食醋	110.1
增味剂	103.0
其他调味品	104.5
其他食品类	104.6
方便食品	103.4
淀粉及制品	103.1
其他食品	109.3
餐饮业零售	101.2
餐馆餐饮	101.2
饮品店餐饮	100.7
餐饮配送及外卖送餐	101.2
其他餐饮业零售	101.3
饮料、烟酒	**102.2**
茶及饮料	103.2
茶叶	97.6
固体咖啡	100.4
其他固体饮料	100.9
饮用水	102.1
果汁饮料	100.3
其他液体饮料	110.2
卷烟	103.1
卷烟	103.1
酒类	100.0
白酒	101.1

11-13 商品零售价格分类指数(续表2)

(以上年价格为100)

指标	指数
葡萄酒	97.3
啤酒	98.0
其他酒类	102.8
服装、鞋帽	**98.7**
服装	99.4
男士服装	99.2
男式外套	97.1
男式针织衫	100.9
男式衬衫T恤	99.1
男式裤子	103.1
男式内衣	101.9
女士服装	99.6
女式外套	99.3
女式针织衫	100.7
女式衬衫T恤	99.9
女式裤子	97.4
女式裙子	99.1
女式内衣	101.9
儿童服装	99.3
婴儿服装	98.0
儿童上衣	97.1
儿童裤子	102.7
儿童裙子	98.9
儿童内衣	101.4
鞋帽袜	96.7
鞋	96.4
男鞋	97.0
女鞋	95.0
童鞋	99.2
袜子	96.9
袜子	96.9
帽子	100.0
帽子	100.0
其他衣着配件	101.1
其他衣着配件	101.1

11-13 商品零售价格分类指数(续表 3)

（以上年价格为 100）

指 标	指数
纺织品	**100.0**
服装材料	100.0
服装材料	100.0
床上用品	100.0
被子	100.0
床单被套	100.0
其他床上用品	100.0
家用电器及音像器材	**100.3**
家庭设备	100.9
洗衣机	101.2
电冰箱(柜)	101.8
抽油烟机	99.5
空调器	99.8
热水器	96.3
炉具灶具	103.8
吸尘器	102.9
空气净化器	100.5
净水器	102.4
厨房小家电	103.3
生活小家电	99.8
其他大型家用器具	101.9
文娱用耐用消费品	99.5
电视机	90.1
照相机	105.0
音响	103.4
可穿戴智能设备	100.5
其他文娱耐用消费品	104.8
专业音像器材	98.7
专业音响器材	102.5
专业声像器材	93.5
文化办公用品	**102.0**
纸张文具	99.9
台式计算机	103.8
笔记本电脑	100.3
平板电脑	104.2
电脑附件	103.7
打印复印机	103.5
教学设备	100.4
日用品	**102.3**
日用百货	102.8
电动自行车	100.8
自行车	106.5
雨具	101.6
护理器具	100.2

11-13　商品零售价格分类指数(续表 4)

（以上年价格为 100）

指　标	指数
清洁用纸	101.3
化妆器具	105.3
厨具餐具茶具	102.3
厨具	105.9
餐具	101.8
茶具	98.8
清洗用品	103.3
清洗用品	103.3
其他日用品	100.8
灯具	100.9
箱包	100.8
母婴用品	103.1
眼镜	96.4
其他护理用品	105.6
其他日用杂品	101.6
体育娱乐用品	**101.9**
体育户外用品	104.6
体育户外用品	104.6
娱乐用品	100.5
乐器	102.6
游戏用品和玩具	98.7
园艺花卉及用品	98.8
宠物及用品	102.9
其他文化娱乐用品	99.5
交通、通信用品	**99.8**
交通运输机械	99.7
燃油小汽车	99.1
新能源小汽车	100.3
大中型客车	99.6
交通工具零配件	100.0
通信器材	99.8
电话机	95.7
其他通信器材	110.9
家具	**100.7**
柜	100.4
床	101.5
桌	99.2

11-13 商品零售价格分类指数(续表 5)

（以上年价格为 100）

指 标	指数
椅	99.9
沙发	101.7
其他家具	101.4
化妆品	**102.5**
清洁化妆品	99.2
护肤化妆品	103.1
彩妆化妆品	104.3
清洁类护理用品	100.1
护发美发用品	103.8
金银饰品	**100.2**
金饰品	103.6
银饰品	102.3
铂金饰品	95.9
中西药品及医疗保健用品	**99.5**
医疗卫生器具	102.1
医疗卫生器具	102.1
中药	105.0
中药材	104.3
中成药	106.2
西药	95.3
抗微生物药	68.8
消化系统用药	101.3
呼吸系统用药	99.7
解热镇痛药	98.9
抗肿瘤药	99.4
激素及影响内分泌药	91.8
心血管系统用药	101.3
血液系统用药	98.9
治疗精神障碍药	100.9
神经系统用药	95.3
泌尿系统用药	101.7
维生素、矿物质类药	95.3
调节水、电解质及酸碱平衡药	100.0
其他西药	95.5
保健器具及用品	100.7

11-13 商品零售价格分类指数(续表 6)

(以上年价格为 100)

指 标	指数
保健器具	100.0
滋补保健品	101.1
书报杂志及电子出版物	**101.2**
教材及参考书	100.9
工具书	100.0
教材	100.2
参考资料	102.8
其他教育用品	94.6
书报杂志及音像制品	100.4
书报杂志及音像制品	100.4
计算机办公软件	103.9
计算机办公软件	103.9
燃料	**113.2**
煤炭及制品	100.9
原煤	115.2
煤制品	100.8
石油及制品	114.7
管道燃气	101.3
液化石油气	101.4
汽油	121.5
柴油	123.4
建筑材料及五金电料	**104.1**
建筑装潢材料	104.7
木地板	101.5
瓷砖	95.1
水泥	138.1
涂料	104.4
板材	102.8
管材	106.5
厨卫设备	100.7
门窗	102.3
其他住房装潢材料	98.8
五金水暖	102.3
家用手工工具	102.9
配电附件	98.7
水暖器材	104.1

11-14　各种物价总指数

基期年份	居民消费价格总指数	商品零售价格总指数
以 1957 年价格为 100	953.6	628.0
以 1962 年价格为 100	758.9	504.4
以 1965 年价格为 100	920.8	606.7
以 1970 年价格为 100	874.2	576.5
以 1978 年价格为 100	784.2	514.6
以 1980 年价格为 100	727.6	477.1
以 1985 年价格为 100	614.3	405.1
以 1990 年价格为 100	360.2	240.2
以 1992 年价格为 100	310.0	209.4
以 1995 年价格为 100	181.8	134.7
以 1997 年价格为 100	177.8	123.9
以 1998 年价格为 100	163.2	127.7
以 1999 年价格为 100	163.1	129.3
以 2000 年价格为 100	165.2	135.9
以 2001 年价格为 100	162.1	131.6
以 2002 年价格为 100	163.1	133.0
以 2003 年价格为 100	160.2	133.5
以 2004 年价格为 100	155.2	130.9
以 2005 年价格为 100	158.3	134.7
以 2006 年价格为 100	150.3	128.8
以 2007 年价格为 100	142.7	124.2
以 2008 年价格为 100	132.6	117.3
以 2009 年价格为 100	133.0	119.1
以 2010 年价格为 100	127.9	115.6
以 2011 年价格为 100	121.5	111.6
以 2012 年价格为 100	118.6	111.0
以 2013 年价格为 100	114.6	108.5
以 2014 年价格为 100	112.2	107.7
以 2015 年价格为 100	110.2	107.5
以 2016 年价格为 100	108.5	106.5
以 2017 年价格为 100	106.7	104.9
以 2018 年价格为 100	104.4	102.2
以 2019 年价格为 100	102.2	101.1
以 2020 年价格为 100	102.4	103.4
以 2021 年价格为 100	102.0	102.2

11-15 房地产

指标	1月		2月	
	环比	同比	环比	同比
	上月 =100	上年同月 =100	上月 =100	上年同月 =100
新建商品住宅销售价格指数	101.5	107.7	99.9	106.8
90m² 及以下	101.6	108.9	99.9	108.3
90-144m²	101.5	107.0	99.8	106.1
144m² 以上	101.8	109.7	100.4	108.4
二手住宅销售价格指数	99.5	101.9	99.7	101.1
90m² 及以下	99.3	101.8	99.2	100.6
90-144m²	99.7	101.8	100.0	101.3
144m² 以上	99.5	102.3	99.4	101.4

指标	7月		8月	
	环比	同比	环比	同比
	上月 =100	上年同月 =100	上月 =100	上年同月 =100
新建商品住宅销售价格指数	100.5	104.2	100.4	104.3
90m² 及以下	100.3	104.3	100.2	104.2
90-144m²	100.6	104.6	100.3	104.4
144m² 以上	100.4	103.1	100.9	103.8
二手住宅销售价格指数	99.7	96.8	99.8	96.8
90m² 及以下	99.7	95.7	99.9	96.0
90-144m²	99.8	97.7	99.7	97.3
144m² 以上	99.4	95.7	100.3	96.2

价格指数

3月		4月		5月		6月	
环比	同比	环比	同比	环比	同比	环比	同比
上月 =100	上年同月 =100	上月 =100	上年同月 =100	上月 =100	上年同月 =100	上月 =100	上年同月 =100
100.4	106.6	100.1	106.2	100.2	105.4	100.1	104.7
100.6	107.9	99.8	106.6	99.6	105.8	100.6	104.6
100.3	106.1	100.4	105.9	100.6	105.3	100.1	105.0
100.4	108.0	99.4	106.6	99.5	105.5	100.1	103.7
99.8	100.2	99.5	99.1	99.6	97.8	99.9	97.3
100.1	100.2	98.9	98.1	99.4	96.5	100.3	96.3
99.7	100.0	99.9	99.5	99.7	98.7	99.7	97.8
99.8	101.0	99.1	99.4	99.4	97.1	100.2	97.2

9月		10月		11月		12月	
环比	同比	环比	同比	环比	同比	环比	同比
上月 =100	上年同月 =100	上月 =100	上年同月 =100	上月 =100	上年同月 =100	上月 =100	上年同月 =100
99.9	103.5	99.8	102.7	99.3	101.8	100.1	102.3
99.8	103.5	100.0	102.4	100.0	102.0	100.2	102.5
99.9	103.7	99.7	102.9	99.2	101.9	100.1	102.4
99.7	102.9	99.9	102.1	99.4	101.3	100.0	101.9
99.6	96.5	99.8	96.5	99.5	96.3	99.9	96.4
99.5	95.5	100.0	95.6	99.5	95.6	100.0	95.7
99.8	97.4	99.7	97.3	99.4	96.8	99.8	96.8
99.1	95.4	99.9	95.1	99.9	95.5	99.9	95.9

主要统计指标解释

【城乡居民人均可支配收入】 指调查户在调查内获得的、可用于最终消费支出和储蓄的总和,即调查户可以用来自由支配的收入。可支配收入既包括现金,也包括实物收入。按照收入的来源,可支配收入包含四项,分别为:工资性收入、经营净收入、财产净收入和转移净收入。

可支配收入 = 工资性收入 + 经营净收入 + 财产净收入 + 转移净收入

其中:经营净收入 = 经营收入—经营费用—生产性固定资产折旧—生产税

财产净收入 = 财产性收入—财产性支出转移净

收入 = 转移性收入—转移性支出

【城乡居民消费支出】 指住户用于满足家庭日常生活消费需要的全部支出,包括用于消费品的支出和用于服务性消费的支出。根据用途不同,消费支出可划分为食品烟酒、衣着、居住、生活用品及服务、交通通信、教育文化娱乐、医疗保健、其他用品及服务八大类。根据来源不同,消费支出可划分为现金消费支出、实物消费支出(含自产自用、来自单位、来自政府和其他社会组织)。

【居民消费价格指数(简称 CPI)】 是指城乡居民购买并用于日常生活消费的商品和服务项目的价格。居民消费价格调查的任务是调查、搜集和整理这些商品和服务项目的价格,并编制居民消费价格指数(英文名称:ConsumerPriceIn-dex 缩写:CPI),旨在反应一定时期内居民所消费商品及服务项目的价格水平变动趋势和变动程度。居民消费价格水平的变动率在一定程度上反映了通货膨胀(或紧缩)的程度。

【商品零售价格指数(简称 RPI)】 商品的零售价格是商品在流通过程中最后一个环节的价格,是工业、商业、餐饮和其他零售企业向城乡居民、机关团体出售生活消费品和办公用品的价格。商品零售价格调查的任务是系统地调查、搜集和整理市场商品零售价格资料,编制商品零售价格指数(RPI),以此反映市场商品零售价格的变动趋势和变动程度。其目的在于掌握商品价格的变动趋势,为国家宏观调控和国民经济核算提供参考依据。

【房地产价格指数】 是综合反映住宅商品价格水平总体变化趋势和变化幅度的相对数,住宅销售价格指数由全国 70 个大中城市的新建商品住宅销售价格指数和二手住宅销售价格指数组成。

12

城市公用事业

12-1 主要年份城市

指 标	单位	2010年	2011年	2012年	2013年	2014年
人均日生活用水量	升	164.9	153.2	163.0	163.5	165.0
用水普及率	%	99.5	85.0	96.3	97.3	96.0
每万人拥有公交车辆	标台	11.0	11.5	13.3	14.3	13.9
燃气普及率	%	82.4	73.9	82.6	83.3	99.6
人均拥有城市道路面积	平方米	15.3	12.2	13.6	19.8	13.7
排水管道密度	公里/平方公里	3.7	4.1	4.0	4.0	4.2
污水处理率	%	91.8	92.0	92.0	93.0	93.0
污水处理厂集中处理率	%	91.8	92.0	92.0	93.0	93.0
粪便处理率	%	100.0	100.0	100.0	100.0	100.0
清运生活垃圾无害化处理率	%	100.0	100.0	100.0	100.0	100.0
人均公园绿地面积	平方米	12.1	12.2	13.4	15.1	16.1
建成区绿地率	%	43.2	43.3	41.9	41.1	40.4
建成区绿化覆盖率	%	43.0	43.2	41.7	41.1	40.4

注:城市公用事业数据资料均来自相关部门。

12-2 主要年份城市

指 标	单位	2010年	2011年	2012年	2013年	2014年
从业人数	人	3290	3045	3233	3734	4028
道路清扫保洁面积	万平方米	1503	1916	2544	3697	3885
机械清扫	万平方米	520	520	520	556	1090
生活垃圾清运量	万吨	29	29.6	37	41	44
生活垃圾无害化处理厂(场)	座	1	1	1	1	1
生活垃圾无害化处理能力	吨/日	1000	1000	1000	1000	1000
生活垃圾无害化处理量	万吨	29	29.6	37	41	44
粪便清运量	万吨	1	1	1	1	0.8
公厕数量	座	338	338	392	214	215
水冲式	座	301	301	355	211	214
市容环卫专用车辆	辆	340	301	299	634	818

设施水平

2015年	2016年	2017年	2018年	2019年	2020年	2021年	2022年
184.0	194.0	213.0	221.0	215.0	237.0	223.0	298
96.0	96.0	96.0	96.0	96.0	96.0	96.0	96
17.4	10.3	12.4	17.8	27.6	14.8	11.7	15.53
89.9	96.0	97.0	95.0	95.6	95.7	98.0	98
13.7	15.3	15.5	18.3	18.6			
4.0	7.7	7.9	6.2	6.4			
93.8	95.2	95.3	95.5	95.6	95.7	98.0	98.2
93.8	95.2	95.3	95.5	95.6	95.7	98.0	98.2
100.0	100.0	100.0	100.0	100.0	100.0	100.0	
100.0	97.0	96.0	100.0	100.0	100.0	100.0	100.0
16.3	16.5	16.8	17.0	17.2	16.5	16.3	18.43
40.9	41.5	42.1	41.7	40.8	40.5	40.7	41.39
40.9	41.5	42.1	42.0	41.3	40.9	41.1	41.79

环境卫生

2015年	2016年	2017年	2018年	2019年	2020年	2021年	2022年
4476	4589	5021	5075	5481	5529	5064	5253
4188	4156	4251	5099	6409	6875	5128	5372
1443	1578	2091	2751	3304	6188	4622	4919
51	46.7	50.1	51.9	53.1	69.9	72.6	66.59
2	2	2	2	2	2	2	2
2500	2500	3000	3000	3000	3000	3000	3000
51	45.3	48.3	51.9	53.1	69.9	72.6	66.59
1	6	5	4	6.9	5.9	5.9	0
263	285	309	320	351	378	403	407
263	285	309	320	351	378	359	407
1100	1033	1301	1276	1619	2125	1883	2052

12-3 主要年份

指　标	单位	2010年	2011年	2012年	2013年	2014年
年末水厂个数	个	6	6	6	6	7
地下水综合生产能力	万立方米/日	44	41	39.4	40.2	34.5
水质综合合格率	%	100.0	100.0	100.0	100.0	100.0
年末供水管道总长度	公里	841	850	859	641	724
全年供水总量	万立方米	10525	11249	11468	11835	9717
生产用量	万立方米	2671	2642	2413	2445	2101
居民生活用量	万立方米	5104	5182	5381	5776	6316
城市公共管网漏失率	%	10.2	9.9	10.1	11.7	11.5
用水户数	万户	23	36.3	34.6	36.5	38.1
用水人口	万人	107.6	125.4	122.0	128.0	140.0
城市居民人均生活用水量	升/人·日	165	153	163	167	115

12-4 主要年份

指　标	单位	2010年	2011年	2012年	2013年	2014年
园林绿地面积	公顷	5407	5584	5884	7413	8506
建成区公园绿地面积	公顷	1556	1651	1780	2173	2213
年末绿化覆盖面积	公顷	5701	5865	6165	7694	8694
建成区	公顷	5188	5332	5632	6102	6506
公园个数	个	17	17	17	17	19
公园面积	公顷	532	950	532	532	660

12-5 主要年份

指　标	单位	2010年	2011年	2012年	2013年	2014年
公共汽车运营车辆数	辆	1401	1377	1535	1645	1616
标准运营车辆	标台	1421	1514	1762	1942	1907
运营线路网长度	公里	420	450	489	1594	1755
客运总量	万人次	18171	19920	25445	30048	30271
出租汽车数	辆	5006	5006	5278	5364	5364
出租汽车从业人员	人	9667	12000	12000	12000	13193

城市供水

2015 年	2016 年	2017 年	2018 年	2019 年	2020 年	2021 年	2022 年
8	8	8	8	8	4	4	4
44.6	44.6	40	40	60	15	15	15
100.0	100.0	100.0	100.0	99.9	99.9	100.0	99.99
739	772.87	792.47	801.41	1013	1017	1019	1459
10824	11445	13778	14226	15031	17754	21022	20240
2655	2984	932	1261	1736	2371	2971	2793
6718	6925	3345	3624	3739	6751	4537	4768
13.4	13.4	10.5	10.5	10.3	10.0	10.0	9.00
37.8	39.5	39.3	40.5	44	51	49	52.73
138.9	140.0	143.0	145.0	154.0	161.0	171.0	153.59
133	145	160	164	215	115	168	85

城市园林绿化

2015 年	2016 年	2017 年	2018 年	2019 年	2020 年	2021 年	2022 年
9022	9683	9951	10302	10607	10719	10844	10948.52
2263	2322	2400	2419	2431	2455	2567	2612.42
9209	9869	10111	10495	10864	11329	11454	11558.08
6821	7086	7301	7722	7860	7966	8091	8192.76
20	20	21	21	21	21	21	20
730	730	1252	1252	1252	1252	1252	1252.08

城市公共交通

2015 年	2016 年	2017 年	2018 年	2019 年	2020 年	2021 年	2022 年
1949	1818	2202	2074	2054	1797	1797	2417
2398	2246	2755	2613	2571	2326	2326	3040.8
1979	658	702	742	1466	1045	1078	1464.49
30653	31025	29321	27861	29825	18937	18772	15535.24
5364	5364	5364	5442	5743	5562	5562	5959
12000	13400	10077	10070	11325	8912	8845	9069

12-6 主要年份市政

指 标	单位	2010年	2011年	2012年	2013年	2014年
市政建设						
年末实有道路长度	公里	506	551	563	598	605
道路面积	万平方米	1652	1796	1809	1837	1881
人行道面积	万平方米	352	395	398	407	447
年末实有桥梁数	座	49	49	49	52	85
立交桥	座	2	2	2	2	4
排水管道长度	公里	451	522	538	544	683
路灯盏数	盏	118093	120900	128000	134530	137198
污水年排放量	万立方米	10525	10931	13281	15283	15658
污水处理厂座数	座	4	5	5	5	6
污水年处理量	万立方米	9662	10057	12125	14214	14568
液化石油气						
供气总量	吨	7684	6950	11084	12321	14000
家庭用量	吨	7684	6950	5500	5573	5000
用气户数	户	100000	90000	72500	77060	97000
家庭用户	户	100000	90000	72500	75198	97000
用气人口	万人	39.9	35.92	28.3	20.45	21.34
天然气						
供气总量	万立方米	86937	95626	147354	172394	172394
家庭用量	万立方米	86937	95626	45666	63261	60130
用气户数	户	278617	305588	336116	458688	519000
家庭用户	户	278617	305588	336116	458609	519000
供气管道长度	公里	1527	1560	1751	2124	2417
集中供热						
供热能力(热水)	兆瓦	2994.72	3107.72	3394.4	3551.62	3519.32
热电厂供热(热水)	兆瓦	977.22	977.22	977.2	989.22	935.22
锅炉房供热	兆瓦	2003.5	2130.5	2417.2	2562.4	2584.1
供热总量(热水)	万吉焦	2940	2066.52	2462.7	2058.43	2176.65
热电厂供热(热水)	万吉焦	905	638.4	843.4	679.2	748.39
管道长度(热水)	公里	755	963	1297	1384	1299
供热面积	万平方米	3452	3564	3914	4093	4247
住宅	万平方米	2790	2680	3012	3197	3412
集中供热率	%	71	71.1	72.4	73	71

12-7 主要年份城市

指 标	单位	2010年	2011年	2012年	2013年	2014年
城市建成区面积	**平方公里**	**120.6**	**126.4**	**135.1**	**148.6**	**160.8**
城市建设用地面积	**平方公里**	**120.6**	**126.4**	**135.1**	**148.6**	**160.8**
居住用地	平方公里	37.7	39.7	42.8	45.5	49.4
公共设施用地	平方公里	23.1	24	25.1	27.1	27.6
工业用地	平方公里	14.8	15	15.2	15.5	15.7
仓储用地	平方公里	5.4	5.7	6.4	7.2	7.2
交通设施用地	平方公里	5.2	5.2	5.4	7.3	10.1
公用设施用地	平方公里	5.2	5.2	6.5	6.6	6.6

建设及城市燃气

2015年	2016年	2017年	2018年	2019年	2020年	2021年	2022年
616	687	697	715	729	756	984	797.39
1897	2535	2565	2660	2698	2788	3131	2909.07
447	537	544	568	576	597	599	611.71
90	86	90	90	91	99	100	100
4	3	3	3	3	3	3	3
689	1136	1176	1256	1301	1351	889	917.45
143534	132466	126407	106695	110000		114434	115890
15664	15992	16179	18002	16998	17756	18348	18701
6	6	8	8	8	8	8	8
14724	15227	15419	17192	16250	16993	17945	18365
6570	5117	4056	4355	7211	9374	12013	13659
5528	4566	4056	4121	2450	2750	11680	5330
90000	101000	100920	111600	93200	92469	84569	82980
80000	90000	100920	111600	88000	89269	81700	61765
13.5	13	22.01	24.55	10.95	11.5	10.3	
162000	163000	122154	151376	143566	101227	68993	61835.74
19785	46139	19562	16784	16827	17196	21810	19492.64
522531	562435	599772	631723	658466	661475	671835	700865
520000	557868	596612	628348	655057	656480	668137	696984
2542	2675	3233	3233	3250	3307	3537	3543.46
4028.1	4081.8	4519	4420.52	3000.52	4888	4888	4888
1027	1027	1654	2794.52	2930.52	4860	4860	4860
3001.1	3054.8	2865	1626	70	28	28	28
2254.77	2539.67	2924	3460.47	3464.82	3503.34	4034.94	4043.22
732.45	732.45	1075	3354	3427.34	3492.84	4021.94	4030.22
1672.68	1874.18	3000	2785.01	2972.01	3279.26	3915.75	3314.75
4663	5710.84	6138.8	6681.96	6840.35	7334.81	7805.95	8065.34
3699	4452.51	4835.9	5372.58	5179.84	5795.86	6029.25	6236.42
71	71.3	80.2	58.1	58.5	59.6	72	82

规模及用地情况

2015年	2016年	2017年	2018年	2019年	2020年	2021年	2022年
166.8	170.7	194.04	183.77	190.55	194.74	194.69	196.05
166.8	170.7	194.04	183.77	190.55	194.74	194.69	196.05
50.9	52.16	57.89	56.38	58.66	61.58	62.64	64.06
27.9	28.65	30.38	32.52	33.14	21.27	21.41	21.73
15.8	16.65	29.56	17.56	18.23	19.18	19.69	19.9
7.2	7.43	7.47	7.49	7.62	3.9	4.02	3.68
11.7	27.36	29.4	29.92	32.01	32.98	29.36	29.63
6.9	9.33	9.43	9.49	10.24	5.97	3.27	3.27

主要统计指标解释

【水综合生产能力】 指按供水设施取水、净化、送水、出厂输水干管等环节设计能力计算的综合生产能力。包括在原设计能力的基础上，经挖、革、改增加的生产能力。计算时，以四个环节中最薄弱的环节为主确定能力。原则上按设计能力填报，对于经过更新改造后，实际生产能力与设计能力相差很大的，按实际能力填报。

【供水管道长度】 指从送水泵至用户水表之间所有管道的长度。不包括新安装尚未使用、水厂内以及用户建筑物内的管道。在同一条街道埋设两条或两条以上管道时，应按每条管道的长度计算。

【供水总量】 指报告期供水企业(单位)供出的全部水量。包括有效供水量和漏损水量。有效供水量指水厂将水供出厂外后，各类用户实际使用到的水量。包括售水量和免费供水量。售水量指报告期供水企业（单位）收费供应的水量。免费供水量指无偿供应的水量，比如消防用水，特困居民免收水费的水量等。漏损水量指在供水过程中由于管道及附属设施破损而造成的漏水量、失窃水量以及水表失灵少计算的水量。管道及附属设施漏水量指供水管道、闸井、表井、消火栓及中间加压设施(水池、水库、水塔)等各种管道及附属供水设施的明漏、暗漏、溢流、渗漏等漏失的水量。

【集中供热】 指从一个或多个热源通过热网向城市的热用户供给生产和生活热能的方式。要求具有一定的规模：大、中城市供热设备的单机容量在 7 兆瓦及以上（锅炉单台容量在 10 吨 / 时及以上），民用建筑供热面积在 10 万平方米及以上；小城市供热设备的单机容量在 3 兆瓦及以上(锅炉单台容量在 4 吨 / 时及以上)，民用建筑供热面积在 4 万平方米及以上。工业供热能力不得小于 7 兆瓦（单台锅炉容量不小于 10 吨 / 时）。

【供热总量】 指在报告期供热企业(单位)向城市热用户输送全部蒸汽和热水的总热量。

【运营线路网长度】 指公共交通线路所通过的运营线路净长度。计算公式：运营线路网长度＝运营线路总长度 $-\Sigma$ 重复的线路长度

【污水处理能力】 指污水处理厂（或污水处理装置)每昼夜处理污水量的设计能力。

【绿化覆盖面积】 指城市中的乔木、灌木、草坪等所有植被的垂直投影面积。包括公园绿地、防护绿地、生产绿地、附属绿地、其他绿地的绿化种植覆盖面积、屋顶绿化覆盖面积以及零散树木的覆盖面积，不含各类绿地中的水域面积以及没有被植被覆盖的面积(硬化道路、无屋顶绿化的建筑物等)。乔木树冠下重叠的灌木和草本植物不能重复计算。

【绿地面积】 指报告期末用作园林和绿化的各种绿地面积。包括公园绿地、生产绿地、防护绿地、附属绿地和其他绿地的面积。

【公园绿地】 城市中向公众开放的、以游憩为主要功能，有一定的游憩设施和服务设施，同时兼有健全生态、美化景观、防灾减灾等综合作用的绿化用地。它是城市建设用地、城市绿地系统和城市市政公用设施的重要组成部分。

13

教育、科学、文化

13-1 主要年份各类学校在校学生数

单位:人

年份	高等学校	普通高等学校	中等职业教育	中等专业学校	职业学校	普通中学	小学
1949			190	190		482	11151
1950			419	419		562	11459
1951			708	708		508	11975
1952			1247	1247		729	14769
1953			1389	1389		885	17549
1954			1379	1379		1219	16939
1955			1088	1088		1638	20483
1956			1720	1720		2530	27199
1957			1673	1673		3526	31500
1958	329	329	2254	2254		5285	52329
1959	784	784	2609	2609		6918	60622
1960	1079	1079	4522	4522		7081	65047
1961	1288	1288	2817	2817		6205	51191
1962	1174	1174	919	919		5729	44091
1963	1084	1084	724	724		6804	50397
1964	1056	1056	816	816		7497	62525
1965	982	982	1005	1005		9322	71561
1966	808	808	900	900		9278	67636
1967	627	627	635	635		8766	66962
1968	351	351	612	612		7696	70280
1969						11696	73706
1970			200	200		16141	70880
1971			300	300		19701	78410
1972	441	441	445	445		19741	91292
1973	1025	1025	693	693		25048	102186
1974	1614	1614	800	800		31220	112264
1975	2023	1719	1438	1438		40450	119871
1976	3097	2089	1440	1440		53128	125505
1977	2929	2160	1766	1766		61198	126011
1978	2690	2476	1896	1896		66814	126512
1979	7919	2542	2025	2025		63285	126062
1980	8582	3432	2648	2648		59887	123975
1981	7145	5078	3512	2668		55417	119041
1982	8776	4204	3349	2677		52891	115465
1983	10485	4563	4254	3342	279	54279	116699
1984	8519	5025	5757	3362	1377	54361	124486
1985	11139	5790	7547	4423	1580	72492	127998

13-1 主要年份各类学校在校学生数(续表)

单位:人

年 份	高等学校	普通高等学校	中等职业教育	中等专业学校	职业学校	普通中学	小学
1986	12536	6540	7420	5435	708	65506	128881
1987	12035	6681	11389	6216	2962	71233	130626
1988	12849	6949	12530	6539	3318	66622	129165
1989	13327	7183	12398	6539	2922	63840	126347
1990	12338	7279	11939	6463	2724	69628	123323
1991	11581	7234	18482	11526	2822	68373	119993
1992	11554	7803	20740	12399	3063	67684	118854
1993	13625	8848	22937	13638	3452	63037	119394
1994	15246	9701	28962	18678	3511	63064	172321
1995	14645	9873	22719	12613	3488	65217	123587
1996	15090	9700	23373	12730	3150	67636	131027
1997	11301	10173	24652	13692	3046	69072	127990
1998	19283	10522	28895	17979	3366	69797	132165
1999	22025	12249	29100	19240	3447	70811	132018
2000	28879	15901	32327	22977	4174	77013	136022
2001	43441	20134	35105	26993	3816	84674	136781
2002	55489	25947	31965	24391	3809	92068	135561
2003	62235	30891	35733	26667	3734	99186	134594
2004	57434	36801	36163	26421	4363	104201	140541
2005	60034	40925	42516	30650	5284	107253	142453
2006	71558	46073	45616	31351	7007	106880	147824
2007	74904	52657	48823	30071	8624	109841	149188
2008	79619	60505	57608	33912	10350	115179	149977
2009	86307	62432	64499	40496	9536	120550	147663
2010	98132	69678	64730	46079	9404	123331	147483
2011	98975	74082	67992	50330	11903	123785	148184
2012	107978	78721	60456	45429	11060	125665	147703
2013	117248	88477	53923			128649	151903
2014	124760	97593	42020			130551	156931
2015	123507	97996	44739			130200	162121
2016	127580	98912	41434			129365	167635
2017	106916	101638	38294			130380	173587
2018	110336	103989	34428			133814	181783
2019	113219	111218	33982			138771	190013
2020	120834	119865	34324			142400	199841
2021	140475	140202	35405			146173	210667
2022	148997	148656	37074			150092	222130

13-2 主要年份各类学校专任教师数

单位:人

年份	高等学校	普通高等学校	中等职业教育	中等专业学校	职业学校	普通中学	小学
1949			21	21		40	433
1950			30	30		31	453
1951			42	42		37	508
1952			78	78		41	637
1953			67	67		45	487
1954			84	84		55	442
1955			55	55		62	525
1956			101	101		118	646
1957			103	103		142	779
1958	79	79	124	124		293	1223
1959	165	165	157	157		313	1397
1960	247	247	189	189		298	1682
1961	336	336	272	272		348	1622
1962	320	320	217	217		364	1591
1963	293	293	223	223		416	1682
1964	273	273	109	109		455	1965
1965	272	272	113	113		480	2214
1966	223	223	74	74		535	2447
1967	217	217	67	67		549	2079
1968	264	264	49	49		551	2264
1969	230	230	43	43		620	2612
1970	230	230	116	116		747	2862
1971	514	514	117	117		877	2679
1972	374	374	144	144		1047	3128
1973	467	467	161	161		1278	3512
1974	496	496	189	189		1393	3660
1975	535	518	330	330		1623	3969
1976	595	534	237	237		2132	4170
1977	674	580	232	232		2530	4433
1978	658	637	208	208		2503	4479
1979	718	712	370	370		2640	4369
1980	766	738	473	388		2913	4563
1981	724	720	506	506		2938	4551
1982	990	862	1715	1378		3543	5063
1983	1173	1004	1695	1430	19	3622	5111
1984	1270	1126	1715	1363	89	3623	5082

13-2 主要年份各类学校专任教师数(续表)

单位:人

年 份	高等学校		中等职业教育			普通中学	小学
		普通高等学校		中等专业学校	职业学校		
1985	1426	1251	1737	1363	81	4135	5428
1986	1526	1322	2277	1853	46	4002	5314
1987	1590	1371	1512	969	200	3945	5338
1988	1789	1432	1747	969	217	3913	5407
1989	1749	1492	1984	975	221	5099	5534
1990	1717	1466	1672	950	273	4473	5388
1991	1803	1486	1948	1180	237	4210	5216
1992	1870	1562	2163	1328	233	4328	5536
1993	1829	1499	2232	1364	251	4382	5853
1994	1889	1736	2377	1465	248	4348	5988
1995	1792	1627	2428	1534	277	4466	6087
1996	1626	1626	2174	1364	240	4518	6054
1997	1779	1669	1872	975	263	4600	6140
1998	1777	1589	2249	1622	294	4625	6214
1999	1829	1646	2331	1516	299	4683	6543
2000	1897	1714	2352	1454	311	4855	6961
2001	2062	1867	2095	1345	320	5013	7087
2002	2063	1876	2159	1373	297	5256	7066
2003	2791	2711	1468	721	305	5675	6950
2004	2917	2917	1431	651	273	5873	6752
2005	3161	3161	1380	549	323	6146	6856
2006	3407	3407	1648	720	364	6398	6873
2007	3564	3564	1645	723	366	6424	6949
2008	3957	3892	2159	862	421	6941	6937
2009	3720	3655	2739	902	440	7185	7200
2010	5069	5004	2222	743	437	7310	7236
2011	5356	5290	1970	734	299	7555	7356
2012	5771	5703	1880	810	493	7789	7582
2013	6189	6119	2142			7940	7820
2014	6678	6606	2048			8182	8049
2015	7013	6937	1187			8537	8280
2016	6996	6920	1196			8752	8581
2017	7029	6953	1047			9023	8872
2018	7053	6978	1122			9714	8570
2019	7159	7084	1173			9410	8755
2020	7713	7637	1104			9649	8813
2021	8151	8027	1223			10837	9503
2022	8211	8095	1371			11505	10605

13-3 教育事业

指 标	单位	总计	市区	永宁县	贺兰县	灵武市
学校数						
普通高等学校	所	16	14	2		
成人高等学校	所	1	1			
中等职业学校	所	16	12	2	1	1
普通中学	所	86	59	10	8	9
小学	所	193	118	22	27	26
本年毕业生数						
普通高等学校	人	33027	29472	3555		
研究生	人	3371	3371			
成人高等学校	人	409	409			
中等职业学校	人	8358	6102	577	509	1170
普通中学	人	47948	31534	6276	5215	4923
小学	人	30650	19852	3894	3786	3118
本年招生数						
普通高等学校	人	40692	36597	4095		
研究生	人	4561	4561			
成人高等学校	人					
中等职业学校	人	14436	9337	1840	1321	1938
普通中学	人	51948	35351	6283	5662	4652
小学	人	40057	28245	4413	4487	2912

13-3 教育事业(续表)

指 标	单位	总计	市区	永宁县	贺兰县	灵武市
本年在校学生数						
普通高等学校	人	148656	129171	19485		
研究生	人	12120	12120			
成人高等学校	人	341	341			
中等职业学校	人	37074	24236	4614	3264	4960
普通中学	人	150092	100594	19031	16260	14207
小学	人	222130	151235	25961	26143	18791
本年教职工数						
普通高等学校	人	11398	10486	912		
成人高等学校	人	166	166			
中等职业学校	人	1908	1408	196	174	130
普通中学	人	12380	8296	1606	1379	1099
小学	人	10961	6956	1228	1649	1128
本年专任教师数						
普通高等学校	人	8095	7308	787		
成人高等学校	人	116	116			
中等职业学校	人	1371	1011	133	97	130
普通中学	人	11505	7780	1458	1229	1038
小学	人	10605	6790	1175	1513	1127

13-4 学龄儿童入学和小学、初中毕业生情况

指　标	单位	2021 年	2022 年
学龄儿童入学情况			
学龄儿童数	人	210667	222130
已入学学龄儿童数	人	210667	222130
学龄儿童入学率	%	100	100
小学毕业生升学情况			
小学毕业生数	人	28881	29640
初级中学学校招生数	人	29292	30986
小学毕业生升学率	%	100	100
初中毕业生升学情况			
初中毕业生数	人	27735	29582
高中学校招生数	人	19934	20962
普通高中升学率	人	71.9	70.9

13-5 广播电视基本情况

指 标	单位	2021年	2022年
广播			
广播人口覆盖率	%	100	100
节目套数	套	6	6
全年播出时间	时	37137	33919
新闻资讯	时	6566	6637
专题服务	时	5241	5126
综艺类	时	12596	12514
广告	时	7904	7158
其他	时	1443	1435
广播节目制作	小时	7644	7355
新闻资讯	小时	2756	2776
专题服务	小时	1510	1381
综艺类	小时	881	724
广告	小时	2427	2407
其他	小时	69	66
电视			
电视发射台和转播台	座	6	6
电视人口覆盖率	%	100	100
节目套数	套	6	6
全年播出时间	时	42077	36163
新闻资讯	时	3543	3356
专题服务	时	7153	5608
综艺类	时	1844	1741
广告	时	7036	6204
影视剧	时	20244	17491
其他	时	2257	1762
电视节目制作	小时	4212	3830
新闻资讯	时	1779	1545
专题服务	时	983	906
综艺类	时	351	325
广告	时	979	941

13-6 公共图书馆基本情况

指 标	总藏书量（万册）	开架书刊（万册）	书架单层总长度（米）	发放借书证数（个）	总流通人次（千人次）	书刊外借（千人次）	为读者举办各种活动次数（次）	参加人次（人次）	阅览室座席（个）	少儿阅读室座席（个）
合 计	409	197	66879	163438	1958	350	525	225862	5405	971
宁夏图书馆	214	82	44924	82884	650	115	112	122179	1700	350
市属合计	195	115	21955	80554	1308	235	413	103683	3705	621
银川市图书馆	69	39	12219	58981	609	104	105	11140	864	176
兴庆区图书馆	17	11	1750	1194	76	40	8	500	306	48
金凤区图书馆	26	22	2454	3699	207	84	63	1983	926	60
西夏区图书馆	17	14	1200	1744	99	36	25	3500	160	49
永宁县图书馆	14	10	640	900	81	48	136	82000	282	45
贺兰县图书馆	31	14	3200	9874	149	3	49	1780	480	189
灵武市图书馆	21	5	492	4162	87	24	27	2780	687	54

13-7 艺术表演团体基本情况

指 标	本团原创首演剧目	国内演出场次	农村演出场次	国内观众人次（千人次）	国外演出场次（场）
合 计	15	924	460	363	1200
区属合计	5	792	448	267	
宁夏歌舞团		247	67	124	
宁夏京剧团		108	65	25	
宁夏话剧团	3	230	145	35	
宁夏秦腔剧团	2	207	171	84	
市属合计	10	132	12	96	1200
银川艺术剧院有限公司	10	132	12	96	1200

13-8 群众艺术馆、文化馆基本情况

指 标	举办展览个数（个）	组织文艺活动次数（次）	举办训练班	
			班次（次）	培训人次（人次）
合 计	63	2366	1582	163924
宁夏文化馆	11	77	11	716
市属合计	52	2289	1571	163208
银川市文化艺术馆	13	157	1181	135000
兴庆区文化馆	5	246	99	3188
金凤区文化馆	4	316	62	1320
西夏区文化馆	6	480	41	4400
永宁县文化馆	5	260	48	4800
贺兰县文化馆	19	620	20	10000
灵武市文化馆		210	120	4500

13-9 科技活动情况

指 标	2021 年	2022 年
研究与试验发展情况		
R&D 经费支出(万元)	455344.8	468874.8
分县区		
兴庆区	58705.1	58717.9
西夏区	236848.6	264200.3
金凤区	96343.9	79669.6
永宁县	13009.0	12401.2
贺兰县	17210.0	14301.9
灵武市	33228.2	39584.0
企业资金(万元)	333248.7	341802.7
规上工业企业资金(万元)	296054.6	340111.7
R&D 经费支出与国内生产总值比例(%)	2.01	1.85
分县区		
兴庆区	0.98	0.94
西夏区	5.88	5.39
金凤区	2.90	2.33
永宁县	1.00	0.91
贺兰县	1.09	0.84
灵武市	0.52	0.51

13-10 规模以上工业企业科技活动基本情况

指　标	2021 年	2022 年
企业基本情况		
有 R&D 的活动企业数(个)	172	209
有 R&D 的活动企业所占比重(%)	40.2	44.0
R&D 活动情况		
R&D 人员合计(人)	8631	7509
R&D 人员全时当量(人年)	4732	4472
R&D 经费支出(万元)	296054.6	301558.8
R&D 经费支出与营业收入之比(%)	0.88	0.66
企业办 R&D 机构情况		
机构数(个)	94	132
机构人员(人)	4248	6147
机构经费支出(万元)	152808.5	339803.2
新产品开发及生产情况		
新产品开发项目(个)	1145	1155
新产品开发经费支出(万元)	300633.5	406058.0
新产品销售收入(万元)	3201132.9	6810787.2
# 新产品出口(万元)	111264.8	105402.0
专利情况		
专利申请数(件)	1809	2369
# 发明专利(件)	802	976
有效发明专利数(件)	1791	2411
技术获取或技术改造情况		
引进境外技术经费支出(万元)	318.5	
引进技术消化吸收经费支出(万元)	54.7	
购买境内技术经费支出(万元)	5640.8	2630.7
技术改造经费(万元)	360083.8	395257.3

13-11 按登记注册类型分规模以上工业企业研究与试验发展(R&D)活动及专利情况

登记注册类型	R&D 人员全时当量(人/年)	R&D 经费(万元)	专利申请数(件)	有效发明专利(件)
合计	4472	301558.8	2369	2411
# 大型工业企业	1366	152246.4	918	580
# 中型工业企业	1345	70919.5	425	670
内资企业	4109	286449.2	2172	1999
国有企业	15	1422.0	365	171
有限责任公司	1101	70575.3	830	505
股份有限公司	313	16809.1	89	336
私营企业	2680	197642.8	888	987
港、澳、台商投资企业	180	4171.0	37	20
合资经营企业	180	4171.0	37	20
外商投资企业	183	10938.6	160	392
中外合资经营企业	132	4296.7	43	158
外资企业	39	2316.3	107	222
其他外商投资企业	13	4325.6	10	12

13-12 按行业分规模以上工业企业研究与试验发展(R&D)活动及专利情况

行业	R&D 人员全时当量(人/年)	R&D 经费(万元)	专利申请数(件)	有效发明专利(件)
合计	4472	301558.8	2369	2411
采矿业	93	4330.3	337	191
煤炭开采和洗选业	93	4330.3	337	191
制造业	4153	274442.3	1578	1969
农副食品加工业	203	8071.3	60	95
食品制造业	263	6981.9	36	102
酒、饮料和精制茶制造业	45	702.3	11	4
纺织业	76	5554.8	35	26
纺织服装、服饰业	74	631.0	10	4
皮革、毛皮、羽毛及其制品和制鞋业	13	359.3		30
木材加工和木、竹、藤、棕、草制品业	4	95.1		
家具制造业	15	172.6		2
造纸和纸制品业	58	1210.2	11	1
印刷和记录媒介复制业	33	931.4	42	7
石油、煤炭及其他燃料加工业	46	1664.2	16	10
化学原料和化学制品制造业	455	11222.0	270	184
医药制造业	254	8866.3	43	112
化学纤维制造业	58	10092.0	19	9
橡胶和塑料制品业	47	3165.2	21	7
非金属矿物制品业	148	6685.4	113	42
有色金属冶炼和压延加工业	6	306.8	15	15
金属制品业	283	8987.7	111	376
通用设备制造业	516	15231.2	207	327
专用设备制造业	356	16114.9	272	416
铁路、船舶、航空航天和其他运输设备制造业	1	326.2	8	5
电气机械和器材制造业	269	24685.2	110	89
计算机、通信和其他电子设备制造业	774	138082.5	110	61
仪器仪表制造业	128	3836.2	36	38
废弃资源综合利用业	8	87.0	8	6
金属制品、机械和设备修理业	22	379.6	14	1
电力、热力、燃气及水生产和供应业	225	22786.2	454	251
电力、热力生产和供应业	183	18530.2	440	242
燃气生产和供应业	11	3433.4	6	2
水的生产和供应业	32	822.6	8	7

主要统计指标解释

【高等学校】 指按国家规定审批程序批准举办，通过全国统一招生考试招收高级中等学校毕业生或具有同等学历者，实施高等教育，培养高等专门人才的学校。包括大学、专门学院、高等专科学校和短期职业大学。

【成人高等学校】 指按照国家规定的审批程序批准举办，招收高中毕业或同等学历者，利用多种形式对成人实施高等教育，培养相当普通高等学校专科或本科毕业水平的专门人才的学校。包括广播电视大学、职工高等学校、农民高等学校、干部管理学院、教育学院、独立函授学院以及普通高等学校举办的函授、夜大学等。

【毕业生数】 指上学年度内，具有学籍的学生学完教学计划规定的全部课程，考试及格，实际毕业的学生数。不包括结业生和肄业生数。

【招生数】 指新学年开学时，一年级实际招收入学的新生数。不包括留级生和复学生数。

【在校学生数】 指学年初具有学籍的在校生总数。

【专任教师】 指主要从事教育工作人员。包括临时（一年以内）调去帮助做其他工作的教学人员。不包括调离教学岗位，担任行政领导工作或其他工作的原教学人员；不包括兼任教师和代课教师。

【艺术表演团体】 指从事戏曲、音乐、舞蹈、杂技等专业艺术表演，有独立账户，实行单独核算的团体。不包括半工半艺、半农半艺的业余剧团。

【艺术表演观众人数（人次）】 指售票、包场演出或民族地区免费演出的艺术表演观众人次数。不包括彩排审查和内部观摩演出的观看人次数。

14

卫生、体育、民政、司法及其他

14-1　主要年份卫生发展情况

年　份	卫生机构数（个）	医院、卫生院（个）		卫生技术人员（人）		卫生机构床位数(张)
			医院		医生	
1949	3	13	1	124	102	40
1950	18	15	4	158	14	40
1951	31	15	4	182	122	50
1952	26	15	4	251	148	120
1953	37	19	8	371	189	150
1954	51	21	10	471	231	200
1955	56	22	11	514	239	255
1956	83	21	10	708	396	276
1957	83	22	11	779	422	341
1958	96	25	14	992	487	501
1959	129	25	14	1210	648	635
1960	176	26	15	1379	777	726
1961	195	35	24	1444	735	739
1962	175	36	25	1344	692	795
1963	167	36	25	1500	756	924
1964	205	37	26	1712	815	1126
1965	199	37	26	1707	788	1234
1966	195	42	31	1834	812	1296
1967	190	42	31	1858	820	1313
1968	177	42	31	1905	852	1348
1969	176	42	31	1951	912	1448
1970	182	43	32	1993	993	1432
1971	192	47	36	2174	1060	1764
1972	208	48	37	2867	1273	1830
1973	243	47	36	3002	1396	1891
1974	257	46	35	3478	1605	2075
1975	275	53	42	3625	1653	2429
1976	313	55	44	3950	1813	2650
1977	331	57	46	4275	1934	2953
1978	312	60	60	4280	2000	2859
1979	337	58	58	4572	2078	2653
1980	392	60	60	5126	2354	2749
1981	416	61	61	5400	2352	3008
1982	466	61	61	5785	2440	3180

14-1 主要年份卫生发展情况(续表)

年 份	卫生机构数(个)	医院、卫生院(个)		卫生技术人员(人)		卫生机构床位数(张)
			医院		医生	
1983	474	63	63	6085	2610	3237
1984	438	63	63	6093	2613	3470
1985	433	59	59	6252	2758	3495
1986	475	53	53	6720	3021	3792
1987	478	45	45	7060	3221	3797
1988	455	56	56	7316	3418	4237
1989	447	55	55	7650	3585	4253
1990	510	54	54	7876	4082	4491
1991	472	51	51	8224	4060	4906
1992	471	53	53	8567	4136	5082
1993	389	50	50	8798	4364	5645
1994	403	74	74	7493	3641	5680
1995	134	76	76	7552	3845	5759
1996	148	67	67	7820	3678	5575
1997	135	67	67	7990	3754	5730
1998	136	67	67	7881	3564	5908
1999	136	40	40	7894	3612	5761
2000	137	39	39	7932	4033	6166
2001	137	86	49	8189	3860	6148
2002	130	83	42	7900	3357	6155
2003	149	94	53	8256	3582	6845
2004	163	107	62	8751	3762	7726
2005	158	104	59	8619	3660	8058
2006	143	95	52	8581	3631	8132
2007	495	101	58	10733	4541	7975
2008	595	101	59	11532	4827	8333
2009	533	101	61	12626	5096	8506
2010	543	99	61	13667	5301	9472
2011	862	99	61	14651	5461	10329
2012	903	91	53	15952	5829	11313
2013	931	92	54	17562	6429	12898
2014	939	92	53	19288	7059	13688
2015	964	92	53	20408	7578	14079
2016	967	104	65	22077	8306	15494
2017	1027	109	70	23603	8990	16675
2018	1105	121	86	25449	9684	17348
2019	1195	110	74	26674	10295	17113
2020	1337	114	78	28262	11124	17621
2021	1350	116	80	29474	11326	17985
2022	1393	119	84	30422	11640	18525

14-2 卫生机构、床位、人员数

单位：人

指 标	机构数（个）	床位数（张）	工作人员	卫生技术人员	医生	其他技术人员	管理人员	工勤人员
总 计	1393	18525	36252	30422	11640	1305	3178	2553
医院	84	16661	24172	20012	7255	867	2325	2045
综合医院	40	10878	15971	13657	5090	423	1307	1029
中医医院	12	2201	2950	2524	952	131	309	202
中西医结合医院	2	427	593	508	217	28	63	22
专科医院	30	3155	4658	3323	996	285	646	792
基层医疗卫生机构	1263	988	8706	7749	3409	174	448	335
社区卫生服务中心（站）	124	395	1875	1737	624	43	125	77
卫生院	35	545	1379	1179	418	73	127	91
村卫生室	211		347	36	36			
门诊部	43	48	1003	828	337	29	78	118
诊所、卫生所、医务室	850		4102	3969	1994	29	118	49
专业公共卫生机构	31	876	2950	2450	899	181	300	127
急救中心（站）	1		30	19	11		1	10
采供血机构	1		144	107	16	15	8	14
妇幼保健院（所、站）	6	876	2091	1786	640	115	191	68
疾病预防控制中心	8		477	393	212	27	45	33
卫生监督所（中心）	7		114	98		7	21	2
计划生育服务机构	1		13	7	4	3	5	
健康教育所（站、中心）	7		81	40	16	14	29	
其他卫生机构	15		424	211	77	83	105	46
医学在职培训机构								
疗养院								
统计信息中心	1		13	4		6	8	
其他	14		411	207	77	77	97	46

14-3 卫生事业

指 标	全市	市区
机构数(个)	1393	898
医院	84	59
床位数(张)	18525	14642
人员数(人)	36252	29436
卫生技术人员	30422	24665
执业(助理)医师	11640	9599
执业医师	10728	9001
注册护士	14259	11612
药师(士)	1519	1175
技师(士)	1965	1606
检验师	1040	848
其他	946	620
其他技术人员	1305	1086
管理人员	3178	2535
工勤技能人员	2553	2206

14-4 中心敬老院情况

指 标	全市
院数(个)	6
公建民营(个)	4
床位数(张)	1604
年末在院人员数(人)	572
特困供养人员(人)	310

14-5 养老机构情况

指　标	机构数量(个)	床位数(张)	入住人数(人)
总　计	36	12027	3588
自治区级	3	2921	1000
银川市	33	9106	2588
兴庆区	8	1230	373
西夏区	9	1291	389
金凤区	7	4778	1256
永宁县	1	370	77
贺兰县	5	662	242
灵武市	3	775	251
公办	2	530	163
公建民营	14	5969	1789
民办	15	2010	536
民办营利性	2	597	100

14-6 群众体育活动情况

县(市区)	举办全民健身活动次数(次)	参加活动人数(万人)
总　计	131	17.1
银川市	12	1.2
兴庆区	15	1.6
西夏区	15	4.0
金凤区	40	3.0
永宁县	10	0.8
贺兰县	18	4.5
灵武市	21	2.0

14-7 体育场地数(标准)

单位:个

县(市区)	体育场	体育馆	游泳馆	游泳池	综合训练馆
总　计	23	12	37	26	8
兴庆区	9	5	16		
西夏区	1	1	1	2	
金凤区	1	1	19	19	5
永宁县	9	3		1	1
贺兰县	2	1		3	1
灵武市	1	1	1	1	1

14-8 重点优抚对象人员情况

单位:人

指　标	2021年	2022年
重点优抚对象总人数	4237	4348
残疾军人	1080	1319
"三属"人员	86	80
烈士家属	39	38
牺牲军人家属	19	18
病故军人家属	28	24
在乡复员军人	140	97
带病回乡退伍军人	91	95

14-9 社会救济对象情况

单位:人

指　标	2021年	2022年
城乡低保对象	34495	33754
城市低保对象	12812	12150
农村低保对象	21683	21604
特困人员总数	1145	1097
集中供养	497	496
分散供养	648	601

14-10 律师、公证、调解工作基本情况

指　标	单位	2021年	2022年
律师工作			
律师事务所	家	94	92
律师	人	2212	2372
担任法律顾问	家	2796	3086
民(商)事案件代理	件	35078	31522
刑事案件辩护	件	3578	4921
非诉讼法律事务	件	5222	5538
咨询和代书	件	14890	9271
公证工作			
公证处	家	5	5
公证员	人	53	56
办理公证	件	38439	44006
办理涉外公证	件	2064	1926
人民调解			
人民调解委员会	个	891	887
人民调解员	人	4744	4573
调解民间纠纷	件	8233	5964

14-11 社会治安

指 标	单位	2021 年	2022 年
火灾			
火灾起数	起	2261	2793
火灾死亡、伤亡人数	人	18	12
死亡人数	人	10	4
火灾事故经济损失	万元	5198.44	2901.83
交通事故			
交通事故起数	起	1461	1591
交通事故受伤人数	人	1479	1711
死亡人数	人	214	207
交通事故经济损失	万元	372.19	263.02
刑事案件			
刑事案件立案数	起	17761	11714
刑事案件破案数	起	8189	6419

14-12 银川市一级以上地震情况

年 份	发震时间					震中位置			震级
	月	日	时	分	秒	经度	纬度	地点	
2022	2	6	18	47	9	106.39°	38.04°	灵武市	2.1
2022	2	6	18	48	18	106.40°	38.05°	灵武市	1.8
2022	2	6	21	20	22	106.39°	38.04°	灵武市	1.2
2022	3	4	9	46	9	106.37°	38.03°	灵武市	1.2
2022	3	24	1	21	2	106.30°	38.83°	贺兰县	1.3
2022	5	31	14	47	41	106.29°	38.30°	兴庆区	1.2
2022	6	23	21	3	9	106.21°	38.44°	贺兰县	1.3
2022	7	11	17	57	44	106.33°	38.17°	永宁县	1.9
2022	7	12	22	18	26	106.16°	38.30°	西夏区	1.1
2022	7	23	2	39	18	106.15°	38.68°	西夏区	1.7
2022	7	23	4	18	19	106.14°	38.66°	西夏区	1.7
2022	9	13	3	50	36	106.23°	38.17°	永宁县	1.1
2022	12	19	6	23	55	106.24°	38.43°	金凤区	1.8

主要统计指标解释

【卫生机构】 指各个部门（军事部门除外）、各种性质的设有专职卫生技术人员的卫生事业机构包括:医院、卫生院、门诊部、采供血机构、妇幼保健院(所、站)、专科疾病防治院(所、站)、疾病预防控制中心(防疫站)、卫生监督所、医学科学研究机构、医学在职培训机构、健康教育所(站、中心)、其他卫生机构。

【医院】 指名称为医院、设有固定床位能收容病人住院并能为病人提供医疗、护理服务的医疗机构。包括县及县以上医院、农村乡卫生院、其他医院三部分，按所属性质分为卫生部门、工业及其他部门、集体所有制三类。其中县及县以上医院按业务性质分为综合医院和专科医院。

【卫生技术人员】 指卫生事业机构支付工资的全部固定职工和合同制职工中现任职务为卫生技术工作的人员。包括执业医师、执业助理医师、注册护士、药剂人员、检验人员、其他。

【医生】 指经卫生部门审查合格，从事医疗工作的专业人员。包括卫生技术人员中的执业医师、执业助理医师、其他。

【公证员】 是国家的法律工作者，是在公证处专门行使国家证明权，独立办理公证事务的法律专业人员。

【公证文书】 是指公证处根据当事人的申请,依照事实和法律,按照法定程序制作的,具有特殊法律效力的司法证明文书。

附　记

2022 年大事记

一月份

1 月 6 日，银川市统计局、银川市商务局联合召开银川市商贸企业入库工作推进会。

1 月 14 日，银川市统计局党组召开 2021 年度党史学习教育总结会暨专题民主生活会。

1 月 25 日，银川市统计局党组书记、局长刘晓天同志一行协同灵武市统计局领导班子、郝家桥镇相关领导，深入灵武市郝家桥镇狼皮子梁村开展春节送温暖慰问活动。

1 月 26 日，银川市统计局党组书记、局长刘晓天同志主持召开局党组（扩大）会议，传达学习贯彻自治区“两会”精神。

二月份

2 月 14 日，银川市委举办全市学习习近平经济思想专题培训班，邀请自治区统计局党组书记、局长徐秀梅作“习近平总书记关于统计工作重要论述及统计法统计知识”专题辅导。

2 月 16–17 日，银川市统计局会同县区统计局相关人员深入宁夏巨能工业机器人产品数字化装配车间、宁夏泰益欣综合能效提升改造、宁夏恒康科技中水回用及废渣综合处置等项目现场，实地查看项目建设进展情况，指导企业做好数据填报工作。

2 月 23 日，银川市统计局举行预备党员入党宣誓仪式。

同日，银川市统计局召开 2022 年全面从严治党暨党风廉政建设工作会议。

2 月下旬，银川市统计局党组书记、局长刘晓天一行前往兴庆区、灵武市等地开展实地调研。

三月份

3 月 14 日，银川市统计局按照银川市疫情防控指挥部工作要求，抽调人员进驻银川市旺元精品酒店，开展隔离点防控监测工作。

3 月 15 日，自治区统计局服务业处处长张广益一行莅临银川市调研指导服务业工作，同各县（市区）统计局负责人开展座谈交流。

3 月 16 日，银川市统计局党组传达学习习近平总书记出席全国“两会”有关会议时的重要讲话精神和全国“两会”精神，就抓好贯彻落实作出部署。

3 月 18 日，银川市统计局组织干部职工开展“学雷锋志愿活动月”活动，大力弘扬“奉献、友爱、互助、进步”的志愿精神。

3 月 21 日，银川市统计局组织党员干部职工前往银川市公交党群活动服务中心开展“廉洁从政警示教育月”活动。

3 月 25 日 –4 月 29 日，银川市统计局开展

“改进作风提升质效”专题研讨读书班活动。

四月份

4 月 2 日,银川市统计局参加全民义务植树活动,为银川市生态环境建设增添一抹新绿。

4 月 14 日,银川市统计局、银川市商务局联合兴庆区统计、商务部门对月星家居广场和长城装饰材料市场开展实地调研。

4 月 26 日，银川市统计局邀请银川市公安干警杜椿霖同志为全体干部职工开展以“守好群众钱袋子”为主题的反电信诈骗宣传活动。

同日，银川市作风建设第二督导组组长温辉一行对银川市统计局“改进作风提升质效”专项行动的开展情况进行督导检查，并给予充分肯定。

五月份

5 月 6 日,银川市统计局以纪念“五四”青年节为契机,召开“强技能、练本领、促提升”业务技能竞赛颁奖大会暨 2021 年先进个人表彰大会。

5 月 11 日,银川市统计局党组书记、局长刘晓天一行对贺兰县和兴庆区的部分汽车企业开展实地调研,贺兰县常委、常务副县长李普光,贺兰县统计局局长、商务局局长等陪同调研。

5 月 17 日,自治区、银川市、灵武市三级统计局深入试点工业企业，开展工业生产过程碳排放核算调研。

5 月 19–20 日,银川市统计局与市、县、园区管委会联合行动，深入规模以上工业企业开展数据现场核查。

5 月 26 日，银川市统计局党组召开理论学习中心组学习会议,学习贯彻习近平总书记视察宁夏重要讲话和重要指示批示精神，围绕全国“两会”精神及统计领域法律法规开展研讨交流。

同日，自治区统计局贸易外经处处长王金贵一行对兴庆区王府井百货和国芳百货开展专题调研。

5 月 27 日，银川市统计局参加全区统计领域突出问题专项治理工作动员部署会。

5 月 30 日，银川市统计局组织召开全市统计领域突出问题专项治理工作动员部署会。

六月份

6 月 13 日,银川市统计局召开 2022 年全市一套表调查单位数据核查工作部署会。

6 月 14 日，银川市统计局到永宁县工业园区开展规模以上工业企业统计业务知识培训。

同日，银川市统计局邀请相关部门和部分新能源企业负责人参加专题座谈会，全面了解银川市能源体系构建、清洁能源基地建设和风光电发展等目标规划、政策措施和进展情况。

6 月 16 日，自治区统计局固定资产投资统计处处长王伟等一行对银川市小微建筑业企业进行调研。

同日，银川市统计局深入宁夏宝丰光伏发电有限公司、宁夏宝丰新能源发展有限公司、宁夏振启光伏发电有限公司三家规上工业企业,了解企业发电规模、电力交易、电价政策、储能项目建设情况及企业发展面临的困境和问题,实地观摩了农光互补一体化项目实施情况。

6 月 17 日，银川市统计局深入帮扶村灵武市郝家桥镇狼皮子梁村，举行学习宣传自治区第十三次党代会精神会议暨党组理论学习中心组第六次学习会,并为帮扶村捐赠帮扶资金 1.5 万元。

同日，银川市统计局在灵武市狼皮子梁村开展“深化法治宣传 共建生态文明”主题志愿服务活动。

6月20日，银川市统计局工会组织开展了“改作风、提质效、强统计、创佳绩”演讲比赛。

同日，银川市统计局95岁离休老党员葛世忠同志向局党组第六次交纳10000元大额党费。

6月24日，自治区统计局副局长马宏德一行对银川市上半年经济运行形势及稳经济保增长促发展政策落实情况进行调研。银川市副市长麦欣甫，市政协副主席、发改委主任党成，统计局局长刘晓天等同志陪同调研。

6月28日，银川市统计局党组书记、局长、党支部书记刘晓天同志围绕“喜迎二十大 奋进新征程—以优异成绩迎接党的二十大召开”专题讲党课。

七月份

7月13日，银川市统计局召开2022年上半年全面从严治党暨党风廉政建设专题会议。

7月13–14日，银川市统计局组织开展生育意愿和生育行为调研活动。

7月15日，银川市统计局召开市委第八巡察组巡察银川市统计局党组动员部署会。

7月19–20日，银川市统计局深入发改、工信、住建、生态环境、科技、文旅、农业农村、商务、财政、交通运输等10个重点部门开展统计造假不收手不收敛问题专项调研。

7月20日，银川市邀请自治区统计局刘佳同志在市政府第十六次常务会议会前学法环节，解读《中华人民共和国统计法》。

同日，银川市统计局召开违规收送红包礼金和不当收益及违规借转贷或高额放贷专项整治动员部署会。

7月21–22日，银川市统计局按照“双随机一公开”原则，对金凤区、西夏区服务业企业进行统计执法检查。

7月26–27日，银川市统计局深入各县(市区)统计局调研“双基”建设工作推进情况。

同日，银川市统计局深入银川经济技术开发区、银川综合保税区、苏银产业园、银川高新技术产业开发区、阅海湾中央商务区、永宁工业园区、贺兰工业园区等7个重点园区调研专项治理工作推进情况。

7月29日，银川市统计局党组书记、局长刘晓天同志带领全体党员干部与天盛社区全体党员开展联合党建活动。

八月份

8月16–17日，银川市统计局对银川市部分重点建筑业企业进行调研，邀请自治区统计局投资处副处长杨凤花进行业务指导。

8月23日，银川市统计局党组书记、局长刘晓天同志带队调研苏银产业园重点投资项目建设情况，自治区统计局一级调研员蔡川生同志参加。

同日，银川市统计局与国网银川供电公司成功签署大数据应用合作协议。

8月24日，银川市统计局组织召开银川市规模以下工业抽样调查工作会议。

8月26日，银川市统计局党组召开违规收送红包礼金和不当收益及违规借转贷或高额放贷专题民主生活会。

九月份

9月2日，银川市统计局举办纪念中国人民抗日战争胜利77周年纪念活动，并组织干部职工参观宁夏解放纪念碑。

9月9日，银川市统计局组织干部职工参观

银川市铸牢中华民族共同体意识主题教育馆。

9月15日，银川市统计局党组书记、局长刘晓天同志带队赴帮扶村灵武市郝家桥镇狼皮子梁村看望慰问驻村干部。

9月14–15日，自治区统计局一级调研员蔡川生一行对银川市房地产企业开展调研。

9月16日，银川市统计局党组书记、局长刘晓天同志一行走访慰问95岁高龄离休干部葛士忠同志。

9月22日，自治区统计局普查中心二级调研员曹建军一行对银川市部分县区开展一套表调查单位核查工作。

9月29日，银川市统计局联合市商务局召开银川市消费统计工作视频会议。

十月份

10月10日，在疫情防控进入攻坚期和三季度统计报表报送、审核、查询紧张工作之际，银川市委常委、副市长王向豫到银川市统计局调研指导统计工作并看望慰问干部职工。

10月16日，银川市统计局组织在岗党员干部集中收看党的二十大开幕会盛况。

10月26日，银川市统计局党组召开扩大会议，传达学习党的二十大精神和党的二十届一中全会精神，研究部署学习宣传贯彻工作。

十一月份

11月10日，在共驻共建第四季度联席会议上，兴庆区胜利街道天盛社区党委向银川市统计局赠予“践行初心、勇担责任、同心携手、抗击疫情”锦旗，对银川市统计局长期以来尤其是在疫情防控工作中对社区工作的大力支持表示衷心感谢。

11月11日，银川市统计局参加自治区统计局核算处组织的调查单位核实工作会议。

11月18日，银川市统计局举行党的二十大精神专题读书班第1期和专题讲座，局党组书记、局长刘晓天作了《坚持以党的二十大精神为引领 着力推动统计服务经济社会高质量发展》的讲座。

十二月份

12月6日，银川市统计局邀请自治区统计局投资处一级调研员蔡川生、副处长李晓娜对接协调宝丰储能项目投资统计相关工作，银川市统计局局长刘晓天、苏银产业园副主任哈莉及统计、发改和宝丰集团相关人员参加座谈。

12月8日，银川市统计局开展“学习宣传贯彻党的二十大精神”暨“12·.8”《中华人民共和国统计法》颁布纪念日法治学习专题读书班活动，深入学习宣传贯彻党的二十大精神、习近平法治思想和习近平总书记关于统计工作重要指示批示精神，加强统计法治宣传教育，坚决遏制统计造假。

12月12日，银川市统计局党支部组织开展以“持续深入学习宣传贯彻党的二十大精神，切实做到深学细悟笃行”为主题的党日活动。

12月15日，银川市统计局赴银川市水务局开展固定资产投资统计培训。